李双元法学文丛

本书系国家社科基金一般项目"一带一路"沿线东南亚若干国家国际民商事争议解决制度研究（16BFX190）的成果。

国际民商事诉讼程序研究

第二版

李双元　欧福永　主编

WUHAN UNIVERSITY PRESS
武汉大学出版社

图书在版编目(CIP)数据

国际民商事诉讼程序研究(第二版)/李双元,欧福永主编. —武汉:武汉大学出版社,2016.8
李双元法学文丛
ISBN 978-7-307-18557-9

Ⅰ.国…　Ⅱ.①李…　②欧…　Ⅲ.国际法—民事诉讼—诉讼程序—研究　Ⅳ.D997.3

中国版本图书馆 CIP 数据核字(2016)第 203483 号

责任编辑:林　莉　辛　凯　　责任校对:李孟潇　　版式设计:韩闻锦

出版发行:**武汉大学出版社**　(430072　武昌　珞珈山)
　　　　(电子邮件:cbs22@ whu. edu. cn　网址:www. wdp. com. cn)
印刷:虎彩印艺股份有限公司
开本:720×1000　1/16　印张:19.75　字数:358 千字　插页:4
版次:2016 年 8 月第 1 版　　2016 年 8 月第 1 次印刷
ISBN 978-7-307-18557-9　　定价:66.00 元

作者简介

　　李双元，男，1927年生，湖南新宁人。湖南师范大学终身教授，武汉大学国际法研究所教授，博士生导师，中国国际私法学会名誉会长，《时代法学》和《国际法与比较法论丛》主编。曾任武汉大学国际法研究所副所长、中国国际私法学会副会长、湖北省国际法研究会总干事、中国法学会理事和中国国际法学会理事、国务院学位委员会（第三届）学科评议组成员、全国高等教育自学考试指导委员会委员、中国国际经济贸易仲裁委员会委员和仲裁员、中国博士后流动站管委会专家组及该管委会基金委员会专家组成员、武汉市政协委员及其法制委员会副主任、湖南省政府参事等学术与社会职务。先后主持完成国家社科基金项目、教育部哲学社会科学博士点基金项目、司法部项目、湖北省及湖南省社科基金一般及重大项目20余项；在《中国社会科学》、《法学研究》、《中国法学》等刊物上发表学术论文100余篇。独著、主编的经典著作主要有《国际私法（冲突法篇）》（已出第3版）、《国际民事诉讼法概论》（第2版为教育部审定的研究生教材）、《中国与国际私法统一化进程》（已出第2版）、《市场经济与当代国际私法趋同化问题研究》、《国际民商新秩序的理论建构》、《中国国际私法通论》（已出第3版）、《比较民法学》、《走向21世纪的国际私法——国际私法与法律的趋同化》（中国法学家自选集）、《国际私法》（全国高等教育自学考试统编教材，已出第3版）、《国际私法》（"十一五"国家级规划教材，已出第4版）、《法学概论》（"十一五"和"十二五"国家级规划教材，已出第11版）等，合译《戴西和莫里斯论冲突法》、萨维尼《现代罗马法体系（第八卷）》和《牛津法律大辞典》等世界法学经典著作。著述中获国家级及省部级一、二、三等奖及湖北省特别奖等奖励十余项。

　　欧福永，男，1975年生，湖南永州人，湖南师范大学法学院副院长、教授、博士生导师，《时代法学》编委会副主任，法学博士、博士后；中国国际经济贸易仲裁委员会仲裁员和长沙仲裁委员会仲裁员、湖南省新世纪"121"人才工程入选者、湖南省青年社科研究人才"百人工程"学者、长沙市法学会副会长、中国国际私法学会常务理事、中国国际经济法学会理事、湖南省律协涉外法律事务专业委员会副主任、加拿大戴尔豪斯大学和英国埃塞克斯大学访问学者。主持国家社科基金项目2项、司法部项目1项、中国法学会部级项目2项，湖南省社科基金项目4项；著作有《英国民商事管辖权制度研究》（独著）、《国际民事诉讼中的禁诉令》（独著）、《国际补贴与反补贴立法与实践比较研究》（排名1）、《加拿大反补贴立法与实践研究》（排名1）、《欧盟反补贴立法与实践研究》（排名1）、《美国反补贴立法与实践研究》（排名1）、《国际民商事诉讼程序导论》（主编）、《国际私法教学案例》（主编）、《国际私法》（"十一五"国家级规划教材，主编）、《国际私法教学参考资料选编》（主编）、《法学概论》（"十一五"和"十二五"国家级规划教材和全国高教自考教材，合编）等30余部；在《中国法学》等刊物发表论文、译文60余篇，8篇被人大复印资料《国际法学》全文转载或转摘。获湖南省教学成果一等奖、教育部精品教材奖、司法部二等奖、湖南省哲学社科成果三等奖、商务部全国商务发展研究成果优秀奖和"湖南青年五四奖章"提名奖等荣誉。

出 版 说 明

  为了庆祝我国著名法学家和法学教育家李双元教授 90 华诞，湖南师范大学法学院组织出版了《李双元法学文丛》。本套丛书共有 15 本，其中 1 本为新书。另外的 14 本皆为已经出版过的，因出版年代跨度较大，我们以保持原书原貌为原则，仅对一些文字标点符号的明显错误做了订正；书中有一些资料和引文因年代久远，已无法一一核查的，仍保持原样。

  在已经出版过的 14 本书中，有 8 本书作者未做修改的，版次不予增加，所涉的法律法规也基本保持原样；另 6 本书作者予以了一定的修改，版次予以增加。

武汉大学出版社

2016 年 8 月

总　序

2016 年中秋，我们将迎来我国著名法学家、法学教育家李双元教授 90 华诞。

李先生历任武汉大学教授（已退休）、湖南师范大学终身教授、博士生导师、中国国际私法学会副会长和名誉会长，国务院学位委员会学科评议组（法学组）成员、中国博士后流动站管委会专家组成员、全国高等教育自学考试指导委员会（法学组）委员、中国国际经济贸易仲裁委员会委员和湖南省政府参事等学术与社会职务，为新中国法学教育、研究和实践作出了重要贡献。

李先生在青年时代，即积极参加反对国民党统治的学生运动和湖南新宁县的武装起义。但是在 1957 年却因言获罪，被划为右派分子，在大学从教的权利被完全剥夺。然而他对马克思主义法学理论的探求，却矢志不衰。1979 年武汉大学恢复法律系，他即从华中农学院马列室迅速调回武汉大学，协助韩德培、姚梅镇先生等参加法学院的恢复与发展工作，并在国内最早组建的国际法研究所任副所长。由韩德培教授任主编的第一部《国际私法》国家统编教材，也是在他的积极参与下，迅速完成并出版。在两位老先生的直接领导下，中国国际私法学会和中国国际经济法学会成立大会与它们的第一次研讨会也在武汉大学同时召开。

1993 年，李先生出任湖南师范大学终身教授，负责组建湖南师范大学法律系、法学院以及国际法研究所、环境法研究所。现在，我院已经拥有法学一级学科博士和硕士学位授权点、法学博士后科研流动站和法律硕士专业学位授权点以及教育部首批卓越法律人才教育培养基地和国家级大学生校外实践教育基地，法学学科在第三轮全国学科评估中名列第 21 位。李先生学术视野开阔，在法理学方面也有他个人的理论贡献，其中，他先后提出"国际社会本位理念"、"法律的趋同化走势"和"国际民商新秩序的构建"等理论观点，均在法学界受到重视。

为庆祝李双元教授九十华诞，在武汉大学和湖南师范大学的大力支持下，我们特别选取了李先生的十五本著作，集结为《李双元法学文丛》，隆重推出，以弘扬李先生的治学精神和学术思想，并恭祝李先生永葆学术青春。为保持原书的风格，其中《比较民法学》、《国际民商新秩序的理论建构》、《市场经济与当代国际私法趋同化问题研究》、《中国与国际私法统一化进程》、《21世纪法学大视野——国际经济一体化进程中的国内法与国际规则》、《现代国籍法》、《国际民事诉讼程序导论》和《法律冲突与法律规则的地域和时间范围》未作修改。

　　鉴于李先生长期在武汉大学执教，加之这套丛书中有六种原来就是由武汉大学出版社出版，因此，我们仍然选择由对法学界出版事业长期提供大力支持的武汉大学出版社出版这套丛书。在此，特别感谢武汉大学出版社和武汉大学法学院的鼎力支持！

湖南师范大学法学院

2016 年 6 月 18 日

第二版前言

本书第一版于 2006 年出版，至今已经 10 年了。在此期间，相关国家和地区的国际民商事诉讼立法与实践和国际规则都有了新的发展，因此，有必要对本书进行修订。

本次修订的主要内容有：（1）日本民事管辖权制度；（2）马来西亚民事管辖权制度；（3）越南民事管辖权制度；（4）瑞典国际民商事诉讼制度；（5）有关国际民商事管辖权的国际规则（2005 年海牙《协议选择法院公约》、欧盟 2012 年《关于民商事案件管辖权和判决承认与执行的条例》、欧盟破产程序条例、2009 年欧盟《扶养之债条例》和 2012 年欧盟《继承条例》的相关规定）；（6）关于承认与执行外国法院判决的国际规则（2005 年海牙《协议选择法院公约》、欧盟 2012 年《关于民商事管辖权和判决承认与执行的条例》、欧盟 2012 年《继承条例》、欧盟 2008 年《扶养之债条例》的相关规定）；（7）日本承认与执行外国商事仲裁裁决的制度；（8）马来西亚承认与执行外国商事仲裁裁决的制度；（9）中国香港地区承认与执行外国商事仲裁裁决的制度。

本书在写作过程中，参考了很多国内外学者的论著（见附录中的主要参考书目），书中未能一一注明，在此一并说明和致谢！

本次修订由我和欧福永教授完成。由于掌握的资料有限，修订时间紧，我们水平和能力有限，书中定有疏漏和谬误之处，恳请读者批评指正！

李双元

2016 年 4 月

1

第一版前言

随着我国加入世界贸易组织和市场经济地位的确立所带来的机遇与挑战及互联网技术的广泛使用，我国涉外民商事法律关系日益发达，由此所引起的跨国民商事争议也大量增加。无论过去、现在，还是将来，诉讼均是解决国际民商事争议的一种十分重要的手段。而要利用好诉讼这一手段，离不开对外国国际民商事诉讼程序的研究和掌握，本书即是我们在人民法院出版社2004年出版的《国际民商事诉讼程序导论》的基础上，为了解和掌握以及进一步研究外国国际民商事诉讼程序而撰写的又一著作。

本书采用比较和实证的方法，利用我们已掌握的最新材料，在国内第一次比较系统地阐述了马来西亚、越南、日本、瑞士、瑞典、奥地利、希腊和中国香港、澳门和台湾地区等10个国家和地区的现行国际民商事诉讼制度，包括瑞典、奥地利和希腊是其成员的欧盟理事会2000年《关于民商事管辖权及判决承认与执行的规则》、2000年《关于破产程序的法规》和2003年《关于婚姻案件和亲子责任案件管辖权及判决承认与执行的规则》以及2005年海牙国际私法会议通过的《协议选择法院公约》的主要内容，同时阐述了国际民商事诉讼程序的法律适用问题。具体地说，本书基本上论及了在这些国家和地区涉外民商事案件从起诉到判决（裁决）、执行等程序的每一过程，即对上述国家和地区现行的国际民商事管辖权制度、现行审理国际民商事案件的程序（分诉讼的开始、审前获取资料、临时或预防措施、即决审判和其他特别程序、审理、判决和救济、审判后申请与上诉等程序）、现行国际民商事诉讼程序中的送达与取证、现行外国判决的承认与执行制度、现行外国仲裁裁决的承认与执行制度等几个方面进行了较系统深入的研究，同时把我们翻译的、在国内尚未发现中译本的2004年《美国法学会/国际统一私法协会跨国民事诉讼原则》放在附录中发表。

本书强调研究成果的实用性、时代性和可操作性。本书所阐述的内容填补了国内在相应研究领域的空白，既具有明显的创造性和一定的学术性，又具有非常突出的理论和实践价值。本书将为我国国际民商事诉讼程序立法和司法实践提供最新、全面、准确的资料，便于我国借鉴外国及国际立法中的先进制度完善我国的相关制度，又可为大量进入外国从事民商事活动的个人或经济组织于发生争议后在当地寻求司法保护时提供便利。本书可作为高等学校研究生和本科生的教学用书，也可作为法律学术界和实务界、企业界人士极有价值的学习、参考用书和工作指南。

本书的写作分工如下（以撰写章节先后为序）：欧福永：引言，第1、6、10章，附录；李双元：第2章；熊之才：第3、7、8、9章；熊育辉：第4章；王岚岚：第5章；刘星、曾露：第11章。本书初稿完成后，由我和欧福永博士统稿、定稿。

受学识、可资利用的资料的限制，不足之处，不当之论，均在所难免，敬请学界专家不吝指正。

本书的出版，人民出版社的茅友生编辑和其他有关同志给予了极大的支持，特此一并表示我们衷心的感谢！

李双元

2006 年 2 月

目　　录

引　言

民事诉讼（civil procedure, civil action, civil proceedings, civil litigation）或称民事诉讼程序，是指国家司法机关根据当事人的请求而进行的保护其民事权益的程序。如果在民事诉讼中，介入了国际因素，或者从某一具体国家来看，涉及了外国的因素，则构成了国际民事诉讼。而国际民事诉讼程序（international civil procedure）就是指一国法院审理国际民事案件和当事人及其他诉讼参与人进行此种诉讼行为时所应遵循的程序，包括一国法院审理国际民事案件专用的程序和审理国际、国内案件共享的程序。广义的国际民事诉讼法（international civil procedure law）便是规范国际民事诉讼程序的各种法律规则的总和。而狭义的国际民事诉讼法仅是规范国际民事诉讼的专用程序的各种法律规则的总和。本书在狭义的基础上使用国际民事诉讼法这一概念。

在民事诉讼程序中，既可以因诉讼程序本身包含有国际因素而需要适用国际民事诉讼规范，也可以因实体法律关系涉及国际因素而需要适用国际民事诉讼规范。具体来说，民事诉讼中的国际因素主要有：诉讼当事人中有外国人；诉讼客体是涉外民事法律关系；引用的证据具有涉外因素；法院按国际条约或内国冲突法的规定应适用外国法作为案件的准据法；诉讼请求是外国法院或其他机构的判决在内国的承认或执行；诉讼程序涉及国际司法协助问题等。

对于国际民事诉讼，需要由国际民事诉讼法来解决以下各方面的问题，比如，（1）内国法院或其他机构对什么样的案件有管辖权？哪些案件属于内国法院的专属管辖权？哪些案件可由争议的双方当事人协议选择法院管辖？等等。（2）外国人在内国的民事诉讼地位问题，比如，起诉或应诉的能力、诉讼费用担保或免除、法律救助等，应依什么法律来确定？享有外交豁免权的外国人在内国的民事诉讼地位如何？（3）国际民事诉讼中的取证规则有哪些特殊之处？比如，是否允许外国外交和领事人员取证？如果允许，应遵循什么样的条件？等等。此外，在国际民事诉讼中，证据也还有自身的法律适用问题需要解决。（4）在内国法院或其他机构适用外国实体法时，应采用什么样的程序规则？（5）在内国法院或其他机构执行外国法院或其他机构的委托，或者委托外国法院或其他机构代为某项行为时，应适用什么程序规则？等等。（6）外国审判程序和仲裁程序在内国发生什么样的效力？

解决上述问题，既需要直接调整规范，也需要间接调整规范，所以，国际民事诉讼法就由两种不同性质的规范，即直接调整规范和间接调整规范组成（当然许多学者认为，其中直接调整规范占主要的地位）。国际民事诉讼法的国际性或涉外性决定了其渊源的双重性，即除了国内立法和国内判例这两个主要渊源外，国际条约也是国际民事诉讼法的渊源。

对于国际民事诉讼程序的法律适用，在国际私法产生之时，意大利当时的一些法学家就主张将法律区分为程序法和实体法两大部类，并认为，凡涉及国际性（或跨国性）的民事诉讼，对程序问题的法律适用应一概受"场所支配行为"原则（Locus regit actum）的支配，只能适用法院地的程序规则，只有对实体法才可以依其为"物法"或"人法"而定其可以或必须适用的领域。也就是说，在国际民事诉讼程序方面无法律冲突可言。这种理论一直沿袭下来，尽管在国际民事诉讼程序的许多方面，立法和司法实践已有突破，但仍有不少国家的国际民事诉讼法以至国际条约，仍把程序问题只适用法院地法作为一条一般原则加以首先确认，例如，1928 年《布斯塔曼特法典》第 314 条、1971 年《第二次美国冲突法重述》第 6 章"程序"的总则、1992 年《罗马尼亚国际私法》第 24 章第 4 节、1995 年《意大利国际私法制度改革法》第 12 条的规定，等等。

许多学者为了论证这一点，都试图从理论上建立起种种根据。归纳这些不同的理论，最主要的可分为两种：一种认为在国际民事诉讼领域，不适用或基本上不适用外国诉讼规范，是因为它们已在理论上被预先排除了（priori excluded），即预先排除说；另一种则认为主要是因为外国程序法不能被有效的适用或是其适用会给诉讼活动带来不便，即有效说或方便说。预先排除说、有效说或方便说等种种为确定法院地程序法的绝对适用以及为划分内外国程序法适用的界限的各种学说，或者是根本不能接受的，或者也有各种可取之处，但是它们的共同缺点在于都只采用了演绎法，都试图以一条先验地确立的一般原则为基础来解决适用外国诉讼法问题。尽管就成文法来说，程序问题适用法院地法早已有前面所列举的种种规定，但在各种国内法和国际协议之中，都有各种各样的例外。因为，尽管在国际民事诉讼中，在许多情况下，要适用法院地法中的诉讼规范，但是要正确地解决这一问题，应该运用分析和归纳的方法（analytic and inductive method），因为在确定法院地法和外国诉讼法二者的有效范围之间的界限时，正像国际私法中确定实体法的适用一样，不是只有一种而是同时有多种考虑在发生作用。应该认为，萨瑟的观点，即能作为一般原则的只能是最密切联系的原则的观点，是更科学合理的，① 即在国际民事诉讼中，主要的原则应是适用与诉讼程序、诉讼行为和诉讼法律关系联系最密切的法律。这一法律尽管在大多数情况下可能就是法院地法的诉讼法，但在某些情况下，也可能是支配构成诉讼标的实体法律关系的某个外国法律体系中的诉讼法（即民事准据法中的诉讼法）；或在涉及某些诉讼问题时，还可能是当事人属人法（本国法或住所地法）中的诉讼法；或在某些其他情况下，还可能是行为地法中的诉讼法，也就是说，可能是诉讼行为实施地国家的诉讼法；或者在涉及物权或财产权的诉讼中，更可能是物之所在地法中的诉讼法，等等。

　　根据萨瑟提出的这个最密切联系的理由，可以认为：除有特殊理由证明法院地法的适用是有根据的外（如简易程序或公共秩序上的考虑等），下列情况都应依民事准据法判定（即依争讼的民事实体权利应适用的准据法所属国的诉讼法来判定）：（1）在普通程序中法律保护的形式要件。属于这一类型的问题包括：有提起一个宣告或确认之诉的利益的存在；法律保护的必要性；反诉；共同诉讼的客观原因和主观原因；参与诉讼；给第三人的通知；诉讼的撤回；修正诉讼的可接受性问题；诉讼中的抵消等；（2）对案件的判决具有决定性影响的证据法规则。（3）构成诉讼基础的消灭时效、权利的丧失、应依法给予赔偿的损害数额的计算、非物质损害的责任问题、第三人共同责任的成立、损害事件中索赔人的连带责任等（因为这些问题与案件实体裁决存在密切的联系）；（4）仲裁协议的合法性和法律效力问题；（5）某一请求是否有充分根据的问题；（6）有权提起诉讼或允许提起诉讼的问题（不过这在特定的情况下应依法院地法来裁决）；（7）某种诉讼行为虽然与该诉讼相联系或是由诉讼法派生出来的，但仍不属于该诉讼的诉讼关系，如法院外的解决，或某一由外国法支配的契约规定某一外国法律专家承担有在诉讼中提供法律意见的义务等；（8）实体法上的抗辩（指对缺乏实体权利能力或达成交易的能力的抗辩；对错误、欺诈和胁迫的抗辩；抵消的抗辩）。此外，还有对那些内容涉及实体法关系却又独立地发生效力的诉讼法的抗辩（缺乏诉讼权利能力和诉讼行为能力、缺乏法定代理人）。

　　下列问题应依据当事人属人法中的诉讼法来进行裁决：（1）诉讼中的起诉的权利能力；（2）诉讼行为能力（除非法院地的诉讼规范把这方面的能力识别为实体民法的内容）。

---

　　① 参见［匈］萨瑟：《国际民事诉讼法》，第115页。

　　下列问题应依诉讼行为地法来裁决：（1）国外送达；（2）国外取证的效力；（3）证据法中的有关问题；（4）外国司法裁决的合法性、法律效力和形式等。有关证据的某些问题应依诉讼所在地法来裁决。例如：文书所在地的法律支配文书的交付和出示方面所存在的义务。但大多数案件的重要方面都要求适用法院地的诉讼法。这些方面包括：与作出裁决的法院或司法机关联系密切的问题；技术上的原因；社会、政治和经济方面的考虑；国家领土主权方面的问题；法院的职权范围；诉讼的便利，特别是经济行为方面的原因和必要的速度；宪法和公共政策方面的考虑；统一诉讼法规的需要。①

　　在国际民事诉讼法的历史发展进程中，外国人的民事诉讼地位是最早发生的两个主要问题之一。外国人的民事诉讼地位是指，外国人在内国境内享有什么样的民事诉讼权利，承担什么样的民事诉讼义务，并能在多大程度上通过自己的行为行使民事诉讼权利和承担民事诉讼义务的实际状况。尽管在当今国际社会，一国一般均赋予外国人与内国公民同等的民事诉讼地位，即采用国民待遇原则，但外国人的民事诉讼地位却仍然是现今国际民事诉讼法首先需要解决的问题。

　　随着全球经济一体化和我国加入世界贸易组织所带来的机遇与挑战以及互联网技术的广泛应用，我国涉外民商事法律关系日益发达，由此所引起的国际民商事争议也大量增加。因此，国家不但要有完备的冲突法制度（在我国称为涉外民事关系法律适用法），而且要有完备的国际民商事诉讼制度。欲在国际民商事交往中保护我国和外国当事人的合法权益，就要充分、正确地发挥国际民商事诉讼制度的作用，由于各国的国际民商事诉讼制度存在差异，这离不开对现行国际民商事诉讼制度的最新理论，特别是现行国际民商事诉讼制度的立法与实践（包括现行各国国内立法和最新的有关国际条约）有系统而深刻的了解和研究。因此，对国际民商事诉讼制度的最新理论、特别是外国现行国际民商事程序的立法与实践作系统、深入的研究，是具有极其重要的理论与实际意义的。

　　本书对国内目前对其现行国际民商事诉讼制度研究不多的 10 个国家和地区——日本、马来西亚、越南、瑞士、瑞典、奥地利、希腊和中国香港、澳门

---

　　①　对于国际民事诉讼程序的法律适用，详见李双元、谢石松：《国际民事诉讼法概论》，武汉大学出版社 2001 年第 2 版，第 60-79 页。

和台湾地区①，尽我们已掌握的最新材料，基本上分问题阐述了这类案件从受理到判决（裁决）的执行等救济程序的每一过程。同时，阐述了瑞典、奥地利和希腊是其成员的 2005 年海牙《协议选择法院公约》、《2012 年 12 月 12 日欧洲议会和欧洲理事会关于民商事案件管辖权和判决承认与执行的第 1215/2012 号（欧盟）条例》（重新发布，以下简称欧盟 2012《关于民商事案件管辖权和判决承认与执行的条例》）和 2015 年《关于破产程序的条例》（重新发布，欧盟 2015 年第 848 号条例）、2003 年《关于婚姻案件和亲子责任案件管辖权及判决承认与执行的条例》、2008 年《关于扶养之债管辖权、法律适用、判决承认与执行和合作的条例》（欧盟 2009 年第 4 号条例）、《欧洲议会和（欧盟）理事会 2012 年 7 月 4 日关于继承问题的管辖权、法律适用、判决的承认与执行和公文书的接受与执行以及创设欧洲继承证书的第 650/2012 号条例》②（以下简称欧盟 2012 年继承条例，英国、爱尔兰、丹麦未加入）的主要内容。

---

①　鉴于可从国内的著作或互联网上查询到中国香港地区（香港律政司 2004 年出版的《香港的法律制度》，香港律政司双语法例资料系统：http://www.legislation.gov.hk/index.htm）、澳门地区（如澳门法例资料查询系统：http://legismac.safp.gov.mo/legismac/main/main.jsf? lang=zh_TW；澳门法律网：http://www.macaulaw.gov.mo/cn/index2.asp）和台湾地区(如台湾法源法律网：http://www.lawbank.com.tw/)以及日本（白绿铉译：《日本新民事诉讼法》，中国法制出版社 2000 年版）有关民事诉讼程序方面的立法的中文本，因此本书主要阐述它们处理国际民事案件专用的程序：民事管辖权制度和外国判决和仲裁裁决的承认与执行制度。

②　上述条例的英文标题分别为：Regulation（EU）No.1215/2012 of the European Parliament and of the Council of 12 December 2012 on Jurisdiction and the Recognition and Enforcement of Judgments in Civil and Commercial Matters（recast）；Regulation（EU）2015/848 of the European Parliament and of the Council of 20 May 2015 on Insolvency Proceedings（recast）；Regulation（EC）No 2201/2003 of 27 November 2003 Concerning Jurisdiction and the Recognition and Enforcement of Judgments in Matrimonial Matters and the Matters of Parental Responsibility；Council Regulation（EC）No 4/2009 of 18 December 2008 on Jurisdiction, Applicable Law, Recognition and Enforcement of Decisions and Cooperation in Matters Relating to Maintenance Obligations；Regulation（EU）No 650/2012 of the European Parliament and of the Council of 4 July 2012 on Jurisdiction, Applicable Law, Recognition and Enforcement of Decisions and Acceptance and Enforcement of Authentic Instruments in Matters of Succession and on the Creation of a European Certificate of Succession.

第一章　国际民事管辖权

第一节　国际民事管辖权概述

一、国际民事管辖权的概念和意义

国际民事管辖权是指一国法院根据本国缔结的或参加的国际条约和国内法对特定的涉外民事案件行使审判权的资格。国际民事管辖权的法律根据是国际条约和国内法。而国内哪一法院能审理有关的国际民事案件的法律根据却是国内法上的规定。这里所指的国际条约包括专门规定国际民事管辖权的双边或多边的国际条约以及在国际条约中载有国际民事管辖权的条款。

在国际民事诉讼中，管辖权问题有着十分重要的意义。正确解决国际民事管辖权，关系到维护国家的主权；正确解决国际民事管辖权，关系到本国公民、法人乃至国家的民事权益得到及时、有效的保护；正确解决国际民事管辖权是进行国际民事诉讼程序的前提；正确解决国际民事管辖权，不但有利于诉讼当事人双方进行诉讼活动和法院的审判活动，也有利于判决的域外承认与执行。

二、国际民事管辖权的分类

国际民事管辖的分类是一个很复杂的问题，在不同的国家往往有不同的分类。一般来说，在国际民事诉讼法理论中，可以把国际民事管辖用不同的标准作多种不同的分类。

（一）普通管辖和特别管辖

在国际民事管辖中，如果以当事人的住所或居所为标准和以事件的种类为标准，则可以把它分为普通管辖和特别管辖。

普通管辖是指以当事人特别是被告住所或居所所在地为标志确立的国际民事管辖。在司法实践上，国际民事诉讼的提起，一般都采用"原告就被告"

的原则，即由原告向被告所在地国家的法院提起诉讼。因此，在有些国家把被告住所地称为"普通审判籍"，①把被告接受其住所地法院管辖称为"普通管辖"。

特别管辖是指以有关事件的种类为标准所确定的国际民事管辖。特别管辖所涉及的情况错综复杂，一般来说，它包括对物权争议的管辖，对侵权行为的管辖、对合同之债的管辖、对船舶诉讼的管辖、对继承诉讼的管辖等。

（二）专属管辖、平行管辖和排除管辖

如以由法律直接规定和任意选择为标准，国际民事管辖可分为专属管辖和任意管辖以及排除管辖。

专属管辖是指根据国际条约和国内法的规定，对某些具有特别性质的涉外民事案件强制规定只能由特定国家的内国法院行使独占排他的管辖，而不承认任何其他国家的法院对此类涉外民事案件具有管辖权。

各国法律规定的专属管辖的涉外民事案件的范围是不完全相同的。一般而言，世界各国均规定位于内国境内的关于不动产的纠纷，由不动产所在地国家的法院行使专属管辖权。此外，大陆法系国家通常还规定国家租赁、法人破产、涉及因内国登记而发生的诉讼和内国国民的身份关系的涉外民事案件，属于内国法院的专属管辖范围。

平行管辖，亦称为任意管辖或有条件管辖，它是指国家在主张对某些种类的涉外民事案件具有管辖权的同时，并不否认外国法院对此类案件的管辖权。在平行管辖中，内国只是一般地规定行使国际民事管辖权的连结因素。如果该连结因素在内国，则内国法院就具有管辖权；如果该连结因素在外国，则由该外国法院管辖。上述普通管辖和特殊管辖中的表示空间意义的客观连结因素就具有此种意义。平行管辖多适用于连结因素复杂多样的有关合同及财产纠纷的案件中，原告可以在合同缔结地、合同履行地、合同争议标的物所在地、被告住所地或营业所所在地、被告财产所在地等众多连结因素所在地法院之一提起诉讼。

与专属管辖相对立的是应被排除的管辖。排除管辖是指根据国际条约和国内法的规定，有关内国法院拒绝行使对某些涉外民事案件的管辖。一般而言，

---

① 例如，1877年《德意志联邦共和国民事诉讼法》（1999年最后一次修正）第12条规定：某人的普通审判籍所在地法院，是管辖对他提起的一切诉讼的法院，但以未定专属审判籍的诉讼为限。该法第13条进而指出，人的普通审判籍，依其住所定之。参见谢怀栻译：《德意志联邦共和国民事诉讼法》，中国法制出版社2001年版，第81页。

在那些根据国际法跟内国法院无关的案件和跟内国国家的领土或公民或其实体法不存在任何属地联系或属人联系的案件中，都排除内国法院的管辖，比如，（1）在没有赋予内国法院审判管辖权的案件中；（2）在涉及外国公民的身份地位、有关外国不动产的物权问题，遗嘱检验、破产和强制处分的案件中；（3）在侵犯某一外国专利权和其他受地域性限制保护的权利的案件中；（4）在有关依外国"公法"请求执行的案件中；（5）在其标的涉及外国法制度为内国法院所全然不知且不能适用于内国的诉讼中；（6）在有关外国领域内其主权的行使的案件中。①

（三）强制管辖和协议管辖

如以是否允许当事人达成合意选择确定管辖的法院为标准，可将国际民事管辖分为强制管辖和协议管辖。

强制管辖是指根据法律的规定，对某类涉外民事案件硬性规定只能由某些或某个法院具有排他的管辖。强制管辖包括一国的专属管辖，也包括由内国诉讼法确定的级别管辖。

协议管辖是指双方当事人在争议发生之前或之后，用协议的方式来确定他们之间的争议应由哪一个国家的法院来管辖。协议管辖可分为明示协议管辖和默示协议管辖两类。明示协议管辖，是指当事人通过协议明确规定，他们之间的争议或如果发生争议，应由某个国家的法院来管辖。默示协议管辖，又称推定同意管辖，是指双方当事人没有订立选择管辖法院的协议也没有达成口头协议，只是当一方当事人在某一国法院提起诉讼时，另一方当事人对该国法院行使管辖权不表示异议，或者是应诉，或者在该国法院提起反诉，均表示当事人已默示同意受该国法院的管辖。

尽管国际社会普遍承认协议管辖，但并不意味着所有类型的涉外民事案件的当事人双方都可以通过协议选择管辖法院，而是有很多限制的。一般而言，协议管辖可以变更平行管辖，而不能变更专属管辖，也不能变更级别管辖。同时，协议管辖只限第一审，至于上诉审中当事人则不能通过协议选择上诉法院。因而，协议管辖主要适用于商事争议案件。

此外，如以诉讼关系为标准，在国际民事诉讼中，还有一种合并管辖。合并管辖是指有管辖权的法院根据国际条约或国内法的规定可以对与案件有牵连的诉讼并案审理。比如，1952年订于布鲁塞尔的《关于船舶碰撞中民事管辖权若干规则的国际公约》第3条就规定了合并管辖：就同一碰撞事件提出的

---

① 参见李双元、谢石松：《国际民事诉讼法概论》，武汉大学出版社1990年版，第170页；武汉大学出版社2001年第2版，第177页。

反诉，得向根据第 1 条规定对本诉具有管辖权的法院提出；如有几个请求人，任一请求人都可将其案件向已受理就同一碰撞案件控告同一当事人的法院提起诉讼；在涉及两艘或两艘以上船舶的碰撞情况下，本公约中的任何规定，都不得妨碍按本公约规定审理案件的法院，根据其国内法就同一事故发生的其他诉讼行使管辖权。

三、有关国际民事管辖权的国际立法

为了解决此种管辖权冲突，国际社会通过努力缔结了一些国际条约，以规定各缔约国法院行使国际民事案件管辖权的原则和依据。这些国际条约基于缔约国数量的不同可分为多边条约和双边条约；基于其内容上的差异可分为只规定了某类民商事案件管辖权的专门性国际公约和比较全面地规定了民商事案件管辖权的普遍性国际公约。

双边条约如 1957 年的《苏联与匈牙利关于民事、家庭和刑事案件提供司法协助的条约》。多边条约中专门性的国际公约，如 1996 年《关于父母责任和保护儿童措施的管辖权、法律适用、承认、执行和合作公约》等。

有关国际民事案件管辖权的普遍性国际公约或国际立法在当今国际社会基于多方面的原因很难缔结或制定，为数很少，目前主要有 1928 年的《布斯达曼特法典》、1965 年的《协议选择法院公约》、1968 年 9 月 27 日订于布鲁塞尔的《关于民商事管辖权及判决执行的公约》（简称《布鲁塞尔公约》）、1988 年订于洛迦诺的《关于民商事管辖权及判决执行的公约》（简称《洛迦诺公约》）和欧盟 2012 年《关于民商事管辖权及判决承认与执行的条例》（2012 年第 1215 号条例）、《关于破产程序的条例》（欧盟 2015 年第 848 号条例）、2003 年《关于婚姻案件和亲子责任案件管辖权及判决承认与执行的条例》（2003 年第 2201 号条例）和 1999 年海牙《关于民商事管辖权与外国判决执行公约》（草案）以及 2005 年《法院选择协议公约》较全面地对各种民商事案件的管辖权作了规定。

第二节　若干亚洲国家和地区有关国际民事管辖权的制度

一、日本

（一）日本的法院体系

现行《日本宪法》于 1947 年 5 月 3 日颁布实施。宪法规定：实行以立法、司法、行政三权分立为基础的议会内阁制；天皇为日本和日本国民总体的象征。司法权属于最高法院及下属各级法院，采用"四级三审制"。四级法院即：简易法院、地方法院、高等法院和最高法院。在高等法院之下，与地方法院平行，还设置了家庭法院。

日本最高法院是宪法规定的唯一行使最终审判权的机构，审理违宪和其他重大案件。审判时，重大案件由全体法官组成的大法庭审理，其他案件由小法庭审理。

日本高等法院共有 8 个，分别是东京、大阪、名古屋、广岛、福冈、仙台、札幌和高松高等法院。其中东京和大阪高等法院分别对日本东部和西部的知识产权案件拥有专属管辖权。2005 年，设立了知识产权高等法院，作为东京高等法院的特别分庭，受理对东京和大阪高等法院知识产权判决的上诉和对日本专利局决定的起诉。高等法院审理对地方法院、简易法院和家庭法院一审刑事判决的控诉，对地方法院、家庭法院一审民事判决的控诉，以及地方法院针对简易法院民事判决的控诉的二审判决的上告。高等法院的审判原则上由 3 名法官组成合议庭审理，有时由 5 名法官组成合议庭。

地方法院是原则上的一审法院，它管辖归其他法院专属管辖外的所有一审案件，以及对简易法院一审的民事判决的上诉案件。地方法院的审判组织有独任审理和三人合议庭审理两种，大多数案件由法官独任审理。对地方法院判决的控诉及上告审法院是高等法院。各都、道、府、县均设地方法院一所（北海道设四所），日本现有地方法院 50 个，分院 200 多个。

简易法院管辖简单的民事案件和轻微的刑事案件，对标的额不超过 140 万日元的民商事案件有初始管辖权，由一名法官审理案件。简易法院审理的民事案件的控诉审法院是地方法院，刑事案件的控诉审法院是高等法院。日本现有简易法院 400 多个。①

家庭法院设立于"二战"以后，是专门处理家庭纠纷案件和少年刑事犯罪案件的法院。在家庭关系案件中，主要审理离婚、婚姻无效、亲子认定等所谓人事诉讼案件。家庭法院判决的控诉审法院是高等法院。日本现在家庭法院 50 个，分院 200 多个。

日本各法院独立行使审判权，即使法院存在上下级关系，下级法院也不受上级法院的指挥监督。只是在当事人对下级法院的判决不服并提出上诉后，上级法院才有对下级法院的判决进行审查的权利。最高法院长官（院长）由内阁提名，天皇任命，判事（法官）由内阁任命，需接受国民投票审查。其他

---

① Jonathan Warne, International Dispute Resolution, Tottel Publishing, 2009, p. 447.

各级法院法官由最高法院提名，内阁任命，任期 10 年，可连任。各级法官非经正式弹劾，不得罢免。

（二）日本涉外民事管辖权新法①

1. 日本涉外民事管辖权新法的立法背景

日本的《民事诉讼法典》，自 1890 年颁布后历经多次修订，现行有效的为 1996 年 6 月修订公布的《民事诉讼法典》（*The Code of Civil Procedure*，简称 CCP，1996 年第 109 号法律）②，都没有就涉外民事管辖权作出明文规定。

在司法实践中，日本的有关涉外民商事管辖权的规定主要由判例法构成。日本有关涉外民事管辖权的判例法由两个重要判例形成了有关涉外民事管辖权法律制度的框架。分别是 1981 年日本最高法院判决的马来西亚航空公司案（Malaysian Airline System Berhad v. Goto）③ 和 1996 年判决的家用汽车经销商案（Family K. K. v. Miyahara）④，通过前一个案件，最高法院确立通过类推适用国内民事管辖权规定来确立对国际民商事案件的管辖权的做法是符合程序正义的；在后一个判例中，最高法院又确立了特殊情形原则，即在某个涉外案件中，尽管类推国内民事管辖权规则时日本法院具有管辖权，但如果存在其他特殊情形时，则日本法院也不应该行使管辖权。这样以最高法院的这两项判例为基础，通过日本法院的发展，在日本法院国际民事管辖权规则方面形成了很多判例，并形成了确定日本法院涉外民事管辖权的两个条件（或步骤）：一是日本法院根据国内民事管辖权规则第 4-12 条对某一个涉外民事案件具有管辖权；二是不存在违反当事人之间公正和程序公正迅速观念的特殊情形。⑤

但是正如日本学者指出，日本以国内民事管辖权规定类推适用为基础形成的以判例法为主的国际民事管辖权体系，具有不确定性、不可预见性以及其特殊情形原则具有的不合理性等多种缺陷。正因为如此，日本司法部法律委员会成立了国际民事管辖权分委员会，自 2008 年 10 月开始起草国际民事管辖权的

---

① 此部分主要引自甘勇：《涉外民事管辖权立法的新发展及其启示——兼评 2012 年〈民事诉讼法〉的相关规定》，中国国际法学学会 2013 年年会论文，特此致谢！

② 参见白绿铉译：《日本新民事诉讼法》（1996 年颁布、1998 年 1 月 1 日起实施），中国法制出版社 2000 年版。

③ 35 Minshu 1224（Sup. Ct. , Oct. 16, 1981）.

④ 51 Minshu 4055（Sup. Ct. , Nov. 11 1997）.

⑤ See, Akihiro Hironaka, Jurisdictional Theory "Made in Japan"：Convergence of U. S. and Continental European Approaches, 37 VAND. J. TRANNAT' L. L. 1317, 1321-1323, 1325-1329（2004）.

成文法。2011 年 4 月 23 日，日本国会通过了政府起草的有关日本法院涉外民事管辖权的法律，这部新法的全称是《关于民事诉讼法典和民事中间救济法部分修正法》(Act for Partial Amendment of the Code of Civil Procedure and the Civil Interim Relief Act)，该法于 2011 年 5 月 2 日公布。根据该法的规定，日本内阁以命令指定该法在 2012 年 4 月 1 日生效。从而第一次以法律的形式对涉外民商事管辖权制度进行了规定，但是有关个人身份的诉讼管辖权问题不包括在内。这部法律基本上是对日本现行的通过判例所确立的涉外民事管辖权制度的重述，但是也引入了一些创新，从而在一些方面与现行的管辖权制度产生了不同。

2. 日本涉外民事管辖权新法的立法模式

日本的民事管辖权新法是以修订现行日本民事诉讼法相关条款的模式进行立法，法案颁布以后，修法所涉及的相关各条将加入现行日本民事诉讼法的第 3 条①、第 145 条、第 146 条和第 312 条的相关条款中。日本民诉法第 4-12 条关于国内民事管辖权的规定将不再需要类推适用于国际民事管辖权的确定。

日本的涉外民事诉讼管辖权新法主要内容可分为以下几个方面：第一，一般管辖权，即基于被告住所地主张的管辖权（第 3-2 条）；第二，特殊管辖权即对基于合同侵权等债的关系主张的管辖权（第 3-3 条）；第三是基于消费者合同和雇佣关系主张的管辖权（第 3-4 条）；第四是有关专属管辖的规定（第 3-5 条）；第五是对于合并诉讼的管辖权（第 3-6 条）；第六是协议管辖权（第 3-7 条）；第七是基于当事人的服从（submission）而产生的管辖权（第 3-8 条）；第八是特殊情形原则（日本的不方便法院原则）（第 3-9 条）；第九是有关外国法院专属管辖案件排除适用的规定（第 3-10 条）；第十是确定管辖权的证据和时间（第 3-11，3-12 条）；第十一是法院对中间救济的管辖权（第 145 条）；第十二是有关反诉的管辖权（第 146 条）和与管辖权有关的上诉的理由规定（第 312 条）。

3. 日本涉外民事管辖权新法的立法内容

日本涉外民事管辖权新法的内容可以概括为以下几个方面：

(1) 涉外民事管辖权判例法的重述。

首先日本涉外民事管辖权新法对过去司法判例所确定的管辖权规则通过重述的形式予以法典化。这主要体现在有关一般管辖权和特殊管辖权的规定上。

---

① 日本民诉法第 3 条规定是授权日本最高法院可以指定有关民事诉讼事项的规则。参见日本民事诉讼法第 3 条。

日本最高法院在 Malaysian Airline System Berhad v. Goto 案中确立的一个重要原则就是日本法院有关国际民事管辖权的规定可以根据国内民事管辖权的规则加以确定。而日本国内民事管辖权规则主要分为一般管辖权规则和特殊管辖权规则，前者主要建立在"原告就被告"原则基础上，后者则规定了针对特定类型案件，日本法院具有的管辖权。① 虽然在涉外民事管辖权新法中也有和国内民事管辖权中一般管辖和特殊管辖相对应的条款，但是这些规定之间还是有着相当的差异。同时，在解释适用上，根据日本有关涉外民事管辖权的判例法，导致和国内民事管辖权规则具有较大的差异。为了完整的反映相关法律的规定，本书先将相关规定罗列如下，同时根据有关判例法的解释作出说明。

日本涉外民事管辖权新法对一般管辖权，即基于被告住所地的管辖权作出了明文规定，规定了日本法院对自然人、在外国有外交豁免权的日本人以及法人或者非法人组织作为被告时的涉外民事管辖权。②这是和国内民事管辖权规则从表面上看规定差别最小的条款。

日本法院在涉外案件中对自然人的管辖权的行使依据，可以分为三项：①自然人现在的住所在日本；②如果自然人没有住所或者住所不明时，其居所在日本；③如果自然人在日本没有居所或者居所不明时，该自然人在诉讼提起之前的任何时候曾经在日本有住所（但是该自然人在日本有住所后又在其他任何国家有住所除外）。

值得注意的是，"居所"（kyosho，residence）是指自然人生活一段时间的地方，这"一段时间"少于自然人在住所国家居住的时间，至于其长度到底是多少，法律没有明文规定。根据判例法，因为度假旅游而在日本居住是不能构成"居所"的。其次，"如果自然人没有住所或者住所不明"以及"如果自然人没有居所或者居所不明"的语句是指自然人"在世界上的任何地方"没有住所（居所）或者住所（居所）不明。如果被告在日本没有住所，但是在另一国家 X 有住所，那么即使该被告在日本有居所，日本法院也不能根据该条取得管辖权。

日本法院对在外国享有外交豁免权的日本国民包括大使、内阁成员等所涉及诉讼具有管辖权。

和对自然人的管辖权类似，日本法院对法人或者非法人组织管辖权的行使

---

① Akihiro Hironaka, Jurisdictional Theory "Made in Japan": Convergence of U. S. and Continental European Approaches, 37 VAND. J. TRANNAT' L. L. 1317, 1321-1325 (2004).

② Article 3-2 of Code of Civil Procedure, also see Article 4 of CCP of Japan.

依据主要有两项：①该法人或者非法人组织的主要办公场所在日本；②如果该法人或者非法人组织没有办公场所或者办公场所不明时，则其法定代表人或者任何其他主要负责人员在日本有住所。该款的立法解释谓：办公场所（jimusho matawa eigyosho）包括从事营利活动和非营利活动的办公场所；"如果该法人或者非法人组织没有办公场所或者办公场所不明"和第一款的解释一样，是指该法人或者组织在世界上任何地方没有办公场所，或者办公场所不明。

和国内一般管辖权规则相比，国内民事管辖权第 4（6）条有关对政府诉讼的规定没有对应条款，因为对政府的诉讼在涉外民事管辖权制度中属于国家豁免的问题，在这里没有规定，亦可以理解。

日本涉外民事管辖权新法也对特殊管辖权作出了明文规定，主要规定了日本法院对符合相关条件的各种债的关系而生的诉讼的涉外管辖权，这些债的关系包括：合同关系、票据关系、准物权关系、公司、海事留置权和其他海事请求权关系、侵权行为、海上侵权等。这些内容和国内民事管辖权的相关条款相比，有较大的不同，一方面，是有些类型的案件被分离出去作为专属管辖权的依据；另一方面，有些类型案件的涉外管辖权相较于国内管辖权增加了一些新的规定。具体而言包括下列内容：①

因合同履行而引起的诉讼、与合同有关的无因管理而引起的诉讼、与合同有关的不当得利而引起的诉讼、违约赔偿而引起的诉讼，或者与契约有关的任何其他诉讼，如果合同中指定的合同义务的履行地或者根据合同准据法确定合同义务履行地在日本，则日本法院具有管辖权。需要注意的是"合同准据法"是指在合同中当事人选定的准据法。

汇票本票支票的付款引起的诉讼，如果票据的付款地在日本，则日本法院具有管辖权。

有关财产性权利的诉讼，如果财产权的标的位于日本或者如果诉讼是有关金钱给付的，而被告在日本有可供扣押的财产（除非财产的价值显著低廉），则日本法院具有管辖权。其中"财产性权利"（zaisanken, property right）包括对物权和对人权利；"诉讼标的"和"可供扣押的财产"包括有形财产和无形财产；在无形财产中，债权的所在地根据日本民事执行法第 144（2）条位于债务人的住所地；知识产权位于其注册地或者其产生的地方（来源地）。

---

① 参见日本涉外民事管辖权新法所涉及的第 3-3 条，并请参见日本民事诉讼法第 5 条第 1 款至第 15 款。

针对有办公场所的自然人或者法人并且与办公场所活动有关的诉讼，如果办公场所位于日本；这里的"办公场所"（jimusho matawa eigyosho）包括从事营利性与非营利性活动的场所。

在日本从事业务活动的人（包括日本公司法第 2（2）条所定义的外国公司在日本持续进行业务活动者）的诉讼，如果诉讼和在日本开展的业务活动有关，则日本法院具有管辖权。这里的"业务活动"包括营利性的业务活动和非营利性的业务活动。

有关海事留置权或者其他任何基于扣押船舶的请求权而提起的诉讼，如果船舶位于日本，则日本可以主张管辖权。这里的"海事留置权请求"系指任何与船舶相关并且产生于该船舶的（根据日本商法典第 842 条所创设的）法定留置权有关的诉讼。该条还涵盖由船舶担保而产生的任何请求权（包括船舶抵押而产生的请求权）。

和公司或者其他任何组织或者财团有关的诉讼，包括：①公司或者其他组织对其现任或者前任成员提起的诉讼或者其成员对现任或者前任成员提起的诉讼，或者前任成员对其现任成员提起的诉讼，并且这些起诉是基于他们作为组织成员地位而提起的；②任何组织或者财团对其现任或者前任官员基于其作为官员的身份提起的诉讼；③公司对于其现任或者前任的发起人或者监督人基于其作为发起人或者监督人的身份而提起的诉讼；④公司或者其他组织的债权人对其现任或者前任成员基于其成员身份而提起的诉讼；上述这些诉讼，如果所涉组织或者财团为法人，且该法人根据日本法成立；则日本法院具有管辖权；如果该组织或者财团不是法人，但其主要办公场所在日本，则日本法院也具有管辖权。

有关侵权行为引起的诉讼，如果侵权行为发生在日本，则日本法院具有管辖权；但是侵权行为发生在国外，而损害后果发生在日本时，日本法院也具有管辖权，但是如果这种损害后果发生在日本在一般情况下是不可预见的，则日本法院不具有管辖权。

有关船舶碰撞和海上事故引起的损害赔偿诉讼，受损害船舶首先达到的地方位于日本，日本法院具有管辖权。解释上，如果船舶碰撞发生在日本领海，则日本法院根据第 8 款享有管辖权。

有关海难救助的诉讼，如果救助发生在日本或者被救助船舶首先抵达日本，则日本法院具有管辖权。

有关不动产的诉讼，如果不动产位于日本。值得注意的的是，该条主要针对不动产的所有权问题而设，这种管辖权不是专属管辖。但是如果涉及不动产需要在日本完成登记，则管辖权为第 3-5（2）规定的专属管辖权。

有关继承权和继承特留份的诉讼或者遗嘱继承或者其他任何死因法律行为的诉讼，如果死者在继承开始时在日本有住所；或者如果死者没有住所或者住所不明时，在继承开始时在日本有居所；或者如果死者没有居所或者居所不明时，则死者在继承开始之前任何时候曾经在日本有住所（但如果死者在日本有住所之后又在其他国家有住所除外）。这里的"继承特留份"是指不论死者遗嘱怎么规定，死者遗产中应该保留给继承人中特定成员的份额。

有关债务继承或者任何附着于遗产上的负担的继承不在前款规范范围之内的诉讼，在有前款规定的情形时，也根据前款规定的情形确定管辖权。

（2）涉外民事管辖权体系的完备。

除了对一般管辖权、特殊管辖权的判例法进行重述和创新，新法对包括专属管辖，协议管辖，合并诉讼的管辖权，反诉的管辖权及上诉的管辖权、管辖权问题的决定的证据和时间，以及中间救济的管辖权等诸多方面的问题都进行了规定，这些规定基本上不同于国内民事管辖权的规定，从而形成较为完备的涉外民事管辖权制度体系。

有关专属管辖的规定主要规定了日本法院享有专属管辖权的三种类型的案件：一是有关公司的组织、股份公司管理人员的责任、股份公司管理人员的斥退、有限合伙成员的斥退、公司债券回赎的撤销等诉讼。二是关于登记的诉讼，如果登记地位于日本则日本法院具有专属管辖权；三是涉及产生于登记的知识产权的成立与效力的诉讼，应该由登记完成地的日本法院专属管辖。这里所称知识产权是《日本知识产权基本法》第 2（2）条规定的知识产权，包括专利权、实用新型权、植物新型权、设计权、著作权、商标权和其他对知识财产的法定权利，以及对知识财产上法益享有的权利。基于登记而产生的知识产权包括专利权、商标权和植物新型权。值得注意的是对于涉及专利侵权损害赔偿诉讼的管辖权，并不适用上述规定，而是以适用一般管辖或者特别管辖的相关规定。①

有关合并之诉的管辖权规定了日本法院对合并诉讼请求的管辖权。在一个诉讼中有两个以上的请求，而日本法院仅对其中一个请求具有管辖权时，只有当日本法院对其有管辖权的特定请求与其他请求有密切联系时，该诉讼可以由日本法院管辖。但是，涉及由两人以上提起的诉讼或者对两人以上提起的诉讼，上述规定仅在日本民诉法第 38 条第 1 段所规定的多方当事人诉讼的案件

---

①　Article 3-5.

中适用。解释上认为，本条第一段既适用于单个原告对被告提起的多个请求的诉讼，又适用于多方当事人的诉讼。但第二段只适用于多方当事人的诉讼。①

协议管辖规定了日本法院对于当事人协议管辖内容。有六个方面的内容：一是当事人可以通过协议确定提起诉讼的法院；二是前项规定的协议必须以书面作成并且涉及从特定法律关系中产生的诉讼，否则不生效力；三是协议如果是通过电磁形式以电子方式记录也应视为书面；四是约定由某一特定外国法院行使专属管辖权的协议，如果被选择的法院事实上或者法律上不能够行使管辖权，则该协议可以撤销；五是协议如果是以与消费者合同有关的争议为对象，则只能在下列条件下生效：(i) 该协议允许在合同订立时消费者住所所在地国家法院起诉；或者 (ii) 消费者根据合同确定国家的法院起诉或者消费者援用协议对抗在日本或者在外国国家由业务经营人提起的诉讼；六是协议如果是以与雇佣关系有关的争议为对象，则只能在下列条件下生效：(i) 该协议系在雇佣合同终止后订立并且规定诉讼可以在协议缔结时的劳务提供地国家提起；或者 (ii) 雇员在协议所指定的国家提起诉讼或者雇员援用协议对抗雇主在日本或者在外国提起的诉讼。②

默示管辖规定了日本法院在被告不提管辖权异议的情形下的涉外民事管辖权，即如果在日本法院进行的诉讼中被告不对管辖权提出异议，而就实体问题进行口头辩论或者在准备性程序作出陈述，则日本法院对案件具有管辖权。③

对于属于外国法院专属管辖的案件，新法规定，日本法院应该放弃对该涉外案件行使管辖权。根据该条规定，如果根据日本法有关专属管辖的规定（即前述第 3-5 条规定）某一诉讼如果属于外国法院专属管辖的案件，则有关一般管辖和特别管辖的第 3-2 条至第 3-4 条以及第 3-6 条有关合并诉讼的管辖权的规定将不能适用。④

有关管辖权决定的证据与时间的条款规定法院可以依职权主动审查与管辖权相关的证据；根据第 3-12 条规定，日本法院应该在诉讼提起时决定其是否管辖权。法院一旦取得了管辖权，就不再受诉讼开始后发生事件的影响。但是服从管辖权需要到被告口头答辩时才能够确定。

对民事中间救济管辖权修改的规定加入到《日本民事中间救济法》（*Civil*

---

① Article 3-6.
② Article 3-7.
③ Article 3-8.
④ Article 3-10.

Interim Relief Act）成为第 11 条。根据该条规定，涉及民事中间救济的请求时，只能在有关实体问题的诉讼可以在日本法院提起或者临时扣押的财产或者争议的标的位于日本时才能向日本法院提起。这里的"中间救济"可以是临时的财产扣押或者临时财产处分以维持现状的命令。这里的"争议的标的"是有形财产，但也有人建议争议的标的也可以解释为争议的对象如雇佣关系。

有关反诉管辖权的规定以及管辖权问题的上诉的规定分别加入在《日本民事诉讼法》有关中间宣告之诉的第 145 条和有关反诉的第 146 条，成为第 145 条第 3 项和第 146 条第 3 项。根据第 145 条第 3 项规定，如果日本法院对宣告之诉因为其他法院有专属管辖权而没有管辖权，则当事人不能在日本法院寻求宣告判决。这里的专属管辖权是指依照前述第 3-5 条有关专属管辖的规定，外国法院能够对某一案件行使专属管辖权的情形。根据第 146 条第 3 项的规定，如果日本法院对被告提起的反诉没有管辖权，那么，只有当反诉请求和原告的请求以及对原告请求的抗辩具有密切联系时，被告才能提起该诉讼请求。但是日本法院如果因为专属管辖而对反诉没有管辖权时，上述条款不适用。

此外在《日本民事诉讼法》第 312 条第 2 项也加入一项可以上诉到日本终审法院即最高法院的理由。即到最高法院的上诉只能在下列案件中提出：……（ii-ii）有关日本法院专属管辖权的条款被违反时。应该注意的是，涉及其他涉外管辖权依据的违反时，当事人没有法定的权利（as of right）上诉到最高法院，最高法院只是依自由裁量权（discretion）来确定是否同意当事人的上诉。

（3）涉外民事管辖权规则的创新。

虽然从总体上来说新法主要是对现行的判例法进行了重述，但是也有一定的创新之处。最为显著的创新是第 3-3 条第 5 款对于在日本的营业的诉讼的管辖权，有关消费者合同和雇佣关系诉讼的管辖权（第 3-4 条）以及涉及消费者合同和雇佣关系的协议管辖的规定（第 3-7 条第 5 款和第 6 款）。

第 3-3 条第五款规定在日本从事业务活动的人（包括日本公司法第 2（2）条所定义的外国公司在日本持续进行业务活动者）的诉讼，如果诉讼和在日本开展的业务活动有关，则日本法院具有管辖权。[①] 这里的"业务活动"包括营利性的业务活动和非营利性的业务活动。该款管辖权的规定属于全新规定，在日本的判例法中没有相应规定。根据这一款，被告即使在日本没有办公

----

① 参见前文第 3-3 条第 5 款。

场所，但如果通过分支机构或者代理人等第三方在日本从事业务活动，也可以在日本被诉。该条规定也允许即使被告在外国通过互联网或者其他方式在日本从事业务活动也可以在日本被诉。之所以设立该条规定，是考虑到在现代社会业务活动可以通过先进的通讯方式而不需要被告实际上位于某一位置，因此有必要将管辖权扩展到更加广泛的情形。有一种类型的案件是否应该适用该条规定存在一些疑问，即被告在日本没有固定的业务活动场所但是通过非日文的网站接受来自于日本的要约请求而进行交易，这时被告是否应该视为在"日本从事业务活动"即存在疑问。但是如果所涉及的情形导致过度管辖权的行使，则法院可以根据第 3-9 条有关不方便法院的规定拒绝管辖。另外值得注意的是，从字面含义上，本款规定完全涵盖第四款规定所涉及的对于在日本有办公场所的自然人或法人诉讼的情形，因此未来法院如何在适用中区别适用这两款规定，将是值得注意的法律问题之一。

有关消费者合同和雇佣关系诉讼的管辖权的规定加入《日本民事诉讼法典》作为第 3-4 条，规定有关基于消费者合同和雇佣关系主张的管辖权。共分三项。(1) 如果消费者在起诉时或者合同缔结时在日本有住所，消费者对营业人提起的有关消费者合同的诉讼可以日本法院提起；(2) 如果雇佣合同下劳务的提供地（如果该地没有特别指明，则雇佣雇员的办公场所的所在地）位于日本，单个雇员对雇主提起的有关雇佣合同是否存在的诉讼或者其他雇佣关系的诉讼（或者成为有关个别雇佣关系的民事争议）可以在日本法院提起。(3) 前条规定不适用于营业人对消费者提起的有关消费者合同的诉讼，也不适用于雇主对雇员提起有关个别雇佣关系的诉讼。其中"消费者"是指任何自然人，除非该自然人成为消费者合同的一方当事人是因为从事业务活动或者为此目的；"营业人"（business operator）是指任何从事业务活动或者具有从事业务活动目的的自然人、或者法人，或者任何其他组织或者财团。

此外，第 3-7 条第 5 款和第 6 款规定消费者合同和雇佣合同中的协议管辖条款的相关规定仅适用于消费者和受雇人对生厂商和雇佣人提起的诉讼的管辖权问题的解决，而不适用于生产商和雇用人作为原告时的诉讼。①

总之，第 3-3 条第 5 款体现了新法为适应现代工商业发展实际情况来发展涉外民事管辖权的努力，第 3-4 条和第 3-7 条第 5 款 6 款则是保护弱方当事人现代观念的体现，无疑是日本民事管辖权新法对其传统的涉外民事管辖权制度的重要创新。

---

① Article 3-7 (5), (6) of CCP.

（4）涉外民事管辖权争议问题的明确。

新法对过去在学说上有争论的一些问题给予了明确规定，提高了法律的透明度，强化了法律的明确性。比如，在日本的判例法上，对于依合同履行地确定管辖权的情形，学说上对合同本身没有规定合同的履行地而只能通过合同准据法确定合同的履行地情形时是否应该依合同的履行地存在分歧，新法第3-3（i）明确对这一问题采肯定见解，认为依照合同准据法确定的合同履行地也可以作为主张管辖权的依据。

而在以被告可供扣押财产所在地作为管辖依据的情形，学说上对于这一管辖依据的适用条件一直存在分歧，新法则对于依可供扣押财产主张管辖权的条件进行了明确，即可供扣押财产的价值不能过度低于当事人请求的价值。

此外，新的立法还通过其他方式来加强法律的明确性。例如，第3-2条第3款明确规定被告的非主要办公场所位于日本并不能单独成为确立日本管辖权的依据，这一规定显然与日本法院的有些判例不一致。再如，在基于侵权行为地而行使管辖权的情形，法律规定当损害行为发生在外国而损害结果发生在日本时，只有当发生在日本的损害后果具有可预见性时，日本法院才能主张管辖权。这样的限制性规定都和第3-9条具有同样的目的，即减少过度的管辖权。

（5）涉外民事过度管辖权的限制。

新法的另一个显著特征是对管辖权行使进行了限制，最为重要的表现是新法有关管辖权的各条规定都要受制于第3-9条有关"特殊情形"的规定。特殊情形原则是在 Malaysian Airline System Berhad v. Goto 案之后，各级法院为了缓和将国内民事管辖权规范适用于国际民事管辖权的确定而带来的管辖权不适当扩张，基于司法公正和便利而引入的一项原则，这一原则在 Family K. K. v. Miyahara 案中得到了日本最高法院的认同。又被称为日本的"不方便法院原则"。

根据该条规定，即使日本法院对某一诉讼具有管辖权，法院考虑案件的性质、被告进行答辩的负担、证据的地点或者其他因素，认为存在特殊的情形致使在日本审理裁判案件会影响到当事人之间的公正和有碍法院庭审的适当有效的进行时，可以拒绝全部或者部分诉讼。①

适用特殊情形原则应该注意的问题有：一是拒绝诉讼不是对实体问题的判断，不会造成对原告的实体权利的侵犯；二是这一规定也适用于产生国际平行程序（lis pendens）的情形，但是在存在国际平行程序的情形下法院应该如何

---

① Article 3-9 of CCP.

确定是否有特定情形并不明确；三是日本法院就判决的承认与执行的情形下管辖权的判断标准与一般的直接管辖权的判断标准相同，相应地也包括了第 3-9 条的情形。也就是说，如果日本法院被申请承认或者执行某一外国法院判决的时候，如果日本法院认为在同样的条件下日本法院会根据第 3-9 条的规定拒绝管辖，而不会作出判决，那么这一判决也不能根据日本法得到承认或执行。

总体而言，日本管辖权新法形成了一个体系完整，内容明确，结构合理，顺应时代发展、符合国际民事管辖权发展趋势又具有日本特点的涉外民事管辖权体系。这一体系是建立在对日本判例法的充分吸收、鉴别并充分考虑国际上相关立法趋势的基础上发展的，应该说是一部较为成功的立法。

二、马来西亚

中国和马来西亚于 1974 年 5 月正式建立外交关系。1999 年，两国签署关于未来双边合作框架的联合声明。2004 年，两国领导人就发展中马战略性合作达成共识。2013 年，两国建立全面战略伙伴关系。两国签有《避免双重征税协定》、《贸易协定》、《投资保护协定》、《海运协定》、《民用航空运输协定》等 10 余项经贸合作协议。1988 年成立双边经贸联委会。2002 年 4 月成立双边商业理事会。2014 年中马贸易额 1020.2 亿美元，其中，中方出口 463.6 亿美元，进口 556.6 亿美元。中国连续 7 年成为马来西亚最大贸易伙伴，马来西亚是中国在东盟国家中最大的贸易伙伴。截至 2015 年 6 月底，马实际对华投资 70.2 亿美元，截至 2015 年 5 月底中国对马非金融类投资 10.86 亿美元。两国金融合作成效显著。2009 年 2 月，中国人民银行与马来西亚国家银行签署了双边货币互换协议。2014 年 11 月，两国央行就在吉隆坡建立人民币清算安排签署合作谅解备忘录。2015 年 4 月，中国银行吉隆坡人民币清算行正式启动。两国在科技、教育、文化、军事等领域的交流与合作顺利发展。1992 年签署《科技合作协定》，成立科技联委会。双方还签署了《广播电视节目合作和交流协定》（1992 年），《促进中马体育交流、提高体育水平的谅解备忘录》（1993 年），《教育交流谅解备忘录》（1997 年），《文化合作协定》（1999 年），《中马航空合作谅解备忘录》（2002 年），《空间合作及和平利用外层空间的协定》（2003 年），《在外交和国际关系教育领域合作谅解备忘录》（2004 年）等合作协议。2005 年，双方签署了《卫生合作谅解备忘录》，并续签了《教育合作谅解备忘录》。2009 年，两国签署《高等教育合作谅解备忘录》。2011 年，两国签署《关于高等教育学位学历互认协议》、《旅游合作谅解备忘录》。2014 年，马来华 112.96 万人次，中国公民首站赴马 98.19 万人次。

2005 年 9 月，两国签署《防务合作谅解备忘录》。① 随着双方民商事往来的不断发展，必然会产生大量民商事纠纷。而中方企业或个人只有了解马来西亚的相关法律，才能在发生纠纷时更好地保护自己的合法权益。为此，本节专对马来西亚的民商事管辖权制度进行探讨。

（一）管辖权规则

在马来西亚，法院的管辖权或权限规则的渊源有：

1. 公约

马来西亚主要参加了下列有关的国际公约、条约或宪章：（1）《联合国宪章》和《联合国国际法院规约》；（2）《联合国特权和豁免公约》；（3）《联合国专门机构特权和豁免公约》；（4）《维也纳外交关系公约》；（5）《〈维也纳外交关系公约〉关于国籍取得的选择性议定书》；（6）《〈维也纳外交关系公约〉关于纠纷的强制性解决的选择性议定书》；（7）《维也纳领事关系公约》；（8）《在体育中反对种族隔离的国际公约》；（9）《海牙禁毒国际公约》；（10）《日内瓦禁毒国际公约》；（11）《关于限制麻醉药品的生产和规范其销售的公约》；（12）《在〈1931 年 7 月 13 日限制麻醉药品的生产和规范其销售的公约〉管辖范围之外的国际控制性药品议定书》，以及 1946 年 12 月 11 日在纽约萨克塞斯湖签订的《修改议定书》；（13）1961 年《关于麻醉药品的统一公约》；（14）《精神类药品公约》；（15）1961 年《〈关于麻醉药品的统一公约〉的修改议定书》；（16）1961 年《〈关于麻醉药品的统一公约〉的 1972 年 3 月 25 日议定书》；（17）《关于麻醉药品和精神类药品的非法运输的联合国公约》；（18）1923 年 9 月 12 日在日内瓦签订的《禁止淫秽出版物的流通和运输的公约》，以及 1947 年 11 月 12 日在纽约萨克塞斯湖签订的《修改议定书》；（19）1910 年 5 月 4 日在巴黎签订的《禁止淫秽出版物流通的协议》，以及 1949 年在纽约萨克塞斯湖签订的《修改议定书》；（20）《世界卫生组织宪章》；（21）《关税和贸易总协定》；（22）《成立亚洲开发银行的协议》；（23）《成立国际农业发展基金的协议》；（24）《联合国工业发展组织宪章》；（25）《亚太发展中心宪章》；（26）《临时适用〈关于旅游、商业陆路运输工具和国际陆路货物运输的国际海关公约（草案）〉的协议》（只适用旅游方面的国际海关公约草案）；（27）《便利商业样品和广告用品进出口的国际公约》；（28）《关于便利旅游业的海关公约》；（29）《私人陆路运输工具临时性进出口的海

---

① http://www.fmprc.gov.cn/web/gjhdq_676201/gj_676203/yz_676205/1206_676716/sbgx_676720/，2015 年 3 月 17 日访问。

关公约》；（30）《陆路运输公约》；（31）《国际海事组织公约》；（32）《班轮工会行为法典公约》；（33）《教育、科学、文化用品进出口协议》；（34）《妇女政治权利公约》；（35）1968 年《国际糖业协议》；（36）1973 年《国际糖业协议》；（37）1975 年《第五个国际锡协议》；（38）《成立东南亚锡研究和发展中心的协议》；（39）1979 年《国际天然橡胶协议》；（40）《成立商品共有基金的协议》；（41）1983 年《国际热带木材协议》；（42）1987 年《国际天然橡胶协议》；（43）《国际锡研究机构的工作范围》；（44）《领海和毗邻区公约》；（45）《公海公约》；（46）《关于公海生物资源的捕捞和保护公约》；（47）《大陆架公约》；（48）《关于纠纷强制性解决的选择性议定书》；（49）《联合国海洋法公约》；（50）《外国仲裁裁决的承认与执行公约》；（51）《亚太电信联盟宪章》；（52）《成立亚太广播发展机构的协议》；（53）《关于臭氧层保护的维也纳公约》；（54）《关于消耗臭氧层的物质的蒙特利尔议定书》。①

2. 国内立法和法院体系

马来西亚的法院体系包括下级法院和高级法院。有初审管辖权的民事法院有：Penghulu 法院、地方法院（Magistrates' Court）、法官开庭法院（Sessions Court）、高等法院、上诉法院和联邦法院以及特别法院/法庭、Syariah 法院或者穆斯林法院。这些法院的民事管辖权范围和审理案件的权限受下列法律支配：《联邦宪法》、1964 年《法院审判条例》、1948 年《下级法院条例》以及1967 年《劳资关系法》。

马来西亚下级法院由下列部分组成：

（1）Penghulu 法院。它可以在初审程序中审理和裁决民事案件，但是纠纷标的额不能超过 50 林吉特（马来西亚货币单位），并且该诉讼的当事人都必须是亚洲人，能使用并理解马来西亚语言。1948 年《下级法院条例》第 95条规定了它的刑事管辖权范围。

（2）地方法院。它分为第一级地方法院和第二级地方法院。第一级地方法院对于那些纠纷标的额或价值不超过 25000 林吉特的所有民事案件和诉讼有管辖权。1948 年《下级法院条例》第 85 条规定了它的刑事管辖权范围。第二级地方法院只对下列民事案件或诉讼有初审管辖权，在这些案件中，原告是向被告寻求偿还一笔债务或者规定的违约金，它们必须可以用金钱支付，并且无论是否有利息，总额都不应该超过 3000 林吉特。1948 年《下级法院条例》第

① See Michael Pryles, Dispute Resolution in Asia, Kluwer Law International, 3rd ed., 2006, pp. 297-305.

23

88 条规定了它的刑事管辖权范围。

（3）法官开庭法院。它在审理下列所有民事案件和诉讼时拥有无限制的管辖权：①有关汽车事故、地主和佃户及佃产扣押的案件；以及②纠纷标的额或价值不超过 25 万林吉特的案件。如果在一案件或诉讼中，纠纷的标的额或价值未超过管辖权的限制，那么其当事人将在法官开庭法院受到审判。③如果当事人达成了书面协议，认为法官开庭的法院对其案件或诉讼有管辖权，那么即使案件的标的额或价值超过了管辖权的价值限制，法官开庭法院一样可以行使其管辖权，但是判决不得超过法定限额 25 万林吉特。1948 年《下级法院条例》第 63 条规定了它的刑事管辖权范围。

（4）Syariah 法院或者穆斯林法院。对伊斯兰教案件和涉及信奉伊斯兰教的人的某些案件行使特别管辖权，并且只限于穆斯林违反 1969 年《穆斯林法院（刑事管辖）法》确定的伊斯兰戒律的行为。

马来西亚高级法院由下列部分组成：

（1）高等法院。它对于所有的刑事案件和一般及特别的民事案件拥有初审管辖权。

（2）上诉法院。它对审理和裁决上诉案件拥有管辖权，上诉必须是针对高级法院在下列情况下作出的判决：①在高等法院行使其初审管辖权过程中作出的判决；以及②针对法官开庭法院审理的任何刑事案件，高等法院在行使其上诉或复审管辖权过程中作出的判决。

上诉法院的民事管辖权允许其审理和判决针对任何高等法院作出的任何判决或裁定的上诉，不论这些判决或裁定是高等法院在行使初审还是上诉管辖权时作出，但上诉法院的管辖权要受规范这些上诉的期限和条件的任何成文法的约束。在下列情况下，不能向上诉法院提起上诉：①诉讼的标的额或价值（不包括利息）少于 25 万林吉特（除非取得上诉法院许可）；②判决或裁定是经所有当事人同意作出的；③由法院自由裁量权作出的关于诉讼费用的判决或裁定，除非取得上诉法院许可；④当时有效的任何成文法明示规定，高等法院作出的判决或裁定是终局的。①

（3）联邦法院。联邦法院是马来西亚的最高法院。根据有关法院规则的规定，它有权确定由议会或州立法机关制定的法律是否有效，其理由是对该事项，议会或州立法机关无权制定法律。联邦法院还解决州与州之间或者是联邦和任何一州之间的其他纠纷中的问题。在不影响联邦法院的上诉管辖权的情况

---

①　1964 年《法院审判条例》第 68 条。

下，对在其他法院的任何程序中产生的涉及宪法的任何条款的效力的问题，联邦法院有权（受规范此种管辖权的法院规则的约束）决定该问题，并将案件移交给另一法院由其根据联邦法院的决定予以处理。《联邦宪法》第 128 条和1964 年《法院审判条例》第 81 条规定了联邦法院审理对上诉法院和高等法院判决提出的上诉的管辖权。

对已经或可能产生的涉及宪法任何条款的效力的问题，政府首脑（Yang di-Pertuan Agong）可以请求联邦法院发表意见，对这些问题联邦法院必须在公开审理中宣布其意见。

马来西亚有两个拥有同一级别管辖权、地位平等的高等法院：（1）在马来亚各州的马来亚高等法院，其主要书记官处在吉隆坡；以及（2）在沙巴州（旧称北婆罗洲）和沙捞越州的沙巴州和沙捞越州的高等法院，其主要书记官处可以由政府首脑在沙巴州和沙捞越州的任何地区选定。高等法院和下级法院拥有联邦法律赋予的管辖权和权力。

3. 判例法

位于马来亚①各州的高等法院是马来亚高等法院的分庭。马来亚高等法院在每一州的分庭对所有民事案件都有同等的管辖权，而不论案件的诉因是否源于马来亚其他州（Sova Sdn Bhd v. Kasih Sayang Realty Sdn Bhd［1986］1 MLJ 177）。即使当事人已经约定由某一特定国家的法律支配任何纠纷，也并不意味着剥夺了马来西亚法院对因协议产生的纠纷的管辖权（Elf Petroleum SE Asia Pte Ltd v. Winelf Petroleum Sdn Bhd［1986］1 MLJ 177）。

仲裁条款并不能排除法院的管辖权（Accounting Publications Sdn Bhd v. Ho Soo Furniture Sdn Bhd，［1998］4 MLJ 497；［1999］1 CLJ 765）。相似地，在中止未决诉讼的申请中，当事人有要求继续仲裁的权利，但是此类申请并不表明当事人排除法院管辖权的意图。

1989 年在马来亚博纳德银行诉国际锡理事会案件以及其上诉案件中，最高法院认为，能否送达传票并不是高等法院受理案件的唯一依据。除了 1980《高等法院规则》第 11 号法令第 1 条的规定外，《法院审判条例》第 23 条第 1款第 2 项也规定了高等法院在一定情况下可以行使域外管辖权，例如将外国人和本地居民作为共同被告起诉的情况下。毫无疑问，在超过一个被告被起诉的案件中，只要数被告之一居住在马来西亚或者在马来西亚有营业场所，议会即赋予高等法院域外管辖权。

---

①　马来亚是马来西亚的一部分，在马来半岛南部，也称西马来西亚。

如果合同是在管辖地之外签订的，被告既不居住在马来西亚也没有营业场所在马来西亚，违反合同的行为发生在管辖地之外，在这些情况下，马来西亚法院对这些纠纷都没有管辖权。

马来西亚法学家 Tunku Sofiah Jewa 指出，法院要想在涉及刑事诉讼的国际案件中确立其管辖权，必须依赖以下基本原则之一：属地原则（依据犯罪行为发生地行使的管辖权）；属人原则（依据犯罪行为人的国籍行使的管辖权）；保护原则（依据在犯罪中受到伤害的国家利益行使的管辖权）；普遍性原则（依据对犯罪行为人的羁押行使的管辖权）。

在马来西亚，在 PP v. Loh Ah Hoo ［1974］2 MLJ 216 和 PP v. Yong Nam Seng&Anor ［1964］MLJ 85 案中，法院依据属地原则确立了其管辖权。

（二）管辖权的限制

1. 主权豁免

主权豁免是指一个国家及其财产未经该国明确同意不得在另一国家的法院被诉，其财产不得被另一国家扣押或用于强制执行。根据国际社会的立法与司法实践以及各国学者的普遍理解，国家及其财产豁免权的内容一般包括以下三个方面：（1）司法管辖豁免；（2）诉讼程序豁免；（3）强制执行豁免。

根据《联邦宪法》第 183 条的规定，直到 1993 年，9 个州的苏丹（Sultans，州的统治者）和政府首脑对个人诉讼还享受完全的豁免。在 1993 年对《联邦宪法》第 181 条第 2 款作出了一项修正案，其中规定在《联邦宪法》第 182 条规定的特别法院中，对州统治者或者国家首脑可以以其私人身份提出诉讼。

在 Faridah Begum v. Sultan of Pahang（［1996］1 MLJ 617）案中，特别法院认为，非马来西亚居民不能提起对统治者的诉讼。在本案中，一个新加坡人被认为没有在特别法院提起对彭亨州（Pahang）苏丹的诉讼的资格。法院援引了《联邦宪法》第 151 条。该条规定：当在英联邦任何组成部分生效的法律授予联邦的居民以权利和特权时，不论马来西亚《联邦宪法》的规定如何，马来西亚议会都可以合法地把相似的权利或特权授予英联邦该组成部分的成员。根据《新加坡宪法》，一个马来西亚居民不能在任何法院提起对新加坡共和国总统的诉讼，因此，原告作为新加坡人，也没有权力在本案中提出对苏丹的诉讼。

此外，马来西亚法院对外国政府没有管辖权。

2. 外交和领事豁免

按照国际法或有关协议，在国家间互惠的基础上，为使一国外交代表在驻在国能够有效地执行任务，而由驻在国给予的特别权利和优遇，即称为外交特权与豁免。1961 年《维也纳外交关系公约》系统地规定了外交代表及外交机构的其他人员的特权和豁免。本来，领事官员和领事馆的雇佣人员在无国际条约的情况下，是不能基于习惯国际法而享有特权与豁免的。为了有助于各国间友好关系之发展，国际社会通过努力于 1963 年签订了《维也纳领事关系公约》。根据该公约第 43 条的规定，领事官员和领事馆雇佣人员只有在与其公务行为有关的案件中才能享受接受国法院或行政机关的管辖豁免。

在马来西亚，外交和领事豁免受下列法规支配：1957 年《外交和领事特权条例》；1966 年《外交特权（维也纳公约）条例》；1967 年《外交代表（特权和豁免）条例》。

3. 外国土地

根据 1964 年《法院审判条例》第 23 条，马来西亚法院对外国土地没有管辖权。

4. 法院选择协议

法院选择协议是指双方当事人在争议发生之前或之后，约定他们之间的争议应由哪一个国家的法院来管辖的协议。目前，国际社会普遍承认协议管辖，但一般存在很多限制，例如：协议管辖可以变更平行管辖，而不能变更专属管辖，也不能变更级别管辖。同时，协议管辖只限第一审，上诉审当事人则不能通过协议选择上诉法院。

在全球船运贸易有限公司诉太平纺织品公司案（〔1976〕2 MLJ 154）中，马来西亚联邦法院采纳了 J. Brandon 法官在 The Eleftheria〔1969〕2 All ER 641 案中提出的原则。联邦法院认为，当与合同有关的任何纠纷的诉因在马来西亚法院的管辖范围内产生时，即使当事人达成协议将这样的纠纷提交外国法院管辖，诉因地法院仍有决定是否对诉讼进行审判的自由裁量权，而且管辖权问题和合同准据法问题是完全不同的两个问题。

（三）拒绝行使管辖权

根据 1964 年《法院审判条例》附录的第 11 段和 1980 年《高等法院规则》第 18 号法令第 19 条，高等法院有权因重复诉讼而驳回或中止诉讼程序。除了这些权力外，高等法院也可以在下列情况下拒绝行使其管辖权。

1. 诉讼在另案进行（Lis Alibi Pendens）

在 J. H. Rayner（Mincing Lane）Ltd. & Ors v. Manilal & Sons（M）Sdn Bhd & Anor〔1987〕1MLJ 312 案中，高等法院中止了原告在马来西亚对第一被告提起的诉讼，因为原告已经在伦敦对第一被告提出了类似的诉讼。法院认为，如果允许在马来西亚的诉讼程序继续，则是对诉讼程序的一种滥用。

2. 不方便法院

在国际民事诉讼活动中，由于原告可自由选择一国法院而提起诉讼，他就可能选择对其有利而对被告不利的法院。该法院虽然对案件具有管辖权，但如审理此案将给当事人及司法带来种种不便之处，从而无法保障司法的公正，不能使争议得到迅速有效的解决。此时，如果存在对诉讼同样有管辖权的可替代法院，则该法院可以自身为不方便法院作为根据，依职权或根据被告的请求作出自由裁量而拒绝行使管辖权。这就是国际民事诉讼中的不方便法院原则（Forum Non Conveniens Doctrine）。早在19世纪中叶，苏格兰法院就已开始采用这一原则，19世纪末，美国一些法院也相继接受了苏格兰法院的做法。此后，不方便法院原则盛行于英美普通法系国家。在其他国家中，有些通过判例法确立了"不方便法院原则"，如荷兰、澳大利亚等。还有许多国家在其司法实践中不同程度地运用了"不方便法院原则"。

在 BBMB & Anor v. Lorrain Esme Osman ［1987］2MLJ 633 案中，J. Zakaria Yatim 法官在详细地考察了关于本案问题的英国案例之后，采纳了在 Trendtex Trading Corporation v. Credit Suisse ［1980］3 All ER 721 案中提出的"自然或恰当法院"原则。当诉讼程序与同时，在马来亚州（马来西亚的一部分）和其他国家营业的合伙有关时，在考虑在哪个国家的法院提起诉讼更适当时，其决定性的因素是看哪一法院更能够实现对所有当事人的公平。

在 American Expression International Banking Corp. v. Tan Loon Swan ［1992］1 MLJ 727 案中，法院驳回了认为马来西亚法院没有管辖权的异议，理由是：虽然当事人在借贷合同和担保合同中特别声明合同和当事人之间的权利受新加坡法律支配，但是，没有任何理由表明一当事人居住的国家（即马来西亚）的法院是不方便法院。

尽管当事人已经决定将其纠纷提交外国法院，但如果诉因恰好是发生在马来西亚法院的管辖范围内，马来西亚法院有决定是否对纠纷行使管辖权的自由裁量权。在这种情况下，马来西亚法院可以干预，但只在很少的案件中才干预并确立自己的管辖权。在 Sabah Gas Industries Sdn Bhd v. Trans Samudera Lines (S) Sdn Bhd ［1993］2 MLJ 396 案中，法院支持了在伦敦进行仲裁的管辖地选择条款，因为当事人未能举证证明案件的相关事实和情况是如此的特殊，以致可以违反外国仲裁或管辖权条款。

马来西亚法院判定方便或适当法院时考虑的因素是：与案件有更真实和实

质性联系、产生诉因的事实、与诉讼有关的证人和书证的所在地。①

此外，对马来西亚法院是否可以限制在其他国家提起诉讼这一问题，尚没有已报告的相关案例。

三、越南

中越两国于 1950 年 1 月 18 日建交。两国高层保持频繁接触，各领域的友好交往与合作日益深化，中越全面战略合作伙伴关系内涵进一步充实。中国现为越南第一大贸易伙伴。2014 年 1—5 月双边贸易额为 299.8 亿美元。截至 2013 年，中国企业在越南累计签订承包工程合同额 295.2 亿美元，完成营业额 204.1 亿美元。

越南的法律制度，总的来说，与其经济一样，正在经历快速和惊人的发展。而这是在经济转型过程中所带来的不可避免的产物，目前的状况让作者进行冷静的反思，即本书中所述的内容在本书出版时至少会部分修正，或者已经过时。可以说，自越南 1986 年开始实行"对外开放"政策允许对日益发展的商事纠纷的审理制度进行讨论以来，法律制度得到了充分的发展，越南设立了新的司法机构来处理不断增加的，各种各样的因国家在适用国际市场惯例带来的问题：仲裁中心已经开始处理上述问题。在各种国际组织的援助下，政府正在为建立一个更加持续和可利用的法律出版、存储和传播制度作出实质性的努力。

然而，值得注意的是，在某些对贸易和投资相当重要的法律领域，如合同和争端解决中，虽制定了法律，但法律实施情况不太好。例如，虽然《执行民事判决法》在 1993 年已经生效，并且存在执行外国判决和仲裁裁决的公约，但实施的实际性却是不确定的。此外，不同级别的政府当局对法律所做的个别解释会对法律实施的方式产生很大的影响。在越南法律中不存在先例的概念（也不被社会主义的法律原则所承认），此处引用的许多"规则"仅仅只是一些实践规则（也当然能被改变）。

在与其他国家相比较时，越南在法律和司法制度上仍然存在明显的不同，下面将对这一制度从整体上作简短而介绍性的说明。

（一）立法结构和司法系统

国会（国民大会）是越南最高权力和立法机关，国会委员任期 5 年，大

---

① Michael Pryles, Dispute Resolution in Asia, 3rd ed. , 2006, p. 283.

多数候选人由"祖国阵线"（The Fatherland Front）① 推荐，他们来自不同的职业、群体和组织，直接服从于越南共产党的领导。

国会每年仅召开两次会议，因此，它的大多数职责，特别是许多涉及法律起草和讨论的实际工作，通常由国会常务委员会承担（即以前的国务院：The State Conucil），这是一个在国会下面设立的工作委员会。

总的来说，立法层次如下所述：宪法②是越南的最高法律，所有其他立法必须与它保持一致。法律（和决议）须经国会通过，并在下一级法令和通知中用相当普遍的术语作出详细的阐述（见下述）。国会常务委员会由国会授权，有权通过与法律具有相同地位的法令。

政府（从前的部长会议）通过的立法通常可作为法令进行参照。这些立法与附属规则一起，通常都是低一级法规，为法律和法令的实施制定详细的规则。每一部门被授权允许在其职权范围内制定低一级法律规范。这些通知、命令和细则通常依照在某个特定法令中的授权予以公布。

此外，还有一些有关特殊主题的详细的特别规则，这些规则尚未成为正式立法。它们由政府或各部发布，本身也可通过详细的规则进行阐述。最后总统可发布命令或决定，各部门也可发布补充规定，甚至制定涉及对上述立法形式进行解释的指导方针。

法院系统分为三级，反映了越南行政结构的特点。越南全国划分为 59 个省和 5 个直辖市。最高人民法院是最高司法机关。最高人民法院的院长由国会选举产生，任期五年，作为一名被选代表，他对国民大会负责。在地方或省一级的是地方人民法院，法院院长向各自的人民委员会负责。在 2005 年 1 月 1 日新《民事诉讼法典》生效以前，最高人民法院和地方人民法院分为五个主要部门——刑事、民事、经济、行政和劳工法庭。在区一级的是区人民法院，尽管由特定的法官各自分别负责民事和刑事案件，但法律未再对这一级法院进行划分。但是，在 2005 年 1 月 1 日以后，民事庭管辖所有的民事、婚姻和家

---

① 祖国阵线是越南的统一战线组织，成立于 1955 年 9 月，南北方统一后于 1977 年同越南南方民族解放阵线和越南民族、民主及和平力量联盟合并。

② 越南现行宪法是第四部宪法，于 1992 年 4 月 15 日在八届国会 11 次会议上通过，是 1946 年、1959 年、1980 年宪法的继承和发展，体现了越共"七大"提出的社会主义目标与国家全面革新路线。宪法规定：越南社会主义共和国国家政权属于人民，越南共产党以马克思列宁主义和胡志明思想为指导思想。2001 年十届国会 10 次会议对宪法部分条款作出修改，确定越南要发展"社会主义定向"的市场经济。2013 年 11 月底，越南十三届国会第六次会议通过 1992 年宪法修正案，2014 年 1 月 1 日正式生效。

庭、贸易、商事或劳工诉求案件。①

（二）什么是"商事纠纷"

关于什么是"商事的"的概念（或按地方术语是"经济的"），在一些重要方面，越南的规则与国际标准是不同的。由于争论的分类会影响哪一法庭或机关对同一事件拥有管辖权，该问题不仅仅涉及学术问题。

在 2000 年 12 月《越南与美国双边贸易协定》生效以前，越南定义的"商事"仅限于货物贸易方面，不包括服务贸易，如银行和金融服务。2005年，越南制定了新《商法典》，该法典定义的商事活动涵盖货物的购买和销售、服务的提供、投资、商业增值和其他以营利为目的的活动。

（三）管辖权规则

1. 2005 年新《民事诉讼法典》生效以前的管辖权规则

在 2005 年新《民事诉讼法》生效以前，法律简单规定了经济法庭的管辖权规则，经济法庭有权裁决经济合同纠纷。但是，涉及合同是否为经济合同的分类规则，并不简单明了，还涉及对合同目的和有关签署人的审查。

（1）按标的物确定的管辖权。

一项经济合同被定义为是（关于）产品的生产、交换、服务的提供，专利技术的研究和使用的协议。因此，该定义通常不包括涉及代表处的纠纷，因为根据越南法的规定，这种代表处无权在越南从事商务活动。值得注意的是，合同法原则上适用于所有在越南签署和履行的经济合同，包括那些在越南法人和外国组织及个人间订立的合同。《经济纠纷法》列举了经济法庭有权裁决的争议类型，包括：公司成员之间关于该公司运营的纠纷、有关股票和债券买卖的纠纷、法人和一个已"注册商人"（前面已讨论）之间的纠纷，但《经济纠纷法》特别排除了由 1993 年末颁布的《破产法》调整的破产程序。

（2）对人管辖权。

对哪些实体经济法庭拥有管辖权，《经济合同法》明确规定经济合同只能在法人之间或法人与个人之间签订，这些个人是按照法律规定进行了商业注册的个人（根据越南法，一般来说，公司被认为是法人，尽管对独资企业（sole proprietorships）是不是法人存在疑义）。

上面已经提到，如果为"经济的"目的——一方当事人没有就其合同项下应该履行的义务进行注册登记，则合同仍然无效。另外，那些根本不涉及法人的合同则不属合同法调整的范围。在这种案件中，是否具有"经济的"目

---

① Michael Pryles, Dispute Resolution in Asia, 3rd ed., 2006, p. 452.

的将由民事法庭决定。

（3）国际争议解决的管辖权。

《经济纠纷法》第 87 条规定，当事人间，如其中一双或双方为外国人，在越南产生的经济纠纷由越南法院根据该法审理（除非越南是其成员的国际协定有不同规定）。包含"涉外因素"的经济案件，由越南经济法庭处理。根据最高法院第 11 号通知的规定：在越南经济法庭处理的涉外经济案件中对"经济的"的界定与国内案件中对"经济的"界定一样，且包括与涉外投资有关的案件。

《经济纠纷法》第 43 条规定该法也适用于在越南法人和外国实体/个人间订立的经济合同的履行和/或强制执行。最高法院第 11 号通知对第 43 条解释如下：（1）不管经济合同的外方当事人的总部/住所是否在越南，有关纠纷可以提交越南法院解决。（2）下列情形中的合同不是经济合同：（a）当事人双方是外国实体/个人；或（b）越南的当事人是一个越南个人（包括已登记注册的商人），而不是一个越南的法人。

最高法院的这个通知的重要性在于：由于较早的与国家仲裁有关的第 108 号通知指出，当外国人未在越南取得合法的资格时，越南法人和外国人之间订立的协议不是一项经济合同。这种观点有望在随后的立法中得到确认，由于第 11 号通知仍只是一个解释性的指导原则，通过立法的形式使该观点正式化是非常重要的。

因上述最高法院第 11 号通知对第 43 条解释的第（2）部分提及的合同产生的纠纷，会被作为民事合同由民事法院裁决。因此，是由越南当事人的法律地位是一个商业实体，而不是由相关协议的"经济"目的，来决定包含有涉外因素的合同是经济性质还是民事性质。不像国内纠纷，一审涉外案件由省/市（而不是区）法院单独受理。

（4）经济法庭的诉讼程序。

地方（区）人民法院的经济法庭审理一审案件。一般而言，行使管辖权的依据是被告营业地或住所所在地在法院管辖区内，如果纠纷涉及不动产，则为不动产所在地在法院管辖区内。但是，在经济案件中，区法院只能审理不超过 4500 美元且/或不涉及外国人的案件，经济法庭也对破产诉讼行使管辖权。

在越南进行诉讼时，准许全权法律代表。审理案件的一审法庭由两名法官和一名陪审员组成。当事人必须在法院通知的 7 天内向审理案件的法院交付保证金。如果此案在法庭外解决，则将没收一半的保证金，一审保证金相当于诉讼费用的 50%，二审的保证金是 200000 盾（VND，越南货币单位，相当于总的诉讼费用）。

1997年《人民法院法》第14、15条规定了诉讼费用：（1）在经济案件的请求金额不能估计的情况下，一审的诉讼费用是500000盾。（2）任何经济案件二审收取的诉讼费用应为200000盾。该条还规定了在请求金额能够估计的情况下一审诉讼费用的计算方法。

在《经济纠纷法》中有几个值得注意的条款：例如，诉讼期间非常短，当事人如未能遵照进行会产生严重的后果。必须在有争议的诉讼请求产生的6个月内，提起诉讼程序，法院不受理在此期间后提起的诉讼（尽管法院能够接受要求延长期限的请求，但规定该请求的提出须在相关期限界满之前提出）。事实上，提起上诉的期限也很短。在越南，由于当事人被期望应首先尝试通过调解来解决他们之间存在的争议，6个月的诉讼期限是存在问题的。另外，在当事人向一家错误法庭起诉时，随后会发现产生了补救这种情形的时效障碍。

对经济法庭的判决向最高人民法院的经济法庭提起的上诉，须在法庭判决之日起的10天内（即使判决书尚未在随后的数天内起草）提出。与大多数西方国家相比，上诉期限也是相当短的。

倘若某一案件不具有由经济法院解决的资格，通常是将它提交到相关管辖区的民事法庭。

2. 2005年新《民事诉讼法》生效后的管辖权规则

在2005年1月1日以后，民事庭管辖所有的民事、婚姻和家庭、贸易、商事或劳工诉求案件。

根据2005年《商法典》，原告面临两种诉讼时效：一种是关于通知诉求的；另一种是关于起诉的。

如果被侵害的当事人认为违约的当事人侵犯了他的权利，则他必须在规定的诉讼时效内把争议告知违约方。如果被侵害的当事人没有这样做，则将阻碍他向法院起诉。除了涉及运输中货物的损失以外，当事人一般可以约定诉讼时效。在当事人没有约定时，诉讼时效从3个月到2年不等。

在当事人起诉5个工作日内，民事庭必须考虑它对案件是否有管辖权。在法院通知接受管辖15个工作日内，原告必须支付诉讼费用。在法院接受管辖3个工作日内，法院必须把原告的起诉状通知给被告和其他利害关系人。在接到通知后15日内，被告和其他利害关系人必须向法院提交书面答辩状和其他相关文件。在法院接受管辖2~4个月内，被任命审理案件的法官必须决定如何推进案件的审理。在签发审理案件的决定1个月内，法院必须审理案件，这个期限可以延长到 2 个月。如果法院作出了裁决，在规定的期限内判决未被提出上诉，则判决将生效。①

诉讼当事人或者利害关系人向上级法院提起上诉的期限是 15 日。越南政府对法院判决提起上诉的期限是 15 ~ 30 日。在上诉人提交支付诉讼费用的收据 5 个工作日后，一审法院必须把上诉状和所有案卷送给上诉法院。在接受一审法院送来的所有文件 2 个月内（对于复杂案件，可以延长 1 个月），上诉法院必须决定如何推进案件的审理，然后必须在 1 个月内作出判决（对于复杂案件，可以延长 1 个月）。

3. 判决的复查（review）

对于已经生效的判决，在有证据证明存在严重违反诉讼程序或者判决结论与客观事实不符或者适用法律上的严重错误的情况时，最高人民法院的首席法官和国民大会的首长可以启动对各级法院判决的案件（最高法院法官理事会作出的决定以外）的复查；省级人民法院的首席法官可以启动对地区法院判决的案件的复查。

一个有效的判决可以在签发后 3 个月内被复查。在提交所有相关文件和答辩后 4 个月内，复查法院必须进行复查审理。

4. 判决的再审（rehearing）

对于已经生效的判决，最高人民法院的首席法官和国民大会的首长可以命令对各级法院判决的案件（最高法院法官理事会作出的决定以外）的再审；省级人民法院的首席法官可以启动对地区法院判决的案件的再审。

只有在有证据证明存在以下情况时，生效的判决才能被再审：（1）出现了相关人员在原来的审理中没有注意到的重要事实和情形；（2）辩论结论或翻译的文书不准确或者被伪造；（3）原审所依赖的其他法院的判决或国家当局的决定被撤销。

生效的判决可以在签发后 1 年月内的任何时候被命令复审。②

（四）管辖权的排除

1. 外交豁免与领事豁免

《豁免法》规定了外交和领事豁免的原则，这种豁免权是有限制的豁免权并基于国家间的互惠条约。根据《豁免法》，外交官员在涉及越南境内的不动产、遗产或个人商务行为的纠纷时，不能主张豁免权而免于诉讼或执行。此

---

① Michael Pryles, Dispute Resolution in Asia, 3rd ed., 2006, p. 457.

② Michael Pryles, Dispute Resolution in Asia, 3rd ed., 2006, p. 459.

外，领事官员在涉及严重刑事案件、私人合同或交通事故责任时，也不能主张豁免权。依据上述法令以及外交部的观点，豁免不是绝对的，被严格限制在政府行为而不是某种商务的和私人的行为。

2. 外国土地

根据最高法院的判决，越南法院对有关因外国土地产生的纠纷没有管辖权。而某些法官在对双方当事人都是越南人的外国土地问题上有所保留（实践中很少发生）。根据对越南法官的调查，迄今没有一家越南法院作出有关外国土地的判决。

3. 管辖权选择协议

上面已经提到，根据管辖权选择协议，商事合同的当事人可以自己选择解决纠纷的法院或仲裁机构。

当事人也可协议选择一家外国法院。但是，在审判员看来如果案件没有"涉外因素"，即合同的履行地和当事人都在越南，则上述选择不太可能得到承认（并须注意上面提到的 1995 年初最高法院发布的经济争议通知）。依据越南法和实践，排他性管辖权选择协议必须在合同中明确表述或单独拟定。若没有这种协议，在管辖权上，法院将优先于任何仲裁机构，越南法院将优先于外国法院。

（五）不行使管辖权：诉讼在另案进行和不方便法院

2005 年新《民事诉讼法》承认和采纳了诉讼在另案进行和不方便法院原则。由上级法院解决下级法院之间的管辖权冲突问题。

四、中国香港地区

由于长期作为英国历史上的殖民地，香港争端解决的法律框架受到了极大的影响。香港的法院系统、法律职业组织、解决法律争端的实体和程序方面的准据法都源自英国或与英国相关法律类似。

（一）香港的法律制度和民事法院系统

1. 香港的法律制度①

1997 年 7 月 1 日，中华人民共和国恢复对香港行使主权，香港成为中华人民共和国特别行政区。《中华人民共和国香港特别行政区基本法》（以下简称《基本法》）规定"一国两制"的方针，意即继续沿用香港原有的法律制度，作为香港特别行政区（香港特区）的法治基石。全国人民代表大会通过

---

① 详见 http：//www.doj.gov.hk/sc/legal/index.html，2016 年 3 月 18 日访问.

《基本法》，授权香港特区实行高度自治，直辖于中央人民政府。香港特区依照《基本法》的规定，享有行政管理权、立法权、独立的司法权和终审权。香港特区的立法机关是立法会。

（1）法律渊源。

《基本法》规定，香港原有法律（即普通法、衡平法、条例、附属立法和习惯法），除同《基本法》相抵触或经香港特区的立法机关日后作出修改者外，予以保留，从而保证香港特区的法律制度会使法治得以继续实施。中华人民共和国的全国性法律，除列于《基本法》附件三有关国防和外交的法律外，不在香港特区实施。

普通法和衡平法，主要见诸香港和其他普通法适用地区的高级法院的判决。普通法最独特的地方，在于所依据的司法判例制度。案例可以引自所有普通法适用地区，而并不限于某一司法管辖区的判决。《基本法》第84条规定，香港特区法院可参考其他普通法适用地区的司法判例。此外，香港特区终审法院和司法机关有权邀请其他普通法适用地区的法官参加审判。

香港绝大部分的现行成文法，都是在本地订立并载于《香港法例》中。香港很多法例都是根据获转授的权力而订立的，称为附属法例。例如，某条例可转授权力予行政长官会同行政会议（即行政长官经咨询行政会议的意见），就条例实施的细节订立规例。

部分中国习惯法适用于香港。举例来说，根据《新界条例》（第97章）第13条的规定，法庭可以认可并执行与新界土地有关的中国习俗或传统权益；而在《婚生地位条例》（第184章）中，中国法律和习俗也得到承认。

现时已有超过200项国际条约和协议适用于香港。条约在立法施行之前，不算是香港本地法律的一部分，但仍可影响普通法的发展。举例来说，法庭可引用某条约，以助解释法例。发展迅速的国际惯例法的规定，也可纳入普通法内。

（2）法律语文。

《基本法》第9条规定："香港特别行政区的行政机关、立法机关和司法机关，除使用中文外，还可使用英文，英文也是正式语文。"中、英文在法律语文方面均起着重要作用。当局考虑到《基本法》的规定，以及香港特区作为主要国际贸易和金融中心的地位，于1998年4月成立双语法律制度委员会，就广泛问题，包括双语法例制度的政策及长远目标，以及达到这个目标的方法，向政府提供意见。

普通法的原则可见于香港法院和世界其他普通法适用地区法院的判决。一向以来，该等法院几乎只以英语宣告判决。普通法由盈千累万的案例构成，若要把这些案例全数翻译成中文，则并不切实可行。虽然预计将来香港法院以中文宣告判决的数目会不断增加，但大部分海外判例仍只会以英文撰写。为符合《基本法》有关双语并用的规定，所有香港的法例均以中、英文制定，两个版本具同等效力。香港的成文法律汇编现已全面双语化。

（3）律师制度。

香港的律师分为大律师和律师两种，执业范围有清楚的划分。律师的出庭发言权是受到限制的，但大律师在所有法院均享有不受限制的出庭发言权。在其中一种执业的法律专业人士不能同时在另一种执业。虽然大部分法律专业人士都是私人执业，但也有为数甚多的法律专业人士，是在政府法律部门（如律政司或法律援助署）工作，或受聘于公共机构或私人公司为法律顾问，或在香港大专院校从事教学及研究工作。

香港目前约有1000名执业大律师。香港大律师公会执行委员会每年改选一次，负责监察大律师的事务。大律师可接受律师行或香港大律师公会承认的专业团体的成员委托，也可由律政司、法律援助署或当值律师服务发出指示而聘用或委聘。大律师如执业不少于10年，且表现出色和成就获得公认，便可申请当资深大律师（这程序通常称为"披上丝袍"，因为资深大律师出庭时会身穿丝质长袍）。资深大律师通常处理一些较为复杂的案件。大律师必须单独执业，而律师则可单独执业或以合伙形式执业。

香港目前有超过5900名执业律师。律师业主要是自行监管的，而香港律师会就是负责管理律师事务的组织。经选举产生的理事会在维持律师的专业水平及职业操守方面的责任是很广泛的。此外，理事会也负责签发律师执业证书。香港律师会负责为在香港执业的所有外地律师注册和规管其执业，负责订立和监察律师的教育及培训标准，并负责管理专业进修计划。香港目前有50多家已开业的外地律师行，就其原属司法管辖区的法律提供意见。目前，外地律师可通过由香港律师会主办的海外律师资格考试，或取得豁免考试的资格，获认许为香港律师。香港约有400名律师获认许以公证人身份执业。香港法律公证人协会是公证人的管理组织。终审法院首席法官主管委任香港公证人事宜，并负责委任公证人纪律审裁团，以组成公证人纪律审裁组，对公证人的行为操守进行研讯。

（4）法律援助。

法律援助署为具有合理理据提出诉讼或进行抗辩的人士，提供代表律师，以进行民事及刑事诉讼，确保他们不会因没有经济能力而无法提出诉讼或进行抗辩。法律援助服务由政府拨款提供。合资格人士可获提供代表律师，费用全免或视乎其经济情况而按比例收取。受助人可能须要偿付诉讼所需讼费或法律援助署署长代支费用的全部或部分，视乎成功追讨的赔偿款额而定。法律援助申请由法律援助署律师决定是否给予援助。倘决定给予法律援助，署长会指派署内律师或私人执业律师替受助人办理案件。凡需要或适宜委托大律师办理的案件，该署也会指派大律师办理。

在民事诉讼方面，法律援助的适用范围遍及大部分在区域法院、原讼法庭、上诉法庭及终审法院审理的民事案件。某些在土地审裁处审理的租务案件，向精神健康复核审裁处提出的申请，也可获得法律援助。如果要获得法律援助，则申请人必须通过"经济审查"，证明经济上符合资格。此外，申请人也须通过"案情审查"，显示自己有合理理据提出有关的民事诉讼或就有关的民事诉讼进行抗辩，并有合理的胜诉机会；或显示自己最少也有合理机会因获提供以公帑资助的代表律师而得到一些具体利益。申请人如果通过经济和案情审查，则会获得法律援助。法律援助署署长有酌情决定权，在有充分理据的《人权法案》诉讼中，免除申请人的财务资源资格上限。申请人若因法律援助署署长拒绝提供法律援助的决定而感到受屈，可向高等法院司法常务官提出上诉。至于终审法院上诉案件，则可向由司法常务官担任主席的复核委员会提出上诉。司法常务官或复核委员会的决定是最终决定。

当值律师服务于 1978 年 11 月设立，当时称为律师会法律辅导计划。1993 年 8 月，当局就这项服务改称为当值律师服务。当值律师服务由香港特区政府资助，但由本港法律专业人士独立管理。当值律师服务设有三项计划：当值律师计划、免费法律咨询计划，以及电话法律咨询计划。被告人须同时通过经济审查和案情审查，才可获得上述法律协助。

免费法律咨询计划于 1978 年设立，市民可在设于民政事务总署辖下民政事务处的法律咨询中心免费获提供法律意见。法律咨询服务在 9 个晚间咨询中心进行。任何人如要取得免费法律咨询，须透过转介机构预约时间。所有民政事务处、明爱中心、社会福利署各附属办事处，都是这项计划的转介机构。

于 1984 年推行的电话法律咨询计划，是利用电话录音为市民提供法律资料。这项计划的系统已在 1995 年全部电脑化，并加强为提供全日 24 小时的自动查询服务。电话录音有粤语、英语和普通话，录音资料包括婚姻、楼宇租务、刑事、金融、雇佣、环境法和行政法方面的法律问题。这些内容会定期更新，倘市民对其他课题有兴趣，也会加制录音带，提供有关资料。

2. 民事法院系统①

香港的法院分为终审法院、高等法院（设有上诉法庭和原讼法庭）、区域法院、裁判法院、死因裁判法庭及少年法庭。此外，还有多个审裁处，包括土地审裁处、劳资审裁处、小额钱债审裁处和淫亵物品审裁处，各具司法管辖权，就指定范畴内的纠纷作出判决。

（1）终审法院。

《中英联合声明》和《基本法》明确承诺于 1997 年 7 月 1 日在香港设立终审法院，取代在伦敦的枢密院司法委员会，作为本港的最终上诉法院。终审法院具有《香港终审法院条例》（第 484 章）赋予的司法管辖权。根据《基本法》及《香港终审法院条例》（第 484 章）的条文规定，终审法院法官由行政长官根据独立委员会的推荐委任，有关任命须经立法机关同意。《香港终审法院条例》规定，上诉须由终审法院审判庭聆讯和裁决，而终审法院审判庭须由终审法院首席法官及三名常任法官，以及一名非常任香港法官或一名其他普通法适用地区法官所组成。

（2）高等法院。

高等法院设有上诉法庭和原讼法庭。上诉法庭负责审理来自原讼法庭和区域法院的所有民事和刑事上诉案件，以及来自土地审裁处的上诉案件。此外，上诉法庭也对其他级别较低的法院提交的法律问题作出裁定。原讼法庭审理刑事和民事事宜的司法管辖权不受限制。民事案件涉及的范畴包括离婚、海事诉讼、破产、公司清盘、领养、遗嘱认证和精神错乱。原讼法庭也可行使上诉司法管辖权，审理来自裁判法院、劳资审裁处、小额钱债审裁处及淫亵物品审裁处的上诉案件。

（3）区域法院。

区域法院审理民事和刑事事宜的司法管辖权是受到限制的。民事方面，区域法院仅有权审理所涉款项多于 50000 港元但不超过 1000000 港元的诉求。如属收地诉讼或诉讼中出现土地权益所有权的问题，有关土地的每年租金或应课差饷租值或年值不得超过 240000 港元。除一般民事事宜的司法管辖权外，区域法院对以下各者也具有专有司法管辖权：根据《雇员补偿条例》（第 282 章）提出的诉求、根据《税务条例》（第 112 章）追讨税款的诉求，以及根据《业主与租客（综合）条例》（第 7 章）为追讨欠租而提出的扣押财物程序。至于婚姻诉讼及领养申请，亦必须在区域法院展开（负责处理这类案件的法

---

① 参见 http：//www.doj.gov.hk/sc/legal/index.html，访问日期：2016-04-07.

庭亦称家事法庭）。

区域法院也可行使多项条例（包括《印花税条例》（第117章）、《肺尘埃沉着病（补偿）条例》（第360章）及《职业性失聪（补偿）条例》（第469章））所赋予的有限上诉司法管辖权，审理来自各有关审裁处及法定机构的上诉案件。

（4）裁判法院。

裁判官可行使刑事司法管辖权，审理多种可公诉罪行及简易程序罪行。特委裁判官可由具备律师资格或丰富法律工作经验的人士出任，专门处理惯常性质的案件，如小贩摆卖或轻微交通违例案件等。特委裁判官的判罚能力，通常是以判处监禁2年及罚款100000港元为限。

（5）土地审裁处。

土地审裁处有以下四项主要司法职能：政府或其他机构强制收地时，或某些土地因工务或私人土地发展以致价值减损时，厘定政府或有关机构应给予受影响人士的赔偿额；裁定有关大厦管理的争议事件；裁定不服差饷物业估价署署长的决定而提出的上诉，并裁定针对房屋署署长就物业的现行市值所作评估而提出的上诉；以及裁定所有涉及《业主与租客（综合）条例》（第7章）的事宜。

（6）劳资审裁处。

劳资审裁处为解决雇员与雇主之间的纠纷提供既快捷相宜而又不拘形式的方法。涉案双方不得由大律师或律师代表。审裁处处理的案件，有指称违反雇佣合约某一条款而提出的诉求，也有追讨解雇代通知金、欠薪、法定假日薪酬、年假薪酬、疾病津贴、产假薪酬、花红、双薪、遣散费、长期服务金等个案。

（7）小额钱债审裁处。

小额钱债审裁处负责审理所涉款额不超过50000港元的小额钱债诉求。审裁处的聆讯不拘形式，涉案双方不得由大律师或律师代表。

香港法院的运作由香港司法机构负责，独立于行政和立法机关。在司法和行政意义上，司法机构是由终审法院首席法官执掌。行政支持方面，由司法机构政务长负责协助终审法院首席法官，而政务长的职级与决策局局长相同。至于司法方面，则由在香港或其他普通法适用地区取得专业法律资格及经验的法官，负责主持在各级公开法院进行的聆讯。较高级的法官部分从本港杰出大律师中聘任，其他则从司法机构内部或律政司高级人员中擢升。法官都是独立作出判决，但当事人可根据法律的规定提出上诉。此外，法院设有司法常务官及副司法常务官，协助法官处理大量"内庭"工作（即在全面公开法庭程序之前、之后或取代该等程序所进行的工作）。

根据《基本法》，法官是由香港特区行政长官按照司法人员推荐委员会的建议任命的。该委员会是根据《司法人员推荐委员会条例》（第92章）设立的一个独立法定组织，由本地法官，法律界及其他知名人士组成。终审法院首席法官和高等法院首席法官必须由没有外国居留权的香港永久居民中的中国公民担任。所有法官和裁判官必须具备香港或另一普通法适用地区的法律执业资格，并有丰富的专业经验。

法官的任期是受到保障的，可以一直任职至退休为止（区域法院法官的退休年龄是60岁或65岁，高等法院和终审法院的法官则为65岁，视乎任命日期而定）。《基本法》规定，法官只有在无力履行职责或行为不检的情况下，行政长官才可根据终审法院首席法官任命的不少于3名当地法官组成的审议庭的建议，予以免职。如属终审法院首席法官的免职，审议庭须由行政长官任命，并由不少于五名当地法官组成。此外，《基本法》又规定，终审法院法官和高等法院首席法官的免职，事前均须征得立法会同意。

香港与世界任何地方一样，司法独立主要包含两方面，即宪制上的独立和观点上的独立。司法人员任命方式及任期保障能够确保司法独立。法官在执行职务时，享有和继续享有广泛保障，不会因法官身份所作出的行为而负上民事责任。此外，立法机关不得质疑法官的行为。司法独立是法治的一个基本要素。

（二）管辖权规则

香港高等法院的司法管辖一般依赖于被告是否被合法地送达传票。依据法院的普通法司法管辖权，如果被告在香港，就能合法地送达，从而法院有司法管辖权。如果被告自愿服从管辖，则法院也有司法管辖权。对于被告是外国人或实体的案子，这些条件就都没有得到满足。通过允许向香港以外领域送达传票，《香港高等法院规则》第11条号令扩展了高等法院的管辖权。依据第11条号令，如果满足了下列自由裁量的依据之一，则法庭就有权批准向香港以外的国家和地区送达法律文书（从而确立管辖权）。这些依据包括：（1）合同在香港订立或违反。（2）合同规定由香港法来调整合同。总之，总体而言，申请人要表明它有一个"是非曲直很值得争议的案子"。

（三）管辖权的排除

在某些情况下，香港法院的管辖权将不能行使或拒绝行使。这些情形包括关于主权豁免、外交或领事豁免的案件，有关外国领土的争议，以及双方当事人协商同意排除香港法院的管辖，而由其他法院进行管辖。

1. 主权豁免

1997 年前，由于 1978 年《英国国家豁免法》延伸适用于香港，一个基本的原则就是外国国家豁免于香港法院的管辖。与其他的英国立法一样，《英国国家豁免法》在 1997 年后将不适用于香港。但是，如果习惯国际法不违反香港立法，则将构成香港普通法的一部分。根据 1990 年《中华人民共和国香港特别行政区基本法》附件三（在香港特别行政区实施的全国性法律），《中华人民共和国外交特权与豁免条例》自 1997 年 7 月 1 日起由香港特别行政区在当地公布或立法实施。因此，外国国家在一定范围内豁免于香港法院的管辖权。

主权豁免原则可以使一个主权国家在直接对其提起的诉讼或间接地针对其拥有的或控制的财产提起诉讼时受到豁免保护。主张豁免的国家必须证明其财产是用于公共的目的。外国的商业行为不能豁免于香港法院的管辖权。除了一些例外，豁免已扩展到执行过程，一个国家的财产也不能被执行。针对一个国家提出的救济不能通过采取强制令或特别履行的命令或返还土地或其他财产而得到。

国家豁免权也可以因一个国家自动服从法院的管辖而放弃，放弃豁免一般必须是明示的，但在一些情况下也可以是默示的。

2. 外交与领事豁免

关于外交关系和领事关系的维也纳公约都在英国适用。中英两国均已同意 1997 年 7 月 1 日后继续在香港适用这两个公约。在符合一定的条件的情况下，外国外交使团的团长和他的外交工作人员在刑法领域享有豁免权，除一些具体的例外外还享有普遍的民事管辖豁免权。其他一些成员所享有的豁免相比较而言要低一些。

外国领事和他们的工作人员，依据《维也纳领事关系公约》，他们在执行领事职责中的行为免于司法管辖。然而，有些民事的行为却不能免于管辖：（1）在官员或雇员在订立合同时并未明示或暗示是派遣国的代表，由此领事官员或雇员所立合同而引起的争议；（2）在接受国中汽车、轮船、飞机事故，第三方要求赔偿损害，领事官员和雇员将不享有豁免权。

某些国际组织及其工作人员同样也享受一定程度的香港法院的司法管辖豁免权。

另外，根据 1997 年《全国人民代表大会常务委员会关于〈中华人民共和国香港特别行政区基本法〉附件三所列全国性法律增减的决定》，《中华人民共和国领事特权与豁免条例》适用于香港。

3. 外国领土

香港法院对有关外国领土上的财产和该类土地上的权利没有管辖权。一个重要的原因就是对属于外国管辖下的土地的司法审判的可行性。

4. 管辖地选择协议

即使是香港法院享有司法管辖的案例，如果双方当事人约定将所有的争议都交由外国法院专属管辖。但是，这个规则也不是绝对的，如果原告能够证明让该诉讼继续是公正和合适的，那么香港法院就会行使自由裁量权让该类诉讼继续。

（四）司法管辖权的拒绝行使

在一些情况下，即使法院享有司法管辖权，它们也会拒绝行使或中止提交给他们的诉讼。

1. 诉讼在另案进行

当一个当事人在香港法院和外国法院同时提起诉讼，当事人在香港法院的诉讼将是悬而未决的诉讼。此时，法院就会决定该类诉讼是否应继续。如果香港法院认为别的法院管辖更合适，则香港法院就会中止诉讼。这种决定是基于下面要讨论的不方便法院原则作出的，但是诉讼已在外国进行是香港法院赞成中止自己的诉讼的重要因素。但是，香港法院也可能通过颁发禁令来限制外国的诉讼。

2. 不方便法院

依据不方便法院原则，法院在存在另一更方便对案子进行审判的法院时会中止诉讼。该规则基本的原则如下：（1）中止诉讼只能在当另一有管辖权法院能更合适地对案子进行审理的时候基于不方便法院原则作出。（2）该种责任一般是依据被告寻求中止诉讼来劝说法院通过行使其自由裁量权来中止诉讼。（3）如果法院确信在表面上存在另一更方便法院时，则原告就必须说明在香港审判是合理的根据。

如果法院认定不存在另一更明显的合适法院，则法院就会拒绝中止诉讼。然而，如果法院认为存在更合适的法院，除非原告能够证明在外国法院审判不能获得公正的判决，则法院就会同意中止诉讼。

五、中国澳门地区

（一）澳门的法律制度和司法制度

1. 澳门的法律制度

澳门特别行政区的法律制度，建立在法治和司法独立的基础上。根据"一国两制"的原则，特区的法律制度以大陆法为根基。1993 年《中华人民共和国澳门特别行政区基本法》（以下简称《基本法》）是澳门特别行政区的宪制性文件，澳门特别行政区的制度和政策，包括社会、经济制度、有关保障居民基本权利和自由的制度、行政管理、立法和司法方面的制度，以及有关政策，均以基本法的规定为依据。

澳门特别行政区原有的法律、法令、行政法规和其他规范性文件，只要不抵触基本法，仍继续生效。除有关国防、外交及其他在澳门特区自治范围以外的事务的全国性法律以外的法律，可由特区公布或自行立法，在澳门施行。自 1993 年《基本法》通过后，澳门的法律本地化工作进入了高潮。这一时期法律本地化的工作主要围绕着对构成澳门现行法律制度基础的葡萄牙五大法典的修订而进行。1996 年 1 月和 1997 年 4 月，澳门《刑法典》、《刑事诉讼法典》相继生效。1999 年 8 月，澳葡当局正式公布了澳门《民法典》和澳门《商法典》。1999 年 10 月 8 日，澳门总督颁布了第 55/99/M 号法令，核准并公布澳门《民事诉讼法典》。该三大法典已自 1999 年 11 月 1 日开始生效，这标志着旷日持久的澳门法律本地化工作进入了尾声。

《基本法》保障澳门居民享有言论、新闻、出版的自由，结社、集会、游行、示威的自由，组织和参加工会、罢工的权利和自由，宗教信仰的自由，自由旅行和出入境的自由。《公民权利和政治权利国际公约》、《经济、社会与文化权利国际公约》和多项国际劳工公约中适用于澳门的条文继续有效。澳门特区继续遵行各项主要的国际人权公约，包括《消除一切形式种族歧视国际公约》、《禁止酷刑和其他残忍、不人道或有辱人格的待遇或处罚公约》、《儿童权利公约》和《消除对妇女一切形式歧视公约》。

2. 澳门的司法制度

《基本法》规定，澳门特别行政区享有独立的司法权和终审权。法院独立进行审判，只服从法律，不受任何干涉。澳门特别行政区设有第一审法院（包括初级法院和行政法院，行政法院有管辖权解决行政、税务及海关方面的法律关系所生的争议）中级法院和终审法院。澳门的终审权属于特别行政区终审法院。法院的组织、职权和运作由法律规定。

初级法院可根据需要设立若干专门法庭（目前由民事法庭、刑事起诉法庭、轻微民事案件法庭、刑事法庭、劳动法庭、家庭及未成年人法庭组成）。特区继续保留原刑事起诉法庭的制度。

各级法院的法官，根据由法官、律师和知名人士组成的独立委员会推荐，由行政长官任命。选用法官以其专业资格为标准，符合标准的外籍法官也可聘用。目前有数名资深葡人法官在各级法院服务。各级法院的院长由行政长官从法官中选任。终审法院院长由特别行政区永久性居民中的中国公民担任。

（二）澳门法院的管辖权①

新的澳门《民事诉讼法典》（法令第 55/99/M 号）以专章的方式系统地规定了澳门（涉外）民事案件的司法管辖权制度，该法典与葡萄牙主权机关为澳门制定的《澳门组织章程》、《澳门司法组织纲要法》以及《澳门司法组织新规则》等法律、法令相配套，构成了澳门现行（涉外）民事案件司法管辖权制度的完整体系。

1. 澳门现行（涉外）民事案件司法管辖权制度的法律特点

澳门自 16 世纪中叶开始，就成为西方在远东的第一商埠、东西方交通贸易的枢纽、中西文化汇通的桥梁，其渊源流长的对外开放历史为包括管辖权制度在内的澳门国际私法的发展奠定了坚实的基础。经历了几个世纪嬗变的澳门现行（涉外）民事案件的司法管辖权制度呈现出以下显着的法律特点：

第一，以葡萄牙《民事诉讼法典》为基本渊源，依循日尔曼式的系统化。现行澳门民事案件的司法管辖权制度完全是从葡萄牙移植过来的，以 1961 年颁布并通过 1962 年 7 月 30 日第 19305 号训令延伸适用于澳门的葡萄牙《民事诉讼法典》为基本渊源。该法典自 1967 年以来几经修改，修改后的一些内容也延伸适用于澳门。在推动澳门法律本地化的进程中，澳葡当局已完成对《民事诉讼法典》的修订，但这一修订亦以葡萄牙《民事诉讼法典》为蓝本，故新近生效的澳门新法典虽然通过本地化程序已转化为澳门本地法律，但立法内容上仍然带有明显的葡萄牙痕迹，立法经验、立法技术也均源自葡萄牙。葡式的《民事诉讼法典》主要以意大利《民事诉讼法典》为立法模式，承袭了大陆法系的传统，强调法律的系统化、成文化，对（涉外）民事案件的司法管辖权制度作了较为系统、全面的规定。

第二，主权回归后的澳门已具备完全独立的司法管辖权体系。在葡萄牙管制澳门的漫长年月，澳门司法机关属于葡萄牙司法机关的组成部分，只是葡萄牙司法体系中的一个小法区，在澳门只设第一审法院，全部上诉案件都由葡国的上级法院审理。虽然在过渡时期葡国国会相继修改了《葡萄牙共和国宪法》、《澳门组织章程》，公布了《澳门司法组织纲要法》，澳门总督也在 1992

---

① 丁伟：《论澳门涉外民事案件的司法管辖权制度》，http：//china.findlaw.cn/info/lunwen/guojilw/155450.html，2015 年 3 月 18 日访问.

年颁布了《澳门司法制度法》和《审计法院规章法》，设立了能审理上诉案件的高等法院和审计法院。1996 年葡萄牙再次对《澳门组织章程》作出修改，删除了一些不合时宜的规定，确定澳门应拥有"享有自治权的适应澳门地区特点的自身司法组织"。1998 年 3 月，葡萄牙总统还颁令从 1998 年 6 月 1 日起将一部分终审权下放给澳门高等法院。但是，澳门在主权回归的前夜仍不具备完全独立的司法体系，澳门司法机关仍然属葡国司法制度在海外的延伸，一部分案件的终审权继续保留在葡萄牙最高法院、最高行政法院、审计法院和宪法法院。直到 1999 年 12 月 20 日澳门政权交接的零瞬间这种状况才宣告结束，澳门在历史上首次获得了完全独立的司法权。

第三，以专章的方式在《民事诉讼法典》中集中规定民事案件的司法管辖权制度。澳门在《民法典》和《民事诉讼法典》中辟出专章，分别规定冲突法制度和（涉外）民事案件的司法管辖权制度。

第四，规范司法管辖权的法律规范具有多样化的特点。长期以来，澳门（涉外）民事案件的司法管辖权制度除以《民事诉讼法典》为基本渊源外，葡萄牙主权机关为澳门制定的《澳门组织章程》、《澳门司法组织纲要法》等重要法律、法令也对澳门司法管辖权制度作出规定。除此以外，葡萄牙加入并延伸适用于澳门的有关国际民事诉讼管辖权的国际公约①也构成了规范澳门（涉外）民事案件司法管辖权制度的法律渊源。澳门主权回归后，上述葡萄牙法律已被废止，代之以澳门特别行政区立法机关制定的法律，延伸适用于澳门的有关国际公约也继续有效，这些法律规范构成了澳门现行司法管辖权制度完整的法律体系。

2. 澳门（涉外）民事案件司法管辖权制度的基本框架

（1）一般规定。

①澳门法院具有管辖权的一般情况。

《民事诉讼法典》第 15 条规定，当出现下列任一情况时，澳门法院具管辖权：a. 作为诉因之事实或任何组成诉因之事实在澳门作出；b. 被告非为澳门居民而原告为澳门居民，只要该被告在其居住地之法院提起相同诉讼时，该原告得在当地被起诉；c. 如不在澳门法院提起诉讼，有关权利将无法实现，且拟提起之诉讼与澳门之间在人或物方面存有任何应予考虑之连结点。

---

① 在国际民事案件司法管辖权领域葡萄牙加入并延伸适用于澳门的国际公约主要有：1952 年 5 月 10 日在布鲁塞尔签署的《关于船舶碰撞中民事管辖权若干规则的国际公约》；1954 年 3 月 1 日在海牙签署的《民事诉讼程序公约》等。

②对于某些诉讼具管辖权的情况。

《民事诉讼法典》第 16 条规定，澳门法院具有管辖权审理下列诉讼，但不影响因上条规定而具有的管辖权：a. 为要求履行债务、因不履行或有瑕疵履行债务要求赔偿，或因不履行债务要求解除合同而提起之诉讼，只要有关债务应在澳门履行或被告在澳门有住所；b. 涉及享益债权之诉讼、勒迁之诉、优先权之诉及预约合同特定执行之诉，只要诉讼之标的物为在澳门之不动产；c. 加强、代替、减少或消除抵押之诉讼，只要涉及船舶及航空器时，其已在澳门登记，或涉及其他财产时，其系在澳门；d. 为裁定以无偿或有偿方式取得之船舶不受优先受偿权约束而提起之诉讼，而取得船舶时船舶系停泊在澳门港口；e. 为理算交付或原应交付有关货物至澳门港口之船舶遭受之共同海损而提起之诉讼；f. 基于船舶碰撞而提起之请求损害赔偿之诉讼，而有关意外系在本地区管理之水域发生，澳门为肇事船舶船主之住所地，肇事船舶在澳门登记或在澳门港口被发现，或澳门港口为被撞船舶最先到达之港口；g. 为要求给予救助或援助船舶应付之费用而提起之诉讼，而有关救助或援助系在本地区管理之水域作出，澳门为被救助物之物主住所地，或被救助船舶在澳门登记或在澳门港口被发现；h. 分割共有物之诉讼，只要诉讼之标的物系在澳门；i. 离婚诉讼，而原告居于澳门或在澳门有住所；j. 旨在终结遗产共同拥有状况之财产清册诉讼，只要继承系在澳门开始，又或继承已在澳门以外地方开始，但死者在澳门遗下不动产，或虽无不动产，但在澳门遗下其大部分动产；k. 确认一人因他人死亡而具继受人资格之诉讼，只要符合上项所指任一要件，或待确认资格之人在澳门有住所；l. 旨在宣告破产之诉讼，只要有关商业企业主之住所或主要行政管理机关位于澳门，又或以上两者均不位于澳门，但诉讼系因在澳门所负之债务或应在澳门履行之债务而引致，且该商业企业主在澳门设有分支机构、代办处、子机构、代理处或代表处；然而，清算仅限于在澳门之财产。

③对于其他诉讼具管辖权的情况。

《民事诉讼法典》第 17 条规定，遇有下列情况，澳门法院具管辖权审理上条或特别规定中无规定之诉讼，但不影响因第 15 条之规定而具有之管辖权：a. 被告在澳门有住所或居所；b. 被告无常居地、不确定谁为被告或被告下落不明，而原告在澳门有住所或居所；c. 被告为法人，而其住所或主要行政管理机关，又或分支机构、代办处、子机构、代理处或代表处位于澳门。

④保全程序及预行措施。

《民事诉讼法典》第 18 条规定，如可向澳门法院提起诉讼，或诉讼正在澳门法院待决，则亦得向澳门法院声请进行保全程序及采取预行调查证据之措施。

⑤澳门法院之专属管辖权。

《民事诉讼法典》第 20 条规定，澳门法院具专属管辖权审理下列诉讼：a. 与在澳门之不动产之物权有关之诉讼；b. 旨在宣告住所在澳门之法人破产或无偿还能力之诉讼。

（2）管辖权之延伸及变更。

①附随问题。

《民事诉讼法典》第 26 条规定，对有关诉讼具管辖权之法院，亦具管辖权审理该诉讼中出现之附随事项以及被告作为防御方法所提出之问题。对该等问题及附随事项所作之裁判在有关诉讼以外不构成裁判已确定之案件，但任一当事人声请有关裁判在上述诉讼以外亦构成裁判已确定之案件，且审理该诉讼之法院具此管辖权者除外。

②审理前之先决问题。

《民事诉讼法典》第 27 条规定，如对诉讼标的之审理取决于对某一行政或刑事问题之裁判，而此裁判由澳门另一法院管辖，法官得在该管辖法院作出裁判前，中止诉讼程序，不作出裁判。如有关行政或刑事诉讼在 1 个月内仍未进行，或此诉讼程序因当事人之过失而停止进行达 1 个月，则该中止即行终结；遇有此情况，负责该民事诉讼之法官须就审理前之先决问题作出裁判，但其裁判在此诉讼程序以外不产生效力。

③反诉问题。

《民事诉讼法典》第 28 条规定，审理诉讼之法院得审理透过反诉所提出之问题，只要其对该等问题具管辖权。如因反诉不能在澳门法院提出，或有关反诉原应由仲裁庭审理，以致审理该诉讼之法院不具管辖权审理该反诉，则驳回对原告之反诉。如因有别于上款所指之其他理由，以致审理该诉讼之法院不具管辖权审理反诉，则须将有关反诉之诉讼卷宗副本移送具管辖权之法院，而有关诉讼继续在原法院进行。

④排除及赋予审判权之协议。

《民事诉讼法典》第 29 条规定，如出现争议之实体关系与一个以上之法律秩序有联系，当事人得约定何地之法院具管辖权解决某一争议或某一法律关系可能产生之争议。透过协议，得指定仅某地之法院具管辖权，或指定其他法院与澳门法院具竞合管辖权；如有疑问，则推定属竞合指定。下列要件一并符合时，上述指定方属有效：a. 涉及可处分权利之争议；b. 被指定之法院所在地之法律容许该指定；c. 该指定符合双方当事人之重大利益，或符合一方当事人之重大利益，且不会对另一方引致严重不便；d. 有关事宜不属澳门法院专属管辖；e. 协议以书面作出或确认，且在协议中明确指出何地之法院具管辖权。

为着上款 e 项之效力，载于经双方当事人签署之文件，或在往来书信或其他可作为书面证据之通讯方法中体现之协议，均视为以书面作出之协议，而不论在该等文件中直接载有协议，或该等文件中之条款指明参照载有该协议之某一文件。

（3）管辖权之保障。

①无管辖权。

《民事诉讼法典》第 30 条（无管辖权之情况）规定，如果不得向澳门法院提起有关诉讼，或出现违反在内部秩序分配管辖权之规则之情况，则法院无管辖权。

《民事诉讼法典》第 31 条（争辩之正当性及适时性）规定，在诉讼程序中任何时刻，如就案件之实质仍未有确定判决，当事人得提出争辩，指法院无管辖权，而法院亦应依职权提出其本身无管辖权。仅被告得以违反排除审判权之协议或案件原应由自愿仲裁庭审理为由，提出法院无管辖权之争辩，而提出之期间与答辩、反对或答复之期间相同；如果无此等步骤，则与就被告可采用之其他防御方法所定之期间相同；提出无管辖权之争辩之诉辩书状中，应指出有关证据。在上款所规定之情况下，原告得于诉讼中接着提出之诉辩书状内作出答复；如无接着提出之诉辩书状，则原告得于获通知被告递交诉辩书状一事后 10 日内以专门诉辩书状作出答复；作出答复之诉辩书状中，应指出有关证据。如果有一名以上之被告，而仅有一名或部分被告提出排除审判权之协议被违反或案件原应由自愿仲裁庭审理，则按通知原告之相同方式通知其余被告，以便其得以专门诉辩书状反对提出争辩。

《民事诉讼法典》第 32 条（对无管辖权作出审理之时刻）规定，如果法院无管辖权之争辩于作出清理批示前提出，则得立即审理此事或留待作清理批示时予以审理。如果无清理批示或无管辖权之争辩于作出清理批示后方提出，则应立即审理。

《民事诉讼法典》第 33 条（无管辖权之效果）规定，如果出现无管辖权之情况，则须将卷宗移送具管辖权之法院，而有关起诉状视为于提交起诉状之首次登记日提交。如果有关诉讼不可在澳门法院提起，则初端驳回起诉状，或驳回对被告之起诉；如果排除审判权之协议被违反或案件原应由仲裁庭审理，则驳回对被告之起诉；上款之规定不适用于上述情况。

《民事诉讼法典》第 34 条（就无管辖权所作裁判之效力）规定，就法院无管辖权所作之裁判，在作出裁判之诉讼以外不产生任何效力。就无管辖权之裁判如系在第一审法院作出且已确定，则依据上条第一款之规定获移送卷宗之法院，亦得依职权提出其本身无管辖权；如果其宣告本身无管辖权，则适用管辖权冲突制度。如果中级法院在平常上诉中裁定因一案件属某一初级法院管辖，故另一初级法院无管辖权审理该案件，则在被宣告具管辖权之法院不得再提出该管辖权之问题；对中级法院所作之合议庭裁判，不得提起平常上诉。如果中级法院在平常上诉中裁定因一案件属上级法院管辖，故某一初级法院无管辖权审理该案件，则终审法院在其后或有之平常上诉中须裁定何法院具管辖权，而在被宣告具管辖权之法院不得再提出该管辖权之问题。

②管辖权之冲突。

《民事诉讼法典》第 35 条规定，管辖权之积极或消极冲突系指两个或两个以上之澳门法院均认为本身具管辖权或无管辖权审理同一问题。就关于管辖权所作之裁判可提起上诉时，不视为出现冲突。

《民事诉讼法典》第 36 条（解决冲突之请求）规定，任一方当事人或检察院得声请法院就管辖权之冲突作出裁判，而在声请书内须详细列明显示出现冲突之事实。上述声请书致送予具管辖权解决冲突之法院院长，并连同必需之文件一并交予该法院之办事处；声请书中亦指出有关之证人。

《民事诉讼法典》第 37 条（初端驳回或冲突之解决）规定，如裁判书制作人认为无出现管辖权之冲突，则初端驳回有关声请。如裁判书制作人认为出现冲突，且属积极冲突者，则命令以公函通知牵涉入冲突之各法院中止有关诉讼程序之进行，并于指定期间内作出答复。牵涉入冲突之各法院亦须以公函答复，并得随函附上有关诉讼程序卷宗之任何证明。收到答复或将答复附入卷宗之期间届满后，如已提出人证，须随即进行对人证之调查；继而，让委托之律师查阅卷宗，以作书面陈述；其后，将有关卷宗交予检察院检阅；最后，作出裁判。

《民事诉讼法典》第 38 条（程序在其他情况中之适用）规定，以上各条关于解决管辖权冲突之规则，适用于下列情况：a. 同一诉讼在不同法院中待决，且提出无管辖权之抗辩及诉讼已系属之抗辩之期间已过；b. 同一诉讼在不同法院中待决，而其中一法院裁定本身具管辖权，且已不能向其余法院提出无管辖权之抗辩及诉讼已系属之抗辩；c. 其中一法院裁定本身无管辖权，但已将有关卷宗移送予并非正在处理同一待决案件之他法院，且已不能向正在处理同一待决案件之另一法院提出无管辖权之抗辩及诉讼已系属之抗辩。

（4）级别管辖。

①初级法院的管辖权。

经 2004 年修改的《司法组织纲要法》第 28（民事法庭的管辖权）条规定，民事法庭有管辖权审判不属于其他法庭管辖的民事性质的案件，以及有管辖权审判不属于其他法庭或法院管辖的其他性质的案件，包括审判该等案件的所有附随事项及问题。

《司法组织纲要法》第 29 条—A（轻微民事案件法庭的管辖权）条规定，轻微民事案件法庭有管辖权审判应按照轻微案件特别诉讼程序的步骤进行的诉讼，包括审判该等诉讼的所有附随事项及问题，但不影响获法律赋予的其他管辖权。

《司法组织纲要法》第 29 条—C（劳动法庭的管辖权）条规定，劳动法庭有管辖权审判适用《劳动诉讼法典》的、由劳动法律关系而生的民事及轻微违反的诉讼、附随事项及问题，但不影响获法律赋予的其他管辖权。

《司法组织纲要法》第 29 条—D（家庭及未成年人法庭的管辖权）条规定，家庭及未成年人法庭负责准备及审判下列程序及诉讼，但不影响获法律赋予的其他管辖权 a. 有关夫妻的非讼事件的程序；b. 经法院裁定的分产诉讼及离婚诉讼，但不影响《民法典》第 1628 条第 2 款规定的适用；c. 基于经法院裁定的分产诉讼及离婚诉讼而声请进行的财产清册程序，以及与该财产清册程序有关的保全程序；d. 宣告婚姻不成立的诉讼或撤销婚姻的诉讼；e. 根据《民法典》第 1519 条及第 1520 条提起的诉讼；f. 向配偶、前配偶、未成年子女、成年或已解除亲权的子女提供扶养的诉讼及执行程序；g. 与 10 月 25 日第 65/99/M 号法令第 95 条所列举的特别措施有关的程序；h. 对母亲身份及推定父亲身份提出争执的诉讼；i. 与采用、执行及重新审查 10 月 25 日第 65/99/M 号法令所规定的措施及一般措施有关的程序。家庭及未成年人法庭亦有管辖权审理在上款所指案件中出现的任何附随事项及问题。

②中级法院的管辖权。

《司法组织纲要法》第 36 条规定，中级法院有管辖权：A. 审判对第一审法院的裁判提起上诉的案件，以及对自愿仲裁程序中作出而可以争执的裁决提起上诉的案件；B. 作为第一审级，审判就下列人士因履行其职务而作出的行为，针对彼等所提起的诉讼：a. 廉政专员、审计长、警察总局局长及海关关长，b. 行政会委员及立法会议员；C. 作为第一审级，审判下列人士在担任其职务时的犯罪及轻微违反的案件：a. 廉政专员、审计长、警察总局局长及海关关长；b. 行政会委员及立法会议员；D. 作为第一审级，审判就第一审法院法官、检察官因履行其职务而作出的行为，针对彼等所提起的诉讼；E. 作为第一审级，审判由上项所指司法官作出的犯罪及轻微违反的案件；F. 在③项及⑤项所指案件的诉讼程序中，进行预审，就是否起诉作出裁判，以及行使在侦查方面的审判职能；G. 许可或否决对刑事判决进行再审、撤销不协调的刑事判决，以及于再审程序进行期间中止刑罚的执行；H. 作为第一审级，审判对下列人士及机关所作的行政行为或属行政事宜的行为，或所作的有关税务、准税务或海关问题的行为提起上诉的案件：a. 行政长官、立法会主席及终审法院院长；b. 司长、廉政专员、审计长、检察长、警察总局局长及海关关长；c. 立法会执行委员会；d. 推荐法官的独立委员会及其主席、法官委员会及其主席、中级法院院长、第一审法院院长及监管办事处的法官；e. 检察官委员会及其主席、助理检察长及检察官；f. 在行政当局中级别高于局长的其他机关；I. 审判对行政机关履行行政职能时制定的规定提出争执的案件；J. 审判要求中止某些行政行为及规范的效力的请求，只要该法院正审理对该等行政行为所提起的司法上诉及对该等规范所提起的申诉，以及审判关于在该法院待决或将提起的上诉的其他附随事项；K. 审判在该法院待决的行政、税务或海关上的司法争讼程序内，或就将提起的上述程序要求预先调查证据的请求；L. 审查有管辖权的第一审法院在处理行政违法行为的程序中所作的科处罚款及附加制裁的裁判；M. 审查及确认裁判，尤其是澳门以外的法院或仲裁员所作者；N. 审理第一审法院间的管辖权冲突；O. 审理行政法院与行政、税务或海关当局间的管辖权冲突；P. 行使法律赋予的其他管辖权。

③终审法院的管辖权。

《司法组织纲要法》第44条规定，终审法院有管辖权：（1）依据诉讼法律的规定统一司法见解；（2）审判对中级法院作为第二审级所作的属民事或劳动事宜的合议庭裁判以及在行政、税务或海关上的司法争讼的诉讼中所作的合议庭裁判提起上诉的案件，只要依据本法及诉讼法律的规定，对该合议庭裁判系可提出争执者；（3）审判对中级法院作为第二审级所作的属刑事的合议庭裁判提起上诉的案件，只要依据诉讼法律的规定，对该合议庭裁判系可提出争执者；（4）审判对中级法院作为第一审级所作的可予以争执的合议庭裁判提起上诉的案件；（5）审判就行政长官、立法会主席及司长因履行其职务而作出的行为，针对彼等所提起的诉讼，但法律另有规定者除外；（6）审判行政长官、立法会主席及司长在担任其职务时作出的犯罪及轻微违反的案件，但法律另有规定者除外；（7）审判就终审法院法官、检察长、中级法院法官及助理检察长因履行其职务而作出的行为，针对彼等所提起的诉讼；（8）审判上项所指司法官作出的犯罪及轻微违反的案件；（9）在第（6）、（8）项所指案件的诉讼程序中，进行预审，就是否起诉作出裁判，以及行使在侦查方面的审判职能；（10）就人身保护令事宜行使审判权；（11）审理关于法官委员会及检察官委员会选举上的司法争讼；（12）审判要求中止某些行政行为效力的请求，只要该法院正审理对该等行政行为所提起之司法上诉；以及审判关于在该法院待决或将提起之上诉之其他附随事项；（13）审判在该法院待决的行政上的司法争讼程序内，或就将提起的上述程序要求预行调查证据的请求；（14）审理中级法院与第一审法院间的管辖权冲突；（15）审理中级法院与行政、税务及海关当局间的管辖权冲突；（16）行使法律赋予的其他管辖权。

六、中国台湾地区

诉讼一直以来是中国台湾地区的主要争端解决机制。由于台湾地区采用的是大陆法系，案件直接由职业法官处理，而没有陪审团的参与。"台湾宪法"规定，法官有对向法院提交的案件进行独立裁决的权利和义务。"民事诉讼法典"规定了调整诉讼行为的程序性规则。

（一）台湾地区的法院

根据 2015 年修订的台湾地区"法院组织法"第 1 条和第 3 条，台湾地区的普通法院分为三级：地方法院、高等法院和最高法院，每一级又进一步分为数个民事法庭和刑事法庭。地方法院审判案件，以法官一人独任或三人合议行之。高等法院审判案件，以法官三人合议行之。最高法院审判案件，以法官五人合议行之。由行政处置而引起的争议属于行政法院的管辖范围。

"法院组织法"第 8 条规定，直辖市或县（市）各设地方法院。但得视其地理环境及案件多寡，增设地方法院分院；或合设地方法院；或将其辖区之一部划归其他地方法院或其分院，不受行政区划限制。在特定地区，因业务需要，得设专业地方法院；其组织及管辖等事项，以法律定之。每一个地方法院可以设立一个或多个简易庭，审理那些相对而言较轻微的案件。其第 9 条规定，地区法院拥有一审民、刑事管辖权，但法律别有规定者，不在此限；同时受理不服简易庭判决的上诉案件和法律规定之非讼事件。其第 10 条规定，地方法院分设民事庭、刑事庭、行政诉讼庭，其庭数视事务之繁简定之；必要时得设专业法庭。例如，可设立了专门处理家庭、青少年、交通、金融、知识产权劳工问题的法庭，以及撤销违反社会抚养令的法律的决定的法庭。

"法院组织法"第 31-32 条规定，省、直辖市或特别区域各设高等法院。

但得视其地理环境及案件多寡，增设高等法院分院；或合设高等法院；或将其辖区之一部划归其他高等法院或其分院，不受行政区划之限制。它们管辖：（1）关于内乱、外患及妨害国交之刑事第一审诉讼案件；（2）不服地方法院及其分院第一审判决而上诉之民事、刑事诉讼案件。但法律另有规定者，从其规定；（3）不服地方法院及其分院裁定而抗告之案件。但法律另有规定者，从其规定；（4）其他法律规定之诉讼案件。其第 36 条规定，高等法院分设民事庭、刑事庭，其庭数视事务之繁简定之；必要时得设专业法庭。例如，处理青少年问题、交通、公共安全、选举和劳工争议的专门法庭。高等法院对每个案件的事实和法律问题进行复审。

"法院组织法"第 47-48 条规定，最高法院设于"中央政府"所在地。最高法院由民事法庭和刑事法庭组成。最高法院管辖事件如下：（1）不服高等法院及其分院第一审判决而上诉之刑事诉讼案件。（2）不服高等法院及其分院第二审判决而上诉之民事、刑事诉讼案件。（3）不服高等法院及其分院裁定而抗告之案件。（4）非常上诉案件。（5）其他法律规定之诉讼案件。每一个法庭都是独立运作，因此，在不同的法庭间会产生不一致的法律观点。因此，法庭之间要定期召开会议讨论特殊的法律问题，以达到观点上的协调一致，尽管这种会议的结论没有法律约束力。

最高法院只对法律问题进行复审，不包括事实的复审。因此，上诉必须建立在违反了法律或法规的基础上，包括未能适用相关法律或相关法律适用不当或解释不当。最高法院按惯例对上诉人提交的书面上诉摘要进行复审，很少采用口头的程序。

（二）法院管辖权

2015 年修订的台湾地区"民事诉讼法"第 1-31 条详细规定了法院的管辖权。

1. 普通审判籍

（1）普通审判籍——自然人。

诉讼，由被告住所地之法院管辖。被告住所地之法院不能行使职权者，由其居所地之法院管辖。诉之原因事实发生于被告居所地者，亦得由其居所地之法院管辖。被告在"台湾地区"现无住所或住所不明者，以其在"台湾地区"之居所，视为其住所；无居所或居所不明者，以其在"台湾地区"最后之住所，视为其住所。在外国享有治外法权之"台湾地区"人，不能依前两项规定管辖法院者，以"中央政府"所在地视为其住所地。

（2）普通审判籍——法人及其他团体。

对于公法人之诉讼，由其公务所所在地之法院管辖；其以中央或地方机关为被告时，由该机关所在地之法院管辖。对于私法人或其他得为诉讼当事人之团体之诉讼，由其主事务所或主营业所所在地之法院管辖。对于外国法人或其他得为诉讼当事人之团体之诉讼，由其在"台湾地区"之主事务所或主营业所所在地之法院管辖。

2. 特别审判籍

（1）因财产权涉讼之特别审判籍。

对于在中华民国现无住所或住所不明之人，因财产权涉讼者，得由被告可扣押之财产或请求标的所在地之法院管辖。被告之财产或请求标的如为债权，以债务人住所或该债权担保之标的所在地，视为被告财产或请求标的之所在地。

对于生徒、受雇人或其他寄寓人，因财产权涉讼者，得由寄寓地之法院管辖。

对于现役军人或海员因财产权涉讼者，得由其公务所，军舰本籍或船籍所在地之法院管辖。

（2）因业务涉讼之特别审判籍。

对于设有事务所或营业所之人，因关于其事务所或营业所之业务涉讼者，得由该事务所或营业所所在地之法院管辖。

（3）因船舶涉讼之特别审判籍。

对于船舶所有人或利用船舶人，因船舶或航行涉讼者，得由船籍所在地之法院管辖。

因船舶债权或以船舶担保之债权涉讼者，得由船舶所在地之法院管辖。

（4）因社员资格涉讼之特别审判籍。

公司或其他团体或其债权人，对于社员或社员对于社员，于其社员之资格有所请求而涉讼者，得由该团体主事务所或主营业所所在地之法院管辖。前项规定，于团体或其债权人或社员，对于团体职员或已退社员有所请求而涉讼者，准用之。

（5）因不动产涉讼之特别审判籍。

因不动产之物权或其分割或经界涉讼者，专属不动产所在地之法院管辖。其他因不动产涉讼者，得由不动产所在地之法院管辖。对于同一被告因债权及担保该债权之不动产物权涉讼者，得由不动产所在地之法院合并管辖。

（6）因契约涉讼之特别审判籍。

因契约涉讼者，如经当事人定有债务履行地，得由该履行地之法院管辖。

（7）因票据涉讼之特别审判籍。

本于票据有所请求而涉讼者，得由票据付款地之法院管辖。

（8）因财产管理涉讼之特别审判籍。

因关于财产管理有所请求而涉讼者，得由管理地之法院管辖。

（9）因侵权行为涉讼之特别审判籍。

因侵权行为涉讼者，得由行为地之法院管辖。因船舶碰撞或其他海上事故，请求损害赔偿而涉讼者，得由受损害之船舶最初到达地，或加害船舶被扣留地，或其船籍港之法院管辖。因航空器飞航失事或其他空中事故，请求损害赔偿而涉讼者，得由损害航空器最初降落地，或加害航空器被扣留地之法院管辖。

（10）因海难救助涉讼之特别审判籍。

因海难救助涉讼者，得由救助地或被救助之船舶最初到达地之法院管辖。

（11）因登记涉讼之特别审判籍。

因登记涉讼者，得由登记地之法院管辖。

（12）关于继承事件之特别审判籍。

因自然人死亡而生效力之行为涉讼者，得由该自然人死亡时之住所地法院管辖。前项法院不能行使职权，或诉之原因事实发生于该自然人居所地，或其为"台湾地区"人，于死亡时，在"台湾地区"无住所或住所不明者，定前项管辖法院时，准用第一条之规定。因遗产上之负担涉讼，如果其遗产之全部或一部，在前条所定法院管辖区域内者，得由该法院管辖。

（13）共同诉讼之特别审判籍。

共同诉讼之被告数人，其住所不在一法院管辖区域内者，各该住所在地之法院俱有管辖权。但依第四条至前条规定有共同管辖法院者，由该法院管辖。

（14）管辖之竞合。

被告住所、不动产所在地、侵权行为地或其他据以定管辖法院之地，跨连或散在数法院管辖区域内者，各该法院俱有管辖权。

同一诉讼，数法院有管辖权者，原告得任向其中一法院起诉。

3. 指定管辖——原因及程序

有下列各款情形之一者，直接上级法院应依当事人之声请或受诉法院之请求，指定管辖：有管辖权之法院，因法律或事实不能行使审判权，或因特别情形，由其审判恐影响公安或难期公平者。因管辖区域境界不明，致不能辨别有管辖权之法院者。直接上级法院不能行使职权者，前项指定由再上级法院为之。第一项之声请得向受诉法院或直接上级法院为之，前项声请得向受诉法院或再上级法院为之。指定管辖之裁定，不得声明不服。

4. 合意管辖及其表意方法

当事人得以合意定第一审管辖法院。但以关于由一定法律关系而生之诉讼为限。前项合意，应以文书证之。被告不抗辩法院无管辖权，而为本案之言词辩论者，以其法院为有管辖权之法院。前二条之规定，于本法定有专属管辖之诉讼，不适用之。

定法院之管辖，以起诉时为准。

5. 移送诉讼之原因及程序

诉讼之全部或一部，法院认为无管辖权者，依原告声请或依职权以裁定移送于其管辖法院。

前条（第 24 条）之合意管辖，如当事人之一造为法人或商人，依其预定用于同类契约之条款而成立，按其情形显失公平者，他造于为本案之言词辩论前，得声请移送于其管辖法院。但两造均为法人或商人者，不在此限。移送诉讼之声请被驳回者，不得声明不服。

移送诉讼前如有急迫情形，法院应依当事人声请或依职权为必要之处分。

移送诉讼之裁定确定时，受移送之法院受其羁束。前项法院，不得以该诉讼更移送于他法院。但专属于他法院管辖者，不在此限。移送诉讼之裁定确定时，视为该诉讼自始即系属于受移送之法院。前项情形，法院书记官应速将裁定正本附入卷宗，送交受移送之法院。

起诉时法院有受理诉讼权限者，不因诉讼系属后事实及法律状态变更而受影响。诉讼已系属于不同审判权之法院者，当事人不得就同一事件向普通法院更行起诉。普通法院认其有受理诉讼权限而为裁判经确定者，其他法院受该裁判之羁束。普通法院认其无受理诉讼权限者，应依职权裁定将诉讼移送至有受理诉讼权限之管辖法院。当事人就普通法院有无受理诉讼权限有争执者，普通法院应先为裁定。前项裁定，得为抗告。普通法院为第二项及第三项之裁定前，应先征询当事人之意见。第 29 条、第 31 条规定，于第二项之情形准用之。

其他法院将诉讼移送至普通法院者，依本法定其诉讼费用之征收。移送前所生之诉讼费用视为普通法院诉讼费用之一部分。应行征收之诉讼费用，其他法院未加征收、征收不足额或溢收者，普通法院应补行征收或通知原收款法院退还溢收部分。

第三节 若干欧洲国家有关国际民事管辖权的制度

在欧洲，欧盟成员国①之间民事管辖权的确定，除丹麦外（即丹麦与其他欧盟成员国之间的民事管辖权仍依 1968 年《布鲁塞尔公约》进行），欧盟 2015 年《关于民商事案件管辖权和判决承认与执行的条例》已替代《布鲁塞尔公约》。故对除丹麦外的欧盟成员国之间管辖权的确定依欧盟第 1215/2012 号条例、2015 年《关于破产程序的条例》和 2003 年《关于婚姻案件和亲子责任案件管辖权及判决承认与执行的条例》和欧盟 2012 年继承条例（英国、爱尔兰和丹麦未加入）进行。瑞士未加入欧盟，但它是 1988 年《洛迦诺公约》的成员国。该公约与《布鲁塞尔公约》规定了基本相同的基本原则。但是，由于《洛迦诺公约》不是《布鲁塞尔公约》几个文本的一部分，它不受欧洲法院的解释性管辖权的管辖。《洛迦诺公约》本身就被设计为《布鲁塞尔公约》的"平行公约"，这意味着它不代替后者。由于奥地利、瑞典和芬兰已加入欧洲联盟并退出欧洲自由贸易联盟，因此，自 2002 年 3 月 1 日以后，在上述国家之间，欧盟《关于民商事案件管辖权和判决承认与执行的条例》已替代《洛迦诺公约》。目前《洛迦诺公约》只在欧盟成员国与欧洲自由贸易联盟部分成员国之间（瑞士、冰岛、挪威）发挥作用，当然也适用于纯粹是自由贸易联盟成员国间的关系。

一、瑞士

（一）瑞士的法院系统

瑞士是位于中欧的内陆国。1999 年瑞士公民表决通过新宪法，明确规定瑞士是联邦制国家，各州②有自己的宪法。联邦政府管辖外交、财政、金融、

---

① 欧盟有 28 个成员国。法国、德国、意大利、荷兰、比利时、卢森堡为创始成员国，于 1951 年结盟。此后，丹麦、爱尔兰和英国（1973 年），希腊（1981 年），西班牙和葡萄牙（1986 年），奥地利、芬兰、瑞典（1995 年）先后成为欧盟成员国。2004 年 5 月 1 日，欧盟实现了有史以来规模最大的扩盟，波兰、捷克、匈牙利、斯洛伐克、斯洛文尼亚、塞浦路斯、马耳他、拉脱维亚、立陶宛和爱沙尼亚 10 个国家同时加入。2007 年 1 月 1 日，保加利亚和罗马尼亚加入。2013 年 7 月 1 日，克罗地亚入盟。

② 全国分为 26 个州：苏黎世、伯尔尼、卢塞恩、乌里、施维茨、上瓦尔登、下瓦尔登、格拉鲁斯、楚格、弗里堡、佐洛图恩、巴塞尔市、巴塞尔乡、沙夫豪森、外罗登阿本策尔、内罗登阿本策尔、圣加仑、格劳宾登、阿尔高、图尔高、迪溪诺、伏特、瓦莱、纽沙泰尔、日内瓦、汝拉。州下设区。

联邦税收、货币、国防、海关、铁路、邮电、能源、电视、广播和社会保障等，其他事务由各州管辖。各州必须遵守联邦的全国性法规并接受联邦的监督。联邦议会是立法机构，由具有同等权限的国民院和联邦院组成。只有两院一致批准，则法律或决议方能生效。

瑞士法院体系包括联邦法院和地方法院。联邦法院包括联邦最高法院和联邦保险法院。联邦法院系统由专职法官和兼职法官构成，分别在洛桑、卢塞恩两地办公。联邦法院总秘书处设在洛桑。联邦法院法官由议会两院联席会议任命，任命主要考虑语言、地区和议会中的多数党所占的比例。联邦最高法院和联邦保险法院通过交换意见和举行年会的形式协调双方的决定，并在法院行政管理方面合作，包括共同使用电脑系统、在官方文摘上共同出基本判例集等。

1. 联邦最高法院

联邦最高法院位于洛桑和卢塞恩。联邦最高法院保证联邦法律在全国范围内统一实施，保证各州在采纳和实施联邦法律、在司法实践中不违背联邦法律。联邦最高法院也有保护宪法所赋予公民权力的责任。联邦最高法院有解释法律的权力，联邦最高法院可以宣布州宪法和法律违反联邦宪法而无效，但联邦最高法院无权宣布联邦法律违宪。

联邦最高法院是解决法律争议的最后一个环节，它解决公民与国家间、公民间、州与州间、州与联邦间的争议。联邦最高法院解决的法律争议包括所有方在瑞士的法治实践中，通过联邦最高法院的判决，促进了联邦法律的发展和完善，也促进联邦法律适应形势发展的需要。

联邦最高法院由第一公法庭、第二公法庭、第一民事法庭、第二民事法庭、债务和破产法庭、刑事上诉法庭、联邦刑事法庭、检察庭和特别上诉法庭九个法庭组成。

2. 联邦保险法院

联邦保险法院是在联邦社会保险事务范围内对州保险法院、其他机构作出的保险决定不服的最后一审法院。除了对社会保险案件作出裁判外，联邦保险法院对分散的保险法所作出的统一解释具有重要作用，它推动了社会保险法的发展。联邦保险法院由专职法官和兼职法官组成。

联邦保险法院实际上是联邦最高法院的分支，从组织上又独立于联邦最高法院，审理社会保险案件。联邦保险法院具有对分散的保险法律的统一解释权。

3. 瑞士地方法院系统

依据瑞士宪法规定，各州享有司法权，可自行确定司法组织和司法程序。

因此，各州法院体系很不一样。州一般设有州法院，一些市镇还设有“和平法庭”，调解和审理小金额的诉讼案件。

地方法院一般设有民事法庭和刑事法庭。苏黎世等 4 个州还设有商事法庭。一些州设有特别法庭，如雇佣法庭、房东和租户法庭。① 民事法庭一般分为三级：和平法庭、民事法庭和州法院。民事法庭属于一审法院，审理较大金额的诉讼案件。州法院审理更大金额的诉讼案件和上诉案件。对于州法院的判决不服，可以向联邦法院上诉，联邦法院为终审法院。

地方法院法官有的由公民直接选举产生，有的由州议会选举。法官任期各州不相同，一般为 3 至 10 年，可以连选连任。②

（二）瑞士的管辖权制度

瑞士的国际民事诉讼制度比较完善。瑞士的实体法基本上由联邦法支配，但是，除知识产权法和不正当竞争法等领域外，瑞士国内民商事争议的管辖权和国际、国内民事案件的审理程序以及国内法院判决的执行主要由各州的民事诉讼法规定。但是自从《关于民事管辖权的联邦法》于 2001 年 1 月 1 日生效后，对人管辖权和管辖地由联邦法支配。③ 联邦法院的诉讼程序由《瑞士联邦诉讼法》和《关于联邦司法组织的联邦法》支配。

有关国际民事案件管辖权的规则见于《瑞士联邦国际私法法规》及其参加的有关条约中。本书主要依据有代表性的州的民事诉讼法和《瑞士联邦国际私法法规》以及有关的条约对瑞士的民事管辖权制度进行探讨。④

1. 引言

下列几个因素把瑞士的管辖权制度与其他国家的管辖权制度区别开来。

（1）国内送达对管辖权的确定没有影响。

是否能对瑞士国内的被告进行有效送达与瑞士法院对管辖权的确定之间没有关系。相反，其他的决定因素，如对诉讼当事人的扣押或对诉讼请求的标的物的扣押倒有决定性意义。在这方面，瑞士的管辖制度与所有其他的欧洲大陆

---

① Shelby R. Grubbs, International Civil Procedure, 2003, p. 737.

② 以上关于瑞士法院的阐述，引自徐继敏：《瑞士宪政制度探析》，载《现代法学》2003 年第 1 期。

③ Jonathan Warne, International Commercial Dispute Resolution, 2009, p. 661.

④ 本书有关瑞士国际民事诉讼程序的阐述主要参考了 Christion T. Campbell, International Civil Procedures, 1995; Shelby R. Grubbs, International Civil Procedure, 2003; 陈卫佐著的《瑞士国际私法法典研究》（法律出版社 1998 年版）、李双元与谢石松著的《国际民事诉讼法概论》（武汉大学出版社 2001 年第 2 版）等书。

的管辖制度相同，但与英国的管辖制度是根本不同的。

（2）多套管辖权规则。

联邦宪法基本上把民事诉讼法立法权限授予各州。因此，适用于国内民商事争议的管辖权规则可在州的民事诉讼法中找到。"国内争议"是指定居或居住在瑞士的当事人之间的争议。但联邦宪法第 59 条规定：因人身案件对有偿还能力的债务人的起诉，必须向他有惯常居所的州的法院提出。而且在特别的法律领域，联邦立法取代了州的管辖权规则，这是为了保证实体私法的执行，在这些法律领域被认为有必要规定统一的联邦管辖权规则，这些领域包括知识产权法和不正当竞争法。

《瑞士联邦国际私法法规》单独地确定国际民商事争议的管辖权。"国际争议"是指涉及的当事人中的一方未定居或居住在瑞士的争议。《瑞士联邦国际私法法规》的规则大部分与州的管辖权规则相一致（可适用于国内的诉讼）；如果它们不一致，则《瑞士联邦国际私法法规》的规则在国际争议方面优先。对于涉及欧洲联盟或欧洲自由贸易联盟成员国的居民的争议，适用 1988 年《洛迦诺公约》的管辖权规则。这些规则优先于《瑞士联邦国际私法法规》可适用于国际民商事诉讼的规则。

（3）确定管辖权要考虑的因素。

在民事或商事争议中，哪一法院对被告有管辖权必须从三个方面来考虑：在地域性方面，必须根据地区、州或国家来决定被告必须在哪里被起诉；在请求权的标的物方面，必须决定被告须在某一特定地域的哪一法院被起诉；有法定资格裁决的是独任法官、审判长还是合议庭，由请求权的标的物和请求救济的类型来决定。上述三个方面中地域方面是主要的决定性因素。一旦决定了诉讼必须被提起的地方，接下来便是根据可适用的州的民事诉讼法来决定地区或州之内的哪一法院是适当的法院。

2. 国内民商事争议的管辖权规则

（1）正常的管辖地——被告的住所。

根据州的民事诉讼法，民商事案件的诉讼一般必须向被告的住所地的法院提起。住所包括自然人和法人的住所，一般依据《瑞士民法典》（CC）的规则确定。《瑞士民法典》第 23 条把自然人的住所定义为：一个人具有久居的意思而居住的某一处所。对自然人而言，如果被告已放弃他以前的住所而未确定新的住所，或者他在瑞士没有住所，则可在他在瑞士的惯常居所所在地对他提起诉讼。法人或其他法律实体的住所是在商业注册中被登记的住所，或者如没有此类登记，为法人或社团的章程所指定的住所。① 这同样适用于合伙（在已由法律确定的范围内被诉，诉讼必须不是直接针对合伙人提起的）。

（2）正常司法管辖地的宪法保证。

《联邦宪法》第 59 条规定：因个人事务而对有清偿能力的债务人起诉的，必须向他的住所地的法官提出。这个所谓正常司法管辖地的宪法保证为州之间的管辖权划定了界限。换句话说，它仅规定了在州际关系范围内的州的管辖权，而没有规定州本身范围内法院的管辖权。

保证仅仅可适用于因《瑞士债法典》（CO）而引起的案件中的诉讼请求，而与对物诉讼或关于家庭法或继承法的争议无关。保证仅可以由仍有清偿能力的、在瑞士有住所的债务人援引。《联邦宪法》第 59 条优先于相反的州的规则，但是相对于联邦立法来说没有效力（联邦立法规定了不同于被告住所地的特别的管辖地），这是因为在瑞士，联邦立法不能被司法审查。

（3）特别管辖地。

除了正常的管辖地以外，州的民事诉讼法和联邦立法规定了不同的特别管辖地。取决于请求权的标的物，特别管辖地是辅助性的，也就是说，只有在瑞士没有正常的管辖地（被告在瑞士没有住所）时才使用特别管辖地。在其他的案件中，特别管辖地是可供选择的，意思是指原告可在正常的管辖地和特别管辖地之间作出选择。某些特别管辖地是专属的，即优先于正常管辖地。下面列举了有关民事、商事请求权的最重要的特别管辖地。

①被告的分支机构所在地。

有关被告的分支机构的经营的诉讼可以在分支机构的所在地被提起。这个管辖地不是专属的，诉讼也可在被告的住所地被提起。② 对于公司，《联邦债法典》第 3 部分第 642 条明确规定了分支机构的特别管辖地：有关分支机构业务活动的诉讼可以在公司的住所地或者在商业注册中登记的分支机构所在地提起，或者如果分支机构未被登记以及根据它的体制和经营，它具有一定的独立性，则在分支机构的实际所在地提起。

②为了债务的履行而选择的住所。

当一方当事人为了债务的履行已经书面选择了一个特别的住所，这类当事人可以在其选择住所所在地的法院被诉。一些州的民事诉讼法对上述规则作了限定，即如果当事人有另外的住所或者在各自的州有分支机构或者选择（住

---

① Swiss Civil Code, Article 56.

② Zurich Code of Civil Procedure , Section 3.

所）的一方是定居在国外的瑞士公民，那么一个特别管辖地只能通过选择住所创设。

③被告的最后住所地。

只要遗产还未在继承人之间被分割并且还没有形成财产的共有，死亡者遗产的债权人针对遗产诉讼必须向死亡者的最后住所地的法院提起。《联邦民法典》第538条规定：最后遗嘱的无效或修改的诉讼、转让或分割遗产的诉讼必须向死亡者的最后住所地法院提出。这个特别的管辖地是专属的。判例法已把这个特别管辖地扩展到继承人转让遗产的诉讼。

④财产所在地（诉争物所在地）。

涉及不动产的对物诉讼必须向不动产所在地法院提起。这是一个专属的特别管辖地。对有关不动产的合同权利的履行的诉讼，可以但不是必须向财产所在地的法院提出。① 作为供选择的管辖地，财产所在地这个特别管辖地也存在于有关动产的对物诉讼或有关以动产担保物作保证的请求权的诉讼之中。

⑤债务收集地、破产地和扣押地。

《瑞士关于债务收集和破产的联邦法》（《债务收集法》）规定了关于金钱请求权的特别诉讼，它们中的许多都用简易或快速程序处理。这些诉讼必须向债务收集地或破产地法院提起（通常是债务人的住所地）。为了保证到期的金钱请求权而申请授予扣押令的诉讼必须向将被扣押的财产所在地的法院提起。在那里扣押令被授予并且财产可随后被扣押，有关金钱请求权的是非曲直的主诉可以向扣押地法院提起（扣押管辖地）。②

⑥真实联系地。

如果针对相同的被告的几个诉讼彼此联系密切，则它们可以向对任何一个诉讼有地域管辖权的法院提起。当针对相同被告的两个诉讼在下述意义上相互联系时，即一个被称做主诉，另一个被称为附属诉讼时，则诉讼必须向主诉所在地提起。

⑦适合于反诉的主诉所在地。

如果反诉与主诉有事实上或法律上的联系或者它可以与主诉相抵消，则反诉可以在主诉法院提出，而不管主诉法院是否有审理反诉的管辖权。这对金钱请求权来说有特别的意义。根据《瑞士债法典》第120条，当没有相反的合意时，任何债务人可以用他拥有的对债权人的任何请求权抵消此类债权人的请

---

① Zurich Code of Civil Procedure, Section 556.

② Zurich Code of Civil Procedure, Section 9.

求权。当主诉是为了金钱的支付时，在多数情况下，同样为了金钱的反诉可被提出，而不考虑反诉的理由或者它与主诉的任何联系。

⑧协议的管辖地。

州的民事诉讼法允许当事人在可适用于存在的或潜在的商事争议的管辖权规则之外约定并通过协议选择一个管辖地。通常，协议必须是书面的，即由各方签名来放弃普通管辖地（尽管当事人不必在相同的文件上签名）。如果涉及消费者，则管辖地选择条款必须是明显的，如用黑体的字母。当协议规定一个特定地方的法院的管辖权时，这通常被推定为当事人打算同意那些法院的专属管辖权。当合同上的请求权被转让时，通常地受让人被认为受让与人同意的管辖权条款的约束。

管辖地协议受到某些限制：首先，在原则上，这类协议必须限于对某一特定的地域管辖权的选择，通常不可能选择由被选择的管辖地的哪一法院（如商事法院、地区法院等）管辖。其次，大多数州的民事诉讼法规定：除非争议的任何一方当事人在本州岛定居或者居住，它们的法院不能被要求受理根据管辖地协议而提起的诉讼。最后，管辖地选择协议只有在这个范围内才有效，即联邦（或州）的立法没有规定当事人不能通过协议而取消的强制的管辖权规则。例如，有关离婚的诉讼——它必须向原告配偶的住所地法院提出①。

⑨无保留地参加诉讼。

当针对被告的诉讼被向缺乏地域管辖权的法院提起并且被告对法院管辖权的缺乏毫无保留意见地参加诉讼时，法院才有权裁决此案。但大多数州的民事诉讼法又规定：只有当事人的一方在本州岛定居或居住时，管辖权才能确立。上述规定表明：州法院不应当对与本州岛无任何联系的当事人自由地进行处置。

3. 国际民商事争议的管辖权规则

（1）《瑞士联邦国际私法法规》。

国际民事、商事争议的管辖权规则大体上由《瑞士联邦国际私法法规》规定并受双边的国际条约和《洛迦诺公约》的支配。《瑞士联邦国际私法法规》规定了下面的与上述适用于国内争议的管辖权规则有所不同的规则。

①正常的管辖地：被告的住所。

对于国际争议，《瑞士联邦国际私法法规》确认了一般的规则，即除非另有规定，被告住所地的法院有管辖权。这意味着：当被告在瑞士有住所时，外

---

①　Swiss Civil Code, Article 144.

国的当事人可以在瑞士提起诉讼，在此类案件中，住所地法院将行使管辖权。然而，与适用于国内争议的管辖权规则相反，《瑞士联邦国际私法法规》没有提到瑞士民法典规定的住所的定义，而是在它的第 20 条规定了自己的定义："自然人在他有永久居住的目的而居住的州有住所。"如果一个人根据这个定义没有住所，则他的惯常居所将是决定性的。惯常居所被认为存在于一个人"居住了一段时间的国家，即使这段时间在开始时是有限的"。

根据《瑞士联邦国际私法法规》第 21 条，法人或合伙的住所在法人章程或合伙协议指定的地方。如果没有这种指定，它们的住所被认为在法人或合伙实际进行经营的地方。

②特别管辖地。

a. 债务履行地。

如果被告在瑞士既没有住所，也没有惯常居所或分支机构，针对他违反合同的诉讼可以向合同履行地的瑞士法院提起。①

b. 财产所在地（诉争物所在地法院）。

像国内争议一样，对涉及不动产的对物诉讼，在财产的所在地存在一个专属的管辖地。另外，与适用于国内争议的规则相反，为了合同权利的履行的诉讼或者涉及不动产的侵权诉讼不能在不动产所在地的法院提起。后一种请求权受被告在瑞士的住所或惯常居所地法院的管辖，如果在瑞士没有此类住所或居所，则受履行地法院或侵权地法院的管辖。

如果被告在瑞士既无住所又无惯常居所，那么涉及动产的对物诉讼只能向财产所在地的瑞士法院提起。如果被告在瑞士有住所或惯常居所，则必须在住所或惯常居所地法院提起诉讼。

c. 适合于反诉的主诉所在地。

如果反诉与主诉有密切的直接的联系，则反诉只能在主诉未决之地被提起。与普遍适用于国内争议的规则相反，仅仅存在诉讼可以与主诉相抵消的事实，并不能确立主诉法院对反诉的管辖权。

d. 协议的管辖地。

根据《瑞士联邦国际私法法规》第 5 条的规定，对于因特定的法律关系引起的有关金钱请求权的现存的或将来的争议，当事人可以通过协议来选择诉

---

① 《瑞士联邦国际私法法规》第 113 条。《瑞士联邦国际私法法规》可参见李双元、欧福永、熊之才编：《国际私法教学参考资料选编》（上册），北京大学出版社 2002 年版，第 410-432 页。

讼地。在本书中，"金钱请求权"这个术语的意思包括：与合同的、准合同的、商事或民事案件有关的所有种类的财政或金钱利益，而不管它根据国内法还是国际法产生。

选择管辖地的协议可以用书面形式或者用原文能证明协议条款的任何其他的方式。与普遍适用于国内争议的规则相反，协议的生效并不必须经过签署。例如，通过包含管辖权条款的信件或传真对未签署的合同要约的承诺，也构成一个有效的管辖地协议。除非协议另有规定，被选择的法院享有专属的管辖权。管辖地协议受到少数特定的限制，例如，不动产对物诉讼和有关消费者的诉讼。另外，根据具体的情况，如果管辖地选择协议被滥用，则它可能不被理会。

如果当事人的一方在被选择的法院所在州有住所、惯常居所、或经营机构，或者如果瑞士法可适用于该争议，则协议管辖地的法院不能拒绝管辖，对于后一点，当事人对瑞士法律的简单选择是否足以使受理规则生效，或者通过《瑞士联邦国际私法法规》规定的冲突规则，瑞士法律是否必须适用，是有争议的。

e. 无保留地参加诉讼。

与适用于国内争议的规则相一致，被告未提出缺乏管辖权抗辩的出庭，被认为是默示接受了有关的法院的管辖权，从而确立了该法院的管辖权。同样，与国内规则相一致，有关的瑞士法院只有在下述情况下才能拒绝它的管辖权，即任何一方当事人在各自的法院所在州没有住所、居所或营业机构，或者如果瑞士法不适用于该争议（作为一个新的附加的理由）。

f. 侵权地。

如果被告在瑞士既无住所又无惯常居所或营业机构时，侵权之诉可在侵权行为实施地或损害结果发生地的法院提起。侵权行为实施地被认为是侵权行为人作出行为的地方或者他应当已作出某一行为而忘记作的地方。损害发生地是遭受侵权行为人的行为后果的地方。

g. 消费者或雇佣案件中原告的住所地。

与关于消费者保护的现行的联邦实体法相一致，对于因与供消费者个人或家庭使用的日常用品或服务的供应有关，而与职业或商业无关的合同而引起的消费者的诉讼，《瑞士联邦国际私法法规》第 114 条第 1 款 a 项规定：消费者的住所或惯常居所地的瑞士法院有管辖权。消费者不得预先放弃他的住所或惯常居所地法院的管辖权。被告住所地或者劳动者惯常完成其工作所在地的瑞士法院对与劳动合同有关的诉讼有管辖权。另外，对于由劳动者提起的诉讼，劳动者住所或惯常居所地的瑞士法院将有管辖权。

h. 临时救济地。

《瑞士联邦国际私法法规》第 10 条规定："即使瑞士法院或主管机关对案件的实质问题没有管辖权，他们也有权对案件采取临时措施。"这样的措辞可以理解为，即使瑞士法院对案件实质有管辖权，也可以从被请求的救济能有效被执行的地方的法院获得临时救济（如预先禁令和临时限制命令），也就是说，所有瑞士联邦国际私法条款中为瑞士法院创设的案件实体的管辖权，也使其具有了采取临时措施的管辖权。同时，根据第 10 条的规定，即使瑞士法院或主管机关对案件的实质问题没有管辖权，瑞士法院亦有权对案件采取临时措施。但在此种情况下，究竟瑞士法院依据什么取得临时措施的管辖权，学者对此意见并不一致。一些学者认为，按照《洛迦诺公约》第 24 条来解释，《瑞士联邦国际私法法规》第 10 条指向了各郡（州）法，由郡（州）法决定。另一些学者则强调瑞士联邦国际私法第 10 条对此问题是沉默的，并没有明确州法的从属适用。由于第 10 条的模糊性致使瑞士法院在实践中具有了灵活多样的空间，当瑞士法院对案件的实质没有管辖权时，瑞士法院是否会对该案件采取临时措施将依赖于"采取措施的种类和被保护权利或请求的当地化程度"。

③未决诉讼。

《瑞士联邦国际私法法规》也规定了瑞士法院与外国法院之间的管辖权竞争。1987 年瑞士《联邦国际私法法规》第 9 条就规定，如果相同当事人间对相同标的已在国外进行诉讼，瑞士法院如预测外国法院在合理的期限内将作出能在瑞士得到承认的判决，则瑞士法院即中止诉讼。在确定一项诉讼在瑞士提起的日期时，为提起诉讼所进行的第一次必要的诉讼行为具有决定性意义。调解的传唤即为已足。瑞士法院一旦收到外国法院作出的能在瑞士得到承认的判决，即放弃对案件的处理。

④紧急管辖权。

最后，对于与瑞士有足够联系的诉讼，《瑞士联邦国际私法法规》规定了瑞士法院的紧急管辖权。当诉讼不可能在外国进行或不能合理地要求诉讼在外国提起时，与案件事实有足够联系的地方的瑞士法院有管辖权。

（2）《洛迦诺公约》。

涉及定居在欧洲联盟和欧洲自由贸易区范围内（即缔约国）的当事人的国际争议的管辖权由《洛迦诺公约》支配。《洛迦诺公约》对上述《瑞士联邦国际私法法规》规定的管辖权规则作出的最明显的修改如下：

①债务履行地。

对于合同案件，《洛迦诺公约》第 5 条第 1 款一般地规定：合同债务必须履行的地方的法院有管辖权。考虑到瑞士对住所地法院的宪法性保证，瑞士已经保留了拒绝承认和执行基于上述管辖地的、针对定居在瑞士的被告的判决的权利。

②财产所在地。

与《瑞士联邦国际私法法规》的规定一致，以不动产对物权作为标的的诉讼，只能向不动产所在地的法院提起。① 另外，如果这个诉讼可以与针对不动产对物权案件中相同的被告的诉讼合并在一起，有关不动产的合同诉讼只能向系争物所在地法院提起。

③扣押管辖地的排除。

根据《洛迦诺公约》第 3 条第 2 款，针对过度的管辖地的禁令，对于定居在缔约国国内的被告，瑞士法院将不再可能根据被告的财产事先在瑞士被扣押而主张管辖权。另外，对于定居在欧洲联盟和欧洲自由贸易区以外的被告，扣押管辖地继续存在。

④适合于反诉的主诉所在地。

《洛迦诺公约》缩小了反诉可向主诉未决的法院提起的前提。后一管辖地只有在下述情况下才能获得，即反诉是由于与构成主诉基础的相同的合同或事实而引起的。

⑤协议的管辖地。

《洛迦诺公约》以比《瑞士联邦国际私法法规》更自由的方式承认管辖地选择协议，不管它们采用书面的或通过原文可证明的形式，或者它们的形式符合当事人之间的先例，或者在国际贸易或商业中，符合当事人知道的惯例，或者符合他们应当知道、并且在有关的贸易或商业实践中广为人知并被通常遵守的形式。

管辖地选择协议可以仅仅为一方当事人的利益而缔结。在这样的案件中，该方当事人保留向其他任何的、根据《洛迦诺公约》有管辖权的法院起诉的权利。根据《洛迦诺公约》，如果当事人意欲排除其管辖权的法院对案件有专属的管辖权，则选择管辖地的协议没有法律效力。

（3）双边条约。

---

① 《卢迦诺公约》第 16 条第 1 款 a 项。《卢迦诺公约》（中译本）可参见李双元、欧福永、熊之才编：《国际私法教学参考资料选编》（中册），北京大学出版社 2002 年版，第 1183-1203 页。

在外国判决的承认与执行方面，瑞士与德国、法国、奥地利、意大利、列支敦士登、前捷克斯洛伐克、瑞典、比利时和西班牙签订了双边条约。这些条约涉及管辖权，在这个范围内它们决定管辖权的前提，同时在这个前提下，判决将会得到相互承认。目前，瑞士与前捷克斯洛伐克之间的条约已适用于捷克和斯洛伐克。但由于至 1997 年《洛迦诺公约》已在德国、法国、奥地利、意大利、瑞典、西班牙和瑞士之间生效，瑞士与它们之间的条约已失效。

二、瑞典①

（一）瑞典的法院系统

瑞典位于北欧斯堪的纳维亚半岛东半部。全国划分为 21 个省和 289 个市。省长由政府任命，市的领导机构由选举产生，省、市均有较大自主权。现行宪法由政府法典（1809 年制定，1974 年修订）、王位继承法（1810 年制定，1979 年修订）和新闻自由法（1949 年制定）三个基本法组成。此外还有议会组织法（1866 年制定，1974 年修订）。宪法规定瑞典实行君主立宪制。国王是国家元首，作为国家象征仅履行代表性或礼仪性职责，不能干预议会和政府工作。议会是立法机构，由普选产生。政府是国家最高行政机构，对议会负责。国王的长子女是法定王位继承人。

法院分三级：最高法院、6 所中级（上诉）法院、72 所地区法院，此外，另设行政法院、劳动法院和租金与租赁法庭。皇家最高法院由 16 名政府任命的终身法官组成。②

（二）瑞典的管辖权制度

1. 管辖权的种类

除了国际规则（特别是《洛迦诺公约》）和欧盟有关管辖权的条例）以外，瑞典法院对国际民事诉讼行使管辖权时无法律规则可循。

法院通常类推适用 1942 年通过的《瑞典司法程序法典》（后经多次修订）中有关法院特定管辖区的条款来解决管辖权问题。如果根据这些条款可以找到管辖地，则可以认为瑞典法院对该事件有管辖权。上述规则有某些例外，而且

① 主要参考了 Christion T. Campbell, International Civil Procedures, London, 1995, pp. 601-605.

② http://www.fmprc.gov.cn/web/gjhdq_676201/gj_676203/oz_678770/1206_679594/1206x0_679596/，2016 年 4 月 2 日访问；Shelby R. Grubbs, International Civil Procedure, 2003, p. 710.

这些规则不能清楚地提供一个准确的界限。其中一个显著的例外就是依《洛迦诺公约》和欧盟理事会《关于民商事案件管辖权和判决承认与执行的条例》，瑞典法院不能运用"过分的"管辖地规则，并且瑞典法院即使按以上规则在管辖地能够查明时，也不能审理那些其他州或国家因争议标的物的性质而享有专属管辖权的案件，例如，位于外国的不动产纠纷或关于在外国注册的专利和商标的有效性的争议，或对适用外国公法而引起的争议。另外，即使按照《瑞典司法程序法典》的规定不能认定管辖地，瑞典法院也可审理某些与在瑞典进行的仲裁相联系的案件（斯德哥尔摩地区法院有审理此类案件的管辖权）。

以下内容是瑞典法院对所提及的案件行使管辖的基础，其后概要阐述的是《瑞典司法程序法典》中关于法院特定管辖区域的各种条款。

（1）对诉讼当事人的管辖权。

①自然人——住所地法院。

通常对自然人的起诉法院是被告住所地的第一审法院（地区法院）。如果被告已在瑞典的民事登记中注了册，则在诉讼开始的年份的前一年的11月1日之前作为住处登记的地方，被认为是《瑞典司法程序法典》所指的住所地。死者的遗产由对死者有管辖权的法院管辖。对一个住所不明的人提起的诉讼请求，不管其住所在瑞典还是外国，只要他处在瑞典，就可在他的所处地方的法院起诉。如果一个人是瑞典公民而处在国外，或他的行踪不明，则对他的诉讼可以在他的瑞典的最后居住地或停留地的法院提起。

②法人——住所地法院。

通常对法人的起诉法院是法人登记地的地区法院，如果存在登记地，则以法人活动管理地的地区法院作为起诉法院。

③可选择法院。

对自然人和法人来说，在物权诉讼和准物权诉讼中选择法院是有可能的，选择法院以诉争物所在地法院和缔约地法院为基础。如果被告在瑞典住所不明，或诉讼事件中的法人没有法人登记地，则可在以下地方的地区法院起诉：a. 被告资产所在地，如果诉讼请求为货币支付请求；b. 争议的动产所在地；或 c. 被告订立争议合同（或进行其他的交易）所在地，或以另外的方式招致争议中的义务的所在地。

对从事农牧业、矿业、制造业和其他类似的有固定经营场所的行业的自然人和法人，如果争议中的诉讼请求是该行业的经营引起的，则可以在该行业的固定经营场所在地的地区法院提起诉讼。

（2）对诉讼标的物的管辖权。

①产权要求。

如果被告在瑞典住所不明或如果被告是法人，在瑞典没有注册登记地，诉讼请求可以向争议的动产所在地的地区法院提起。关于不动产，在诉讼中对所有权、租赁权、地役权或其他对不动产或所有物的特殊权利的专属管辖权由不动产所在地的地区法院行使。但该法院对下列诉讼没有专属管辖权：a. 对购买不动产的款项或其他类似的有关不动产转让的诉讼请求；b. 在从抵押物中寻求支付的情况下，对不动产已被抵押的不动产所有者的个人偿债责任提起的诉讼；c. 关于不动产的损害或其他侵害的诉讼；d. 因对不动产工作过而要求偿付款项的诉讼，或 e. 对在让与人不履行义务而对已处置的不动产仍拥有所有权这一基础上产生的损害所进行的诉讼。

②侵权诉讼。

对有民事侵权行为的人的诉讼可以在侵权行为实施地或损害结果发生地的法院提起。

③合同——法院扩大管辖权的管辖地。

除了专属管辖权规则以外，《法典》允许合同当事人将以后可能发生的争议提交某一法院处理。依此类推，瑞典法院在原则上愿意赋予那些对因合同引起的争议授予某一瑞典法院管辖权的合同条款以效力。

④《洛迦诺公约》。

依照《洛迦诺公约》第 3 条，瑞典在应按公约规定处理的情况下，已放弃适用其过分的管辖权规则。《洛迦诺公约》特别提及《瑞典司法程序法典》第 10 章第 3 条（争议物所在地的法院）为过分的管辖权规则。此外，《瑞典司法程序法典》第 10 章第 4 条（缔约地法院）也被《洛迦诺公约》认为是过分的管辖权规则。贯彻执行《洛迦诺公约》的瑞典法令（SFS 1992：794）明确规定，在瑞典根据《洛迦诺公约》规定有管辖权时，如果根据《瑞典司法程序法典》第 10 章瑞典法院不胜任，则诉讼应呈交斯德哥尔摩地区法院审理。

2. 管辖地

（1）一般原则。

《瑞典司法程序法典》关于管辖地的规则构成以上讨论过的还未纳入法典的管辖权规则的基础。

（2）管辖地的转移。

合适的管辖地是以传票送达被告时的案件的事实情况为基础来决定的。这些事实情况随后发生变化，并不影响已确立的管辖地。但是如果某一案件存在将案件移交另一法院的实际原因，如存在《瑞典司法程序法典》第 14 章第 1-6 条关于合并诉讼请求或多方当事人联合诉讼的情形，则最高法院应在一方当事人或有关法院的请求下，依照《瑞典司法程序法典》第 14 章第 7 条 A 项的规定，确定应移交的法院。如果案件移交与《瑞典司法程序法典》中的专属管辖权规则相抵触，则不得为之。

3. 不方便法院原则和择地行诉

在瑞典，法院也享有有关管辖权的自由裁量权，使其在诉讼与瑞典仅存有微弱联系时可以不适用本地法院管辖的规则而撤销诉讼。也就是说当被告受制于瑞典法院管辖是被告的一项不合理负担时，瑞典法院即可行使自由裁量权而撤销向其提起的诉讼。尽管目前尚不得而知瑞典是否承认非方便法院原则，但行使自由裁量权的目的与适用非方便法院原则的目的是一致的。

在瑞典，外国法院判决通常是不可执行的，因而择地行诉也就没有实际意义。同时法院采用判决承认预测说来解决未决诉讼问题。

三、奥地利

(一) 奥地利的法院系统

奥地利是位于中欧南部的内陆国。全国划为 9 个州，它们是：布尔根兰、克恩顿、上奥地利、下奥地利、萨尔茨堡、施蒂利亚、蒂罗尔、福拉尔贝格、维也纳。州以下设市、区、镇（乡）。现行宪法 1920 年 11 月 10 日生效。1925 年和 1929 年通过两项附则。1934 年宪法被废除。1945 年奥重建后宣布 1920 年宪法和两个附则继续有效。宪法规定，奥为联邦制共和国，总统是国家元首，由普选产生，任期 6 年。总理为政府首脑。由国民议会和联邦议会组成。国民议会制定法律，主持新政府的就职仪式，通过不信任表决罢免联邦政府及其成员。联邦议会代表各州的利益，有权将国民议会通过的法律提案驳回，但如国民议会坚持原案，联邦议会不得再提异议。

奥地利法院共分 4 级。但一般只走 3 个程序，区法院和州法院在一起工作。法院内部的设置基本上和中国一样，主要就是民事和刑事庭。民事案件主要由最下面的 2 级法院审判，高等法院和最高法院对案件进行复审。另外，还设有宪法法院，审理涉及宪法、特别是地方与联邦政府纠纷的案件；行政法院，审理涉及官方机构及其工作人员的行政纠纷案件。

奥地利联邦最高法院只负责最要紧案件的审理。奥地利的法官不分等级。初任法官必须经过大学的法律学习，再实习 1 年，经过法官资格考试后，还要做 3 年的法官助理，再经过考试以后，才能成为正式的法官，条件相当严格。法官职业在奥地利很有吸引力，许多年轻人都希望成为一名法官，但由于条件太严格，只有极少数人才能如愿以偿。奥地利只是从 20 世纪 80 年代末才有了女法官，以前法官这一职业是男性的专利。奥地利在法官的培训方面目前还没有硬性规定，法官自己每年有 10~14 天的学习时间，现在正考虑对法官的培训作出明确规定。法官只能站在法律的立场上审理案件，法官不参与政治，保持相对的独立。法院院长由法务部提名，选举委员会选举，法官的组成，由法务部长决定。法院的院长主要从事法院的行政管理工作。

在案件审理方面，奥地利法院中也实行分案制，案件起诉到法院后由专门的人员按照民事和刑事案件分成两类，然后再分给法官，一般情况下实行轮换制，每年轮换一次。案件的审理期限都比较短，一般情况下 1 个月内就能结案，个别的案件由于案情复杂等原因，也可能时间很长，法律对期限没有严格的规定。绝大部分案件不用开庭，民事案件如何审理由法官自己说了算，许多案件只要当事人签个字就算结案了。①

（二）奥地利的管辖权制度②

根据奥地利宪法的规定，民法和民事诉讼法属于联邦法（公布于联邦法律公报（Bundesgesetzblatt—BGBl）上），这样规定的后果是《司法管辖权法》（*Jurisdiktionsnorm*，1895 年制定，修改过多次）规范整个奥地利的民事诉讼案件。《民事诉讼法》（*Zivilprozeβordnung*，1895 年制定，修改过多次）——联邦法律，也集中对诉讼问题作了规定。非讼程序由《非讼案件法》（*Auβerstreitgesetz*）调整。所有的奥地利法院都是联邦法院。

1. 管辖权的种类

《司法管辖权法》没有列举出哪些种类的案件属奥地利法院管辖。通常，只要案件在有关管辖地的法令条款涉及的范围之内，奥地利法院就有管辖权。而且，只要案件和奥地利有某种联系，奥地利就可行使管辖权。在法令没有规定管辖地的情况下，如果对某个案件奥地利负有国际条约义务应对其行使管辖权或当该案寻求奥地利的域外救济是不可能或不适当时，则最高法院必须在奥

---

① 李方民：《对英国、奥地利法院和海牙国际法院的考察报告》，《山东审判》2003 年第 1 期。

② See Christion T. Campbell, International Civil Procedures, London, 1995, pp. 1-4. 本书有关奥地利国际民事诉讼程序的阐述主要参考了 Christion T. Campbell, International Civil Procedures, 1995；李双元与谢石松著的《国际民事诉讼法概论》（武汉大学出版社 2001 年第 2 版）等书。

地利境内指定一个特定的地方作为管辖地。①

（1）对诉讼当事人的管辖权。

属人管辖权涉及具有标的物管辖权（即对某一类型案件的管辖权）的法院对特定的被告或财产项目行使权力的能力。其职权范围主要由《司法管辖权法》中的管辖地条款规定。

①自然人。

对自然人可在他们的住所或惯常居所地提起诉讼。"住所"被定义为一个人在该地有住宅并且有在该地居住的明显意图的地方。如果一个人既没有住所也没有惯常居所（在奥地利和其他地方都没有），则无论他们身处何地都可在奥地利对其提起诉讼。

②法人。

对奥地利法人可在其注册住所所在地提起诉讼，对外国法人则可在其在奥地利境内的常务代表所在区域提起诉讼。

（2）标的物管辖权。

在多数情形下，奥地利管辖权的确定不是基于被告人的个人情况，而是基于案件的标的物。

如果已证明货物的购买和运输这一事实情况，则注册商人可以在他的债务人的营业所所在地对债务人提起诉讼。合同的一方当事人可以在合同已生效或将生效的地方对与合同有关的事项提起诉讼；一般来说，这种诉讼需要书面证据，但商人们之间就指定何地付款经充分讨论达成一致并作出声明的情况除外。汇票支付地也是一个合适的管辖地。其他重要的管辖权种类包括财产索赔的管辖权和侵权的管辖权。

①财产索赔。

根据奥地利法律的规定，涉及不动产的诉讼只能由不动产所在地法院管辖。

对在奥地利境内没有其他的管辖地的自然人和法人提起的财产索赔之诉，可以在发现他们拥有财产的地方或他们的某个债务人所在地的任何一个法院提出金钱索赔请求，但在奥地利境内的被告财产在整个争议标的中所占的比例很小的情况除外。

②侵权。

死亡、伤害或货物损害的赔偿请求可以在主要事件发生地法院提起。

---

① 《司法管辖权法》第 28（1）条。

③《洛迦洛公约》第 3 条。

虽然奥地利已成为欧盟的成员国，并且于 1995 年 1 月加入了《布鲁塞尔公约》，但它仍然签署了《洛迦洛公约》。《洛迦洛公约》第 3 条第 1 款宣称，只能按照公约的规则对在一成员国居住的被告提起诉讼，并规定第 3 条第 2 款列出的国家（特别）管辖条款不适用于这些被告。奥地利是 1968 年《布鲁塞尔公约》和 1988《洛迦诺公约》的成员国。

（3）地域管辖。

①一般原则。

地域管辖条款在司法体制的各个分支中分配诉讼案件。一些重要条款因它们在确立奥地利管辖权中的附加功能而已在前面被提及。

②地域管辖的转移。

如果对有管辖权的法院的反对成功，上级法院得指定另一具有同一标的物管辖权的法院管辖该案。而且，高等地方法院因具体操作的原因应批准管辖地的转移。如果在案件审理之前全体当事人一致要求转移管辖地，则法院必须转移案件的管辖权。如果对同一损害事件的类似索赔请求正在审理之中，那么，即使有一方当事人没有提出转移管辖地的要求，法院也应将案件移交给另一法院。

四、希腊

（一）希腊的法院系统①

希腊位于巴尔干半岛最南端。现行宪法于 1975 年 6 月 11 日生效。国家体制为"总统议会共和制"，总统为国家元首，任期 5 年，可连任一次；立法权属议会和总统，行政权属总理，司法权由法院行使。

1. 法院

希腊的法院分初级、上诉及最高法院三级。法院在组织结构上分为两个序列：普通法院和行政法院。前者的工作是审理个人纠纷（也称民事纠纷），其中包括贸易和经济往来、侵犯个人权利、房地产和家庭争议等，以及刑事案件。后者负责检查所有国家机关行为的合法性，就个人与国家或者与其他机构之间的分歧作出判决。这两类法院分别由初审法院和二审法院构成，原告或被告在初审法院败诉后可以通过合法程序提出上诉，二审法院予以受理。在各州

---

① 参见［希］斯特法诺斯·马特裔亚斯著，张维尧翻译，克楠整理：《希腊法院概况及其与欧洲的关系》，载《法律适用》2002 年第 8 期。

的首府都设有初审法院，各大区设有二审法院。

普通法院和行政法院都各有其最高法院。普通法院的最高法院沿用古代希腊法院的名称，叫做"战神阿里斯岩石"（古代雅典的法官们就是坐在这块岩石上进行审判），行政最高法院叫"国家委员会"。这两个最高法院的任务都是检查各自所属的法院最终判决的法律适用，并推翻那些法律适用错误或者程序不合法的判决。最高法院不对案件进行事实上的审查（不质询证人和研究证据），只是从法律的解释和具体实施法律方面检查程序的合法性和正确性，从而保证法律解释的统一。不过，因为每个法官都是独立作出所有的判决，所以最高法院的解释在理论上对其他法院没有约束力，但在实践中，最高法院的解释有效地指导所有法院。如果两个最高法院的观点存在分歧，则这个问题就要递交给特别最高法院，后者由两个最高法院的高级法官和两个大学法律学教授组成。特别最高法院还有解决涉及宪法问题的职能，如解决选举争议等。该法院的决定不仅对原被告，而且对所有人都有效。

2. 法官

希腊全国约有 3000 名法官。所有法院由常任法官组成，他们办案是独立的，个人也是独立的，不受国家当局的干涉和影响。这种独立受到下述体制的保证：（1）法官在大学法律系毕业生中选择，要求至少有 2 年的律师经验。选择取决于他们的能力，该能力由考试委员会组织的考核来确定，考试委员会由大法官和大学教授组成。考核公开进行，所有通过考试的人要在希腊国家法官学院学习 18 个月，当他们取得毕业证书后，被任命为终身法官。大法官的退休年龄是 67 岁，其他法官是 65 岁。（2）法官不得被罢免，除非他受到刑事处罚或严重的纪律处分，或者出现严重疾病、残疾等无法服务的情形。出现上述情况时，要分别由各自所属的普通或行政最高法院的全体会议公开审理加以确认才可以罢免。（3）对法官的监督由上级执行，由他们写出关于法官能力、素质和业绩的报告公文。（4）法官的工作调动和所有升降，均由最高司法委员会决定。该委员会由最高法院院长和检察长，以及在最高法院服务起码两年以上、每年通过抽签方式选取的大法官组成。对最高司法委员会的决定有质疑时，可以向最高法院全体会议提出。最高法院的院长、副院长以及总检察长的任命，在最高法院服务一定年限（通常是 3~4 年）的大法官中挑选，由部长会议（政府）作出最终决定。（5）由通过抽签方式选出的普通法官组成的纪律委员会行使对法官的纪律检查权，该委员会在初审法院和二审法院均有设置。（6）法官享有特殊的职称和工资提升办法。

3. 法院的日常工作

普通法院对民事争议进行审理，审理刑事案件时要对有罪或无罪进行调查，并判决相应的惩罚。行政法院可以重审，也可以驳回行政争议。所有法院都是公开审理，法院的判决必须写明依据并在公开庭审时宣读。法院不得执行与宪法条款相违背的法律，因为宪法具有最高法律效力。每个法院和每个法官在执行某一法律时，都应对法律是否合宪进行审查。这种司法审查分特别审查和普遍审查，前者指某个法院在处理某个案件时进行的审查，后者指各个法院都遇到同样的问题时所进行的审查。当一个法院认为某一法律违背宪法时，法院无权宣布该法律无效，只能不予执行。

（二）希腊的管辖权制度①

1. 管辖权的种类

在现代希腊法中，"管辖权"（jurisdiction）、"权限"（competence）和"出庭资格"（locus standi）这些术语被用来描述同一概念的三个不同方面。管辖权这个词或者指国家的司法权——与其他的任何一个术语形成对照的审理案件的权力——或者指行政、民事和刑事法庭在司法权上三方的管辖区域划分。权限属于每个管辖区域内部司法权的分配。最后，符合出庭资格的起诉的能力和地位是指一个人以自己的名义成为当事人一方和进行诉讼的能力。管辖权和权限两者指的是法院审理案件的能力，而出庭资格指的是当事人把案件提交法院的能力。

就出庭资格来说，希腊《民事诉讼法典》允许三种类型的人成为审判中的诉讼当事人，只要他们有能力拥有权利。他们是：（1）参与司法行为并因此享有以他们自己的名义进行诉讼的能力的自然人。根据法律的规定，这些人应该在18岁以上并且没有被禁止参与司法行为或没有精神病。后一类人可通过他们的法定代理人进行诉讼；（2）属于希腊商法和民法规定的任何一种形式的法人。这些实体被他们的法定代表所代表；（3）没有成为上述（2）中的法人的个人合伙。这些合伙由受委托行使他们的代表权或缔约权的人代表。

根据《民事诉讼法典》第94条的规定，上面提到的诉讼参与人，有义务而且必须要在所有的民事法庭中委托一位律师，除非是在治安法庭（在法庭的司法等级中是最低的）中为财产的临时保护而提起诉讼。即使在上述案件中，无论如何法庭可以要求诉讼参与人委托一位律师。

按标的物确定的法院管辖权，通常取决于起诉书中所陈述的争议的数额，

---

① See Christion T. Campbell, International Civil Procedures, London, 1995, pp. 327-329.

这个数额不考虑任何利息或其他附加的请求权。治安法庭和独任法庭之间一审划分界限的数额是 2500 万德拉克马。

为了便利和加速有关与当地有密切联系的争议（如涉及农业、财产限制、运输和履行其他服务的案件）或者有关社会利益的争议（如租约、雇佣、保险和车辆事故争议，律师和其他一些专业人员的请求权，一些家事诉讼，关于合伙和合作社内部运作的争议）的解决，《民事诉讼法典》通过扩大治安法庭和独任法庭在上述争议中的一审管辖权，规定了一个平行的、不考虑争议价值的标准，作为上述规则的例外。《民事诉讼法典》扩大了治安法庭的管辖权，使之包括前面一种争议，同时扩大了独任法庭一审的管辖权使之包括后者。

与普通法所采取的观点相比较，《民事诉讼法典》在分配上述法庭的管辖权时没有考虑把损害赔偿诉讼、侵权诉讼或附有财产请求权的诉讼区分开来。

《布鲁塞尔公约》第 3 条对缔约国的国内法中的许多条款作了指示性的规定，其中《民事诉讼法典》第 40 条①已被公约第 2-4 条所废除。

2. 法院的特定管辖地区

(1) 普通地域管辖。作为一项原则，《民事诉讼法典》把法院的特定管辖地区同希腊民法典规定的被告的住所联系在一起。根据实体法，住所由实际居住的事实和当事人的意图决定，它是人的主要的、永久的住处。当一个人在希腊或国外都没有住所时，法院特定管辖地区由他们的居所确定，居所是人的主要（尽管不是永久的）的住处，如果居所不存在，则由他在希腊的最后住所或接下来由他在希腊的最后居所确定。

(2) 特别地域管辖。根据《民事诉讼法典》第 2 条第 2 款的规定，人的职业上的住址可同等地作为确定法院地域管辖权的根据。而且，当案件中的被告是公务员或受雇人、希腊政府、法人、律师或公证人时，《民事诉讼法典》规定了其他确定法院的特定管辖地区的根据，这些管辖权是特有的并对一些案件来说是专属的。

(3) 专属管辖。专属管辖权的授予涉及下列纠纷：①由公司与其股东之间的内部关系引起的纠纷；②依据裁决令对法人进行经营管理的有关纠纷；③有关"对物权的纠纷"或那些关于继承的案件、在其他的诉讼程序中开始的诉讼程序，如互相诉讼和有关担保合同的诉讼；④原告或被告共同诉讼纠纷。

(4) 协议管辖。在有关金钱利益的纠纷中，当事人只能通过共同的协议

---

① 根据《民事诉讼法典》第 40 条第 2 款，如果当事人出席无地域管辖权的法院审理案件的诉讼程序，则他被认为默示地同意了这个法院的管辖权。

改变法院的地域管辖权。根据法律的规定，当事人关于管辖地的协议应当明确地约定，而且只有当它们是书面的并涉及争议起源的特定的合法关系时才有效。

3. 禁止滥用程序（abuse of process）

在一些国家，当事人滥用诉讼程序也是法院行使自由裁量权以中止诉讼的根据，法院没有义务去接受管辖审理唯一目的是引起伤害而不是获得公正判决的、无关紧要的争议或事件，因而禁止滥用程序制度也不失是一项有效解决管辖权冲突的手段。

在希腊，作为终止诉讼之根据的非方便法院原则并不被采用，然而禁止诉讼权利滥用原则的存在使法院拥有中止诉讼的自由裁量权成为可能甚至必要。

希腊《民事诉讼法典》第116条规定，当事人的诉讼行为必须符合诚实信用原则。据此，希腊学界和司法界认为，程序性权利应受该禁止性规则的约束。如果当事人违反该禁止性规定，则其不得行使程序性权利，或者禁止当事人提起诉讼。而法院必须依职权考虑当事人滥用权力行为的法律后果。① 这就意味着是否禁止当事人行使程序性权利，或是否禁止当事人提起诉讼，属于法院自由裁量的范围。

在国内诉讼中，通说认为原告并非享有选择希腊国内平行地域管辖的绝对自由。原告不能通过不公正方法以确立属地管辖，其在行使平行管辖选择权时也不应忽视另一方当事人的利益。而当法院根据案件的具体情况认定原告滥用其权利时，原告必须承受起滥用程序性权利所致的法律后果。

在国际诉讼中，通行的观点认为以希腊国籍为根据的希腊法院国际管辖权并不具有排他性，而建立在希腊法院属地管辖或法院选择协议基础上的希腊法院国际管辖权必然会与外国法院管辖权发生冲突。当事人是否行使程序性权利问题不仅由于平行管辖而发生，而且在希腊法院基于排他性法院选择条款而取得排他性国际管辖权情况下也同样会发生。当管辖权条款属有效情况下，希腊法院通常会中止当事人违反管辖权条款而向希腊法院提起的诉讼，但希腊并非始终会执行管辖权条款。而当希腊法院基于排他性管辖权条款而拥有排他性国际管辖权时，如果该管辖权条款系由于当事人不当行为而存在，或尽管原告所行使的权利源于合法的管辖权协议，但案件的具体情况显示其行使权利行为有失公正时，则希腊法院有权终止诉讼。至于实践中在什么情况下原告诉诸希腊法院管辖将被视为滥用权利？希腊法律观念认为如果诉讼与希腊法院之间没有

---

① Klamaris, The Abusive Exercise of Rights in Civil Procedural Law (1980), p. 495.

任何联系，而原告提起诉讼是为了实现不当目的，或者为了实现管辖权规则或管辖权选择协议根据诚实善意原则而所认可的目的之外的目的，那么在希腊法院进行的诉讼应予以终止。

第四节　有关国际民商事管辖权的国际规则

欧盟是 2005 年海牙《协议选择法院公约》的成员。由于瑞典、希腊、奥地利均是欧盟的成员国，它们之间管辖权的确定依欧盟 2012 年《关于民商事案件管辖权和判决承认与执行的条例》（重新发布)[1] 和 2015 年《关于破产程序的条例》（欧盟 2015 年第 848 号条例）以及 2003 年第 2201 号《关于婚姻案件和亲子责任案件管辖权及判决承认与执行的条例》（2003 年第 2201 号条例）、2008 年《关于扶养之债管辖权、法律适用、判决承认与执行和合作的条例》（简称《扶养之债条例》）、2012 年《欧盟继承条例》[2]。进行。瑞士虽然未加入欧盟，但它是 1988 年《洛迦诺公约》）的成员国，该公约与 1968 年《布鲁塞尔公约》和欧盟 2012 年第 1215 号条例规定了基本相同的基本原则。故很有必要阐述上述欧盟有关国际民商事管辖权的规则。

一、2005 年海牙《协议选择法院公约》

海牙国际私法会议自 1992 年便开始酝酿制定关于管辖权及判决承认与执行的全球性混合"大公约"的计划，终因各国对 1999 年推出的公约临时草案分歧太大而搁浅，代之以制定一个仅规范商事交往（business to business transactions）中排他选择法院协议的"小公约"的新计划。根据该计划制定出来的《协议选择法院公约》于 2005 年 6 月 30 日在海牙国际私法会议第 20 届会议上获得通过，使得海牙国际私法会议历经 10 余年艰辛孜孜以求地制定一部旨在国际范围内统一民商事管辖权和外国法院判决的承认与执行的国际统一法公约的努力最终取得了可喜的成就。

---

[1] 该条例已由杜涛、洪倩汝翻译成中文，发表在李双元主编：《国际法与比较法论丛》第 23 辑，法律出版社 2014 年版。

[2] Regulation（EU）No 650/2012 of the European Parliament and of the Council of 4 July 2012 on jurisdiction, applicable law, recognition and enforcement of decisions and acceptance and enforcement of authentic instruments in matters of succession and on the creation of a European Certificate of Succession. 该条例已经由欧福永和吴小平译成中文，发表在《国际法与比较法论丛》第 23 辑，法律出版社 2014 年版。

公约共五章 34 条。第一章 "范围和定义" 共 4 条, 是关于公约适用范围和公约中所使用的一些概念的解释性规定。第二章 "管辖权" 共 3 条, 规定被选择法院行使管辖权的义务、未被选择法院不得行使管辖权的义务以及公约不适用于临时保护措施的规定。第三章 "承认和执行" 共 8 条, 是公约最核心的部分。第四章 "一般条款" 共 11 条, 主要是关于公约适用中的一些特殊事项的规定。第五章 "最后条款" 共 8 条, 系海牙国际私法公约通常条款, 主要是关于公约加入、批准、生效和保存等的公约缔约程序性规定。

以下就公约中的主要内容作一简单阐述:

(一) 公约的适用范围及限制

公约适用于民商事事项的国际性案件中所签订的排他选择法院协议。就民商事管辖权案件的国际性而言, 除下列案件外所有案件均是国际性案件: 当事人在同一个缔约国居住, 且当事人间的关系和除被选法院的地点外的与争议相关的所有其他因素都只与该国相联系。就判决的承认和执行而言, 只要被寻求承认和执行的是外国的判决, 则此种案件便是国际性案件。

公约中所称的排他选择法院协议是指当事人以书面形式或以其他任何提供可获取的信息以备日后援用的通讯方式所达成的为解决与某一特定法律关系有关的业已产生或可能产生的争议目的, 而指定一个缔约国法院, 或一个缔约国的一个或多个特定法院, 以排除其他任何法院管辖权的协议。但是, 由于实践中还有非排他性的选择法院协议, 为此公约规定: 对基于非排他性选择法院协议行使管辖权的法院作出的判决, 原审法院和被请求法院如相互声明可承认与执行该类判决, 则判决可予承认与执行, 条件是就相同当事人间相同诉因的案件不存在其他判决也不存在未决诉讼, 而且原判决作出地法院是首先受案的法院。该公约还确立了排他选择法院协议有类似于 "仲裁条款自治" 的效力, 即构成合同一部分的排他性选择法院协议应被视为与合同其他条款独立的条款。排他性选择法院协议的有效性不能仅因合同无效而异议。

公约不适用于下列排他选择法院协议: (1) 一方当事人是自然人 (消费者), 且其行为主要为私人、家庭或居家目的而进行; (2) 涉及雇佣合同, 包括集体协议。公约不适用于下列事项: (1) 自然人的身份和法律能力; (2) 扶养义务; (3) 其他家庭法事宜, 包括婚姻财产制以及产生于婚姻或类似关系的其他权利和义务; (4) 遗嘱和继承; (5) 破产、清偿和类似事项; (6) 旅客和货物的运输; (7) 海洋污染、海商索赔的责任限制、共同海损以及紧急拖救和救助; (8) 反托拉斯 (竞争) 事项; (9) 核损害责任; (10) 由或代理自然人提起的人身伤害索赔; (11) 非产生于合同关系的对有形财产造成损害的侵权或侵害索赔；（12）不动产物权的权利，以及不动产的租赁；（13）法人的有效性、无效性，或解散，以及其机构决定的有效性；（14）版权或相邻权以外的知识产权的有效性；（15）版权或相邻权以外的知识产权的侵权，但不包括当事人间因违反涉及此种权利的合同而提起的，或可能会因为违反该合同而提起的侵权诉讼；（16）公共登记的有效性。但是，缔约国可以通过声明，将除上述公约第 2 条第 2 款所排除事项外的任何特殊事项排除出公约的适用范围。公约第 21 条的这一规定实际上是各国就公约的适用范围激烈争论，并最终达成妥协的产物。它是一个安全阀，可以使不愿意将公约适用于某些特殊事项的国家，不适用公约的规定。

公约不适于仲裁和相关程序。诉讼不仅仅因为一方当事人是国家，包括政府、政府机构或任何为国家行动的人而被排除出公约的范围。公约也不得影响国家、国际组织自身及其财产的特权和豁免。

（二）统一管辖权规定

国际民商事案件的管辖权问题是公约的重要内容之一。但是，公约在该问题上的规定并不多，仅短短的三条。公约确立了在国际民商事管辖中排他选择法院协议具有优先的效力，首先是被当事人选择的法院必须行使管辖权，不应以该争议应由另一国家的法院审理为由拒绝行使管辖权，即原则上排除了不方便法院原则的适用。同时，除被选择法院所在国以外的缔约国法院应拒绝管辖或中止程序，除非：（1）该协议按被选择法院国家的法律是无效的和不能生效的；（2）按照受理案件的法院地法律一方当事人缺乏签订该协议的能力；（3）给予该协议效力将导致明显的不公正，或者明显违背受理案件国家的公共秩序；（4）基于当事人不可控制的特别原因，该协议不能合理得到履行；（5）被选择法院已决定不审理此案。公约第 5 条第 3 款规定了两项被选择法院管辖权的例外，即涉及客体或索赔金额的管辖，以及对缔约国国内法院间管辖权的划分，当事人不能通过选择法院协议决定确定这些问题的法院。但是，被选择法院在判断是否将案件移送时应合理考虑当事人的选择。

欧盟委员会于 2014 年 12 月 4 日正式通过《关于以欧盟名义批准 2005 年 6 月 30 日〈海牙选择法院协议公约〉的决定》。① 根据该决定，欧盟以地区性经济一体化组织的身份加入该公约。欧盟之前于 2009 年 4 月 1 日签署了公约。2015 年 6 月 11 日，欧盟代表正式向荷兰外交部交存了批准书。此前，墨西哥

---

① COUNCIL DECISION of 4 December 2014 on the approval, on behalf of the European Union, of the Hague Convention of 30 June 2005 on Choice of Court Agreements（2014/887/EU）.

已经批准了该公约。根据公约第 31 条的规定，公约自第二份批准书交存后 3 个月期间届满后的第一个月的第一天起生效，因此，公约于 2015 年 10 月 1 日起正式生效。

欧盟在签署公约时就根据公约第 30 条作出了一项声明，即欧盟对公约所适用的所有事项均有权限，并且欧盟成员国不会成为公约缔约方，但是欧盟所有成员国都将受公约的约束。公约中所有提到"缔约国"或"国家"的时候，都等同适用于欧盟成员国。值得注意的是，英格兰和爱尔兰也将受公约的约束，但是丹麦例外。

另外，欧盟还根据公约第 21 条作出了一项特别声明，将保险合同排除在公约适用范围之外（再保险合同和其他一些特殊保险合同除外）。该项声明的目的是为了保留欧盟布鲁塞尔条例针对投保人、被保险人或受益人所规定的保护性管辖规则。但是，欧盟并未将知识产权排除在公约适用范围之外。欧盟也没有提出公约第 19、20 和 22 条所规定的保留。

二、欧盟《关于民商事案件管辖权和判决承认与执行的条例》

（一）欧盟 2001 年第 44 号条例

1. 概述

欧盟 2012 年第 1215 号条例是在 2001 年第 44 号条例（《布鲁塞尔第一条例》）的基础上重订而来的。第 44 号条例规定了民事或者商事案件的管辖权和判决的承认与执行。它构成成员国①有关管辖权方面的基本成文法，国内法院可以向欧洲法院请求作出关于其解释的预备裁决。它以多种语言起草，这些版本在每一微妙之处和每一方面也许不是同一的，有时当事国可以利用这些差异谋取利益。《布鲁塞尔公约》与第 44 号条例具有相同的适用范围，但是相关的错辞不同。

第 44 号条例中使用的定义性术语具有自治的（autonomous）含义，其含义与赋予国内法中相同术语的含义不同，这些术语的含义在欧洲共同体法院的判例法中得到阐释，并且具有权威性。第 44 号条例为管辖权上的目的所使用的合同和侵权的含义，不同于成员国国际私法中在识别和选择法律时所使用的上述术语的含义。前者涉及欧洲法上的管辖权事项，后者涉及国内法上的实体事项。根据合同拥有第 44 号条例管辖权的法院可以使用其侵权国际私法来决定案件的实质。此外，许多年来已形成了某些解释的一般原则。第一，解释的

---

① 在该规则中，"成员国"一词指除丹麦以外的欧盟成员国。

基本原则是：对被告有权在其住所地国法院抗辩第 44 号条例的任何规定减损了其提出抗辩的权利这一问题，将倾向于被限制性地解释。这条原则由欧洲法院在其有关《布鲁塞尔公约》的判例法中确立，并将继续适用于对第 44 号条例进行的许多解释。第二，由于第 44 号条例致力于使在一成员国获得的判决在另一成员国自由地得到执行，因此命令不执行判决的规则将被给与限制性解释，然而，那些阻止平行诉讼的规则将会被宽松地解释。第三，成员国法院被相互信任具有平等的管辖权，并且一般不允许诱使一成员国法院断定另一成员国的法院认为自己拥有管辖权是错误的。

2. 第 44 号条例的基本结构

第 44 号条例（以下简称"条例"）的原始文本包括序言、正文（共 8 章 76 条）和 6 个附则。

条例的第 1 章（第 1 条）规定了条例的实质范围。即它适用于民商事案件，而不管法院或者法庭的类型。它特别不应延伸适用于税收、海关或行政事项。它不适用于：（1）自然人的身份或能力、夫妻财产关系、遗嘱和继承；（2）破产、公司或其他法人清偿协议，司法和解及其他类似程序；（3）社会保障；（4）仲裁。

条例的第 2 章（第 2-31 条）规定了直接管辖权问题，为成员国法院确定自己是否对案件具有管辖权提供了法律依据。关于管辖的基本规则规定在第 2-4 条。根据其规定，被告住所地法院对于针对该被告的案件具有管辖权，其他法院没有这种管辖权；如果被告在任何成员国都没有住所，则每一成员国法院的管辖权由法院地国法决定。第 5-7 条又规定了特殊管辖，由一个成员国的法院对住所在另一成员国的被告行使管辖权。因为保单持有人和消费者以及个人雇佣者应受特别保护，所以第 8-14 条和第 15-17 条以及第 18-21 条分别对保险事件、消费者合同和个人雇佣合同规定了特殊的管辖规则。第 22 条和第 23 条则分别规定了专属管辖权和协议管辖权规则。第 24 条规定出庭应诉和提出管辖权异议问题。第 25、26 条是关于管辖权和受理的审查。第 27-30 条是有关一事两诉及关联诉讼的规定，要求或允许法院拒绝管辖或者推迟诉讼。第 31 条允许法院即使在没有决定争议实质问题的管辖权的情况下，仍可采取临时救济措施。

条例的第 3 章（第 32-56 条）规定了判决的承认和执行问题。

条例的第 4 章（第 57-58 条）规定了执行在其他成员国作成或登记的公证文书以及法院和解问题。

条例的第 5 章（第 59-65 条）为一般规定。规定了为公约的目的确定住所的冲突规则，以及有关瑞典、卢森堡大公爵领地、希腊和葡萄牙、德国和奥地利等国家的特别规定。

条例的第 6 章即第 66 条，是一个过渡条款，它规定了条例适用的时间范围。

条例的第 7 章（第 67-72 条）涉及本条例与其他国际公约的关系问题。

条例的第 8 章（第 73-76 条）为最后条款。它规定了条例的生效和修改等事项。

附件 1 规定了条例第 3 条第 2 款和第 4 条第 2 款所指的管辖权规则。附件 2 规定了条例第 39 条所指的申请应提交的法院和有关机构。附件 3 规定了第 43 条第 2 款所指的可向之提起上诉的法院。附件 4 规定了根据第 44 条可提起的上诉。附件 5 规定了条例第 54 条和第 58 条所指的判决和法院和解的证明文件。附件 6 规定了条例第 57 条第 4 款所指的公证文书的证明文件。

3. 第 44 号条例的适用范围：第 1 条、第 66-68 条和第 71 条

下面从三个方面确定条例的适用范围，即它的实质或者标的物（subject-matter）范围、时间和地域范围，它与其他法律文件的关系。

（1）标的物范围。

①适用条例的事项。

条例与《布鲁塞尔公约》和《洛迦诺公约》对标的物范围的规定相似，其第 1 条第 1 款规定："本条例适用于民商事案件，而不管法院或者法庭的类型。它特别不应延伸适用于税收、海关或行政事项。"

A. "不管法院或法庭的类型"的含义。

不管是依据大陆法系还是普通法系的理解，刑事诉讼显然不属于"民事或商事案件"，应不在条例的调整范围之内。这里应注意的是，条例只强调案件的性质，而不管审理案件的法院或者法庭的类型，这样，行使刑事管辖权的法院可能有权作出赔偿刑事案件受害人的裁定，爱尔兰《1961 年道路交通法》第 571 条就有这种规定，因此，刑事附带民事诉讼中的民事部分应属于条例的调整范围。在欧洲大陆国家，刑事案件的被害人都可以在刑事诉讼中提起附带民事诉讼，刑事法庭可以根据被告的民事责任判决其赔偿被害人的损失，而不考虑被告的支付能力。在英格兰，这类判决也可以根据普通法和《1933 年外国判决（相互执行）法》予以执行。同样，在行政法庭提起的民事和商事案件也适用公约。这说明条例所适用的案件应是实质上的"民事和商事案件"，起决定作用的是案件的性质，而不是受案法庭的类型。

B. "民事和商事案件"的含义。

条例所适用的是"民事和商事案件",也就是说条例只适用于私法性质的案件,而不适用于公法性质的案件。通常,诉求是否属于民事和商事案件很明显,当诉求是否属于民事和商事案件不明显时则需要依据该术语的自治解释来解决。当权利所依赖的法律是一般法(general law)的一部分,而非专属于公法的一部分时,民事和商事案件可以包括公共机构(public authorities)或者其他公法团体(public-law bodies)提出的诉求。因此,对未能向为其重新油漆了办公室的缔约者支付报酬的城镇参议会,可以在民事和商事案件中被诉;但是,其房子的悬挑部分以及具有危险性的树被参议会行使特别成文法授予的权力而拆除或移走时,房屋所有人对公共机构提出的诉求不属于民事和商事案件。

在普通法国家,向行政法庭提起的财政税收方面的诉讼也被认为是"民事和商事案件"。为某些公私法区分不太严格的国家的方便,条例第1条还进一步指出,条例所适用的事项不包括税收、海关或行政事项。不过也要看到,即使是在已经确立公私法划分的国家,也并不总是很容易地区分公法和私法;而且,在不同的国家划分的方法也有所不同。所以为平等和统一起见,欧洲法院裁定,为1968年《布鲁塞尔公约》的目的,区分公法与私法事项应独立于原审法院地法和被请求法院所在地法,这种区分应根据公约的宗旨和原则以及成员国法的一般原则来进行。相应地,公约不适用于私人与公共机构间有关后者行使权力的争议。这项原则首次出现在 LTU v. Eurocontrol 案①中,并且又在 Netherlands State v. Rüffer 案②中得以适用。

在 LTU v. Eurocontrol 案中,一个根据条约建立的国际组织——欧洲航空安全组织(Eurocontrol)在比利时法院获得一项针对一个德国航空公司的判决,判决指出由德国航空公司支付其使用航空安全服务的费用,欧洲航空安全组织寻求在德国根据1968年《布鲁塞尔公约》执行该判决。欧洲法院裁定,因为争议产生于一个公共机构执行其权力的行为,所以不能适用1968年《布鲁塞尔公约》。特别是它是关于私人向国际公用组织支付使用后者设备和服务的费用,而这种使用是强制性和排他性的,并且其费率、计算方法和收取程序都是由该公共实体单方面规定的。

在 Netherlands State v. Rüffer 案中,一艘德国机动船发生碰撞,沉入航道,依据荷兰与德国签订的条约,该航道应由荷兰政府管理,荷兰政府将该沉船移

① Case 29/76, NILR〔1978〕, p. 80.
② Case 814/79,〔1980〕ECR 3807.

出航道后变卖，但变卖所得不足以支付清障搬运费用，荷兰政府在荷兰法院对船主提起诉讼，请求支付差额部分。应荷兰终审法院请求，欧洲法院裁决此案不适用1968年《布鲁塞尔公约》，其理由是，荷兰政府依据德国和荷兰关于该航道的条约和荷兰关于沉船的国内法规，对沉船进行必要的处理，属于行使其公共管理权力的行为，此案正是起因于这种行为，在荷兰民事法庭提起该诉讼以及依荷兰法它属于私法诉求并不能改变其公权力行为的性质。在以上两个案件中，欧洲法院在确定公共机关行使其权力时，既考虑了可适用的国内法，也考虑了有关的国际条约。

欧洲法院对"民事和商事案件"这个概念的解释主要借助于公法权力和私法权力的划分。在Sonntag v. Waidmann案①中，欧洲法院的这种倾向更加明显。Sonntag为德国国家雇佣的公立小学的教师，带领班级学生到意大利阿尔卑斯山旅游，一名学生跌倒致死。Sonntag被控谋杀，在意大利法院被诉。在诉讼中，死者的近亲属作为附带民事诉讼当事人参与诉讼，请求损害赔偿。判决后请求德国法院执行。德国法院认为，该赔偿判决属于行政性质的案件，而非民商事案件，因为它涉及的是公务人员的职责。欧洲法院裁定该案是民商事案件，属于1968年《布鲁塞尔公约》的调整范围，理由是：Sonntag所应尽的注意义务适用于所有个人，不管他是教师或者公务员，其责任派生于民事责任；公务人员并非总是行使公权力，而且大多数成员国的法律都认为公立学校教师在监管其学生时不是行使公权力；考虑教师对学生的义务，公立学校教师与私立学校教师没有什么区别。在这里，如果Sonntag的行为被定性为行使公共权力，该项请求就不由1968年《布鲁塞尔公约》调整。

如果诉求是对因基础工业的非国有化而产生的团体（如联合王国的铁路）提出的，那么"要求全面审视成员国的法律以便查明当前的案件一般看来是不是民事或者商事案件"这一要件似乎特别难以满足。对因现在拥有铁路的团体未能维护铁路的过失引起的损失或者因私有化的自来水公司未能防治水污染而导致的损失，而提出的损害赔偿诉求是否属于民事或者商事案件？受理的诉求是对股东拥有的公司提出的这一事实暗示了对上述问题的一种答案（即诉求属于民事或者商事案件）；而公司是依法定价并且根据成文法经营以履行其职责则暗示了对上述问题的另一种答案（即诉求不属于民事或者商事案件）。但是，如果有必要全面审视成员国的法律以便确定上述经营铁路或者供水应承担怎样的法律责任，则这一任务是不可能完成的。结果是，很难阻止限

---

① Case C-172/91, ［1993］ECR I-1963.

制对英格兰法进行考察这一诱惑。

②不适用条例的事项。

尽管条例第 1 条第 1 款规定条例适用于民事和商事案件，但有一些虽属民商事事项的关系却被排除在条例之外。根据第 1 条第 2 款的规定，这些被排除的事项包括：a. 自然人的身份或能力、夫妻财产关系、遗嘱和继承；b. 破产、公司或其他法人清偿协议，司法和解及其他类似程序；c. 社会保障；d. 仲裁。除大多数成员国认为第 3 项属于公法事项外，其他都应由私法调整，属于"民商事事项"，公约明确规定排除这些事项均有其特殊原因。

尚未确定的是，如果上述被排除的事项仅仅是附带（incidental）问题，则整个诉求是否都被排除在条例的适用范围之外？英格兰的某些判例①建议，除非争议的主要部分是被排除的事项，否则条例将得到适用；对条例的例外要进行限制性的解释。但是，上述做法没有令人信服的根据，尽管条例的外部界限要得到妥善的界定，但是没有必要界定得太宽；在"条例不适用于 A"和"条例不适用于主要与 A 有关的事项"之间存在明显的区别。这可通过条例以简单明了的措辞"排除对仲裁的适用"来证明。大家都同意：作为解决争议的方式的仲裁和管理与控制仲裁的司法措施以及仲裁裁决的执行，都不属于条例的适用范围②。由于英格兰法院明显乐于对条例的例外进行限制性的解释，只有欧洲法院才有权利反对这一倾向。

A. 身份、能力和婚姻财产。

条例排除适用于有关身份、能力和婚姻财产权的事项，但限于自然人，不包括公司和其他法人。这就排除了条例对离婚、司法分居或者宣告婚姻无效诉讼的适用，也排除了其对有关儿童的监护、收养或者精神病人的证明和监管的诉讼以及宣告自然人死亡和宣告国籍或住所的诉讼。此外，这种排除还涉及宣告婚姻的初始效力、婚生、准正和收养地位的诉讼，也涉及确定非婚生父亲的诉讼。

条例排除对有关身份的事项的适用是因为：有关身份的诉讼和判决不能像有关合同、侵权和财产的纠纷一样适用相同的管辖权与判决承认规则，而且尽

---

① Ashurst v. Pollard［2001］Ch 595（bankrupt）；The Ivan Zagubanski［2002］1 Lloyd's Rep 106（arbitration）. 尽管上述判例在 Sonntag v. Waidmann（［1993］ECR I-1963）案中得到共同体法院法律顾问的支持，但是共同体法院并不赞同该建议。

② Case C-190/89, Marc Rich & Co. AG v. Società Italiana Impianti PA［1991］ECR I-3885.

管欧共体进一步的目标在于促进其成员国统一有关个人身份的国内法，但最为可行的办法还是就这一问题制订单独的管辖权和执行判决的公约。从 1994 年开始，欧盟即着手谈判订立一个关于婚姻事项的管辖权及判决执行的公约，随后一个调整离婚、司法别居和判决婚姻无效以及在婚姻诉讼中附带处理儿童问题的公约被欧盟委员会所采纳，并于 1998 年 5 月 28 日由成员国签字，欧盟理事会已将该公约转化为《关于婚姻案件和亲子责任案件管辖权及判决承认与执行的条例》（2000 年第 1347 号条例）。2003 年，欧盟理事会又通过了旨在取代 2000 年第 1347 号条例的 2003 年 11 月 27 日第 2201 号《关于婚姻案件和亲子责任案件管辖权及判决承认与执行的条例》。

然而，条例并没有排除一切有关家庭法的事项，即有关配偶或父母子女之间的经济权利和义务或者所有权的诉讼，其第 5 条第 2 款仍然明确指出，条例适用于抚养问题。欧洲法院也曾表明这样的态度，它指出，1968 年《布鲁塞尔公约》适用于抚养关系的诉讼，即使是在有关身份的诉讼，如离婚诉讼中作为附属事项提出也是如此。

在德·卡维尔（一号）案中，欧洲法院认为，"婚姻财产"包括直接由婚姻关系引起的夫妻之间的任何财产法律关系，但不包括夫妻之间与婚姻无关的财产法律关系。另外，在德·卡维尔（二号）案中，欧洲法院将"扶养费"理解为夫妻离婚之后原夫妻之间的定期支付，旨在弥补因离婚而造成的生活水平的差异，是按照双方各自的收入和需求确定的。最终，在范·登·布格阿德诉劳门一案中，欧洲法院遇到一个英格兰的"决裂"离婚协议，欧洲法院裁定认为，在离婚程序中，夫妻一方支付一笔总额费用或转移某物所有权给另一方的也属于 1968 年《布鲁塞尔公约》的调整事项，例如与扶养费有关的裁定，如果这种给付或转移的目的是保证受领人的生活费。如果裁定的一项给付旨在为受领的前配偶提供生活所需，那么，这项裁定就是关于生活费的，但是，如果裁定的给付只是为了分割配偶之间的财产，则裁定就是关于婚姻财产的，不能依据 1968 年《布鲁塞尔公约》得到执行。依据条例第 48 条的规定，一项混合的裁定可以得到部分执行，如果裁定可指明每一部分的目的。

B. 遗嘱和继承。

条例第 1 条第 2 款规定条例不适用于遗嘱和继承，包括有关死亡人遗产继承的所有诉讼，涉及在立有遗嘱、或未立遗嘱的情况下的死亡。在前一种情况下，可能会产生关于遗嘱效力与解释的纠纷，在后一种情况下，会产生无遗嘱继承的实施方面的纠纷。但是，条例的规定是有关自然人的，不包括公司的重组，尽管它也涉及一个公司的财产和责任全部转移至另一个公司。《施洛塞尔报告》（Schlosser Report）认为，对继承的排除包括有关遗嘱所宣布的或者根据无遗嘱死亡立法所形成的信托的产生、解释或管理的所有诉讼。

C. 破产、公司或其他法人清偿协议，司法和解及其他类似程序。

由于破产等问题具有特殊性，所以不能与一般的民商事关系一样适用相同的条例，这是 1968 年《布鲁塞尔公约》和条例排除对其适用的主要原因。为此，欧共体和欧盟曾制定了若干统一国际破产规则的文件，如 1970 年《欧共体破产公约初步草案》、1982 年《欧共体破产公约草案》和 1990 年欧洲理事会《欧洲破产公约》（伊斯坦布尔公约，至今仍未生效）、1995 年欧盟《破产程序公约》（至今仍未生效）以及欧盟理事会《关于破产程序的条例》（已于 2002 年 5 月 31 日起生效）。

《吉纳德报告》和《施洛塞尔报告》都认为，1968 年《布鲁塞尔公约》第 1 条第 2 款第 2 项所指的诉讼是基于延期付款、资不抵债等的诉讼，它涉及司法机关为强制或集合清算财产，或者仅为监督的目的而介入。欧洲法院在 Gourdain v. Nadler 案[①]中也采用了类似的定义。所以，产生于自愿的司法外和解或债权人和债务人所同意的调解的诉讼属于 1968 年《布鲁塞尔公约》的范围，因为这些协议是合同性质的。条例的规定还扩展到直接源于破产以及与破产或清算程序密切相关的诉讼。

D. 社会保障。

由于有些成员国认为社会保障是私法问题，另一些成员国则认为它是公法问题，因而不宜武断地将其规定在一个处理私法问题的公约或规则之内；同时，按照 1957 年《罗马条约》第 51 条的规定，共同体应"在社会保障领域采取必要措施，确保工人的自由流动……"因此，《布鲁塞尔公约》起草委员会希望对社会保障问题另行处理，成员国之间可就社会保障问题单独订立协议，以避免与已有的双边公约或国际劳工组织和欧洲委员会的工作发生重叠和冲突。这样，1968 年《布鲁塞尔公约》和条例的第 1 条第 2 款第 3 项排除对社会保障的适用。条例的这种规定包括被保险人向社会保障机构要求福利的诉讼、社会保障机构要求被保险人或其雇主认缴的诉讼或者要求返还多支付的救济金的诉讼。但是，条例并未将所有与社会保障有关的问题排除在条例之外，条例排除的只是管理机关与雇主或雇员之间关系的争议，对于管理机关直接对负有伤害或损害责任的第三方进行追诉的权利或者管理机关为投保的受损害方对第三方行使的代位权，并未排除在条例的适用范围之外，因为这些都是按照

---

① Case 133/78，［1979］ECR 733.

一般法律规则进行的。从以上分析可以看出，条例所调整的仍然是依据大陆法系关于公法和私法的划分标准而认定的私法问题，而不是公法问题。

E. 仲裁。

由于在仲裁方面已有其他的国际公约可以适用，尤其是当今非常有影响的1958 年《纽约公约》已成为这方面的主要法律依据，并且欧洲联盟原来的 15 个成员国全部加入了该公约，1968 年《布鲁塞尔公约》和条例便将仲裁排除在其适用范围之外。所以在仲裁裁决的承认与执行方面，适用《纽约公约》就可以了。从条例的规定看，它排除主要标的是仲裁的司法程序和法院判决。具体来说，它使条例的第 2 章不适用于任命或者替换仲裁员或者获得仲裁程序所使用的证据的司法程序，也不适用于审查、执行裁决或对仲裁裁决上诉的司法程序，因此也就保证不妨碍法院为赋予仲裁协议效力而拒绝行使管辖权。另外，条例第 1 条第 2 款第 4 项不仅阻止条例第 3 章适用于仲裁裁决的承认和执行，而且也阻止其适用于撤销、变更、批准执行仲裁裁决或者以仲裁裁决为基础的外国判决。

在 Marc Rich & Co. AG v. Società Italiana Impianti PA 案①中，欧洲法院对"条例排除对仲裁的适用"作广泛的解释。它认为，根据《1950 年仲裁法》任命仲裁员的程序不属于 1968 年《布鲁塞尔公约》的适用范围，因此可以在英格兰对在意大利有住所的人提起该程序而不干预公约的规定。由于争议的主题是仲裁，这足以使该程序被排除在公约之外，因此，意大利当事人不能自始通过否定仲裁协议的存在而回避条例对仲裁的排除适用。

在这方面，条例的文本与 1968 年《布鲁塞尔公约》的文本是相同的。对仲裁的排除包括决定当事人是否受仲裁协议约束的诉讼。原则上，只要对是否

---

①　C-190/89，［1991］ECR I-3885. 该案是英格兰上诉法院请求欧洲法院裁决的。该案的案情是：被告为意大利石油销售商（卖方），于 1988 年在意大利法院对原告（买方）提起诉讼。原告以订有英格兰仲裁协议为由，申请英格兰法院在被告不指定仲裁员时由法院指定仲裁员。被告否认订有仲裁协议，并以意大利法院已先受理了案件为由要求英格兰法院依《布鲁塞尔公约》第 21 条中止仲裁员任命程序。英格兰高等法院驳回了被告的抗辩，认为本案的主要诉讼问题应排他地由仲裁方式处理，因而公约包括其第 21 条在内是不适用的。该案后来诉至上诉法院，在随后的英格兰诉讼活动中，原告请求英格兰法院以违反事先订立的英格兰仲裁协议为由发布禁令，以限制被告在意大利进行诉讼。在该案中，请求任命仲裁员的当事人服从了首先受理诉讼的意大利法院的管辖，该法院裁决不存在有约束力的仲裁协议并作出了判决，由于被告已经服从了意大利法院的管辖权，故其判决有权在英格兰得到执行。

存在有约束力的提交仲裁的义务存在真正的争议，则对该争议的司法解决不属于条例的适用范围。

（2）时间和地域范围。

根据条例第 66 条的规定，条例适用于确定对 2002 年 3 月 1 日以后提起的诉讼的管辖权。在英格兰，提起诉讼至少意味着诉状格式的签发，而非诉状格式对被告的送达。对于在此日期之前提起的诉讼，《布鲁塞尔公约》和《洛迦诺公约》仍然有效。

对于判决的执行，如果（1）判决作出成员国的诉讼是在《布鲁塞尔公约》或《洛迦诺公约》在判决作出成员国和被请求成员国均已生效之后提起；或（2）在所有其他情形下，判决作出成员国所根据的管辖权条例，符合本条例第 2 章的规定，或与判决作出成员国与被请求国间签订的起诉之时仍然有效的某一公约的规定相一致，则在本条例的生效日期之前起诉，而在生效日期之后才作出的判决，亦应按照本条例第 3 章的规定予以承认和执行。

条例适用于除丹麦以外的 24 个欧盟成员国。

（3）条例与其他法律文件的关系。

条例第 7 章规定了条例与其他公约的关系问题。其中第 67 条规定，条例不影响有关特殊事项的共同体法律文件中，或根据这些文件而被统一的国内立法中所包含的有关特殊事项管辖权及判决的承认与执行的条例的适用。第 68 条规定了条例与《布鲁塞尔公约》的关系。第 69 条规定先于本条例生效的双边公约的效力低于本条例，但在本条例没有规定的问题上继续有效。第 71 条规定有关特殊事项的公约的效力优先于本条例。第 72 条规定，本条例不影响某一成员国在本条例生效前依照《布鲁塞尔公约》第 59 条，对某一公约非缔约国承担不承认其他缔约国法院对在该非缔约国有住所或习惯居所的被告所作的判决的义务，而该非缔约国对公约第 4 条规定的案件，只能根据公约第 3 条第 2 款规定的管辖权作出判决。

①条例与共同体法律文件的关系。

条例第 67 条规定，条例不影响有关特殊事项的共同体法律文件中，或根据这些文件而被统一的国内立法中所包含的有关特殊事项管辖权及判决的承认与执行的条例的适用。因此，《关于临时派往国外的工人的欧共体第 96/71 号指令》和《关于消费者合同中的不公平条款的欧共体第 93/13 号指令》① 的

---

① ［1993］OJ L95/29.

有关规定的效力优先于条例。

②条例与《布鲁塞尔公约》的关系。

条例第68条规定："在其成员国间，本条例将替代《布鲁塞尔公约》，但是，成员国的领土（territories）处在该公约的地域适用范围内，并且根据条约①第299条又排除本条例适用的除外。就本条例替代成员国间《布鲁塞尔公约》的规定而言，对公约的任何参照均可被视为是对本条例的参照。"

③与以前的双边公约的关系。

条例第69条列举了成员国间互相承认和执行判决的24个双边公约，其中只有1899年7月8日在巴黎签订的《比利时王国和法国关于管辖权、破产以及判决、仲裁裁决和公证文书的效力和执行公约》和1925年3月28日在布鲁塞尔签订的《比利时王国和荷兰王国关于法院地域管辖权、破产以及判决、仲裁和公证文书的效力和执行公约》以及1961年11月24日在布鲁塞尔签订的《比利时、荷兰和卢森堡关于法院管辖权、破产以及判决、仲裁裁决以及公证文书的效力和执行条约》3个公约涉及直接管辖，其余则只规定了判决的承认和执行，因而间接涉及管辖问题。根据条例第69条和第70条的规定，这些公约的效力低于条例，但在条例适用范围之外的事项上它们仍然适用，并且也适用于在条例对有关国家生效前作出的判决和正式作成或登记的公证文书。

④与有关特殊事项的公约的关系。

条例第71条规定："本条例不影响成员国已经是其当事国的，在一些特殊事项上支配管辖权或判决的承认或执行问题的任何公约。

为统一解释起见，第1款将以下列方式适用：

a. 本条例不禁止作为特殊事项公约当事国的某一成员国法院根据该公约主张管辖权，即使被告在另一非该公约当事国的成员国有住所。受理案件法院应该适用本条例第26条。

b. 某一成员国法院根据某一特殊事项公约规定的管辖权所做的判决，应该根据本条例在其他成员国被承认和执行。

如果判决作出国和被请求成员国均为当事国的特定事项公约规定了判决的承认和执行条件，则这些条件应该被适用。无论如何，本条例有关判决承认和执行的程序规定可以被适用。"

这里的"特别公约"没有时间上的限制，可以是以前缔结的，也可以是

---

① 指《阿姆斯特丹条约》。

将来才会缔结的；可以是双边的，也可以是多边的，但通常情况下是多边的。当一个或几个成员国是"特别公约"的当事方时，就适用第 71 条的规定，不管在其受条例约束前已经是当事方，或者在受条例的约束后才成为其当事方，也不管"特别公约"的其他当事方是成员国还是非成员国。第 71 条所适用的现有的许多公约都是关于运输合同或者运输的其他方面的，如关于空运的1929 年《统一国际航空运输某些规则的公约》（华沙公约）、1963 年《修改华沙公约的议定书》（海牙议定书）、1964 年《统一非缔约承运人所办国际航空运输某些规则以补充华沙公约的公约》（瓜达拉哈拉公约）和修改华沙公约的《蒙特利尔议定书》；1974 年《旅客和行李海上运输雅典公约》。此外，也包括 1952 年布鲁塞尔《关于船舶碰撞的民商事管辖权规则的公约》、1952 年《关于扣留海运船舶的公约》、1969 年布鲁塞尔《油污损害民事责任公约》和1973 年海牙《关于承认和执行扶养义务判决的公约》等。

值得注意的是，虽然规则第 71 条第 1 款规定，本规则不影响成员国已经是其当事国的，在一些特殊事项上支配管辖权或判决的承认或执行问题的任何公约，但是第 71 条第 2 款却相当不适当地解释说，第 1 款意味着：即使被告在另一非该公约当事国的成员国有住所，本条例不禁止作为特殊事项公约当事国的某一成员国法院根据该公约主张管辖权。因此，如果另一个公约，如1952 年《关于扣留海运船舶的公约》允许公约缔约国主张管辖权，则条例似乎不会妨碍这种管辖权的行使。但是，除非该特别公约本身包含阻止平行诉讼的规定，条例的规定①将会得到适用以填补该空隙。结果是，特别公约似乎被条例所吸收，以致在其实施时被条例修改。②上述结果很难与条例不影响根据特别公约主张管辖权这一主张相调和；因此第 71 条第 2 款是靠不住的。虽然如此，但第 71 条完全没有说明的是：当公约明确禁止主张管辖权时，不管条例有如何不同的规定，公约的规定将仍然有效。对仲裁而言，联合王国的相关国际义务包括拒绝管辖，而不是行使管辖权，因此这一点被条例忽视是莫明其妙的。

4. 住所

根据条例第 59 条第 1 款，为了确定个人是否在成员国有住所，法院将适

---

① 第 44 号条例第 27-30 条。

② Case C-406/92, The Tatry［1994］ECR I-5439.

用成员国的法律。由于不同成员国对住所有不同的定义①，成员国希望规定一个单一的自治的住所定义，或者全部放弃住所这一概念而代之以惯常居所。事实上，惯常居所这一概念在当代大行其道，受到了国际社会的广泛重视。现代各国立法及有关国际公约都热衷于将其作为一种基本的连结因素，这应该算是国际私法发展中一个值得注意的现象。习惯居所的采用，避免了各国因住所规定不同所带来的麻烦。它适用方便，且具有确定性。

条例第 60 条规定，为了适用本条例，公司、其他法人以及自然人或法人的合伙的住所在下列地点：（1）法定所在地（statutory seat）；或（2）管理中心；或（3）主营业地。在联合王国和爱尔兰，法定所在地系指注册事务所；或无注册事务所时，则在组成地（the place of incorporation）；若无组成地，则在其成立所依据法律的所属成员国（the place under the law of which the formation took place）。第 60 条的目的是推动法律对公司、其他法人的住所作出更一致的定义。而《布鲁塞尔公约》第 53 条却规定，为了适用本公约，公司和法人的注册事务所应视为其住所，但为了决定注册事务所所在地，受理诉讼的法官应适用其本国的国际私法规则。

不同的是，条例第 60 条第 3 款规定，为确定信托的住所是否在受理案件的法院所在的成员国，受理案件的法院应适用其本国的国际私法规则。

值得注意的是，如果民商事诉讼在第 44 号条例于 2002 年 3 月 1 日生效后被提起，条例将决定成员国法院是否有管辖权。为了获得可靠的答案，有必要依下面列举的顺序审查条例的规定。

5. 不考虑住所的专属管辖权

专属管辖是指对某些具有特别性质的涉外民商事案件强制规定只能由特定国家的法院行使独占排他的管辖，而不承认任何其他国家的法院对此类涉外民商事案件具有管辖权。由于管辖权在确保一国安全及利益方面具有重要作用，

---

① 对于住所，法国法和卢森堡法认为是主要机构所在地，荷兰法则指向该人的居住地，意大利法又认为住所是当事人的主要营业和利益所在地，但比利时法认为当事人在人口登记处登记的地方为其住所所在地，德国法承认多重住所并指向其中任何稳定的机构。而且，这 6 个成员国关于住所的规定还无一与传统的英格兰住所概念相同。英格兰法关于住所的概念要求长久居住的确定意图，并且还要有居住的事实。这一概念与国籍具有更多的相似之处，而与欧洲大陆国家及美国等采用的住所概念相去甚远。此外，在英格兰法上，关于住所还有非常复杂的分类和制度。这种概念就规则的适用来说难以发挥作用。因此，联合王国《2001 年民事管辖权和判决令》附件 1 第 9 款对个人住所重新进行了定义，以利于规则的适用。参见刘卫翔：《欧洲联盟国际私法》，法律出版社 2001 年版，第 238 页。

各国通常都规定一定的事项由本国法院行使排他的管辖权。各国法律规定的专属管辖的涉外民商事案件的范围是不完全相同的。一般而言，世界各国均规定位于内国境内的关于不动产的纠纷，由不动产所在地国家的法院行使专属管辖权。此外，大陆法系国家通常还规定国家租赁、法人破产、涉及因国内登记而发生的诉讼和本国国民的身份关系的涉外民商事案件，属于本国法院的专属管辖范围。

条例也承认这种管辖制度，不管被告是否在成员国有住所，条例第 22条①在 5 个领域为成员国法院规定了专属管辖权。条例第 29 条规定，对于数个法院有专属管辖权的诉讼，首先受诉法院以外的法院应放弃管辖权，让首先受诉法院审理。当条例第 22 条赋予某一法院专属管辖权时，任何其他法院均无管辖权，即使当事人试图服从该法院的管辖；违反条例第 22 条所作出的判决也应被其他成员国拒绝承认和执行。对适用条例第 22 条而言，案件必须与成员国有联系。如果土地和公共登记等不在成员国，则条例第 22 条不会得到适用。

（1）第 22 条第 1 款。

根据条例第 22 条第 1 款的规定，以位于成员国的不动产物权或其租赁权为（主要②）标的的诉讼的管辖权，专属于财产所在地的成员国法院。对于该条，存在两条附属规则：第一，以不超过连续 6 个月期限供私人临时使用的不动产租赁权为标的的诉讼，被告住所地成员国法院也有管辖权，只要承租人为自然人，并且出租人和承租人在同一成员国有住所。这一附属规则对于有关假日出租的房屋（holiday letting）的小争议是有用的。第二，条例第 6 条第 4款规定，对于有关合同的案件，如果诉讼可以与针对相同被告的不动产对物诉讼合并审理，财产所在地的成员国法院有管辖权。这一附属规则对抵押诉讼来说是有用的。

对于"不动产"的概念，虽然各国立法尚有不同，但区别并不大，不致引起条例实施的困难。广泛地说，它主要指土地和土地上的建筑物和固着物，以及由此产生的任何所有权。当然，确定某些东西是否为土地的一部分这类问题应由土地所在地法决定。

---

① 该条对《布鲁塞尔公约》第 16 条作了少许修改。

② "主要"这一词没有出现在该条文中，但是可以从下述案例中推论出：Case C-280/90 Hacker v. Euro-Relais［1992］ECR I-1111；See Ashurst v. Pollard［2001］Ch. 595（CA）.

诉讼是有关或者针对土地或者不动产的租赁的这一事实不足以构成第22条第1款的适用条件；支持第22条第1款的政策要求作比上述事实更仔细的分析。上述政策可以通过多个不同的方面来表明，如大多数成员国的法律认为对土地案件的管辖权专属于土地所在地的法院；土地法，特别是租赁法很复杂，最好由本国法院适用；由于第22条第1款减损个人在其住所地提出抗辩的权利，故该条应被限制性地理解。因此，对于租赁只是争议的部分背景的诉讼或者仅仅是更复杂的合同（如一个无所不包的假日合同）的一少部分并且不是诉求的主要方面的诉讼，不属于第22条第1款的适用范围。同样地，实施租约中包含的或者与租约有联系的、但不是租赁所特有的义务的诉讼，例如实施在商业房屋租约中因商誉而受罚的条款①或者关于在房东不履行其义务后消费信贷提供者的成文法义务的诉讼，也不属于第22条第1款的适用范围。相比较而言，关于未支付的租金或者公用事业费用的诉讼，它基于任何租赁固有的义务，不管对第22条第1款作如何狭义的解释，都属于第22条第1款的适用范围。

当原告不能主张他是土地的法律上的所有人，而是主张诸如他是合同上的购买人因此他有权成为法律上的所有人，或者主张作为土地的推定信托（constructive trust）的受益人，他已经成为土地的衡平法上的所有人时，对于诉讼是否以物权为其标的这一问题存在更多的困难。在此类案件②中，欧洲共同体法院认为推定信托的受益人仅仅拥有对人利益而不是对物利益的结论是错误的，至少几个世纪以来在英格兰法看来是这样；并且当诉讼是为了从推定信托的受托人处获得法律所有权时，欧洲共同体法院认为诉讼不是以物权为标的，这几乎是不可解释的：如果诉讼是为了获得法律所有权，则其标的不是法律所有权又是什么？并且就第27条而言，诉讼的标的意味着诉讼的目的③，在受益人看来诉讼的目的是获得土地的所有权。

（2）第22条第2款。

根据条例第1条第2款第2项，破产、公司或其他法人的清算以及其他类似程序都被排除于条例的范围之外。但基于公司法的其他纠纷却属于条例的范围，并且条例第22条第2款还规定了这些纠纷的专属管辖权。它规定，以公

---

①　Case C-73/77 Sanders v. Van der Putte［1977］ECR 2383, See Adrian Briggs, The conflict of laws, 2002, p. 63.

②　Case C-294/92 Webb v. Webb［1994］ECR I-1717.

③　Case C-406/92 The Tatry［1994］ECR I-5439.

司、其他法人组织、自然人或法人的合伙的有效成立、无效或解散，或以有关机构的决议的有效性为标的的诉讼，管辖权专属于该公司、法人组织或合伙所在地的成员国法院。为决定所在地，法院将适用其本国的国际私法规则，而不是依条例第 60 条第 2 款定义的所在地。没有被条例第 1 条第 2 款排除、也没有因第 22 条第 2 款而分配给所在地国法院的公司法事项一般应受条例第 2 章的支配。

当解散仅仅是一种期望中的救济（如有少数派股东进行压制的证据），而不是进行中的程序时，诉讼不是以解散为其主要标的，第 22 条第 2 款很可能不会得到适用。以往的判例建议：声称公司的机构未经授权而行为的诉求属于第 22 条第 2 款的适用范围，至少当该诉求是诉讼的主要标的时是这样；但是，声称公司机构滥用权力的诉求则不属于第 22 条第 2 款的适用范围。然而，未经授权而行为与滥用权力之间很难区分。

国家作为一国经济管理主体，依法独立行使经济职权。这种经济职权是一种专属的职务权限，只能由国家各级权力机关和各级行政机关及其所属的职能部门享有。在其主要内容之一的市场管理权中，一个重要的方面便是批准确认和撤销权，即国家机构依法同意或取缔某个经济法主体的资格或经济行为的存在的权力。因此，确定经济关系中的重要实体——公司、其他法人、自然人或合伙等的主体资格，明确其设立与解散之类的事项便属于一国专属管辖的范围。可见，欧盟将此列入专属管辖权范围，是有充分的法律依据的。

（3）第 22 条第 3 款。

条例第 22 条第 3 款规定，以确认公共登记效力为标的的诉讼，管辖权专属于保管登记簿的成员国法院。这种规定主要也是为了方便司法活动、保证争议顺利解决而设的。请求改正土地登记簿上的一项记载的诉讼属于第 22 条第 3 款的适用范围；没有合理的理由把请求修正此类登记中的一项记载的诉讼排除在外。对于由公共有限公司维持的登记，如果它是为公共机构的检查而准备的，则第 22 条第 3 款也适用。

（4）第 22 条第 4 款。

条例第 22 条第 4 款规定，有关专利、商标、设计模型或必须备案或注册的其他类似权利的注册或效力的诉讼，管辖权专属于业已申请备案或注册或已经备案或注册，或按照共同体法律文件或者国际公约的规定被视为已经备案或注册的成员国法院；不影响根据 1973 年 10 月 5 日在慕尼黑签订的《欧洲专利的授予公约》建立的欧洲专利局的管辖权，每一成员国法院对授予该国的欧洲专利的注册或效力的诉讼具有专属管辖权，而不论住所之所在。

第22条第4款不影响侵权诉讼的管辖权，侵权诉讼仍由条例第2章的一般规定支配，所以，原告可以根据第2条或第5条第3款选择在被告住所地法院或者损害行为发生地或者可能发生地的法院起诉。但是，如果专利的有效性被作为抗辩提出，则第22条和第25条一起授予登记国法院以专属管辖权，并排除其他法院的管辖权①。然而，一些其他国家的实践是中止侵权诉讼，允许由对专利有效性有专属管辖权的法院对有效性问题作出裁决，然后，侵权诉讼继续进行。认为国内实践上的差异扭曲条例的效力的观点是有商榷余地的。

（5）第22条第5款。

条例第22条第5款规定，有关判决执行的诉讼，管辖权专属于业已执行或将要执行判决的成员国法院。第22条第5款适用的前提是必须已经存在一个判决，为未来判决的执行铺平道路（如通过获得冻结禁令）的诉讼不属于第22条第5款的范畴。

6. 应诉管辖权

条例第24条规定了被告出庭应诉的管辖权，即"除了根据本条例其他规定的管辖权以外，一个成员国法院对出庭应诉的被告有管辖权。但如该被告出庭应诉只是为了抗辩管辖权，或者按照第22条规定另一法院应有专属管辖权者，则不适用本条"。这种情况有人称之为默示协议管辖，但就本条例而言，它的意义又不止于默示协议管辖，因为在存在有效的管辖协议的情况下，原告在其他法院起诉，被告出庭而不抗辩管辖权，则该法院应视为有管辖权，从而使其效力高于明示的协议管辖（原先的管辖协议被认为已被放弃或更改）。但是，条例第22条规定的专属管辖的效力高于第24条的规定。

条例第24条没有涉及被告的住所情况，即使被告住所不在成员国内，或者住所在其出庭的法院所在地之外的成员国，该条也同样适用。

条例的基本原则之一是：被告必须被允许出庭，并且这不损害其对案件提出抗辩的权利，但是，他必须一开始就提出管辖权抗辩，而不能够在事后反对判决的执行。因此，尽管第24条提到"只是为了抗辩管辖权"时是一个例外，但在一系列案件②中，欧洲法院指出，被告可以同时对管辖权和实质问题

---

① Coin Controls Ltd. V. Suzo International（UK）Ltd.［1999］Ch. 33.

② Case 27/81, Rohr v. Ossberger，［1981］ECR 2431；Case 20/82 Gerling v. Treasury Administration，［1984］ECR 2503.

提出抗辩，只要其对管辖权的抗辩不迟于该法院地程序法允许其答辩的第一次机会作出。根据国内程序法，被告对诉求的实质作出第一次答辩后，再提出管辖权异议就不能视为第 24 条的例外，将被视为承认法院的管辖权。因此，确定什么被认为构成了第 24 条意义上的出庭，是由法院地法决定的事项。

7. 保险合同、消费者合同和雇佣合同管辖权

条例除了为一般合同规定了特别管辖外，还规定了几种具体合同的特别管辖权，这些合同包括保险合同、消费者合同和个人雇佣合同。

当争议起因于保险合同、某些消费者合同或者个人雇佣合同，并且保险人、供应方或者雇主在成员国有住所（或者在成员国无住所，但在成员国之一有分支机构、代理或其他机构的保险人、供应方或者雇主，就该分支、代理或其他机构所经营的业务而发生争议时，可以被视为在该成员国有住所）时，在当事人之间很可能存在不平等，以致为了有效保护被保险人或者保单持有人、消费者或者受雇人的权利，需要为他们规定特别管辖权上的优惠。条例第 2 章第 3 节确立了一个规则模式，在该模式中，保单持有人或者被保险人、消费者或者受雇人有权在其住所地成员国的法院起诉或被诉。在某些案件中，保单持有人或者被保险人、消费者或者受雇人除了在其住所地成员国法院起诉以外，还可以选择在其他成员国法院起诉；但是，保险人、供应方或者雇主一般被限制于向被告住所地的成员国法院起诉。管辖协议只有是在争议发生之后订立的、或者其扩大了保单持有人（第 13 条）、消费者（第 17 条）或者受雇人（第 21 条）的选择权时，一般才具有约束力。为了进一步确保上述意图的实现，违反任何支配保险或者消费者合同的管辖权规定的判决将被拒绝执行，但是出于莫名其妙的理由这种保障未能扩大适用于雇佣合同①。当保险人、供应方或者雇主在成员国没有住所，并且也不能凭借拥有分支机构或者代理而被认为在成员国拥有住所时，条例第 4 条将适用于对他提出的诉求。

（1）保险合同管辖权。

条例第 2 章第 3 节（第 8-14 条）规定了保险合同管辖权。

条例第 8 条规定："有关保险事件的管辖权，依照本节确定，但以不妨碍第 4 条及第 5 条第 5 款的规定为限。"

条例第 8-11 条赋予打算对住所在成员国内的保险人起诉的保单持有人、

---

① 第 44 号条例第 35 条第 1 款，该条款未能援引第 2 章第 5 节（个人雇佣合同的管辖权）。

被保险人或其他受益人选择法院的广泛自由，并且这种选择也可延伸到侵害事件的第三方受害人直接对侵权行为人的责任保险人提起诉讼的情况。根据条例，在成员国有住所的保险人，得在下列法院被诉：①在被告保险人的住所地成员国（第9条第1款）。②在另一成员国，至于由保单持有人、被保险人或受益人提起的诉讼，在原告住所地法院（第9条第2款）。③如果其为共同保险人之一，则在对主要保险人提起诉讼的成员国法院（第9条第3款）。④关于责任保险或不动产保险，保险人还可以在侵权行为发生地法院被诉。同一保单承保动产及不动产，而且二者均在同一意外事故中遭受损害时，本条也同样适用（第10条）。⑤关于责任保险，在法院地法律允许下，保险人也可被追加到受害者直接向被保险人提起的诉讼中（第11条第1款）。第8条、第9条及第10条的规定，也可适用于受害者直接向保险人提起的诉讼，只要允许提出此种直接诉讼（第11条第2款）①。如果根据适用于此种直接诉讼的法律的规定，保单持有人或被保险人可以被追加为该诉讼的当事人，则同一法院对此有管辖权（第11条第3款）。

与保单持有人、被保险人或其他受益人的广泛选择权相比，条例第12条第1款规定，在不妨碍第11条第3款规定的情况下，保险人只能在被告住所地的成员国法院提起诉讼，不论被告是保单持有人、被保险人还是受益人。但是这一规定也有例外，包括：①允许保险人在本诉法院就同一保单提出反诉；②当被告出庭而不对管辖权提出抗辩时，法院具有管辖权；③在极少数情况下通过管辖协议选择法院，但这类协议在大多数情况下对保单持有人、被保险人或受益人无效。

为防止有关保险的管辖权规则受到妨碍，条例第13条规定除极少数情况外，有关保险的管辖协议无效。这些情况有：①协议是在争议发生之后订立的；或②协议容许保单持有人、被保险人或受益人在第三节规定以外的法院提起诉讼；或③协议是保单持有人与保险人所订立，合同缔结之时双方在同一成员国有住所或习惯居所，并且，协议的效果为，即使侵权行为发生在国外，协议也授予该成员国法院以管辖权，只要此协议不违反该成员国的法律；或④协议是与在成员国没有住所的保单持有人订立，但强制保险或涉及在某一成员国

---

①　但是，规则有关保险的规定不适用于再保险，因为再保险与当事人固有的不平等地位没有关联。

的不动产除外；或⑤协议涉及第 14 条①所列一项或数项风险的保险合同。

（2）消费者合同管辖权。

消费者合同是一个人不是为了贸易或者职业目的，而一般是为了确保个人私人消费需要而缔结的合同。该定义没有排除投资合同或者其他中产阶级的合同（middle-class contract），只要它们属于消费者合同定义的范畴，因为试图对弱势消费者和强势消费者进行区分的任何规则将具有极大的主观性。

在上述一般定义的范围内，第 2 章第 4 节（消费者合同的管辖权）实际涵盖的消费者合同的种类比想象中的更少：第 15 条第 1 款仅适用于：①分期贷款条件（instalment credit terms）项下的货物销售合同；或②分期偿还借款的合同，或任何其他形式的支付货物销售价款的贷款合同；或③在所有其他的情况下，合同是与在消费者住所地成员国从事商业或职业活动的人签订，或合同是与通过各种途径向该成员国，或包括该成员国在内的数个成员国从事该种行为的人所订立，且合同属于该行为的范畴。第 11 条第 3 款排除了条例第 4 节对运输合同的适用，但是旅费和膳宿一并定价的合同除外。上述第 15 条第 1 款第 3 项取代了早期的观点，该早期的观点聚焦于指向目标的邀请（targeted invitations）和广告；并且第 3 项的一般性措辞所涵盖的范围仍有待确定。在条例被通过前，对"通晓计算机的消费者在其备用的卧室（spare bedrooms）中通过互联网缔结的合同是否将例行地包括在第 2 章第 4 节的适用范围之内还是排除在外"这一问题，存在争议。但是，下述看法似乎是貌似有理的，即

---

① 规则第 13 条规定："第 13 条第 5 款所指风险如下：

（1）a. 海船、位于沿海或公海的设施或者航空器（aircraft），其因与商业利用有关的风险所致的任何灭失或者损害；

b. 除旅客行李外的运输中的货物的灭失或损坏，如果运输组成或者包括由此种船舶或航空器进行的运输。

（2）旅客人身伤害或者行李灭失或损害之外的任何责任：

a. 因第 1 款 a 项所指的船舶、设施或者航空器的使用和操作而产生，若为后者，则该航空器登记国法律不禁止有关该类风险保险的管辖协议；

b. 因第 1 款 b 项所规定的货物运输所引起的灭失或损坏。

（3）与第 1 款 a 项所指船舶、设施或者航空器的使用和操作有关的任何经济损失，特别是运费或租金的损失。

（4）与第 1 款至第 3 款所指的任何一项相关的风险和利益。

（5）尽管有第 1 款至第 4 款的规定，欧洲经济共同体理事会第 73/239 号命令所确定的所有风险。该命令已经欧洲经济共同体理事会第 88/357 号和第 90/618 号命令修订，并受其后修订之约束。"

第15条的意图是：对于通过互联网使在成员国或其他地方的消费者注意其商品和服务的供应方，其缔结的合同属于上述第3项的范畴。

条例第16条规定："消费者得在另一方当事人有住所的成员国法院或消费者住所地的成员国法院对另一方当事人提起诉讼。合同另一方当事人对消费者的诉讼只能在消费者的住所地的成员国法院提起。此项规定不得影响在依照本节规定正在进行原诉讼的法院提起反诉的权利。"

对于管辖协议，条例第17条规定：本节各项规定，只有在双方有协议，并符合下列条件时始得不予遵守：①协议是在争议发生后订立的；或②协议容许消费者在本节规定以外的法院提起诉讼；或③协议是在消费者与合同另一方当事人之间订立的，双方在合同订立之时在同一成员国有住所或惯常居所，且协议授予该国法院以管辖权，但以协议不违反该国的法律为限。

（3）个人雇佣合同管辖权。

条例第5节对个人雇佣合同管辖权的规定在实质上是新的规定。它代表了为使工人免受雇主起草的合同造成的不可避免的不平等而采取的一系列的司法和立法措施的顶峰。

条例第18条规定："有关个人雇佣合同的管辖权，应按本节的规定决定，但以不妨碍第4条及第5条第5款的规定为限。

个人雇佣者与一个在成员国无住所，但在成员国之一有分支机构、代理或其他机构的雇主订立个人雇佣合同，就该分支、代理或其他机构所经营的业务而发生争议时，该雇主应被视为在该成员国有住所。"

条例第19条规定，在某一成员国有住所的雇主，可在下列法院被诉：①雇主住所地成员国的法院；②在另一成员国：a. 雇员惯常工作地法院，或雇员最后工作地法院；b. 若雇员现在或者过去没有惯常在一个国家完成其工作，则在雇员所从事的业务（business）的现在或过去所在地法院。

条例第19条规定："雇主只能在雇员住所地的成员国法院提起诉讼。本节规定不得影响按本节规定在进行原诉讼的法院提起反诉的权利。"

对于管辖协议，条例第21条规定：本节各项规定，只能在双方有协议并符合下列条件时始得不予遵守：①协议是在争议发生后订立的；或②协议允许雇员在本节规定以外的法院提起诉讼。

8. 协议管辖权

协议管辖是指双方当事人在争议发生前或者发生后约定由某一特定法院对他们之间的争议进行处理的管辖制度。其约定有两种方式：一为合同中的管辖条款；另一为独立的管辖协议。当今世界各国几乎普遍承认协议管辖制度。条例第 23 条也规定了协议管辖制度，它规定了管辖协议的形式和效力。除了上面提及的管辖协议的效力受到限制的情形以外，选择成员国法院的管辖协议依条例第 23 条生效。①

（1）协议的形式有效性。

为了使当事人有适当的机会注意他们缔结的管辖协议的效力，条例第 23 条规定，管辖协议应该：①是书面的或有书面证明；或②符合当事人之间业已确立的惯例的形式；或③在国际贸易或商务中，符合双方当事人意识到或应该已经意识到的通常做法的形式，并且，在这类贸易或商务中，此种形式已为该类特定贸易或商务中相同类型合同的双方当事人广泛知晓并被通常遵守。任何能对协议提供持续性记载的电子方式的通信往来（如传真，并可能包括已打印或可打印的电子邮件信息），应该等同于书面。

因此，标准商业条件中的印制条款（printed term in standard conditions of business）将没有效力，除非当事人为此达成了协议②；但是，固定的交易习惯（settled course of dealing）或者贸易惯例（trade usuage）将确立有约束力的形式。尽管欧洲法院坚持对上述形式要件作严格的解释，当一方当事人恶意地抗辩协议在形式上无效时，欧洲法院也赞同更灵活的解释路径。更激进的是，欧洲法院认为，由于股东知道或者应当知道公司章程中包含的管辖条款，并且通过成为股东这一行为使其同意了受该管辖条款的约束，因此，股东受该管辖条款的约束。上述具有建设性兆头的例子能否扩展适用于其他场合，仍有待观

---

① 关于欧盟的协议管辖制度，可参见吕晓利：《欧盟国际民事诉讼中的协议管辖制度》，《中国国际私法与比较法年刊》第 5 卷，法律出版社 2002 年版，第 519-537 页。

② Case 24/76 Estasis Salotti v. RÜWA Polstereimaschinen GmbH ［1976］ECR 1831. 在该案中，一德国卖主在德国法院对一意大利买主提起诉讼，称后者违反了他们之间的机器买卖合同。该合同由双方在米兰签署，其所用的纸是印有德国公司名称的商业用笺，其背面印有包含选择科隆法院的管辖条款的该公司的标准买卖条件。但合同并没有参照这些条件，而是明确参照了卖主寄给买方的书面要约，这就明确指向卖方的标准条件，这些条款也印在要约的背面。后买方拒绝承担机器的运输，卖方按管辖条款在科隆法院对买方起诉。欧洲法院指出，如果合同没有包含任何对这些标准条件的明确指向，一方当事人标准商业条件中包含的管辖条款以及印制于双方当事人签署的合同背面的标准条款不能满足《布鲁塞尔公约》第 17 条的书面要求；但如果合同明确依照以前的要约，而该要约又明确参照一方当事人的包含管辖条款的标准条件，假定该标准条件与要约一起送达受要约人，并且他可以合理地检查到时，就满足了第 17 条的要求。当标准条件不是一方当事人个别采用，而是由双方共同所属的行会推荐时，就不适用上述但书。参见刘卫翔：《欧洲联盟国际私法》，法律出版社 2001 年版，第 264-265 页。

察。但是，只有原始缔约当事人的同意需要满足管辖协议的形式要件。如果第三人继承一方当事人的合同权利或者责任，如通过提单，不存在要求第三人所作的同意是书面的或者有书面证明这一要件，一系列法国案件的裁决与上述意见相反，这些裁决是错误的。但是，当第三人不是通过继承手段获得合同项下的权利时，则上述形式要件将适用于与他有关的诉求。

（2）协议的实质有效性。

欧洲法院曾经指出，《布鲁塞尔公约》对管辖协议的形式要件是全面的、穷尽的，不需要成员国再附加其他形式要求。遵守上述形式要件的管辖协议，不能因为它未能符合国内法（它与欧盟法相对而言）的一些不同规定（不管是形式上的还是实质上的）而被剥夺效力。包含管辖条款的合同是无效的这一抗辩也不能直接否定管辖协议的效力，因为管辖条款被视为可分割和独立于包含它的任何合同。但是，如果一方当事人宣称其书面同意是通过强制、威胁或者欺诈而被获得的，那么有关法院必须被允许查明是否存在授予管辖权的协议。法院这样做时是依靠其自己的合同法，还是依靠支配管辖协议的法律，或者依靠协议中的一些自治性定义，目前尚无定论，但是，依靠协议中的一些自治性定义似乎最有可能被认为是正确的。

（3）协议的效力。

一个得到当事人遵守的管辖协议将得到协议所选择的法院和其管辖权被协议排除的法院的尊重。条例第 23 条规定，如果当事人的一方或数方在一个成员国有住所，协议约定某一成员国的某一法院或某些法院有管辖权以解决因某种特定法律关系而已经产生的或可能产生的争议，则只有该被指定的法院或这些法院具有管辖权。除非当事人另有约定，该管辖权应是专属的。如果住所均不在某一成员国的双方当事人达成该类协议，则其他成员国的法院对他们间的争议均无管辖权，除非被指定的某一法院或某些法院放弃管辖权。由信托文书指定管辖权的某一成员国的某一法院或某些法院，对针对委托人、受托人或受益人提起的诉讼具有专属管辖权，只要诉讼涉及信托项下这些人的相互关系，或他们的权利与义务。如果当事人的协议或指定管辖的信托文书，违反第 13 条（关于保险事件的管辖协议）、第 17 条（关于消费者合同的管辖协议）或第 21 条（关于个人雇佣合同的管辖协议）的规定，或者其所欲排除管辖的法院根据第 22 条的规定应具有专属管辖权，则无法律效力。

因此，不能基于全面的审判上的便利，而行使自由裁量权否定管辖协议的效力①。就涉及条例的管辖协议而言，授予联合王国法院以管辖权的协议是有

---

① Hough v. P & O Containers Ltd. ［1999］QB 834.

效的，但是，该协议提出了一些实施上的困难：除非该协议被解释为比起初看起来更详尽和特定，它可能授予联合王国任何一部分的法院以管辖权。指定两个成员国法院的管辖协议很可能是有效的①；协议也可约定被指定的法院不具有专属管辖权。选择非成员国法院的管辖协议不属于第 23 条的范畴，这不仅仅是因为规则不能约束此类法院接受指定的管辖权，而且更具实质性的问题是：该协议是否授权根据条例的一些其他规定有管辖权的法院行使自由裁量权拒绝管辖，以支持非成员国法院。此问题将在本节第 10 目中阐述。

除非当事人另有约定，第 23 条（协议管辖权）授予的管辖权应是专属的。但是，该管辖权的地位比第 22 条（专属管辖权）授予的管辖权的地位要低：违反第 23 条的判决不能被拒绝承认②。然而，这不能阻止英格兰法院赋予第 23 条更高的地位：如果英格兰法院被管辖协议授予管辖权，那么即使另一法院首先受理诉讼，它仍将行使管辖权；并且会发布限制被告继续在该另一法院诉讼的禁令。但是，就自由裁量权和条例而言，第 23 条并没有授权英格兰法院这样做，尽管就商业意识而言这样做是可取的。

9. 对住所在一成员国的被告的一般管辖权

在国际民事诉讼中，最基本、最普遍的管辖制度就是一般管辖，通常是指由被告住所地法院管辖，在某些国家称为"普通审判籍"。被告住所地法院依此取得的管辖权就是一般管辖权。

条例也将被告住所作为主要的行使管辖权的连结因素。条例第 2 条规定，除本条例另有规定外，凡在一个成员国有住所的人，不论其所属国籍，均应在该成员国法院被诉。在某成员国有住所而非该成员国国民的人，应遵循适用于该成员国国民的有关管辖的规定。条例第 3 条规定，在某成员国有住所的人可以在另一个成员国法院被诉，但必须根据第 2 章第 2 节到第 7 节③的规定。尤其不得对其援用附件 1 所列的各项国内管辖权规定。条例第 26 条第 1 款规定，如果在某一成员国有住所的被告在另一成员国法院被诉而并未出庭应诉，则该另一成员国法院应依职权宣布无管辖权，除非按照本条例规定管辖权应属于该受诉法院。因此，除了一些例外的情况，条例将管辖权授予被告住所地成员国

---

① Case 23/78 Meeth v. Glacetal Sàrl ［1978］ ECR 2133（但是每一法院对特定诉讼有专属管辖权；不存在管辖权限上的重叠）。

② 第 44 号条例第 35 条第 1 款没有提及第 2 章第 7 条。

③ 第 2 节为特别管辖权，第 3 节为保险事件管辖权，第 4 节为消费者合同管辖权，第 5 节为个人雇佣合同管辖权，第 6 节为专属管辖权，第 7 节为协议管辖权。

法院，由住所地成员国法再对其不同地区的法院分配管辖权。条例又通过第2条第2款保证在被告不是其住所地国国民时，也同其国民一样适用分配管辖权的规则。

一般管辖权意味着管辖权不受标的物和诉讼性质的限制。令人吃惊的是，尽管一般管辖权规则被认为是条例的基本原则，但是其在规则等级体系中的地位相对较低。

10. 对住所在另一成员国的被告的特别管辖权

特别管辖权是指因为诉讼标的具有特殊性，可以由被告住所地国法院以外的法院行使的管辖权。一般管辖权和特别管辖权并不冲突，在多数情况下二者是并行的。依据其中任一种作出的判决都可以根据条例在其他成员国得到承认和执行。

如果前面已经阐述的条例的规定没有授予或者否认一成员国法院的管辖权，则被告的住所肯定在该成员国之外。对住所在另一成员国的被告，条例第5-7条授予该成员国法院以特别管辖权。条例第5条反映了对方便法院的间接注意，但是，法院基于第5条取得的管辖权，不能因为在某些案件中证明法院不是方便法院而被异议。第5条也不能被作为一个固定柱（anchor），以便把法院本来没有管辖权的其他诉求合并到第5条规定的诉求的名下：此类一般管辖权仅仅由第2条授予，否则将损害第5条的效用。欧洲法院在Somafer v. Saar-Ferngas案①中声明，第5条偏离基本管辖规则，应作限制性解释。第6条涉及多方当事人诉讼的一些问题；第7条涉及海事诉讼中的限制责任诉讼。

就《布鲁塞尔公约》而言，在理解其关于合同和侵权行为案件的管辖条款时，不能仅着眼于国内法中的有关概念，必须从整个欧盟的根本宗旨的角度考虑，这样，必须对管辖问题和实体问题区别对待。一国法院在确定其对某一合同纠纷的管辖权时，必须适用欧盟意义上的合同概念，待管辖权确定后，法院可适用其国内合同规则审理争议的实体内容。如果依据其国内法律选择规则，该争议为非合同争议，法院也可适用其侵权行为法实体规则。毫无疑问，依据公约第5条第3款获得合同纠纷案件管辖权的法院，可以将该案视为侵权行为案件予以审理，同样，依据公约第5条第3款获得侵权行为案件管辖权的法院，也可以将该案件视为合同纠纷予以审理，公约均未加以禁止。上述有关《布鲁塞尔公约》适用的规则同样适用于第44号条例。

---

① Abla Mayss and Alan Reed, European Business Litigation, 1998, p. 91. 转引自肖永平主编：《欧盟统一国际私法研究》，武汉大学出版社2002年版，第97页。

（1）与合同有关的案件。

对于有关合同的案件，条例第 5 条第 1 款第 1 项把管辖权赋予有关义务的履行地①法院。

①案件与合同有关。

就此管辖权规则而言，除非案件涉及依自由意志缔结的合同的他方当事人的义务，否则案件不被认为与合同有关。但是如果是这样，国内法认为案件不是契约性的这一意见不具有决定性。因此，实施协会规则的诉求（a claim to enforce the rules of an association）②、实施股东对公司的义务的诉求是契约性的，即使国内法不这样认为。分购买人（sub-buyer）对制造商提起的诉求不是契约性的，即使国内法认为它是契约性的③。即使被告对合同是否存在有争议，仍可适用第 5 条第 1 款；并且，尽管与被告对法院管辖权的服从相反，在原告宣称合同无效或者因为误述、不充分披露或者胁迫而被撤销时，也是这样。在这种情况下，法院应首先确定当事人之间是否存在合同，并进而决定行使或放弃管辖权。但是，如果双方当事人认为：假定的合同是无效的，那么他们仅仅是请求事后救济的诉求的当事人，情况就不同了。然而，一旦条例项下的管辖权问题已得到解决，国内法院将适用它自己的实体法。

②有关义务的履行地。

用于确定具有特别管辖权的法院的有关义务的履行地，只能从下列四个选项中选择。第 5 条第 1 款第 2 项规定了前面三个选项：货物销售合同的债务履行地应在合同规定的交付货物或应该已经完成货物交付地的成员国；提供服务合同的债务履行地，应在合同规定的提供服务或应该已经提供服务地的成员国；就上述任一种合同而言，如果当事人约定了不同的履行地，则在该约定的

---

①　法语文本把履行地视为债务已经履行的地方和本来应当已经履行的地方。

②　Case 34/82 Peters v. ZNAV［1983］ECR 987. 在该案中，一个建筑承包商协会对其成员起诉，要求就关于在协会领域内所作的建筑工作进行"赔偿和捐献"。在荷兰法院把案件提交共同体法院后，后者裁定该诉讼属于《布鲁塞尔公约》的范围。它解释说，因为"有关合同的事项"限定了《布鲁塞尔公约》第 5 条第 1 款的范围，所以应主要参照公约的体制和目标独立地解释，而不考虑荷兰法律对这种关系属于非合同性质的认定，并且由于协会与成员的关系类似于当事人之间的合同关系，根据协会与其成员之间的关系支付一定金钱的义务应视为第 5 条第 1 款意义上的合同义务，而有关义务是产生于作为成员的行为或者产生于协会机构的决定则是不重要的。参见刘卫翔：《欧洲联盟国际私法》，法律出版社 2001 年版，第 243 页。

③　Adrian Briggs, The conflict of laws, 2002, p. 72. 但是，目前法国最高法院认为，就法国法而言，分购买人的诉求不是契约性的。

履行地。尽管关于履行地的协议不必局限于是书面的，但是对履行地的完全人
为的规定将像被对待管辖协议一样对待，并被要求符合第 23 条（协议管辖
权）的规定。

第 5 条第 1 款第 3 项规定了第四个选项：对于其他的合同，债务履行地是
构成原告诉求根据的主要①义务的履行地；此时存在的问题是：需要确定哪一
义务的不履行构成了原告诉求的根据。尽管有存在争论的可能性，并且这种可
能性很可能通过第 5 条第 1 款第 2 项的措辞②得到强化，第 5 条第 1 款第 3 项
提及的义务不必是合同创设的义务并且被合同条款要求履行：例如，不能使用
误述或者不披露以获得再保险合同这一义务，不是由合同创设的，但却属于条
例的适用范围。如果合同没有规定关键性义务的履行地，则必须由法院首先适
用其法律选择规则以确定支配合同的法律，然后利用该法律来确定履行地。尽
管有时有人会说这将导致特别管辖权的管辖地不具有可预测性，但是由于所有
的成员国适用相同的合同法律选择规则③，因此对上述批评很可能不必太认真
去考虑。毕竟，如果当事人没有费心指定义务的履行地，唯一安全的推定是当
事人甘愿让这一缺失的选择由合同准据法规定。

当实质性的义务将在一个以上的地方履行时（如在比利时和荷兰交付；
销售代理人在联合王国和爱尔兰履行义务），义务的主要履行地将被视为履行
地。同样地，对于属于第 5 条第 1 款第 3 项范畴的案件，如果以两种义务为基
础，则主要的义务将是决定性的义务。但是，如果不可能认为其中一个义务是
附属的，而另一义务是主要的，则只对一部分诉求存在特别管辖权。明智的法
官将避免如此不方便的结果。

（2）有关侵权行为或者准侵权行为的案件④。

条例第 5 条第 3 款规定，有关侵权行为或准侵权行为的案件，由损害事件
（harmful event）发生地或可能发生地法院行使特别管辖权。"可能发生地法
院"是条例新增加的；损害事件可能发生地将受到在确定损害事件发生地时
同样的解释，只是在时间上不同。损害事件发生地是指损害发生地或者导致损

---

①　也就是说，是一个履行义务（performance obligation），而不是为了补偿对主要义务
的违反而应承担的次要义务。

②　第 5 条第 1 款第 2 项提及合同规定的义务，似乎排除了对合同规定以外的义务的
适用。

③　即欧共体 1980 年《合同义务法律适用公约》。

④　关于这一问题，还可参见罗剑雯：《欧盟民商事管辖权比较研究》，法律出版社
2003 年版，第 124-138 页。

害的事件发生地，如果两者不一致，则原告可以选择其一。因此，当水道被污染，水被下游的菜农使用并导致灾难性后果时，损害发生于庄稼被损毁之地；导致损害的事件是最初的污染；原告有权在两地之间作出选择。损害地的确定可能是人为的操作，但是下列案例提供了一些指导。原则上，损害发生于损害或者损失首先成为现实（materialize）之地，而不是其后果随后被发觉之地，如果两者不一致的话。① 因此，如果财产被错误地带走，损害发生于带走行为发生之地，而不是原告损失的财政记录的保管地；或者，如果案件不属于第 5 条第 1 款的范畴，损害发生于疏忽的建议被遵照行事以致损失之地，而不是建议最初被接受和理解之地，更不是遵照行事的不利经济后果最后被发觉之地；损害发生于受损的货物交付之地，而不是损害后来暴露之地；损害发生于人们阅读诽谤材料并降低对受害者的评价之地，而不是受害者生活之地。但是，为了识别和确定损害发生地，法院必须利用对诉因的自治解释，而不是利用从受诉法院国的实体侵权法中得出的解释；相似的原则适用于确定导致损害的事件的发生地。因此，导致因报刊上的诽谤而造成损害的事件是该报纸的生产，而不是报纸向读者的销售（英格兰内国法认为是后者）；导致疏忽的建议被遵照行事而产生损失的事件是该建议的编纂，而不是遵照行事的当事人对该建议的接受（英格兰内国法认为是后者）。英格兰学者 Adrian Briggs 指出："事实上，为了填补因优先适用诉因的自治解释而造成的空白，有必要撰写一本全面的侵权法著作。"

对于有关案件是否属于"侵权或准侵权案件"，条例并未直接作出规定。正如对其他许多具有争议的条约概念进行解释一样，为明确其含义与范围，欧洲法院承担起了这一重要责任。欧洲法院指出，"侵权或准侵权案件"这一概念，不应按照成员国的国内法加以决定，而是应当被赋予一个共同体法方面的含义，即有关侵权的案件是指寻求确立被告的责任并且不属于与第 5 条第 1 款范围内的合同有关的案件；利用这一概念可以使有关侵权的案件轻易地包括衡平法上的错误（如对违反信托义务的不诚实协助（dishonest of assistance of a breach of trust）或者破坏信用（breach of confidence））或者成文法上的义务（如侵犯专利）。在该案中，欧洲法院还指出，第 5 条第 3 款已超出了"侵权行为"（torts）的范围，延伸覆盖至主张"非合同责任"（non-contractual liability）的行为方面，包括有关返还不当得利方面的请求。与联合王国等一些欧盟成员国国内法的理解相比，欧洲法院这样的解释显然要宽泛得多，故使

---

① Case C-220/88 Dumez France SA v. Hessische Landesbank［1990］ECR I-49.

许多原本在某些成员国国内不被认为是侵权性质的案件，归入了这一范围，而受到第 5 条第 3 款的约束。为了保障第 5 条的履行，对于诉讼请求究竟是属于合同事项抑或是侵权事项，并不取决于联合王国或者其他任何成员国国内法是否将其归入合同事项或侵权事项。

（3）扶养案件。

虽然条例排除对自然人身份与能力以及夫妻财产关系等问题的适用，但是却适用于扶养问题，即使诉讼主要是关于身份问题的（如离婚诉讼），但附带地涉及扶养问题，就可适用条例。

条例第 5 条第 2 款对抚养案件的特别管辖作了规定："有关扶养的案件，在抚养债权人住所地或者惯常居所地法院；或者，如果该案件附属于有关人的身份的诉讼，则在有权受理身份诉讼的法院，除非其管辖权仅仅是基于当事人一方的国籍。"

在英格兰，处理婚姻后果的法院通常将发布一个单一的、无差别的经济资助命令。但是，为了条例的目的，属于其适用范围的抚养有必要被从起因于婚姻关系的财产权裁定中独立出来。因此，法官有义务在其发布的命令中作此区别，特别是当命令将被要求另一成员国执行时。

（4）刑事诉讼中的民事诉求。

根据条例第 5 条第 4 款的规定，对于根据法院地程序法参加诉讼的刑事诉讼中的"民事当事人"，根据产生刑事诉讼的行为而提起的损害赔偿或要求恢复原状的民事诉讼，特别管辖权属于审理刑事诉讼的法院，但以该法院依照其本国法有受理民事诉讼的管辖权者为限。由于这一程序模式在英格兰不普遍，故其不具有较大的实践意义。

（5）由于公司、代理或其他机构的经营业务而产生的争议。

条例第 5 条第 5 款规定，由于分支、代理或其他机构的经营业务而产生的争议，由该分支、代理或其他机构所在地法院行使特别管辖权。为了理解分支、代理或其他机构的概念，一个有用的测试很可能是：查明该机构是否有权独立地缔结能约束其委托人（principal）的合同；如果它能够这样做，则其很可能是分支机构。值得注意的是，特别管辖权局限于因该分支、代理或其他机构的经营业务而产生的争议，但是条例并没有含蓄地要求被告的行为必须在该机构所在地实施①。相应的普通法规则却要求查明被告是否在管辖区内；如果

---

① Case C-439/93 Lloyds Register of Shipping v. Soc. Campenon Bernard［1995］ECR I-961.

在管辖区内的话，则允许对他提起任何诉讼，不管该诉讼与被告在该机构所在地从事的活动有无联系。

（6）信托案件。

根据条例第5条第6款的规定，当被告是依据成文法、书面文件，或口头成立并有书面证明的方式而设立的信托的委托人、受托人或受益人时，案件由信托的住所地成员国法院行使特别管辖权。但由于欧洲大陆国家多数没有关于信托的法律制度，因此，此条的规定只是在联合王国和爱尔兰才具有重要意义。

此外，第5条第6款的规定还受第23条第4、5款的约束。它规定，由信托文书指定管辖权的某一成员国的某一法院或某些法院，对针对委托人、受托人或受益人提起的诉讼具有专属管辖权，如果诉讼涉及信托项下这些人的相互关系，或他们的权利与义务。如果当事人的协议或指定管辖的信托文书，违反第13条（关于保险事件的管辖协议）、第17条（关于消费者合同的管辖协议）或第21条（关于个人雇佣合同的管辖协议）的规定，或者其所欲排除管辖的法院根据第22条的规定应具有专属管辖权，则无法律效力。还值得注意的是，条例第1条第2款规定条例排除对"遗嘱和继承"事项的适用。但是，这一规定不应作宽泛的解释，从而不妨碍条例适用于产生于承认遗赠后将财产转移至受托人的遗嘱信托纠纷。除非该诉讼涉及对遗赠承认本身的异议。

在土地信托的情况下，关于第5条第6款与第22条第1款的关系可能会产生一些问题。对此，适当的解释是，当纠纷仅仅产生于信托人、自愿接受任命作为受托人的人和受益人之间时，应适用有关信托的条款；但当牵涉第三人，如买方等时，则适用有关土地所有权的规定。①

（7）海上货物救助酬金或运费的支付争议。

欧盟大多数成员国都是1952年5月10日在布鲁塞尔签订的《扣押海运船舶的国际公约》和《关于船舶碰撞案件若干规则的国际公约》的缔约国。条例第71条第1款规定，本条例不影响成员国已经是其当事国的，在一些特殊事项上支配管辖权或判决的承认或执行问题的任何公约。因此，条例不妨碍为上述公约缔约国的法院按照公约行使管辖权。

但是，1952年《扣押海运船舶的国际公约》只涉及针对船舶的诉讼，而没有规定针对货物或运费的诉讼。所以，条例第5条第7款作了进一步补充，它规定，对于海上货物救助酬金或运费的支付争议，由为保证支付已扣押该货

---

① 参见刘卫翔：《欧洲联盟国际私法》，法律出版社2001年版，第253页。

物或运费，或可能已经实施扣押，只是已经向之提交了保释金或其他担保的法院行使特别管辖权，假定被告被认为对货物或运输具有利益，或者在海难救助时具有利益。

（8）多方当事人诉讼和合并诉讼。

一般来说，在民事诉讼法上，为减少花费及不便，协调司法职能，避免出现判决不一致的情况，相关的纠纷都应由同一法院在同一诉讼程序中予以处理，这是一项基本原则。条例也采纳了这一原则，并具体规定在第 6 条、第 28 条中。这些条文涉及共同被告、第三人诉讼、反诉、合并诉讼以及关联诉讼等特殊诉讼形式问题。但是，这些特殊诉讼形式在实施上的限制是严格的，并且在这一点上，条例的实施并不完美。关联诉讼将在下文阐述，这里只阐述第 6 条规定的几种情况。

①共同被告。

关于共同被告，条例第 6 条第 1 款规定，当被告有多人且住所在不同的成员国时，其中一个被告可以在任何一个被告住所地法院被诉，即任何一个被告住所地的法院都具有管辖权，只要有关请求存在密切联系，以致为避免因分别审理而导致相互抵触判决的风险而适合合并审理。当被告住所不在成员国内时，不适用第 6 条第 1 款的规定。

被利用为固定柱（anchor）的被告不一定是诉求的主要目标或者诉讼的主要被告；实际上，一旦该被告完成了其管辖权上的作用，甚至可以允许不再有继续起诉该被告的意图。至于各个诉求之间的联系程度，这需要在判决中进行裁量；但是，避免不一致判决的优先需要使法院倾向于支持合并诉讼，而不是采取限制性的观点①。然而，不存在类似的权利以便把共同被告合并到仅仅根据第 5 条拥有特别管辖权，或者根据第 23 条或第 24 条通过协议或者服从拥有管辖权的法院的诉讼中去。此外，当管辖权是基于第 4 条时，不存在根据第 6 条第 1 款进行的诉讼合并。

②第三人诉讼。

条例第 6 条第 2 款规定，在保证、担保、分担、赔偿或者任何其他第三人诉讼中，第三人可以在审理原始诉讼的法院被诉，除非原始诉讼的目的仅仅在于将其排除在本来对其有管辖权的法院的管辖之外。即受理原诉的法院一般也可受理原诉被告对第三人提出的诉讼。值得注意的是，与共同被告的情况不

---

① 但是，在 Case C-51/97 Réunion Européenne SA v. Spliethoff's Bevrachtingskantoor BV（［1998］ECR I-6511）案中，欧共体法院似乎采取了十分限制性的观点。

113

同，这里的主要管辖权不必基于住所。例如，原诉由原告依据其法国国籍在法国法院对一家美国公司起诉，则一家英格兰公司就可以依第 6 条规定作为第三人参加到诉讼中来，尽管他不是作为共同被告参加诉讼。

要利用第 6 条第 2 款，原始诉讼似乎很可能必须仍在进行，但是，与第 6 条第 1 款相比，原始诉讼的管辖权根据与第 6 条第 2 款的实施不相关。关于按照条例第 6 条第 2 款，法院是否被允许强制传唤第三人，或者法院是否可以根据其国内程序法审查请求的可接受性问题，欧洲法院指出，条例的目的不在于统一各国的程序法，而是在成员国内分配对民商事纠纷的司法管辖权，并便利判决的执行。第 6 条第 2 款只说明哪一法院具有管辖权，但并没有说明接受请求的条件。欧洲法院的判例法表明，在程序方面，有必要参照适用于国内法院的国内法上的规定，但国内程序法的适用不得损害条例的效力。法院可以行使自由裁量权拒绝第三人的合并，只要是基于事实上与条例的一般体制不相矛盾的理由。但是，如果被告与第三人之间存在第 23 条规定的管辖协议，则不管整个结果是多么不方便，它将排除被告对第 6 条第 2 款的依赖，因为法院没有超越第 23 条的自由裁量权。

③反诉。

反诉，亦称反请求，是指被告在同一诉讼中基于相同的诉因对原告提出的诉讼。条例第 6 条第 3 款规定，因原诉讼所根据的同一合同或事实而发生的反诉，可以由受理原诉讼的法院管辖。但是，作为抗辩提出的、未超出原诉求的抵消不是反诉，不必援引第 6 条第 3 款为之辩护。这一管辖权扩展到保险合同和消费者合同，但可以通过符合条例第 23 条规定的管辖协议予以排除。当本诉中原告的住所不在成员国时，不适用第 6 条第 3 款的规定，应按条例第 4 条的规定参照国内法确定对这种反诉的管辖权。

第 6 条第 3 款能否适用于对原始原告以外的人提起的反诉，目前尚不明确，但是，至少就保险而言，答案是否定的，因为如果允许这样做的话，将剥夺被保险人或者保单持有人在特别管辖权上享有的优惠①。

④有关合同的合并诉讼。

条例第 6 条第 4 款规定，对于有关合同的事项，如果诉讼可与相同被告对有关不动产物权事项的诉讼合并，则即使该被告住所在其他成员国，也可以在财产所在地成员国法院被诉。这一条例对抵押诉讼来说是有用的。很明显，针对抵押人的诉讼应当能够处理担保权以及个人偿还合同，事实上，这是第 6 条

---

① Jordan Grand Prix Ltd. v. Baltic Insurance Group ［1992］2 AC 127.

第 4 款允许的。

⑤海事责任限制诉讼。

关于海事责任限制问题，1957 年 10 月 10 日《航运舶舶船东责任限制公约》并没有涉及司法管辖权，因此有必要在条例中对海事责任限制诉讼的管辖权作出进一步的明确规定。所以，条例第 7 条规定："如果根据本条例，某一成员国法院对船舶的使用或经营所产生的责任的诉讼具有管辖权，则该法院，或该成员国内国法为此目的而确定的其他替代法院，对该种责任限制之诉也具有管辖权。"这意味着船东可以在其住所地成员国提起限制责任诉讼。

11. 对住所不在成员国的被告的剩余管辖权

如果除第 4 条以外的条例的其余部分都不能适用，则被告一定在成员国内没有住所。在这一点上，当被告仅仅与非成员国有联系时，条例没有详细规定对该被告的管辖权，只是其第 4 条规定，如果被告在任何一个成员国均无住所，则每一成员国法院的管辖权，除应按照第 22 条（不顾住所的专属管辖权）和第 23 条（选择成员国法院的管辖协议）的规定外，由各该成员国法律决定。任何在成员国内有住所的人，不问其国籍，都可以同这个成员国的国民一样，在该成员国对被告援用该成员国现行的管辖条例，特别是附件 1 所列的各项规则。

因此，条例第 4 条明确授权原告依靠其意图提起诉讼的法院的传统管辖权规则①，包括法院地法中未被统一的"正常"管辖规则和"过分的"管辖规则②，例如，对出现在英格兰的澳大利亚被告送达传票；根据《民事诉讼规则》第 6 章取得法院的许可，对美国被告进行域外送达，等等。第 4 条第 2 款允许住所在成员国的原告在该国对住所不在成员国内的被告提起诉讼，一定程度上又支持了上述过分的管辖根据，造成了对住所不在成员国内的被告的歧视。

条例第 4 条明确规定，第 22 条和第 23 条优先于它，并构成对它的限制。而且，由于第 4 条仍然导致根据条例第 3 章可以得到执行的判决，故其实施也受到关于未决诉讼的第 27 条③的约束。因此，如果针对相同当事人和同一诉

---

①　它们中的一些被列在规则附件 1 中。

②　至于过分的管辖规则，大多数是附件 1 所列举的，例如，（1）在法国、比利时、卢森堡和意大利，被告的国籍；（2）在法国和卢森堡，原告的国籍；（3）在比利时和荷兰，原告的住所或居所；（4）在德国、比利时、丹麦、希腊和苏格兰，被告财产的所在地或扣押地；（5）在英格兰、北爱尔兰和丹麦，被告的暂时出现。参见刘卫翔：《欧洲联盟国际私法》，法律出版社 2001 年版，第 237 页。

③　并且，很可能受到关于关联诉讼的第 28 条的约束。

因的诉讼在另一法院先行提起时，原告不能再依赖第 4 条，即使该另一法院的管辖权根据也是第 4 条。

上述管辖权规则也有不少例外，例如：（1）尽管第 5 条和第 6 条第 1 款不适用于被告住所不在成员国内的情况，但为第 8-21 条的目的，在成员国内没有住所但在一成员国有分支或附属机构的保险人、供应商或者雇主，就其分支机构营业中的纠纷应被视为在该国有住所；（2）第 22 条和第 25 条关于专属管辖的规定也不论住所是否在成员国都应适用；（3）即使被告住所不在成员国内，第 23 条关于管辖协议的规定也应适用，尽管当事人住所都不在成员国内时其效力会有所降低；（4）即使被告住所不在成员国内，也可能适用第 24 条关于出庭应诉的规定；（5）第 27-30 条有关审理中的案件和有关联的案件、第 31 条关于临时措施的规定也能适用于被告住所在成员国外的情况。

12. 临时或者保护措施申请

在审判前获得的临时或者保护措施可能决定性地影响争议的解决方式：冻结财产的措施和命令披露财产所在地的命令以及临时支付命令，等等，将影响审判前的权力平衡。然而，条例中只有第 31 条简单地规定了上述措施的管辖权，其基本原则是：只要措施是临时和可撤销的，没有必要对从哪一国家或者同时能从几个国家获得该措施强加管辖权上的限制。当临时措施所依附的实体诉求属于条例的适用范围（即属于条例第 1 条的范畴）时，有必要区分可以申请临时措施（包括保护措施）的两类案件。如果被申请的法院对实体诉求有管辖权，则其可以命令的救济没有限制，措施可以是临时的或者非临时的①。但是，如果被申请的法院对实体诉求没有管辖权，则申请必须根据条例第 31 条提出。唯一要满足的管辖权上的要件是国内法规定的任何要件，并且，不反对使用传统的或者过分的对人管辖权根据。

但是，据认为，条例第 31 条对临时措施的授予施加了两个进一步的限制，尽管在严格意义上，这些限制在本质上不是管辖权方面的。第一，措施必须确实是临时性的，以便在实体争议审理完毕后，确保能撤销不适当的措施。英格兰的冻结令便是一个很好的例子，它要求申请人承诺赔偿因冻结令而给被申请人可能造成的损失（通常是提供银行担保）。第二，临时措施的范围不能扩展到另一成员国管辖范围内的财产。这一限制导致了更多问题，尽管这一限制在命令明确表明其直接对财产生效时是合理的，但是，英格兰的冻结令却不是这

---

① Case C-391/95 Van den Maritime BV v. Deco Line ［1998］ECR I-7091. 在该案中，由于仲裁协定否定了每一法院的实体管辖权，受案法院没有实体管辖权。

样，它仅仅命令受法院对人管辖权管辖的个人不得处置其财产。对被告出现或者居住在英格兰是否能使冻结令豁免于上述限制这一问题，目前尚不清楚。

13. 管辖权冲突的解决

管辖权冲突包括管辖权积极冲突和消极冲突，前者是指两个或多个法院都具有或行使管辖权的情况，后者则是指没有一个法院具有管辖权的情况。在实践中发生较多的是管辖权的积极冲突。管辖权的冲突有可能导致多个诉讼和相互冲突的判决，使诉讼费时并增加花费，不利于纠纷的及时解决，因此，各国在扩大本国法院管辖权的同时，也注重对国际民商事管辖权进行协调，以避免发生冲突。国际社会也为此付出了努力。条例就是一个比较成功的例子。条例对管辖权的协调和管辖权冲突的解决主要体现在如下两个方面：

（1）管辖权的审查。

尽管根据上面阐述的规则，法院拥有条例范围内的案件的管辖权，但是，在法院行使管辖权之前，条例规定了某些进一步的限制。在某些案件中，法院有义务审查其管辖权；并且，在所有案件中，法院必须考虑有关未决诉讼的条例的适用。

①专属管辖权的审查：第 25 条。

条例第 25 条规定："如果某一成员国法院受理一件诉讼，其所涉及的主要争点，按照第 22 条规定，另一成员国法院应有专属管辖权时，则该成员国法院应依职权宣布其无管辖权。"也就是说，在受理与第 22 条规定的事项，如不动产物权及租赁、公司法事项、知识产权事项等有关的请求时，成员国法院应首先审查对有关请求，其他成员国法院是否具有专属管辖权。如果存在其他法院的专属管辖权的，则它应宣布自己无管辖权。这又一次表明了专属管辖权的至高效力。

对于其他成员国法院不具有专属管辖权的情况，条例没有作出规定。从其规定的精神来看，此时，如果法院具有管辖权，则可以受理有关诉讼。如果发生管辖权的冲突，则应按条例第 27 条（未决诉讼）规定的原则处理。

根据欧共体法院对 Duijinstee v. Goderbauer 案的裁决，第 25 条要求国内法院在发现其他成员国法院根据第 22 条规定具有专属管辖权时，应主动宣布自己无管辖权，即使是在国内程序规则限制法院对当事人提出的理由进行审查的上诉中，也是如此。[1]

②当被告未出庭时对管辖权的审查：第 26 条。

---

[1] 刘卫翔：《欧洲联盟国际私法》，法律出版社 2001 年版，第 274 页。

条例第 26 条第 1 款规定，当住所在一成员国的被告在另一成员国法院被诉，但没有出庭时，该法院应主动宣布自己无管辖权，除非它根据条例的规定具有管辖权。根据条例第 24 条的规定，只要被告出庭（但是，该被告出庭应诉只是为了抗辩管辖权，或者按照第 22 条规定另一法院应有专属管辖权者除外），不管其住所在哪里，法院都可以行使管辖权，但是假如被告住所在其他成员国，且没有出庭时，该法院就不应行使管辖权。这说明条例仍是尊重被告住所地法院的一般管辖权的。但当法院根据条例的规定因其他理由具有管辖权时，则不在此限。可见，被告住所地法院的管辖权是一般的、低层次的，它要服从于其他管辖类型。

在法院具有管辖权的情况下，即使被告不出庭，它也可以进行审理并作出缺席判决。但是，被告不出庭应是不能归因于法院的原因。第 26 条第 2 款规定，只要不能证明被告已经能够及时收到提起诉讼的文书或者其他同等文书以使其有充分时间安排答辩，或者为此目的已经采取了一切必要的步骤时，法院应中止诉讼程序。否则，被告不出庭，法院不应行使管辖权。即使被告出庭，这些条件未被满足时，法院也应推迟诉讼直到符合要求。

（2）未决诉讼和关联诉讼：第 27-30 条。

条例意图使一成员国的判决可在另一成员国不受阻碍地得到执行这一目标，将受到具有相同或者相似争议的并存诉讼（concurrent litigation）的威胁。为此，条例第 27-30 条规定了控制方法，即规定了对一事两诉或多诉情况的处理。这种情况也有人称为"诉讼竞合"、"同时诉讼"。条例采用了未决诉讼（lis pendens）和关联诉讼（related actions）的概念。第 27 条是有关"相同当事人之间涉及相同诉因的诉讼"的规定，第 28 条规定了"关联诉讼"，即密切相关的，合并审理非常方便且可以避免出现多个诉讼所产生的不一致判决的诉讼。第 29 条规定了专属管辖权冲突的解决。所有这些都是关于在不同成员国所发生的多个诉讼的情况。如果两诉在同一成员国法院提起，则由该国国内法决定哪一法院行使管辖权。

为解决未决诉讼与关联诉讼，条例确立了"先受理法院（the court first seised）管辖原则"，即相同争议或者相似争议同时在不同国家起诉时，原则上由最先受理案件的国家的法院行使审判管辖权。这一原则对解决管辖权的冲突具有积极意义，但是，绝对地适用这一原则又会造成"一刀切"的僵化后果，严重影响该原则的实施效果。①

---

① 对"先受理法院管辖原则"的分析与评价详见罗剑雯著的《欧盟民商事管辖权比较研究》，法律出版社 2003 年版，第 186-190 页。

①未决诉讼。

条例第27条规定，相同当事人就同一诉因在不同成员国法院提起诉讼时，首先受诉法院以外的其他法院应依职权中止诉讼，直到首先受诉法院管辖权已经确立。如果首先受诉法院管辖权被确立，首先受诉法院以外的其他法院应该放弃管辖权，则让该法院审理。

上述规则简单明了，完全取决于哪一法院首先受理诉讼。它没有考虑不同法院相比较而言的适当性：所有根据条例有管辖权的法院（包括第4条管辖权）具有同等的适当性。它没有考虑每一原告所依赖的特别管辖权规则：不管管辖权规则的等级，根据条例可适用的所有管辖权规则（包括第4条管辖权）具有同等适当性。而且，后受理诉讼的法院不能调查、更不能裁决首先受诉法院认为其有管辖权是错误的：所有法院有适用条例的同等权限，当管辖权是平等的时，首先受诉法院的管辖权优先。当后受理诉讼的法院根据条例第22条具有专属管辖权时，上述规则存在一个例外；但是，在此类案件中，后受理法院实际上是对本身的管辖权作出裁决，并仅仅间接地推断首先受诉法院缺乏管辖权①。只有首先受诉法院中的被告抗辩后受理诉讼的法院的管辖权，后受理诉讼的法院才允许中止其诉讼；但是，一旦首先受诉法院确立了它的管辖权，后受理诉讼的法院必须驳回本院的诉讼。上述缺乏理性的解决问题的方法可能导致当事人不适当地匆忙地开始诉讼；告诉对方当事人诉讼将在几天后开始将是灾难性的。

就条例第27条的实施而言，它要求三个"同一"（identities）：当事人同一（原告和被告身份的互换不影响当事人同一）、目的同一（两个诉讼必须具有相同的目的）和诉因同一（诉讼必须基于相同的事实和法律规则）。因此，就当事人的同一而言，针对一船舶提起的对物诉讼与针对对该船舶拥有利益的人提起的对人诉讼可能仍具有相同的当事人；关键性的测试是当事人的利益是否是同一和不可分的。欧洲法院甚至曾经指出，即使只有部分当事人相同，也应当认为身处不同缔约国的当事人是相同的。至于目的和诉因，因违反合同而请求赔偿的诉讼与宣告合同已被合法撤销的诉讼是同一的；船货所有人对货损提起的诉讼与另一人对船货所有人提起的宣告其不负责任的诉讼是同一的。但是，因违反质量保证而提起的损害赔偿诉讼与因已交付货物的价格而提起的诉

①　Case C-351/89 Overseas Union Insurance Ltd. v. New Hampshire Insurance Co. ［1991］ECR I-3317.

讼不是相同的，第 27 条不适用于此种情况①。

《布鲁塞尔公约》并没有对"受理"的含义作出统一规定，缔约国法院何时被认为受理了诉讼取决于被向其提起诉讼的多个国家各自的程序法。就英格兰法而言，即使诉讼已经开始，但是直到传票已经送达给特定被告，法院才被认为已经受理诉讼。为了解决成员国的不一致规定，条例第 31 条为受其支配的案件规定了统一的解决办法：为适用本节，某法院应该被视为已经受理：a. 提起诉讼的文书或其他同等文书被提交到法院之时，只要原告随后并非没有采取使送达对被告有效的应有措施；或 b. 如果文书必须在提交法院前被送达，则在文书被负责送达的机构接收之时，只要原告随后并非没有采取应有措施使文书提交法院。英格兰属于第一类国家，法院在诉状格式上盖章的日期将决定受理日期。但是，有些情形很不容易依第 31 条解决，如当为了给已经未决的诉讼增加新的诉求、诉因或者增加其他的被告而修正诉状格式时，这有待于通过条例的完善来解决②。

②关联诉讼。

如果第 27 条不能适用，但两个法院中存在关联诉讼，则可适用第 28 条。根据条例第 28 条第 2 款，关联诉讼是指几个诉讼案件联系如此紧密，以致为避免因分别审理而导致相互抵触判决的可能而适合合并审理。这些诉讼涉及不同的诉因或者当事人。根据条例第 28 条第 1、2 款，如果有关联的诉讼案件在不同成员国的法院审理时，首先受诉法院以外的其他法院得中止其诉讼程序。若诉讼尚在审理中，首先受诉法院以外的法院，也得由于一方当事人的申请而拒绝管辖，只要首先受诉法院对两件诉讼都有管辖权，并且该法院国法允许有关联的诉讼案件合并审理。当适合授予救济时，英格兰的实践似乎更倾向于为了首先受诉法院的合并诉讼而驳回自己的诉讼。当两个诉讼涉及不同的当事人但具有实质上相同的诉因时，把有关的诉讼合并到同一审理中并作出一个判决是合理的，并且，如果诉因实质上是相同的，则当事人的合并可以不拖延在首先受诉法院中进行的审理。但是，如果相同的当事人在两个成员国以不同的诉因进行诉讼，则中止后一诉讼以等待首先提起的诉讼的结果，并且适用条例第 3 章来缩短后一诉讼会具有更高的效率。相比较而言，如果为了与首先受理的

①　尽管第 44 号条例第 28 条可以适用于此情况。

②　第 44 号条例第 73 条规定，在该规则生效后 5 年内，委员会应该向欧洲议会、欧盟理事会以及经济和社会理事会提交该规则的使用报告。如果需要，则应同时提出修改规则的建议。

诉讼合并而驳回后一诉讼，则其效果是通过延长后一诉讼而延长首先受理的诉讼；相反，如果是中止后一诉讼，则对后一诉讼的审判根本没有必要进行。

③专属管辖权的冲突。

第 29 条规定了对专属管辖权冲突的解决。这一条其实是第 27 条未决诉讼的一个补充。它规定，对数个法院有专属管辖权的诉讼，首先受诉法院以外的法院应放弃管辖权，让首先受诉法院审理。这种情形最有可能发生在第 22 条第 2 款有关公司法事项的专属管辖权的规定上，因为为了决定公司的住所，法院将适用其本国的国际私法规则，这可能导致几个国家对同一案件具有专属管辖权。尽管根据第 23 条，依管辖协议有管辖权的法院具有专属管辖权，但是，从来没有考虑过与第 27 条相对的第 29 条可适用于此类案件。

（二）欧盟 2012 年第 1215 号条例①

2012 年 12 月 20 日，欧盟通过了 2012 年第 1215 号条例。该条例于 2015年 1 月 10 日生效，但不适用于丹麦。需要特别指出的是，新通过的条例是对2001 年第 44 号条例的重订（recast），而不仅仅是修订。新条例共 81 条，比旧条例增加了 5 条，同样分为八章。在管辖权方面，与旧条例相比，新条例有以下几个方面的变化：

1. 适用范围的变化

原第 44 号条例第 4 条规定，如果被告在任何欧盟成员国境内无住所，则法院管辖权不适用第 44 号条例，而适用各成员国国内法。但是，欧洲法院早在 2005 年的 Owusu 案中就已经打破了这一禁忌。学术界也对第 44 号条例的封闭性提出批判。实践中很多情况下，虽然被告住所不在欧盟成员国境内，但法律关系的其他连结点都涉及欧盟成员国利益。有鉴于此，2010 年的建议稿曾试图将第 44 号条例扩大适用于住所位于非成员国境内的被告。然而这种激进的做法并未被最后通过的新条例所接受。新条例明确强调：本条例只适用于与成员国领土有一定关联的法律程序。因此，管辖权的一般规则原则上只有当被告居住在某一成员国境内时才能适用（第 4 条第 1 款）。不居住在某一成员国境内的被告一般应适用受理案件的法院所属成员国领土内的国内管辖权规则（第 4 条第 2 款）。不过，新条例还是有所拓展：为了保护消费者和受雇者，为了保障拥有专属管辖权的成员国法院的管辖权以及为了尊重当事人意思自治，本条例中的某些管辖权规则也应适用，无论被告住所地位于何处（第 18

---

①　此部分主要引自杜涛：《国外国际私法发展前沿年度综述（2012—2013）》，中国国际私法学会 2013 年年会论文集，第 174 页。

条第 1 款、第 21 条第 2 款）。另外，在协议管辖方面，新条例修改了旧条例第 23 条，允许住所在非成员国的当事人协议选择成员国法院管辖（第 25 条第 1 款）。

2. 对平行诉讼问题的规定

第 44 号条例第九节专门规定了平行诉讼问题（第 27 条），但非常简略。该条采纳了先诉法院优先原则。但是该规则也是一个非常机械的规则，存在一些弊端，主要体现在两个方面：一方面，它过度保护原告和先受诉法院的管辖权。在实践中，先受诉的法院不一定是最适合审理案件的法院，如此做法可能牺牲案件的实质正义。另一方面，它鼓励了起诉竞争和判决竞争，给予了当事人挑选法院的可能。

针对上述问题，欧盟委员会 2009 年发布的绿皮书提出了如下几种解决方案：因违反法院选择条款给予赔偿、设定首先受诉法院审理案件的合理时间期限、标准法律选择条款、允许指定的法院继续审理案件、赋予指定的法院优先权。其中，前四种解决方案都是建立在承认先受诉法院规则的优先性的前提下提出的替代方案。在这几种方案下，依然是由首先受诉的法院继续审理案件。其中，给予赔偿可以惩罚违反法院选择条款的一方，设定合理时间期限和标准法律选择条款则是为了加快法院的诉讼程序，从根本上打消原告利用先受诉规则企图达到的拖延诉讼的目的。而允许指定的法院继续审理案件将会导致平行诉讼的可能性，这与布鲁塞尔条例的立法宗旨不相符。而第五种赋予指定的法院优先权则符合国际上的流行趋势，如 1999 年海牙《民商事管辖权及外国判决公约》（草案）。

新条例采纳了最后一种解决方案。在序言第 22 段中，新条例指出要促进排他性选择法院协议的有效性，避免滥用诉讼伎俩，确保在这种情况下，协议选择的法院有优先权来裁定协议的有效性，以及该协议在多大程度上适用于当前的纠纷。同时在第 31 条规定："在不影响第 26 条的情况下，如果第 25 条所指的协议赋予了某一成员国法院专属管辖权且该法院已经受理了案件，则在该法院宣布其根据协议没有管辖权之前，任何其他成员国法院都应暂停诉讼程序。"针对成员国法院与非成员国法院之间的诉讼竞合问题，新条例第 33 条专门作了规定：

"第 33 条

（1）当依据第 4 条或第 7、8、9 条行使管辖权时，如果诉讼正在某一第三国法院进行，而同时某一成员国法院受理了与该案相同的当事人之间具有相同诉因的某一案件，那么此时，成员国法院可以暂停诉讼，如果：

①预计第三国法院作出的判决能在成员国得到承认，并且，在适当情况下，能得到执行。

②成员国法院确信暂停诉讼对于适当司法行政而言是有必要的。

（2）成员国法院可以随时继续诉讼程序，如果：

①第三国法院的诉讼程序暂停或中断；

②成员国法院预计第三国的诉讼程序在合理时间内不能结束；或者

③为了适当司法行政的目的，需继续诉讼程序。

（3）如果第三国法院已经结束诉讼程序，且作出一个在某一成员国能得到承认并且在适当情况下能得到执行时，则该成员国法院应当驳回诉讼。

（4）成员国法院应当事人一方的请求或者在其国内法规定下主动适用本条之规定。”

该条款同样是先受诉法院规则的一个体现，只不过相较于第 27 条多了一些限制，分别是判决的预期承认和适当司法行政。其具体含义应结合条例的“序言”第 22、23 段来分析。序言第 22 段规定：本条例应提供一套灵活性的机制，允许成员国法院考虑到第三国正在进行的诉讼，尤其应考虑到第三国作出的某项判决根据相关成员国法律和正当司法程序能否在该成员国得到承认和执行。第 23 段进一步指出：当考虑到正当司法程序时，有关成员国法院应当考量当前案件的所有情况，包括案件事实与当事人和相关第三国之间的联系，当案件在成员国法院提起时，在第三国的诉讼已经进行的阶段，以及第三国法院能否在合理期限内作出判决。还需考量的因素包括当成员国法院在特定案件中有专属管辖权的情况下，第三国法院是否有专属管辖权。

由于欧盟于 2013 年 2 月 19 日通过了一项《统一专利法院的协议》，根据该协议，欧盟建立了一个统一的专利法院。同时，关于比荷卢法院如何适用欧盟理事会 2012 年第 1215 号条例也需要专门规定。2014 年 5 月 15 日，欧盟最终通过了一项《关于修改欧盟第 1215/2012 号条例有关对统一专利法院和比荷卢法院适用的规则的第 542/2014 号条例》。① 由于原条例只适用于成员国法院，而统一专利法院和比荷卢法院不属于任何单一成员国。故此，第 542/2014 号条例将统一专利法院和比荷卢法院也包括在 2012 年第 1215 号条例的适用范围之内。另外，第 542/2014 号条例还修订了 2012 年第 1215 号条例第

---

① Regulation（EU）No. 542/2014 of the European Parliament and of the Council of 15 May 2014 amending Regulation（EU）No. 1215/2012 as regards the rules to be applied with respect to the Unified Patent Court and the Benelux Court of Justice.

71 条关于该条例与国际条约关系的规则。第 542/2014 号条例为 2012 年第 1215 号条例增加了第 71a-71d 条，专门针对统一专利法院和比荷卢法院的管辖权作了规定。第 542/2014 号条例于 2015 年 1 月 10 日生效。[①]

三、欧盟《关于婚姻案件和亲子责任案件管辖权及判决承认与执行的条例》[②]

根据 1968 年《布鲁塞尔公约》的规定，婚姻家庭事项被排除于其适用范围之外。为了统一各国关于管辖权的规则，以便简化承认和执行婚姻家庭事项判决的程序，保障人员的自由流动，保障内部市场的正常运转，欧盟在这一问题上一直进行着努力。1998 年 5 月 28 日，欧盟理事会正式起草了《关于婚姻事项的管辖权和判决承认与执行的公约》（随同该公约起草的还有一个解释报告）[③]。由于该公约是 1968 年《布鲁塞尔公约》的延续，又被称为《布鲁塞尔公约Ⅱ》。但近来欧盟立法的方式有所转变，已从制定公约转向派生共同体法。因为相对于公约来说，条例具有更大的强制性和直接适用性，更有利于内部市场的运行。因此，2000 年 5 月 29 日，欧盟理事会通过了 2000 年第 1347 号条例。该条例虽然保持了与前述公约的一致性，但也包含了一些公约中所没有的新条款，以便与欧盟理事会《民商事管辖权和判决承认与执行的条例》的条款相一致。为了进一步完善婚姻案件和亲子责任案件管辖权及判决承认与执行的条例，2003 年，欧盟理事会又通过了旨在取代 2000 年第 1347 号条例的 2003 年第 2201 号条例（通常被简称为《布鲁塞尔 IIa 条例》）。新条例于 2004 年 8 月 1 日生效，除条例第 67-70 条自 2004 年 8 月 1 日起适用外，条例的其他条文自 2005 年 3 月 1 日起完整、直接地在成员国（除丹麦外的欧盟成员国）境内实施。

鉴于 2003 年第 2201 号条例的直接适用性，它的效力高于其生效时存在于成员国之间的公约，也优先于 1961 年 10 月 5 日《关于未成年人保护的准据法和当局权力的海牙公约》、1967 年 9 月 8 日《关于承认婚姻效力的决定的卢森堡公约》、1970 年 6 月 1 日《关于承认离婚和分居的海牙公约》、1980 年 5 月

---

① 杜涛：《国际私法国际前沿年度报告（2014—2015）》，中国国际私法学会 2015 年年会论文集，第 44 页。

② Council Regulation（EC）No 2201/2003 of 27 November 2003 concerning jurisdiction and the recognition and enforcement of judgments in matrimonial matters and the matters of parental responsibility, Official Journal L 338, 23/12/2003 p. 1.

③ 该公约的内容，可参见肖永平主编：《欧盟统一国际私法研究》，武汉大学出版社 2002 年版，第 118-128 页。

20 日《关于承认和执行儿童监护及儿童监护之恢复的决定的欧洲公约》以及 1996 年 10 月 19 日《关于亲权责任和儿童保护措施的管辖权、准据法、承认和执行及合作的海牙公约》等。

2003 年第 2201 号条例的范围覆盖了民事程序以及一些成员国的非司法程序，但纯宗教的程序被排除在外，其适用的实质范围是有关离婚、司法别居或者宣布婚姻无效的程序。承认离婚和婚姻无效只导致婚姻关系的解除，而与之紧密相关的其他一些问题不属于规则的范围，如配偶的过失、婚姻财产、义务的存续及其他附属的措施等。

2003 年第 2201 号条例对管辖权的基本考虑是有关当事人与行使管辖权的成员国必须有实质的联系。而这种联系主要是空间上的联系。有些管辖根据存在于不同的法律制度中，但被其他成员国接受的，也被吸收进了条例中。

（一）婚姻事项的管辖权

根据 2003 年第 2201 号条例第 3 条，在婚姻事项上，即对离婚、分居和婚姻无效诉讼，基本原则是以下的成员国法院有管辖权：（1）配偶双方惯常居住地国；（2）配偶双方的最后惯常居住地国，只要任何一方仍然居住在那里；（3）被告惯常居住地国；（4）在配偶双方共同申请的情况下，配偶一方的惯常居住地国；（5）申请人在刚提出申请前居住的超过 1 年的惯常居住地国；（6）申请人在刚提出申请前居住的至少 6 个月的惯常居住地国，并且申请人是有关成员国的国民，或者在该成员国是联合王国或爱尔兰时，申请人在该两国有住所；（7）配偶双方的国籍国，或者是联合王国或爱尔兰的情况下，配偶双方的共同住所地国。可见，对于管辖权的根据，条例主要采用的是惯常居所的概念，而国籍这一传统的管辖根据正在逐渐淡出历史舞台，这与在法律适用上惯常居所作为主要连结点的趋势保持了一贯性。对于惯常居所的概念，各国基本上没有太大分歧，所以条例采用这一根据，在实践操作上也较方便。但对于条例中仍然使用的住所概念，各国一直没有统一的看法。为了保证条例的实际效用，它还专门对此进行了统一，规定住所的概念采用联合王国和爱尔兰法律制度上的住所概念。

当分居转化为离婚时，对分居有管辖权的法院，也同样对作出离婚判决有管辖权①。

根据民事诉讼法上的基本原理，受理本诉的法院对反诉有管辖权。2003 年第 2201 号条例沿用了这一理论，其第 4 条规定对婚姻事项和亲权责任事项

---

① 2003 年第 2201 号条例第 5 条。

有管辖权的法院，对反诉也有管辖权。

值得注意的是，这里关于管辖权的规则具有一定程度的排他性，或者说强制性。即当配偶一方惯常居住于一个成员国，或者是一个成员国的国民，或者是联合王国或爱尔兰时，在该两国具有住所的情况下，他只能根据以上的规则被诉。如果没有成员国可以根据以上规则享有管辖权，则应根据各成员国的国内法确定管辖权（此管辖权被条例称为"剩余管辖权"（residual jurisdiction））。对于在成员国既没有惯常居所，也不是成员国国民，或者在联合王国或爱尔兰也没有住所的被告，惯常居住于另一成员国的欧盟成员国的国民都可以像该国国民一样，利用该国的管辖权规则。

（二）监护和保佐管辖权

2003 年第 2201 号条例第 8 条规定，成员国法院对其在受理案件时，在该国有惯常居所的儿童的亲子责任案件有管辖权。然而，第 8 条规定存在例外，即条例第 9 条第 1 款规定，当一儿童合法地从一成员国迁移至另一成员国并取得新的惯常居所时，在儿童迁移后的 3 个月内，儿童原惯常居所地成员国法院就更改该国法院作出的有关"出入权（access rights）"① 的判决而言，仍保留有管辖权，只要根据该判决拥有"出入权"的人仍惯常居住在儿童原惯常居所地成员国。但是，条例第 9 条第 2 款规定，当第 1 款所指的拥有"出入权"的人，通过参与在儿童新惯常居所地成员国法院的诉讼而不提出管辖权抗辩，接受该法院的管辖时，第 1 款不适用。

2003 年第 2201 号条例第 10 条和第 11 条分别对儿童拐卖事项的管辖权和儿童的交还作了规定。

由于婚姻与家庭关系具有天然的不可分性，所以 2003 年第 2201 号条例第 12 条规定，对依据条例第 3 条对婚姻事项（离婚、分居和婚姻无效）有管辖权的成员国法院，只要至少配偶一方对儿童负有责任，并且配偶双方和亲子责任承担者明示或者以其他明确的方式承认法院的管辖权，同时对儿童也最为有利，则该法院对与该事项有关的亲子责任案件也有管辖权。但有关婚姻事项的诉讼因判决已成为终局或者因驳回或终局命令导致终结的，上述法院的管辖权应立即停止。

2003 年第 2201 号条例第 13 条第 1 款规定，当儿童的惯常居所不能确定，并且不能依第 12 条确定管辖权时，儿童现在所在的成员国法院有管辖权。上述第 1 款规定也适用于避难儿童和所属国发生动乱而流离失所的儿童。

_____

① 根据 2003 年第 2201 号条例第 2 条，"出入权"特别应包括在有限的期限内把儿童带离原惯常居住地国的权利。

（三）管辖权及可采纳性的审查

根据 2003 年第 2201 号条例第 17 条的规定，当涉案法院发现根据条例的规定自己对案件没有管辖权，而另一法院享有管辖权时，应主动宣布自己没有管辖权。

当惯常居所在另一成员国的被告没有出庭时，法院应推迟程序直到能证明被告能够收到起诉书，并有足够的时间安排答辩或者采取必要的措施。如果出现起诉书或有关文书应按照欧盟理事会《关于送达的条例》从一个成员国送达另一成员国的情况，则适用该条例第 19 条的规定；或者如果不适用该条例，而有关文书是按照 1965 年海牙《送达公约》的规定进行送达，则应适用该公约关于被告没有出庭的规定。

（四）未决诉讼

相同当事人之间在不同成员国法院提出离婚、分居和婚姻无效诉讼时，后受理的法院应主动推迟决定，直到先受理的法院确定了管辖权。在为亲子责任案件的情况下，当诉讼涉及相同的孩子和相同的诉因时，后受理的法院也应这样做。当先受理的法院确定管辖权后，后受理的法院应作出拒绝管辖的决定。

在这种情况下，如何确定"受理"就至为关键。为此 2003 年第 2201 号条例第 16 条规定，起诉书或类似文书呈交法院时，假定申请人随后也采取了向被告送达的步骤，可以认为该法院已受理。如果文书应在呈交法院前送达，则在负有送达责任的部门收到时，假定申请人随后也采取了向法院呈交的行动，就可以认为法院已受理。

上面是关于管辖权的一般规定。在紧急情况下，即使另一成员国的法院对有关事项享有实体管辖权，其他成员国的法院仍然可以对位于该国的人或财产采取临时措施，包括保全措施，以保证案件审理的正常进行。

（五）剩余管辖权

当成员国法院不能依 2003 年第 2201 号条例第 3-6 条取得管辖权时，条例第 7 条规定，"剩余管辖权"由成员国的国内法决定。

对于平行诉讼，如果该另一法院是 2003 年第 2201 号条例另一成员国的法院，条例第 19 条将适用"首先受理"原则否定后受理法院的管辖权，但是，除此之外，2003 年第 2201 号条例没有考虑方便法院原则。在上述首要规则的约束下，英格兰法院有中止诉讼的成文法权力①。因此，当管辖权是根据

---

①　经 2001 年第 310 号成文法文件第 4 条修改的《1973 年住所和婚姻诉讼法》附录 1 第 9 节。如果管辖权是基于第 2003 年第 2201 号条例第 3 条，而自然法院不在成员国，则法院是否可以中止诉讼是不确定的：Re Harrods（Buenos Aires）Ltd.［1992］Ch. 72（CA）.

2003 年第 2201 号条例第 7 条取得时，英格兰法院要强制性地中止其诉讼，以便给与在联合王国另一部分在先的诉讼以优先管辖权①，而在所有其他的案件中，中止诉讼是任意性的。尽管中止诉讼的成文法权力与基于不方便法院理由中止诉讼的固有权利之间有区别，但是该区别主要是技术性的（technical）而非实质性的（substantial）。如果就争议的解决来说，外国法院明显比英格兰法院更适当，而且在该外国法院可获得实质正义（substantial justice），则要求一方当事人到外国诉讼将对该当事人不利这一事实不能阻止中止诉讼。如果外国诉讼首先开始，则不存在要求中止诉讼的硬性和可靠的规则，但是，法院会极不愿意让后一诉讼以简单重复前一诉讼的方式继续进行。

该条例生效 10 年来，欧盟在跨国婚姻领域已经发生了巨大变化。欧盟境内人员的自由流动越来越便利，跨国婚姻的数量日益增长，跨国婚姻带来的法律纠纷越来越复杂。《布鲁塞尔 IIa 条例》的一些规定也需要与时俱进。为此，欧盟委员会开始着手该条例的修订工作。2014 年 4 月 15 日，欧盟委员会发布了一项广为期待的报告。② 同时，委员会于 2014 年 4 月 15 日至 7 月 18 日在网上进行了一项问卷调查。在报告中委员会认为，该条例运作良好，但还有改进的余地。过去 10 年来欧盟法院的判例法在很多方面已经架空了该条例；该条例的管辖权条款具有任意性，容易导致挑选法院；该条例第 12 条第 3 款规定了管辖权的实际联系原则，这容易带来解释难题；该条例也缺乏必要管辖权的规定。报告还建议该条例采纳协议管辖权。在判决承认与执行方面，委员会建议该条例取消执行许可（exquatur）程序。根据该调查结果，欧盟委员会在意大利主持下于 2015 年 10 月举办一次专门会议并将提出一项具体的改革建议。该条例的改革需要获得欧洲议会全体通过。③

四、欧盟破产程序条例

（一）欧盟 2000 年第 1346 号条例

第 1346 号条例包括前言，正文（共 5 章，47 条）及 3 个附件。该条例的

---

① 《1973 年住所和婚姻诉讼法》附件 1 第 8 节。

② Report from the Commission to the European Parliament, the Council and the European Economic and Social Committee on the Application of Council Regulation（EC）No 2201/2003 Concerning Jurisdiction and the Recognition and Enforcement of Judgements in Matrimonial Matters and the Matters of Parental Responsibility, Repealing Regulation（EC）No. 1347/2000, COM（2014）225 Final.

③ 杜涛：《国际私法国际前沿年度报告（2014—2015）》，中国国际私法学会 2015 年年会论文集，第 47 页。

正文内容与 1995 年《欧盟破产程序公约》的正文的内容基本相同。

1. 条例的适用范围

第 1346 号条例第 1 条规定了其适用范围，除涉及为第三人持有基金或证券提供服务的保险公司、信用机构、投资公司或共同投资公司的破产程序外，条例适用于其他所有的部分限制或完全剥夺债务人的财产权并任命清算人的集体（collective）破产程序。此外，条例的适用范围仅限于债务人的主要利益中心位于共同体内的程序，因为这是在共同体成员国开始条例调整的破产程序的必要条件。

2. 国际管辖权

条例第 3 条确认了某一成员国法院对国际破产案件的管辖权，即债务人主要利益（main interests）中心所在地的成员国法院有权管辖该破产案件。对于公司或法人而言，如无相反证明，债务人的注册营业所（registered office）得被推定为其主要利益中心所在地。此外，债务人有营业所（establishment）的成员国也可以开始破产程序，但该程序的效力仅限于债务人位于该国境内的财产。第 3 条涉及 2 类破产程序的管辖权：主要破产程序和从属破产程序。

（1）主要破产程序。

主要破产程序是一种普遍性的（universal）程序，它只能由债务人主要利益中心所在国的法院开始（条例假设债务人的主要利益中心位于某个成员国境内），其他任何成员国的法院均无权开始主要破产程序。主要程序的普遍性表现在，只要在别的成员国没有开始另外的破产程序，并且没有采取相反的保护措施以便进一步请求在该国开始破产程序，则开始主要破产程序的法院任命的破产清算人可以在其他成员国行使程序开始国法律赋予他的权力，并且有权根据有关的规定，将债务人位于其他成员国境内的财产进行转移。①

根据条例第 16 条第 1 款的规定，自主要程序在程序开始国生效之日起，其他所有成员国均应承认该程序的效力。并且，除非条例另有规定，只要在别的成员国没有开始附属程序，则无须其他的手续，开始主要程序的判决在任何别的成员国所产生的效力，与程序开始国法律规定的效力相同。并且，条例将这种承认扩及与破产有关的程序，如果一个成员国法院作出的开始主要程序的判决被承认，则该法院作出的涉及破产程序的进行、终止的判决，该法院同意和解以及直接从破产程序中派生出来并与程序有紧密联系的判决，无须例外的

———————————

① 第 1346 号条例第 18 条第 1 款。

手续，在其他成员国也应被承认。①

上述规定明确了主要程序的普遍性原则，但在适用中亦有许多例外。例如，主要程序的开始并不影响程序开始时债权人或第三方针对债务人位于不同国家的财产的对物权。换言之，有担保的债权人可以自由地利用国外的担保物来满足其债权的清偿。如果有人对此提出异议，则只能采取请求开始附属程序的方法。受外国法支配的抵消权也是如此。另外，条例也同样规定了基于公共政策的例外。根据条例第 26 条的规定，如果承认与执行主要程序的后果明显违背一国的公共政策，特别是它的基本原则或个人的宪法权利或自由时，那么任何成员国可以拒绝承认另一成员国开始的破产程序，或者拒绝执行在该程序中作出的判决。

（2）附属破产程序。

为保护成员国本国债权人的利益，条例第 16 条第 2 款规定，对主要破产程序的承认不排除其他成员国开始附属破产程序的权力，允许附属破产程序与主要破产程序同时存在。附属破产程序是一种地域性的（territorial）程序，这种地域性主要表现在该程序的效力仅限于债务人位于本国的财产。

条例第 2 条第 8 款规定，债务人只要在该国有一个营业所即可提起附属破产程序。条例将"营业所"定义为"债务人利用人力、物力进行非暂时的经济活动的任何经营场所"。附属程序可因下列人的请求而开始：①主要程序中的清算人；②由被请求国的法律赋予开始破产程序请求权的任何其他个人或机构。条例对这些人申请开始附属程序未加限制，只要其符合基本的条件。一旦附属程序开始，参与该程序的债权人不仅仅限于本国的债权人，而且所有的债权人都有权参与该程序。

附属程序的主要作用在于保护本国债权人的利益。换言之，债权人可以利用附属程序保护他们免受外国法的管辖。另外，附属程序还可以作为主要程序的辅助程序，当主要程序的破产管理人认为在另一成员国开始一个附属程序有助于高效管理债务人的财产时，他可以提出这样的申请。

（3）两种程序的衔接。

条例允许在主要程序开始前或开始后开始附属程序。在主要程序开始前开始的附属程序，一般称为"独立的地域性破产程序"，只有在主要程序开始后，它才转化为"附属的地域性破产程序"。在任何情况下，附属程序都应当与主要程序相配合、协调。

---

① 第 1346 号条例第 25 条第 1 款。

条例对两种程序的协调与合作作了一些规定，目的在于确保两个程序为保护所有债权人的利益而存在。为执行破产程序的普遍性原则，条例第 20 条规定，在主要程序开始后，债权人通过任何方式，特别是通过执行，如果从位于另一成员国境内的债务人财产中获得了其债权的全部或部分偿付，则应将其所获偿付归还给主要程序的清算人。这一规定体现了主要程序的普遍性。但应注意的是，条例没有规定对善意债权人的补救措施，一般认为，在判定债权人是否为善意时，应适用程序开始国的法律。

条例第 20 条进一步规定，为确保债权人的平等待遇，在某个破产程序中获得财产分配的债权人，在别的程序中，只有当同类债权人获得与其等额的分配后，才能参与分配。

两种程序的合作主要是通过各自的清算人来完成的。条例第 31 条规定，在遵守各国有关限制信息交流的前提下，主要程序的清算人和附属程序的清算人有义务彼此交流信息。这些信息包括有关程序的任何信息，特别是有关债权申报、证明的进展以及旨在终止程序的所有措施的信息。除交流信息外，主要程序和附属程序的清算人有义务相互合作，并且，附属程序的清算人应给予主要程序的清算人向其提交有关附属程序的财产清算或使用建议的机会。如果通过附属程序的财产清算，可能满足这些程序中的所有债权，则这些程序任命的清算人应立即将剩余财产移交主要程序的清算人。①

（二）欧盟 2015 年第 848 号条例

2015 年 6 月 5 日，欧盟公布了新修订的《关于破产程序的条例》。② 新条例于 2015 年 6 月 26 日生效，并将于 2017 年 6 月 26 日起在除丹麦之外的所有欧盟成员国施行。新条例主要内容如下③：

1. 适用范围的扩展

新条例扩大了适用范围，将破产前的重整程序以及所谓的混合程序等纳入其中。这一点显然是受到了联合国国际贸易法委员会《跨境破产示范法》的影响。新条例的目的显然不仅仅是对债务人的清算，而且是更着重于对破产债务人的挽救，促使其重获生机。不过，新条例不适用于公司法所提供的一般救

---

① 第 1346 号条例第 35 条。

② Regulation（EU）2015/848 of the European Parliament and of the Council of 20 May 2015 on insolvency proceedings（recast），at：http：//eur-lex. europa. eu/legal-content/EN/TXT/? uri=uriserv：OJ. L_ . 2015. 141. 01. 0019. 01. ENG,，2015 年 9 月 30 日访问。

③ 杜涛：《国际私法国际前沿年度报告（2014—2015）》，中国国际私法学会 2015年年会论文集，第 44-45 页。

济，另外，也不适用于保险公司、信用机构、投资公司和其他企业的破产程序，它们受第 2001/24/EC 号欧盟指令的约束。

2. 内容的更新

新条例没有改变原来的基本框架。第 3 条仍然将破产程序分为主破产程序和附属破产程序。主破产程序由破产债务人的主要利益中心地（COMI）法院管辖，附属破产程序可以在债务人营业地进行，但附属破产程序只具有地域效力。值得注意的是，新修订的条例对主要利益中心地的概念做了进一步明确规定。它是指"债务人经常性对其利益进行管理并且被第三人所明确知晓的地点"。对于法人，一般推定为其章程规定的住所地。这实际上是采纳了欧盟法院在过去的判例中所确立的规则。但是这不适用于在破产程序开始前三个月内将其章程住所迁入另一成员国境内的情形。这主要是为了预防所谓的"破产旅游"，也就是一些债务人恶意挑选法院地。对于自然人营业者，其利益中心地推定为其主营业地。未从事营业活动的自然人，利益中心地是其经常居所地。

新条例新增了第 6 条关于关联诉讼程序的管辖权。与破产程序相关的其他程序，也由破产法院管辖。

3. 建立欧盟破产登记簿

为了便利债权人更好了解有关信息并避免不必要的平行破产程序，新条例第 25 条要求各成员国必须在 2019 年 6 月 26 日前建立一个欧盟破产登记簿，该登记簿必须与各成员国现有的或者必须在 2018 年 6 月 26 日前建立的国内破产登记簿联网，并通过欧洲电子司法网站进行公布，作为数据库供各国当事人查询。为了保护个人信息，对于涉及消费者破产的程序，新条例第 24 条第 4 款规定了保护措施，对于那些不是从事独立职业或自由职业的自然人的破产，不得将其登记入国内的破产登记簿。

4. 公司集团的破产程序

新条例的一个重要改革是关于公司集团的破产程序。现行条例采用分别破产制，对公司集团中的每一家公司都要单独启动一项破产程序，由各自利益中心地法院管辖。新条例并没有采纳某些学者提出的建议赋予母公司利益中心地法院统一的管辖权，而是出于保护子公司债权人的目的而继续沿用了分别破产制，但同时加强了各个破产程序之间的合作与协调。新条例专门规定了公司集团不同成员的破产程序之间的协调机制。

五、2009 年欧盟《扶养之债条例》

2009 年《扶养之债条例》使抚养之债的国际私法规范集中规定在一份单

一的法律文件中，并且使之获得了相当程度的统一。首先，它在第 3-14 条对管辖权规则进行了统一；其次，它在第 15 条要求部分欧盟成员国按照 2007 年《海牙议定书》决定准据法；再次，它在第 16-43 条对判决承认与执行作了规定；最后，它在第 44-47 条规定了法律援助；第 49-63 条对司法协助中的若干事项作了规定。

《扶养之债条例》第 1 条明文规定它适用于因家庭、亲子、夫妻或姻亲等关系产生的扶养之债的管辖权与准据法选择、涉外扶养义务判决的承认与执行、司法合作等事项。

《扶养之债条例》第 4 条第 1 款规定，"当事人可以协议选择欧盟成员国的一个或多个法院对他/她们之间已经发生或可能发生的扶养纠纷行使管辖权：（1）当事人任何一方惯常居所地所在的成员国法院；（2）当事人任何一方国籍所属的成员国法院；（3）如果属于配偶之间的或已解除婚姻关系的前配偶之间的扶养纠纷案件，则可选择的管辖法院是：对婚姻案件有管辖权的法院或者配偶双方最后共同惯常居所地（至少居住满 1 年）所在成员国的法院。所有上述情形下发生的管辖权选择，必须在当事人缔结管辖权选择协议之时或法院受理案件之时满足必备的条件。管辖权选择协议所赋予的管辖权应当是排他的，除非当事人另有约定。"

《扶养之债条例》第 4 条第 2 款规定，管辖权选择协议应当以书面形式为之。条例第 4 条第 3 款规定，若扶养权利人属于不满 18 周岁的未成年子女，不得允许双方以协议方式选择管辖法院。条例第 4 条第 4 款规定："如果当事人协议选择 2007 年《卢迦诺公约》的缔约国法院作为扶养之债的管辖法院，若该缔约国不属于欧盟的成员国，那么，应当适用 2007 年《卢迦诺公约》，但《扶养之债条例》第 4 条第 3 款规定的扶养之债纠纷除外。"

六、2012 年欧盟《继承条例》

（一）《继承条例》出台的背景

欧盟的主要目标之一是确保一个自由、安全、公正以及行动自由的区域的维持与发展，此目标在欧盟机构采取的加强法制建设的措施下得以逐渐实现。在跨国民商事司法合作领域，欧盟制定了一系列意义重大的条例，涉及民商事案件的管辖权、判决的承认和执行、文书送达、取证合作、非合同债务和合同债务的法律适用、婚姻问题和父母责任问题的管辖权和判决的承认与执行等方面。

虽然欧盟已在上述领域达到一定的一体化，但考虑到欧洲社会日益频繁的人口流动，仍有必要在没有受到足够关注而且又确实需要解决方案的法律领域进行改革，继承法领域就是其中之一。从这个意义上说，这种对法律不断增长的改革需求已经由欧洲经济与社会理事会在其 2005 年 10 月 26 日的报告中得到证实。该报告由欧盟委员会的磋商引发，而该磋商开启了一场继承和遗嘱领域的辩论。该辩论历经多年，其最终成果就是欧盟《继承条例》。

（二）继承条例的主要内容

1. 《继承条例》的适用范围

条例适用于死者遗产的继承，而不适用于税收、关税或行政事项，但是将诸如自然人身份和家庭关系、自然人的法律能力、与自然人失踪或推定死亡有关的问题等 12 个与继承潜在相关的领域排除在其适用范围之外。①

2. 成员国对继承案件的管辖权

条例第 4 条确立了死者死亡时有惯常居所的成员国法院拥有对继承事项整体的管辖权的普通管辖。条例第 10 条规定了支持不动产遗产所在成员国法院的附属管辖，而不管死者在该国是否有惯常居所。

此外，继承准据法也可能在管辖权确定上起重要作用。例如，条例第 22 条允许当事人选择其在作出选择之时的国籍国法律作为支配其继承整体事项的法律。在这种情况下，当死者选择支配其继承的法律是某一成员国法律时，所涉各当事方可以承认该成员国的一个或多个法院拥有对任何继承问题进行裁决的专属管辖权。② 而且，如果普通管辖确定的受理法院，即死者死亡时惯常居所地法院认为当事人所选择法律之所属成员国法院更适合对继承作出裁决，在考虑继承的实际情况后，可以基于一方当事人的请求拒绝管辖。③

为了保证辩护的基本权利，在诉讼不是在被告的惯常居所所在国的成员国提起而被告不出庭时，只要未表明被告已按时收到提起诉讼的文书并能为其辩护做好准备，有管辖权的法院应当中止诉讼。④ 最后，条例规定了对未决诉讼的特殊管辖权规则，以应对相关诉讼在不同成员国法院未决的情形，以及解决在任何相关方申请临时保护性措施的情形下法院的管辖权的问题。⑤

3. 继承的准据法

---

① 《继承条例》第 1 条。
② 《继承条例》第 5 条。
③ 《继承条例》第 6 条。
④ 《继承条例》第 16 条。
⑤ 《继承条例》第 17、18、19 条。

除非死者另有选择，适用于继承整体的法律应当是死者死亡时拥有惯常居所的国家的法律，即使该法律不是成员国法律。[1] 一个人可以选择其在作出选择之时或在死亡时的国籍国法律作为支配其继承整体事项的法律。该选择应当在以死亡时财产处置为形式的声明中明示作出。[2] 条例第 24、25 条规定了死亡时财产处置的可接受性与实质有效性的准据法和继承协议的主要准据法。

条例还规定了涉及继承权、遗赠或保留份的接受或放弃的声明的形式有效性的准据法和区际、人际法律冲突的解决办法。[3] 此外，第 30 条规定了施加涉及或影响关于特定财产继承的限制的特殊规则。从这个意义上说，在特定不动产，特定企业或其他特殊财产类别所在国的法律包含为经济、家庭或社会考量而施加涉及或影响关于这些财产继承的限制的特殊规则的情形下，这些特殊规则应当适用于继承，只要根据该国法律这些规则是不用考虑继承准据法而可适用的。

4. 欧洲继承证书

欧洲继承证书是该条例的主要创新之一。它的主要目的是供需要在另一成员国援用其地位或行使其权利的继承人、继承中有直接权利的受遗赠人和遗嘱执行人或遗产管理人使用。虽然该证书的使用不是强制性的，也并没有取代成员国内为同样目的使用的国内证书，然而，一旦为在另一成员国使用而颁发，它将产生第 69 条规定的效力。

关于颁发该证书的资格，条例规定应当由第 3 条确定的"法院"或"根据本国法有资格处理继承问题的另一当局"颁发。被法律授权"处理继承问题"的公证员拥有颁发证书的资格。[4] 证书的申请需要提供大量的数据和相关文件，颁发当局可以查证这些信息与声明，也可以要求申请人提交更多证据。这些证据包括土地登记局、民事登记局以及特别是遗嘱检验局的公文。

除了用来验明当事人和程序的详细资料外，第 68 条还列出了证书应包含的特殊信息的清单：（1）颁发当局以其为根据认为自己有能力颁发证书的要素；（2）继承准据法以及该法以其为根据被确定的要素；（3）关于继承是留有遗嘱或未留遗嘱的信息；（4）若适用的话，涉及继承的接受或放弃的性质的、与每一受益人有关的信息；（5）每一继承人的份额，若适用的话，则任

---

[1]　《继承条例》第 20、21 条。

[2]　《继承条例》第 22 条。

[3]　《继承条例》第 28、36 条。

[4]　《继承条例》第 64 条。

何确定继承人的权利以及/或财产清单；（6）根据继承准据法以及/或在死亡时的财产处置，对继承人以及受遗赠人的权利的限制；（7）根据继承准据法以及/或在死亡时的财产处置，遗嘱执行人以及/或遗产管理人的权力以及对这些权力的限制。

证书应当在所有成员国产生效力，无须被要求履行任何特殊程序。证书应当被推定为准确证实了根据继承准据法或任何其他特定要素的准据法被确立的要素。尽管有此推定，应任何证明拥有合法利益之人的请求，颁发当局应当在证实证书或其中的个人要素不正确时，修改或撤回证书。① 值得注意的是，条例并没有设定提交异议的期限。

5. 生效

该条例适用于 2015 年 8 月 17 日或之后死亡的人的继承，但其规定在该日期之前所作的法律选择与死亡时财产处置，若其符合条例的规定，则也是有效的。②

---

① 《继承条例》第 69、71 条。
② 《继承条例》第 83 条。

第二章　诉讼的开始

　　一国法院审理案件，包括涉外的或国际性的民商事案件，原则上只适用内国的诉讼程序规范。对涉外的或国际民商事案件的审理，除有关法律根据涉外案件的特点作了特别规定以外，大多数国家均适用与国内案件审理相同的程序。审理涉外民事案件或国际民事案件的特别程序规范，在各国国内立法中主要有以下几种表现形式：（1）在国际私法或民事诉讼法中列入专编或专章，比较系统地规定涉外或国际民事诉讼程序规范。如原捷克斯洛伐克社会主义共和国《国际私法及国际民事诉讼法》、1979 年《匈牙利关于国际私法的第 13 号法令》、1992 年《罗马尼亚关于调整国际私法法律关系的第 105 号法》和中国 1991 年《民事诉讼法》（第四编自第 259 条至第 283 条也就涉外民事诉讼程序中的一般原则、管辖、送达和期间、财产保全、仲裁以及司法协助等作了特别规定）。（2）将涉外或国际民事诉讼程序规范分散规定在国际私法的有关条款中。如 1989 年生效的《瑞士联邦国际私法法规》。（3）在个别单行法规中，就某个方面的问题规定涉外或国际民事诉讼程序规范。例如，1999 年中国颁布的《海事诉讼特别程序法》对涉外海事诉讼程序专门作了规定。

第一节　瑞士和瑞典的诉讼开始制度

一、瑞士

（一）和解程序

　　在能够向有管辖权的法院提起诉讼之前，瑞士大部分州要求大多数（不但是所有的）种类的诉讼的当事人，首先把请求权提交给治安法官或和解官员。他们是独立于法院的政府的司法行政官员，如果诉讼很可能不会成功或者诉讼明显没有法律意义，他们有努力解决争议和说服当事人不起诉的职责。因此，从立法者的角度来看，和解程序的主要的目的是：如果可能的话，则应避免不必要的诉讼。

在商事争议中，很普遍的是和解程序仅仅是一道手续，因为在决定起诉之前，当事人很可能已经尝试过和解讨论。因此，治安法官或和解官员试图提出对复杂的商事争议的和解办法的申请通常不起作用。

通常，程序法要求争议的当事人亲自出席和解听审，如果是法人，则通过授权的人员。通常，外国律师不允许出席或参加和解听审。如果当事人当中的一方或双方未定居在提起诉讼的地方，则存在对这些规则的例外。在此情况下，即使对方当事人事实上定居在提起诉讼地，另一方也被允许由外国律师代表。此外，如果原告方有权被外国律师代表，则它可以放弃出席和解听审的权利并通过向和解官员或治安法官提交书面的辩护状来代替出席，相应地，另一方当事人也可选择提交书面辩护状。在这种情况下，和解程序仅仅是把案件提交给法院之前的一道（必要的）手续。如果和解不成功，经原告请求，治安法官或和解官员必须发布一个确认和解努力失败的官方文件。治安法官或和解官员也必须保证对原告请求的有关救济的适用作出适当的表述。

在一些州，某些种类的争议被明确地排除在强制性和解程序之外。在苏黎世州，如有关商标、专利或版权的请求权的案件，可以直接向有管辖权的法院提起。在苏黎世州，这同样适用于涉及快速诉讼程序的诉讼请求或者依据雇佣合同提出的诉讼请求。在三个州，即弗里堡州（Fribourg）、沃州（Vaud）、提西洛州（Ticino））的大多数案件中，和解程序不是强制性的。在其他的一些州，如楚格州（Zug）、伯尔尼州（Berne）、沙夫豪森州（Schaffhausen）、阿尔高州（Aargau）中，和解程序可因双方当事人的同意而被放弃。

和解程序的开始产生下列效力：（1）诉讼时效的中断。[①]一般地，请求被传递给瑞士邮局的时间是决定性的。（2）通常，要遵守联邦实体法为请求的提出而规定的期限。根据联邦最高法院的实践，如果和解官员或者治安法官必须亲自把确认文件转交给法院，或者如果原告必须在有关的程序法指定的期限内把确认文件提交给法院，则和解请求必须遵守联邦法规定的期限。然而，联邦最高法院规定：为了临时限制命令或预先禁令的请求的提交，不必满足遵守联邦法规定的法定的最后期限这个要求。（3）当和解请求被提交给有权的和解官员或者治安法官时，与具有国际因素的诉讼相联系的请求在瑞士未决。[②]由于这是联邦法的规定，当请求被认为在瑞士未决并且任何一方或双方当事人未定居在瑞士时，在瑞士境内存在一个统一解决这个问题的办法。因

---

① Swiss Code of Obligation, Article 135 II.
② 《瑞士联邦国际私法法规》第 10 条。

此，州的诉讼法不再适用于这种情况。

（二）主要程序的开始

1. 瑞士诉讼法的一般原则

主要程序是为下述目的而设立的：即为诉讼当事人提供向法院提交他们的主张，尤其是案件的基本事实和情节的机会。瑞士程序法的主要的基本原则之一把下述义务加给民事诉讼中的当事人，即在规定的诉讼程序体制内，向法院提交任何以及所有的主张、事实陈述以及他认为与案件判决有关的理由和抗辩。

因此，如果某一特别的程序法规定：如每一方有权提交两个答辩状，一旦他们已提交他们的第二个答辩状，通常不允许当事人提出进一步的事实的或法律的主张。① 只有在例外的情况下，如非当事人的过失，后来发现了新的证据或者法院需要一些具体的资料，才能在提交了第二个答辩状之后或者在法院为证据的提交而规定的期限过去之后，提出新的主张或者其他的证据。

在民事诉讼（除了离婚或者家庭法案件）中，法院通常不对提交给它们处理的案件的事实背景亲自进行调查。提出和证明那些他们希望法院以之为根据适用法律的事实和情节，只是当事人的义务。因此，法院可以把它的判决专门建立在原告或者被告提出的事实主张的基础之上。

证明被辩驳的事实主张的证据，必须由当事人提供。对于未经辩驳的事实主张不会作为证据采纳。然而，在例外的情况下，法院有澄清不明确的或不完整的主张的义务。另外，法院有考虑不属于专利范围的事实的选择权和自由，而不管他们是否构成主张的一部分。由于法律没有明确规定在多大程度上法院有义务澄清案件的事实背景，以及在商事争议中法院一般很不情愿行使这项权利，特别是当有代理人时。起诉状从一开始就应当尽可能地准确和全面，它必须包括对于所寻求的救济的明确的请求，并且尽可能地附上已得到的此类书面证据，至少，它应包括原告打算用来证明它的主张的各种证据的指示。

对原告来说，最重要的是清楚地陈述他所请求的救济。在民事诉讼中，在法庭上没有人能被强迫地请求行使他的权利或者早于他的意图而请求此类权利的行使（处分权主义），这是瑞士程序法的一项基本原则。根据这个原则，提起民事诉讼的一方有撤回这个诉讼的自由，反之亦然。被告有承认针对他提起的民事请求的自由（除了在离婚或家庭法案件中）。此外，根据此原则，法院不能判给原告更多的或不同于他所请求的东西。

---

① Zurich Code of Civil Procedure, Section 114.

最后，在上诉程序中处分权主义施加给法官如下义务：即不能超越对判决提出上诉的当事人提出的请求。在瑞士的少数州，如楚格州、巴塞尔州（Basel）、巴塞尔兰州（Baselland）、瓦莱斯州（Valais），另一人明确地针对他提出权利主张的当事人，可以为此人向法院提出请求规定一个期限，如果未能遵守此期限，则所主张的权利将丧失。

然而，对于强迫另一人向法院提出请求的行为违反联邦法的说法，得到了普遍的接受并已由联邦最高法院确认。然而，就适用州的实体法来说，联邦最高法院认为诉讼挑衅是可接受的。最后，如果有为否定的宣告性判决而提出请求的可能性，对当事人来说达到与诉讼挑衅一样的结果是可能的。

根据瑞士程序法的另一个基本原则——法院是通晓法律的，适用哪一法律由法院单独决定，而不管当事人在他们的答辩状中坚持何种法律观点。因而，法院可完全自由地解释法律并且决不受当事人提出的法律理由的约束。然而，如果法庭得出的法律见解与当事人在他们的答辩状和辩护词中主张的见解有本质的区别，则在作出判决之前，法庭必须给双方当事人对法庭表达的见解进行评价的机会。

瑞士程序法的最后一个原则是法律的正当程序原则。这个原则的基础是联邦宪法第4条，并且被转化为包含在不同程序法和联邦最高法院宣布的判决之中的许多规定。

根据联邦宪法第4条，正当程序原则授予受审的当事人下列权利：参加法庭审理的权利、由律师代表的权利、有接近案卷并对之进行评论的权利、要求法院考虑有关证据的权利以及从法庭得到其判决理由的权利。

2. 普通程序

在瑞士由于程序法是由州制定（有一些例外），因此，在一审法院中存在许多种程序。典型的是：在瑞士说法语的地区，如日内瓦州、沃州、纽夏特尔州（Neuchatel）、汝拉州（Jura）、弗里堡州，程序规则受法国制度的影响。这使法官充当了强有力的角色，特别是在收集必要的证据方面。相反，在说德语的地区，程序法把程序上的义务更多地留给了当事人。然而，在这里，在主导诉讼方面同样是法官而不是当事人是决定性的角色，这与适用于普通法审判权的原则形成鲜明的对比。瑞士大多数州的程序法把一审普通程序分成四个不同的阶段：（1）和解程序；（2）主要程序；（3）证据采纳程序；（4）判决程序。

和解程序总是标志着民事诉讼的开始，判决程序总是标志着它的结束，主要程序和证据采纳程序可能交错，这取决于具体的民事诉讼法。这意味着在某些州，证据采纳可以在主要程序之前；在其他一些州，主要程序将被证据采纳中断；在某些州（如苏黎世州），证据采纳原则上发生于主要程序完成之后。

（1）起诉状。

起诉状是向法院提交的、要求它通过发布判决来给自然人或法人以法律保护的请求。起诉状包括4个基本要素：①原告的姓名；②被告的姓名；③向法院寻求的准确的救济；④对案件的事实基础的描述，包括对支持事实主张的证明方法的指示，如果它们被被告辩驳。

救济请求必须准确并且必须以这种方式措词，如果诉讼被判决支持原告，则它可作为判决使用。对于支付金钱的请求，一般地，请求的金额必须在起诉状中明确地说明。上述原则的例外存在于下列情况：①当法律（如《专利法》第73条第2款）明示地允许不明确说明请求；②当不能准确地证明遭受的损害或者不能准确地估计将来的损害。在这两种情况下，《债务法典》第42条第2款规定：法官应尽最大努力估计应判给的损害赔偿金额；以及③当向法院提出请求时，原告不能获得足够的证据来明确说明他的请求金额（如当此类明确说明需要获得被告的账簿时）。在这种性质的案件中，原告必须在证据采纳完成之后具体说明他的请求金额。

一旦请求在法律上未决，原告原则上不能再改变所请求的救济。然而，大多数州允许改变请求，只要不是不适当地拖延诉讼并且被修改的请求与原来的请求密切相关。

如果起诉是可分的，则它也可以仅提交一部分。注意到这一点是很重要的。这是处分权主义的结果。诉诸部分请求有一些优势，如降低成本。同样地，当提起一个所谓的"试验案件"时，如果作出合理的危险评估或者排除某一法院的管辖权是困难的，则诉诸部分请求也是有利的。运用部分请求来达到这些目标不被认为构成权利的滥用。然而，必须记住：在部分请求的诉讼中，被告通过反诉有申请否定的宣告性判决的选择权，如果这样将使整个请求未决，并且必须由法院判决。

通常，起诉必须以书面形式提交给法院。在苏黎世州，如果诉讼价值低于1.2万瑞士法郎这个界限或者法律明确地规定口头答辩（特别是家庭、离婚和雇用案件），则民事案件的主要程序将要求口头的答辩。但如果原告选择提交书面的诉状，那么被告也有提交针对起诉的书面答辩状的权利（但不是义务）。如果在这种情况下双方都提交了书面的意见，则仅仅主要诉讼的第二部分（即第二次答辩和重复答辩）将以口头进行的。如果法院认为案件很可能过于复杂而不能口头审理，它有权要求主要程序全部以书面形式进行。

一旦请求被提交，法院必须立即检查它是否满足了某些必要条件，这些必要条件对法院依职权继续它的诉讼程序来说是必要的。这些必要条件包括：是否存在起诉的足够的利害关系，是否经过了适当的和解程序，原告是否有能力起诉，当事人间的相同请求在其他地方是否尚未判决（未决诉讼），或者另一法院对该当事人之间的相同的请求是否已作出判决等。

尽管这些是法院必须依职权要考虑的问题，但只有已经提交了对起诉状的答辩时，法院才将依职权裁决这些问题。对于管辖权，在收到起诉状以后，法院有义务立即审查，看它是否遵守了强制性的管辖权规则。在被告可服从本来无权审理案件的法院的管辖这个范围内，对可能缺乏管辖权这个问题的裁决，仅仅可以根据被告明确提出的缺乏管辖权的抗辩作出。

（2）对起诉状的答辩。

通常，在普通程序中对起诉状的答辩也必须是书面的。它必须由被告在法律规定的期限内提交。在对起诉状的答辩中，被告应该详细地论述原告在起诉状中提出的请求和主张。

对于原告请求的救济，被告尤其必须采取明确的态度，即是完全拒绝还是部分拒绝诉讼请求，或作为替代，是完全还是部分地承认诉讼请求。此外，被告必须明确地辩驳那些原告提出的、从被告的观点来看是错误的主张，因为否则法院可认为此类无争议的主张是真实的。在他对起诉状的答辩中，被告不受仅对原告提出的主张进行辩驳的限制。为了反驳原告提出的事实主张或者使得原告提出的事实主张不太可信，被告也可向法院提出他自己的事实主张。这包括肯定性的答辩，如时效的终止、抵消答辩或者原告未满足法定的排斥期限。被告可提交下列任一种证据：①用来反驳请求的事实基础的证据；或者②用于支持被告的反请求的证据。

另外，在被告对起诉状的答辩中，如果法院缺乏管辖权，对被告来说提出驳回诉讼的申请是极为重要的，因为这是大多数州的程序法所要求的，如果不这样的话，则被告将面临被认为已经服从法院的管辖权的危险（无保留地参加诉讼）。只有在下列情况才能认为是无保留地参加诉讼，即如果被告无条件地向法庭表示他参加案件的实质问题的意愿。参与和解程序不构成对法院管辖权的服从。

此外，任何未决诉讼申请或对同一案件存在最终判决（已结之案）的申请，应当在对起诉状的答辩这一诉讼阶段提出。虽然这不是法律的严格要求，但如果这些问题尽早地被提交给法庭，则可避免大量的不必要的费用。最后，反诉一般必须最迟在对起诉状提出答辩时提交法院。

（3）答辩。

大多数州的程序法原则上规定：可在法庭上口头地作出答辩。然而，在复杂的案件中，各州的程序法也允许法院命令用书面的答辩和重复答辩。原则上，答辩是原告提出事实主张的最后机会。在许多情况下，原告将单独地处理被告在对起诉状的答辩中提出的主张。如果被告提出了反诉，原告对反诉的答辩将合并在答辩书中。

（4）再答辩（duplication）。

再答辩是被告的最后的辩解。它通常是口头的，除非法庭命令作成书面的辩护词。再答辩是被告作出新的事实主张的最后一次机会。在反诉中，再答辩合并于被告对反诉的答辩之中。

（5）补充的答辩状。

如果提起反诉，则原告将无例外地具有对反诉提出重复答辩的机会。如果被告在重复答辩中针对诉讼请求提出了新的事实主张，则法庭必须给原告提出补充辩护状的机会，但局限于对这些新的主张提出他的评论。根据诉讼的进一步发展，法庭在任何时候都可以命令作出补充的辩护词，特别是对于一方当事人在主要程序结束后提出的新的事实主张。

（三）共同诉讼

在某些情况下，根据适用的实体法和请求的法律根据，为了使他们的诉讼请求有效，原告必须起诉几个人或者几个原告必须起诉一个被告。这种情况被称为强制的诉讼合并。强制的诉讼合并通常出现于下列情况：有关法律关系的争议必须针对所涉及的任何及所有的人作出一致的判决，因为所涉及的任何及所有的人必将受到判决的一致影响。强制的诉讼合并的例子是由或者针对继承人团体提起的诉讼请求。这同样适用于涉及简单合伙的请求或者某些婚姻共同财产案件。在诉讼过程中，几个原告和/或几个被告通常必须一致地行动，否则他们的行为和辩解将被认为无效〔在苏黎世州、伯尔尼州、施维茨州（Schwyz）和上瓦尔登州（Obwalden）存在例外〕。

此外，几个人可以起诉或者被诉：（1）如果他们的权利和/或义务的法律或事实根据在本质上是相同的；以及（2）如果法院对所涉的所有被告有管辖权并且可以在相同种类的程序中处理所有的请求（简单的诉讼合并）。

尽管在法律上每个人分别地进行他的诉讼并且独立于其他的当事人，但为了避免前后矛盾的判决，法院通常会合并不同的请求。对于特别密切的亲属关系，法院不但有权利而且有义务必须把必然由同一法院判决的不同请求加以合并。

（四）反诉

反诉是被告针对原告提出的请求，根据瑞士的程序法，反诉在原则上是可接受的。反诉也可以被附条件地提起，即只有在法院宣布了有利于原告的判决时，反诉才能被考虑。反诉可接受的必要条件是审理主诉的法院也必须对反诉有管辖权。所有的州的程序法都明确规定：审理主诉的法院有权处理反诉。只要主诉和反诉有联系，即如果存在事实上的联系或者这两个请求基于相同的法律关系，则上述规定与联邦宪法第 59 条规定的宪法上的管辖地保证是一致的。

主诉和反诉适用相同种类的程序（如简易程序、普通程序）。只有当诉讼是有效地尚未判决时，反诉才成为未决诉讼。因此，如果由于缺乏程序上的必要条件（如缺乏管辖权）决定驳回起诉，则反诉不能成为未决诉讼。另外，如果主诉被撤回或被确认，则反诉的未决将不受影响。

一些州的程序法明确地规定：在和解程序中，反诉将被强制地提出，如在上瓦尔登州，下瓦尔登州（Nidwalden），格拉鲁斯州（Glarus），外阿彭策尔州（Appenzell Ausserroden），内阿彭策尔州（Appenzell Innerroden），格劳宾登州（Graubünden）和图尔高州（Thurgau）。在所有其他的州，反诉最迟必须与针对起诉状的答辩同时提出，但可以在和解过程中提出。

（五）第三人请求

根据各州程序法规定的具体情况，第三人有权在诉讼的后期，作为原告或被告参加其他的双方当事人之间的未决诉讼。这构成对下述严格的原则的例外，一旦诉讼在法律上未决，不能改变诉讼的当事人。

1. 要求诉讼第三人参加诉讼

要求第三人参加诉讼是对未决诉讼的通知和未决诉讼的当事人向第三人提出的诉讼支持请求。在大多数情况下，如果主诉当事人欲起诉第三人或担心被第三人起诉，则为了防止法庭针对它作出不利的判决，于是，它提出诉讼第三人参加诉讼的要求。要求第三人参加诉讼的请求可被直接送达给第三人或通过法院的帮助送达，这取决于所适用的州的程序法。对于送达要求第三人参加诉讼的请求无法定利益的，必须向法院和第三人说明。通知第三人关于诉讼的进程和诉讼的法律地位是主要当事人而非法院的事。

如果第三人决定支持主要的当事人，则存在下述不同的选择：（1）内部支持主要当事人而不正式参加诉讼；（2）第三人在诉讼中代表主要当事人；（3）第三人通过介入而参加诉讼；（4）主要当事人完全授权第三人进行诉讼，为此，在形式上主要当事人仍是诉讼的当事人。

要求诉讼第三人参加诉讼的法律效果和第三人给予（或不给予）支持的

种类，完全由实体法决定。一般地，根据瑞士实体法①，及时要求诉讼第三人参加诉讼的案件，对主要当事人作出的判决对第三人也有效力。

2. 参加诉讼

根据瑞士程序法，必须把附属的第三人参加诉讼和主要的第三人参加诉讼区别开来。原则上，为了促使判决有利于诉讼当事人中的一方，通过附属的参加诉讼，第三人可以在未决诉讼判决前的任何时候参加诉讼。

参加诉讼方有义务向法庭说明：由于判决将直接地影响他的权利和/或义务这一事实，他对诉讼的结果有足够的法律利益。在一些州，法庭在允许参加诉讼之前必须依职权决定上述利益的存在。在另一些州，只有经主要当事人一方的请求，法庭才须核对上述利益。

一旦法院受理了附属的参加诉讼，为了支持主要第三人，参加诉讼的第三人可以提交辩护词和提出上诉。然而，参加诉讼的第三人不能反驳如下的主要当事人：即他参加诉讼是在该主要当事人的支持下获得的。尽管已获准第三人参加诉讼，主要当事人仍有权通过撤回、承认或和解来终止诉讼。② 它甚至可以撤回参加诉讼的第三方已经提起的上诉。任何附属的第三人参加诉讼的一个重要的后果是：参加诉讼后的这些第三人不能作为证人接受审理。

如果发生主要的第三人参加诉讼，则主张对争议中的标的物享有更充分的权利的第三人可以通过提出针对未决诉讼的双方当事人的诉讼请求而参加诉讼。从而，参加诉讼的第三人成为新诉讼的原告，未决的主要诉讼的其他双方当事人作为新诉讼的被告。如果发生主要的第三人参加诉讼，则法庭或者可以中止未决的主要诉讼或者把主要的诉讼程序和参加诉讼程序合并起来。

二、瑞典

（一）起诉

除需正式的手续证明当事人的身份和便利传票的送达外，传唤申请还必须包括：（1）一个准确的救济请求；（2）对事实的详细说明，它可被引用为寻求救济的根据；（3）对证据（书面的或口头的）说明，以及（4）法院管辖权的根据（就《瑞典司法程序法典》的管辖地规则来说），除非这一点在其他的陈述中已清楚地表明。

---

① Swiss Code of Obligation, Article 193.

② 至于在某些州存在的例外，参见 Vogel, *Grundriss des Zivilprozessrechts*（《民事诉讼法概论》），3rd ed., Berne 1992, Section 27 N 74 et seq.

上述第（2）条必要条件是以"实证理论"为基础的，从这一理论出发，起诉必须包括对具体事实的陈述，以从中得出与诉讼请求相一致的法律结果。例如，如果原告请求法院宣告合同无效，则起诉就必须说明引起合同无效的事实情况。

关于法律根据（即寻求法律补救所依据的法律规则），如果该案可由瑞典法律来决定的话，在起诉时，甚至在以后的诉讼过程中，都不需对此作出声明。这一做法是从"法官是通晓法律的"原则中推导出来的。这样做的另一个原因就是，如果法律争议涉及任何复杂事物，则在辩论终结时或诉讼的初期阶段，援引判例法和法律文件往往是可取的。

关于证据，在实践中极少可能在已经提出传唤申请后对之作一个结论性陈述。因此作为一个普通的、公认的惯例，一旦确定被告对原告所宣称的事实情况的哪些范围进行了争辩，原告就应提交必要的文件的复印件和传唤申请书，否则将保留原告陈述其证据的权利。

救济请求或是为获得宣告性判决，或者是为获得执行性判决，对此应该阐明，以得到原告希望获得的司法判决的准确内容。依照《瑞典司法程序法典》第 17 章第 3 条的规定，法院不能作出超出救济要求的判决，像这样的请求，例如，"法院认为公平合理的其他救济"是没有意义的。

对救济请求的答辩不要求始终如一，也不要求符合专门的形式。从不同角度考虑的可供选择的救济方式或是几种不同类型的救济方式都可提出。

（二）答辩

原则上，在案件的第一次预审中，可要求被告作出口头答辩。但是，实践中法院几乎总是要求被告提交书面答辩状。答辩必须陈述以下内容：（1）被告想要提出的任何诉讼程序上的异议；（2）对原告的救济请求的哪些部分确认无疑，或是存有争议；（3）如对原告的救济请求存有争议，根据何在，并对原告援引的事实情况及被告想要援引的进一步的事实情况作出陈述；以及（4）被告想要援用的证据。

对于上述第（1）项，应该注意的是，很多管辖权异议都不被考虑，除非该异议在被告第一次出庭时即通常在答辩中提出。被告也可行使自己的权利，要求原告为诉讼费用提供适当的保证金。

瑞典的法律文书制作者将答辩区分为三种情形。第一种是对起诉中的事实陈述全盘或部分否认；第二种是援引更多的事实以"中和"原告所援引的事实的肯定性答辩；第三种答辩建立在这样一种基础之上，即根据原告所援引的事实而产生的法律后果并不符合救济请求。

被告否认一定的事实失败并不等于承认原告对事实的陈述，法院通常仍需一个有关事实被否认还是承认的明确陈述。

（三）原告对被告答辩的答复和被告的第二次答辩

当事人之间交换文件是从原告对被告的答辩作出答复时开始的，这要经过几个步骤，尤其是在复杂的案件中，但法院更经常决定在被告提出答辩后由调查庭进行调查。

（四）修改和补充诉状

《瑞典司法程序法典》表明了一个基本原则，即"已提出的诉讼请求不得修改"。但该规则有几种例外情况：（1）履行要求是以诉讼期间已发生的或已为原告所知悉的事实情况为基础的，原告可以改变该种履行要求。例如，原告可能最初向法院请求命令被告交付汽车的判决，在诉讼期间，原告获悉被告已将汽车处理掉，则此时原告可以违约损失的诉讼请求代替履行要求。（2）原告也可以修改他的诉状以获得一个关于争议的权利与义务的宣告性判决（最初的诉讼请求的有效性依赖于此判决），并要求得到伴随主要诉讼请求的附带利益和债务。（3）最后，原告可以在原诉讼请求所依据的基本理由的基础上提出一个新的救济请求。例如，出租人修改诉状，要求得到在诉讼期间确实是出租人应得的更多的租金。

根据以上（2）、（3）项修改的诉讼请求，如果是在案件已经呈交主审或将要宣判时提出的，法院将驳回该诉讼请求。这种修改在上诉中也不被允许。对于救济理由的改变，以致与诉讼请求本身对立，《瑞典司法程序法典》规定只要新理由不致使案件的"主题"发生改变，该种调整就可允许。① 当然，在这种一般规则之下，在允许的和不可允许的修改之间画出一条界线是存在很多困难的。在瑞典的法律文件中，是在已决案件的理由根据中寻找指导思想的。那么要问的问题是，原告是否有可能在新的理由上提出诉讼请求，在随后的审判中，第一个诉讼请求是否无效。如果对这些问题的答案是肯定的，那么这就显示新的理由导致了诉讼主题的改变。因为已决事件的判决本身通常就是一个复杂的问题，无论如何从这样的推理中常常不可能得出一个可靠的结论。在先前案件中，最高法院对诉讼理由的改变持宽松的态度。

（五）补充诉状

因为存在上述禁止修改诉讼请求的第（1）、（2）项例外，原告可以在诉状中补充在最初的诉状提交后发生的事件。

---

① 《瑞典司法程序法典》第13章，第3条。

（六）合并诉讼请求和当事人

1. 强制合并

如果一个原告同时提出几个诉讼请求，因此对同一被告有几件诉讼，只要这些诉讼请求本质上是在同一理由的基础上提出的，就应将其合并在同一案件中审理。以上规则也适用于一个原告对几个被告或几个原告对一个或几个被告同时开始诉讼的情形。反请求（反诉）应在同一案件中审理，并如同该案中主要诉讼请求的审理。如果第三方当事人希望对已开始诉讼的一方或双方当事人就同一争议标的物提起诉讼，则第三方当事人的诉讼请求应合并在该案中。如果第三方当事人的诉讼请求在进行主要听审时或在案件将要宣判时才提出，并且此时已不便将该诉讼请求合并在原始案件中，则应对其单独审理。

按照以上规则合并当事人和诉讼请求的一般性先决条件是，不同的诉讼案件在同一法院提出，该法院有能力审理这些诉讼案件，对该所有诉讼案件适用同一审判程序。

关于管辖地，如果原告对不同的被告的诉讼请求基于同一基本理由并且这些诉讼同时提出，则原告有权在同一法院提起一个多方当事人诉讼，控告所有的被告，只要该法院对任何一个被告都有管辖权。

2. 选择性合并诉讼请求和当事人

依照《瑞典司法程序法典》第14章第6条的一般规则，法院对合并当事人和诉讼请求于一个案件中审理有选择权，并对此选择有独立的判断力，只要此举有助于调查清楚法院所面临的争议事件。如果证明了合并的诉讼分开处理更有效率，则在诉讼的较后阶段可再一次将其分成不同的案件处理。也存在这样一种可能性，即将当事人和诉讼请求从不同的法院中合并到一个法庭处理。

（七）反诉（反请求）

一个一般性的规律就是，如果反诉涉及与主要诉讼请求相同的事件或另外的有关事件，或可与主要诉讼请求相抵消，则被告有可能对原告提起反诉并在同一案件中审理。《瑞典司法程序法典》的管辖地规则也规定反诉应在主要诉讼请求所在法院审理。合并诉讼请求的一般性先决条件就是：同一审判程序可适用已合并的诉讼请求，并且对该案的反诉也同样适用。

需注意的是，被告选择提起一个用以抵消主要诉讼请求的反诉作为答辩，要胜于将该反诉作为一个独立的诉讼提出。作为答辩提起的反诉，若反诉的索赔额超过主要诉讼请求的索赔额，则该反诉不会导致一个对超过部分的执行性判决，同时如果被告作为答辩提起的反诉在第一次审判中无效，则被告被禁止在新的诉讼中提出反诉。① 因此，如果反诉索赔额相当多地超过主要诉讼的索赔额，则仅仅作为答辩提起反诉是不明智的。

（八）涉及第三方当事人的诉讼

如果一方当事人预见到在诉讼中失败的结果，它可以对第三方当事人（如对共同侵权行为人）提起赔偿或追索请求或类似的诉讼请求，于是，他有权要求把对该第三方当事人提起的诉讼合并在第一个诉讼中审理，这一规则也适用于因预见到未决诉讼的结果而希望对最初的一方或双方当事人提起诉讼的第三方当事人。

（九）相互诉讼

《瑞典司法程序法典》没有规定相互诉讼的救济方式。但是，按照《瑞典关于政府部门提存资金的法令》，一个对不能确定谁具有接收其支付的合法权利持有理由的债务人，可以为履行其支付义务而将应支付的款项向该县的政府部门（the county aunthorities）提存，然后必须将提存事项通报可能得到该笔资金的原告。

如果债务人不能确定债权人的理由是存在好几个相互竞争的原告，每一个原告都声称自己具有接收该笔支付的排他权力，则在该争议事件为终局判决或庭外和解所解决以前，县政府的部门不能把该提存资金分配给原告。

（十）参与诉讼

《瑞典司法程序法典》规定，任何宣称某一未决诉讼的主题影响到他的法定权利，并提出很可能确实存在的原因的人都可能准许参与该诉讼，如保险人。一个普通的参与诉讼者不具有与诉讼中独立的当事人平等的地位，诉讼参与者在诉讼过程中不得因干预一方而作出防碍或抵触该方的证词。一个将受到判决直接约束的第三方当事人符合作为独立的介入者介入诉讼的条件。因此一个独立的介入诉讼者必须加入到为已决案件的目的而提起的诉讼的一方当事人中。这种关系的例子包括一个合伙人在他的合伙企业被一合伙债权人起诉时，或一合伙成员在其他成员与该合伙团体就合伙决议的有效性提起诉讼时。

一个独立的介入诉讼者的地位与诉讼当事人相同，包括有上诉的权利。

（十一）集团诉讼

2003 年 1 月，瑞典成为欧盟国家中第一个制定《集团诉讼法》的国家。该法适用于个人、消费者或者环保组织、某些当局，如瑞典国家消费者政策委

---

① 《瑞典司法程序法典》，第 17 章第 4、11 条。

员会代表一群个人提起的诉讼。①

第二节 奥地利和希腊的诉讼开始制度

一、奥地利

（一）起诉

起诉状必须阐明主要的事实，已呈交的证据以及请求的救济。②救济请求须表明要求支付或要求履行合约，要求法院的禁令或要求确认权利的判决。救济请求应阐明原告的申诉，其内容包括法律关系赋予原告的在这样一个判决中所能要求的合法的充分的利益。如果履行合约的救济被证明是合理的，则原告不能再改变主意提出另一申诉。

代理人，比如，可以将请求清算账目之诉与支付请求结合起来，尽管争议数额尚不清楚。

（二）答辩

在第一次正式听审或第一次正式听审还未进行但法院希望被告立即反驳时，法院召集当事人对所提起的申诉进行答辩，答辩的时间由法院决定，但不能超过四个星期。被告也必须陈述请求、事实和证据。

答辩可以包括部分或全部的否认、正面的抗辩和反诉。实质性的或重要的程序性答辩可以在以后进行。但法庭可以驳回拖延的答辩状。在案件审理之前，原告可以针对被告的抗辩提出答辩。

（三）诉状的修改

在诉状送达以前，如果没有超出审判法院的权限，则可以不加限制地对诉状进行修改。此后，对诉状的修改只有在对方同意或法院的管辖权及于已修改的诉状，并且确信这样做将不会导致相关的纠纷及延误时才被允许。

（四）诉状（答辩状）的补充

只要诉讼请求没有变化，对立双方就可提出补充的事实和出示补充证据。如果可以明显地看出答辩状没有尽早呈交是为了拖延诉讼，则法庭可以拒绝考虑答辩状。

---

① Shelby R. Grubbs, International Civil Procedure, 2003, p. 721.
② 《民事诉讼法》第 226 条。

（五）对诉讼请求和当事人的联合诉讼

原告可以针对被告追加诉讼请求，只要这些诉讼请求能由同一法院管辖并能按同一种程序处理。

如果当事人来自同一利益团体或诉讼请求属于同一法定权利或事实范围，则多个原告或多个被告可以进行联合诉讼。如果法院对所有的被告都有管辖权，则属于同类法定权利或事实范围的诉讼请求也可以合并。如果一个判决对一些人来说必然具有重大意义，则可强制进行联合诉讼。

如果能够加快审判进程或减少诉讼费用，则在同一法院审理的相同的原被告之间的，或在不同的当事人对同一对方当事人之间的诉讼中，不同的诉讼程序可以合并处理。另外，法院对于在同一起诉状中提出的不同诉讼请求也可分别审理。

（六）反诉

如果被告对同一事务或事件也像原告一样提出诉讼请求，或者被告的诉讼请求能抵消原告的诉讼请求，或者因原告的诉讼请求已成先例而提出，则被告可以在同一法院提出诉讼请求。

（七）交互诉讼请求

共同当事人可以就主诉中涉及的同一事务或事件以交互诉讼请求的方式互相提出诉讼请求。《奥地利民事诉讼法》对交互诉讼请求没有作出明确的规定。

（八）索赔涉及第三方的诉讼

第三方当事人对争议事项主张权利时，可以针对原被告在同一法院提出诉讼请求，只要第一次诉讼悬而未决。①

（九）起诉人

掌握财产或财产收益的被告人可能会宣称他是替别人管理该项财产的。这种被告在传票送达以后应立即要求第三人对他与争议标的物的关系作出声明，如果第三方没有答应授予被告将财产交付给原告的权利，则被告指定的第三方就取代了被告的位置。

（十）相互诉讼和介入

诉讼当事人因法律原因必须将争议通知可能寻求他的帮助的第三方。

按照《奥地利民事诉讼法》的规定，只要介入申请人在争议中的一方当事人胜诉时享有法定权益，则介入作为一项权利应被授予。

---

① 《民事诉讼法》第16条；《司法管辖权法》第94条第（1）款。

二、希腊

（一）起诉

不管民事诉讼的诉讼程序，也不管民事诉讼被归类为履行之诉或宣告之诉或司法变更法律关系之诉，民事诉讼在原告的申请下开始：（1）把有关的法律文件提交给有管辖权的法院的书记员，他将确定审理案件的日期和时刻并把案件登记在备审案件目录表中；（2）把包含确定了审理地点、日期和时刻的诉讼文书副本送达给被告。当送达完成时，诉讼就被认为开始了并认为是未决的。送达必须在审理前 30 天作出。如果被告定居在国外，那么，尽管相关公约有规定，送达必须在审理前 60 天作出。

提交诉讼的介绍性的法律文件应提及：（1）案件提交的法院及支持它的管辖权的因素；（2）当事人及其代理人的详细姓名和地址，如果是法人，则它们的名称和所在地；（3）对依法能证明诉讼和解释原告与被告发生法律关系的原因的事件的完整叙述；（4）用清楚、精确和简洁的方式表明诉讼的标的物；（5）准确的司法救济请求，如果是金钱种类的请求权，则应包括准确的请求数额；（6）日期和原告律师的签名或者在没有委托律师时原告自己的签名。

（二）诉讼的效果

诉讼的开始在程序和实体上有如下效果：

在程序上：（1）原告不能在将来扩张或更改他的诉讼，除非他收回未决诉讼的诉讼文件并提交新的文件；作为例外，他可以要求主要标的物上的附加或原告请求权的替代或请求用宣告性判决代替履行判决；（2）未决诉讼（Lis pendens；ekremodia）阻止其他法院夺取和审理同一诉讼。

在实体上：（1）时效期限的运行中止；（2）履行之诉中的所有金钱请求权的利息自然增长。

此外，下列程序上的原则与诉讼审判的范围是有关的：（1）法院不能判给原告没有请求的或超出他提出的请求的任何东西；（2）法院没有权力考虑当事人既没有提交也没有举证的事实；（3）所有进一步的程序性步骤取决于当事人的申请，而在原则上法院不能提出申请；（4）法院被认为知道法律，即使是外国法。然而，如果法院不熟悉外国准据法的有关规定，则它可以命令当事人提交证据或者自己收集有关的官方的（如通过国际法和外国法学会），甚至是非官方的信息。

原告不允许更改他的诉讼根据。然而，他可以使之完满并纠正和澄清它，直到第一次审理案件之时（在实践中，通过书面的诉状）。

已被合法地通知参加将来案件审理的被告在日期到来之前不必对原告的诉讼答辩，为了在答辩状中发展他在事实和法律上的立场，他可以等到第一次审理案件之时提出答辩。

（三）答辩

每一方必须对双方的争执点、对方的主张及理由作出清楚而不模棱两可的、总体的或具体的答复。如果主张的真实性没有经过辩驳，则它由法庭裁量，法庭在对当事人的理由进行评价后，推断是承认还是拒绝接受这些主张。

对于发生在多成员法庭的一审、独任法庭一审（特别程序）与治安法庭的诉讼，当事人的答辩状应当最迟在审理之日提交给法庭，并承担被宣布为不可接受的风险。在独任制法庭一审（普通程序）中，答辩状必须在审理之日前3个工作日提交。在临时保护财产的程序中，法官指定当事人提交答辩状的日期，通常是审理之日后的第3天。

（四）答辩的种类

在第一次审理中，被告要提出他关于起诉状的可接受性的主张或者他对事实真相的评论。对起诉状内容中任何法定要素的遗漏，会导致诉讼不能接受。

对于诉讼的法律依据，被告可按两种方式进行辩护：或者否认起诉状的事实背景，或者援引另外的事实形成基本的权利，这个权利或者阻止依原告的权利或它的行使而产生的请求权的形成，或者废除它（肯定的辩护——enstasis）。

否定的或肯定的辩护的界限在理论上虽然划得清楚，但在实践中是不易区分的，因为前者很经常地伴随着另外的支持性事实，因此它与后者相似。然而，这种区分对讨论谁承担各个主张的举证责任这个问题来说是决定性的。

（五）答辩状的修改和补充

在第一次审理之后的第三天的中午之前，当事人可通过提交补充答辩状的方式，拥有对对方主张的最后一次答辩机会。另外，在独任制法庭一审程序（普通程序）中，补充答辩状最迟应在审理之日在法庭上提交。

（六）共同诉讼

《民事诉讼法典》第74、76条规定了由多个原告或被告提起的两种共同诉讼。依第74条的规定，法典处理多人分享争议中的权利或义务的诉讼的共同原告或被告，或者共同当事人基于相似的诉讼理由提出或面对索赔的诉讼。（任意共同诉讼）

第76条处理如下诉讼中的共同原告或被告：为了提起或防御特定的诉讼而需要多人的诉讼，或者在他们当中应当作出一致的判决的诉讼。（强制的共

同原告或被告）

前一种类的共同诉讼是为减少各个当事人的多个诉讼程序的成本服务的，它在他们当中创立了一个松散的同盟：共同诉讼中的每人独立地行为，并且他的行为或不行为不给团体中的其他人带来利益或损害。

依第76条的规定，在强制共同诉讼中，几个人为了寻求他们共同的利益或抗辩主张由他承担的责任，而通过一个起诉状组成一个团体，然而，在任意共同诉讼中，在一个诉讼中包括几个起诉状。法律为了区别它们而规定：在强制共同诉讼中每个人的行为或不行为对其他人都有影响，因而为审判的进行，仅仅需要共同诉讼中的一个人或者共同诉讼的代表出庭。

（七）反诉

被告可以提出反诉，从而开始一个与主要审判相平行的诉讼程序来反对原告的指控。反诉可被描述为一种进攻的辩护方式，它建立在否定的或者肯定的辩护基础之上，它伴随着一个反对起诉状、反对原告的请求。

根据希腊《民事诉讼法典》第268条的规定，在起诉状送达之后、案件审理之前，被告可向提交起诉状的法院的秘书处提交一个单独的起诉状。提交反诉的起诉状的正当性取决于它在第一次审理的前8天及时地送达。尽管法律允许对起诉状进行抗辩的反诉状的提交，如果它们在第一次审理前8天被送达给另一方当事人，则反诉状仍是一个独立的起诉。

（八）相互主张权利

民法典规定，两个人之间相互的请求权可在他们相互负担支付给对方的限度内进行债务抵消而消灭。而且，对于争执的请求权，抵消依赖于在诉讼的任何阶段或强制执行过程中，反诉是否能成为确定的、必须立即执行的命令。有关的争执可由被告在未决的诉讼中或在因反诉而开始的独立的诉讼中，在他的答辩状中提出。

（九）第三方请求权

虽然不是未决诉讼的当事人，第三方仍经常个别地受到案件结果的影响。为了让第三方参与进行中的诉讼或者至少给他们询问作出的判决的机会，《民事诉讼法典》允许他们根据自己的提议或者有利害关系的当事人要他们参加诉讼的要求而为自己的利益参加诉讼，《民事诉讼法典》并且规定了对已作出的判决的上诉。第三方为自己的利益而参加诉讼规定在《民事诉讼法典》第79-85条中。根据上述规定，第三方参加诉讼可采取两种形式：

（1）当诉讼之外的一方对诉讼当事人中的任何一方的胜诉有直接的合法利益时，第三方参加诉讼产生了；在这种情况下《民事诉讼法典》提到了追

加的第三方参加诉讼（prostbeti paremvasi），它可发生在诉讼的任何阶段，直到最高法院发布判决；或者

（2）它可以是一个人为自己的利益对争议的标的物提出全部或部分请求权的行为；在这种情况下，《民事诉讼法典》提到了主要的第三方参加诉讼（kyriaparemvasi），它可以在上诉法院一审前的任何诉讼阶段发生。

这两种第三方参加诉讼的形式的差异可作如下解释：如果民事法院中的审判是涉及原告、被告的三方事件且判决采取第三方参加诉讼的被许可形式，则审判的三方的性质没有改变；参加诉讼的第三方附属于原告或者被告。另外，第 80 条下的第三方参加诉讼扩大了审判的主观界限，从而使它成为多方当事人事件；参加诉讼的第三方成为新的当事人，他的利益独立于原先的诉讼当事人。

第三方参加诉讼可基于诉讼当事人的要求或者他自己的提议。另外，诉讼当事人要求第三方参加诉讼可采取强制的形式或者采取公告的形式。

在本书中，"强制的第三人参加诉讼"条款被用来描述与诉讼当事人有关的书面答辩状。根据《民事诉讼法典》，它包括最低限度的起诉状的内容，它被提交给法庭的书记并被通知到参与诉讼的人。法律规定了使用强制的第三人参加诉讼的三种情形：（1）当通知的人为强制的共同诉讼中的当事人；（2）主要诉讼中的被告拥有作为争议的标的物的动产或不动产或者他以别人的名义拥有相关的权利；（3）被通知的当事人对债、金钱、货物或动产负有责任，因为这些他被或者预期会被主要诉讼的任一方当事人指控。在这种情况下，被通知的人不受参加主要诉讼的约束，然而，如果败诉了，则他将受作出的判决的约束，这个判决同样对他有强制执行力。

相比较而言，对第三方的未决诉讼的公告，尽管与强制的第三人参加诉讼在本质上是相似的，但它没有同样的结果，也就是说，它没有为法院创设发布独立判决的义务（然而，在强制的第三人参加诉讼中，法院有这样的义务），同时通知人不会受作出的判决的直接约束，但这只在下述范围内成立，即：他作为第三人不能独立地提出上诉，而且，他不会直接地受到上诉的影响。

（十）第三人上诉

《民事诉讼法典》第 586 条以及以下的条文规定了第三人的上诉的提出，这些第三人个别地受到一审法院作出的判决的影响并且没有机会参与修改判决的诉讼。

这种特别的上诉提交给作出判决的法院或者正在进行的上诉诉讼未决的上一级法院。

第三章 审前获取信息

第一节 瑞士和瑞典的审前获取信息制度

一、瑞士

根据瑞士的程序法，证据的采纳，例如，证人作证、书证的提供或者诉前或诉讼中进行调查，都完全处在法官的控制之下。当事人或当事人的律师不允许盘问其他当事人或证人。为盎格鲁—撒克逊法律制度所熟悉的审前要求告知程序在瑞士不存在，因为，证据采纳通常在主要程序中完成。然而，在一些例外情况下，所有的州的民事诉讼法都允许在诉讼开始前收集证据和获得资料。

通常，请求获取资料或保全证据的当事人必须向法庭充分地说明：一项特别的证据可能灭失或不再容易获得并且如果不能立即保全该证据，它将遭受不能弥补的损害。如果申请被批准，则法院（而不是当事人）将采取必要的措施来获取资料或保全证据。

在一些州，对主诉有管辖权的法院也有权管辖预备性的证据保全。在其他一些州，特定的证据所在地的法院对诉讼开始前的证据保全有管辖权。

反之，依据实体法或合同，当事人也有权从另一当事人那里获取资料。在这些情况下，当满足作出这一行为的法律必要要件时，当事人可直接从另一当事人那里索取资料。如果另一方当事人拒绝提供资料，那么寻求资料的当事人可以通过简易程序或者作为替代，用普通程序强制执行获取资料权。

二、瑞典

美国的民事诉讼规则中的要求告知（或发现）程序在和《瑞典司法程序法典》中的是不相同的。与美国的规定相反，瑞典的事实发现阶段在为审判作准备时由当事人的律师在庭外进行。一旦诉讼已经开始，在一方当事人的请求下法院可命令出示文件记录，但是仅限于由请求出示的当事人确定的相当明确的文件。对笔录证言只有在为将来可能进行的审判保全证据，否则证据可能丢失的情况下才能获取，例如，在遗嘱的有效性发生争议时，对可能死亡的遗嘱人的听审。

第二节 奥地利和希腊的审前获取信息制度

一、奥地利

奥地利的民事诉讼程序并不要求审前发现。但是，它有一套关于证据保存和保全的特别程序。① 如果有理由确信如不在审前出示证据，某证据将会灭失或难以运用，则司法检验结果、证人或专家证词可以在诉讼的任何一个阶段甚至是审前出示。提出请求的当事人必须说出待证明的事实、证明的方法以及证据保存和保全的理由。

二、希腊

依照《民事诉讼法典》第348条，经一方当事人申请，法院可以在下列情况下，在审判前开始收集证据：（1）如果发生急迫的危险，涉及一种证明方法的灭失或损坏，例如，如果证人证言被认为对诉讼的结果来说是必要的，如果因为一些强迫的原因（如缺席或疾病），证人在审理时出庭是不可能的，则法庭可以在审前审查证人；（2）当物品被认为应当在当前的状态下被检验时。因而，由于货物变质而引起的违反销售合同的诉讼，为了估计损失额，法庭可命令在审前检验变质的货物，因为该货物应当在当前的状态下被检验。以及（3）当当事人同意审前收集证据时。前面提到的收集证据的例外程序方便了证据的收集，特别是在那些要不然就很难证实存在争议的论据的案件中。

临时证据的申请应当首先提交给有资格处理该争议的法院。然而，当危险是明显的时候，申请可以提交给任何被认为合适对此立即作出决定的法院。申请书必须明确地规定要证明的论据和使用的证明方法以及证明审前收集证据是合理的理由。

一般来说，由法院依据申请进行裁量作出决定并收集临时的证据。它只有在满足了法律规定的要求时才能进行。因而，审前收集证据由法院的正式裁定命令，此裁定包括证明的对象、允许的证明方法和收集证据的地点时间。如果

---

① 《民事诉讼法》第384条及以下条文。

依据前述的程序收集传闻证据，则它应当局限于仅仅是当事人在申请中具体提到的证据。

审前收集的证据将用于案件的审理并由法庭依它认为适当的任何方式进行评价。

第四章　送达与取证

第一节　国际司法协助中的送达与取证

一、国际司法协助概述

（一）国际司法协助的概念和范围

国际司法协助，又简称为司法协助，一般是指一国法院或其他主管机关，根据另一国法院或其他主管机关或有关当事人的请求，代为或协助实行跟诉讼有关的一定的司法行为。

从当前各国的司法实践来看，司法协助涉及民事诉讼、刑事诉讼①，在有些国家之间还涉及行政诉讼。② 在本书中，则专指民事司法协助。

从司法协助的内容或范围来看，则因各国法律制度和学者主张的不同，而有狭义和广义两种主张。持狭义观点的认为，司法协助仅限于两国之间送达诉讼文书、代为询问当事人和证人以及收集证据。英美国家、德国和日本的学者多持此种狭义观点。中国有些学者对司法协助也作狭义理解，认为司法协助只包括诉讼文书的送达、询问证人和调查取证。持广义观点的认为，司法协助不只限于两国之间送达诉讼文书、代为询问证人、调查取证，还包括外国法院判决和外国仲裁机构裁决的承认与执行。法国、匈牙利等国学者多持此种广义观点。尤其是在法国，法学界把司法协助作更为广泛的理解，它基本上包含了在民事诉讼中的各种国际合作，除上述狭义司法协助内容外，还包括外国法院判

---

① 参见 1987 年《中华人民共和国和波兰人民共和国关于民事和刑事司法协助的协定》、1989 年《中华人民共和国和蒙古人民共和国关于民事和刑事司法协助的条约》、1991 年《中华人民共和国和罗马尼亚关于民事和刑事司法协助的协定》、1992 年《中华人民共和国和俄罗斯关于民事和刑事司法协助的条约》等。

② 参见欧洲委员会于 1977 年通过的《关于在行政案件中向国外送达文书的欧洲公约》。

决的承认与执行，以及免除外国人的诉讼费用和诉讼费用担保等。

本书作者对司法协助持广义观点，只是考虑到判决的域外承认与执行的重要性，而单独对它进行阐述。

（二）司法协助的依据

根据国际社会的普遍看法，存在条约或互惠关系是进行司法协助的依据或前提。应当指出的是，司法协助条约只能由国家与国家之间订立，两国地方司法部门之间的司法协助协议往往是不予认可的。[1]

在实践中，还有一种情况，这就是一国向另一国提供司法协助时，既无条约作依据，也无互惠关系的存在。这主要是，要么两国间关系较好，在长期的实践中，已经形成了一种事实上的互惠关系，而不必另行作出明示的承诺；或者一国基于外交上考虑，认为给予司法协助便于促进与请求国之间的关系；也可能是案件涉及本国利益，给予司法协助有利于维护本国在有关案件中的利益。

（三）司法协助中的法律适用和公共秩序

1. 司法协助中的法律适用

法律适用，原本是国际私法中的一个专门术语。在司法协助中，请求方和被请求方是两个不同的国家，因而，具有诉讼性质或者说司法性质的司法协助行为，如送达文书、调查取证等，如果不根据一定的法律予以实施，就难以保证其效力。这就是说，在开展司法协助时也有必要明确其法律适用，必须按照某个准据法进行。当然，国际私法中的法律适用跟司法协助中所涉及的法律适用，二者是有很大不同的。[2]

这里应指出的是，在司法协助中，尽管通常是应适用被请求国的国内法，但这也不是绝对的。在一定情况下，被请求方司法机关也可以根据请求一方的请求，适用请求一方的某些诉讼程序规则。这是因为不同国家对诉讼程序规范作了不同规定，如在取证程序中，有些国家要求证人宣誓，而有些国家则没有规定证人宣誓等。而国际社会一般都认为，在国外提取的证据效力既应由法官根据取证地的法律来认定，同时也应根据请求国的法律被认为是有效的。因此，各国法律也允许在一定条件下在司法协助中适用请求国的法律。请求一方

---

[1] 参见最高人民法院 1995 年 1 月 28 日发布的《关于终止地方法院与国外地方法院司法部门司法协助协议的通知》。

[2] 参见李双元、欧福永、金彭年、张茂：《中国国际私法通论》，法律出版社 2007年第 3 版，第 552 页。

提出的应根据某一特别程序执行有关请求的要求一般应由被请求一方的机构遵照执行，但这必须以该特别程序不与被请求国的立法或强制性规范相冲突为前提。

2. 司法协助中的公共秩序

在司法协助中，公共秩序是有其特殊的含义的，它是指如果请求国提出的司法协助事项跟被请求国的公共秩序相抵触，则被请求国有权拒绝提供司法协助。这里应注意的是，司法协助中的公共秩序跟国际私法上的公共秩序还是有所不同的。在国际私法中，运用公共秩序的后果是法院在审理涉外民事案件时排除适用根据内国冲突法规则本应适用的某一外国法律或国际惯例，但法院仍应适用本国法或其他法律作为准据法继续审理案件。而在司法协助中，适用公共秩序的后果则是拒绝给予司法协助，从而导致司法协助程序的终止。

目前国际社会普遍肯定了公共秩序这一制度。例如，1965 年订于海牙的《关于向国外送达民事或商事司法文书和司法外文书公约》第 13 条也规定："如果送达请求书符合本公约的规定，则文书发往国只在其认为执行请求将损害其主权或安全时才可拒绝执行。"1970 年订于海牙的《关于从国外调取民事或商事证据的公约》第 12 条也规定，被请求国认为其主权或安全将会由此受到损害，才可以拒绝执行请求书。

除了请求事项违反内国公共秩序，内国可拒绝提供司法协助外，有的双边或多边国际条约还规定了可以拒绝给予司法协助的其他原因。例如，1954 年订于海牙的《民事诉讼程序公约》第 11 条规定，如果文件的真实性未被证实或者在被请求国执行嘱托不属于司法机关权限时，则可以拒绝执行嘱托。中国和比利时 1987 年《民事司法协助协定》第 7 条也规定，除了违背公共秩序外，如果按照被请求国法律，则该项请求不属于该协定所指主管机关的职权范围内，也可以拒绝提供司法协助。

（四）司法协助中的机关

1. 中央机关

司法协助中的中央机关，是指一国根据本国缔结或参加的国际条约的规定而指定建立的在司法协助中起联系或转递作用的机关。

往昔，一国法院需要外国法院代为执行有关司法行为，其请求通常要经过外交途径转递。① 只是，通过外交途径转递司法协助的请求手续繁琐，程序复

---

① 现今，如果两国间无条约关系，则此种请求仍应通过外交途径进行，如中国 1991 年《民事诉讼法》第 263 条的规定。

杂，况且外交机关在司法协助中也仅起到一个纯粹转递的作用，难以对请求进行把关审查。因此，为了方便各国之间司法协助请求的转递，减轻各国外交机关在司法协助上的工作压力，1965 年海牙国际私法会议成员国在缔结《关于向国外送达民事或商事司法文书和司法外文书公约》时，创建了"中央机关"制度，也即各缔约国应指定或组建中央机关取代外交机关作为司法协助专门的联系途径或工作机关。① 此后，有关的司法协助方面的国际条约以及各国间的双边司法协助条约纷纷仿效，普遍采用了中央机关制度。

在实践上，各国为司法协助目的而指定的中央机关不尽相同。以上述 1965 年海牙送达公约为例，大多数缔约国如法国、比利时、芬兰、挪威、西班牙、葡萄牙、土耳其、原捷克斯洛伐克、埃及等国，是指定本国的司法部为中央机关。美国于 1973 年后也改为指定司法部为中央机关。而意大利、荷兰、卢森堡、以色列等国则指定本国的最高法院为中央机关。根据上述海牙送达公约第 18 条关于联邦制国家有权指定一个以上中央机关的规定，德国和加拿大分别指定了各州的中央机关（一般为各州的司法部）。加拿大还特别指定外交部为全国统一的中央机关。

2. 主管机关

司法协助中的主管机关，是指根据条约或国内法规定有权向外国提出司法协助请求并有权执行外国提出的司法协助请求的机关。

一般而言，各国通过司法协助程序完成的协助行为主要还是一种诉讼行为，因而，各国司法协助中的主管机关主要也是司法机关。但由于各国国情和司法制度的差异，有些国家除了司法机关外，其他机关或人员也可以执行外国提出的司法协助请求。例如，在比利时等国，有关送达文书的请求，通常由司法执达员完成，而司法执达员只是司法助理人员，其地位跟律师相似，显然不属于司法机关或司法机关工作人员。又如，在波兰，对于民商案件，除了法院是主管机关外，公证处也有权处理数额不大的财产纠纷以及关于遗嘱有效性方面的纠纷。

3. 外交机关

在司法协助中，根据条约和中国的司法实践，外交机关的作用主要有以下几个方面：

---

① 该公约第 2 条规定：每一缔约国应指定一个中央机关，负责根据该公约第 3-6 条的规定，接收来自其他缔约国的送达请求书，并予以转递。每一缔约国应依其本国法律组建中央机关。

（1）作为司法协助的联系途径。在此种情形下，外交机关只起一个联系、转递的作用，其作用相当上述"中央机关"。国际社会普遍认为，如果没有缔结或参加有关司法协助方面的双边或多边条约，则两国之间的司法协助一般应通过外交途径进行。如1986年8月14日最高人民法院、外交部、司法部专门就此问题发布了《关于中国法院和外国法院通过外交途径相互委托送达法律文书若干问题的通知》。以送文书为例，按该通知规定，应由该国驻华使馆将法律文书交外交部领事司转递给有关高级人民法院，再由该高级人民法院指定有关中级人民法院送达给当事人。当事人在所附送达回证上签字后，中级人民法院将送达回证退高级人民法院，再通过外交部领事司转退给对方。

（2）作为解决司法协助条约纠纷的途径。中国跟外国缔结的双边司法协助条约规定，一般规定，因实施或解释条约而产生的困难或争议应通过外交途径解决。如《中国和波兰司法协助协定》第29条就规定："本协定执行过程中所产生的任何困难均应通过外交途径解决。"

（3）查明外国法方面的作用。如根据中国和法国司法协助协定第28条的规定，"有关缔约一方法律、法规、习惯和司法实践的证明，可以由本国的外交或领事代表机关或者其他有资格的机关或个人以出具证明书的方式提交给缔约另一方法院"。此外，根据中国最高人民法院1988年《关于贯彻执行（中华人民共和国民法通则）若干问题的意见》（试行）第193条的规定，中国人民法院适用外国法的途径包括"由中国驻该国使领馆提供"，和"由该国驻中国使馆提供"。

（4）出具诉讼费用减免证明书方面的作用。根据中国跟外国缔结的双边司法协助条约，申请减免诉讼费用所需的证明书，在通常情况下，应由当事人住所地或居所地的主管机关出具，但是，如申请人在缔约双方境内均无住所或居所时，亦可由其本国的外交或领事机关出具。①

二、域外送达

（一）域外送达的概念

域外送达（extraterritorial service），是指一国法院根据国际条约或本国法

---

①　如1992年中国和俄罗斯《关于民事和刑事司法协助条约》第10条第2款规定："缔约一方国民申请免除诉讼费用，应由其住所或居所所在地的主管机关出具说明其身份及财产状况的证明书；如果该申请人在缔约双方境内均无住所或居所，则亦可由其本国的外交或领事代表机关出具上述证明书。"

律或按照互惠原则将司法文书和司法外文书送交给居住在国外的诉讼当事人或其他诉讼参与人的行为。

司法文书的送达是一种很重要的司法行为。因为只有合法送达了司法文书，法院才能行使司法审判权。同时，许多诉讼期间也是以有关司法文书的送达而开始计算的。由于司法文书的送达是一国司法机关代表国家行使国家主权的一种表现，因此而具有严格的属地性。一方面，一国的司法机关在未征得有关国家同意的情况下不能在该国境内向任何人（包括其本国国民）实施送达行为；另一方面，内国也不承认外国司法机关在没有法律规定和条约依据的情况下在内国所实施的送达。因此，一方面，各国在其国内立法中对司法文书的域外送达和外国司法文书在内国的送达作了专门规定；另一方面，订立了各种涉及域外送达的双边和多边条约，为各国提供了多种送达途径，逐步建立和完善了域外送达制度。

关于域外送达的国际立法主要有：1965 年海牙《关于向国外送达民事或商事司法文书和司法外文书公约》，欧盟 2007 年《成员国间民商事司法文书及司法外文书域外送达的条例》（即 2007 年第 1393 号条例，它取代了 2000 年第 1348 号条例）① 以及各国间缔结的大量双边司法协助条约和领事条约。截至 2016 年 3 月 31 日，《关于向国外送达民事或商事司法文书和司法外文书公约》已有 71 个成员②，中国 1991 年批准加入公约，公约于 1992 年 1 月 1 日起对中国生效。

司法文书和司法外文书的域外送达主要是通过以下两种途径实现和完成的：一是直接送达，即由内国法院根据内国法律和国际条约的有关规定，通过一定方式直接送达；二是间接送达，即由内国法院根据内国法律和国际条约的有关规定，通过一定途径委托外国的中央机关代为送达，亦即通过国际民事司法协助的途径进行送达。

（二）直接送达

从各国的立法和实践以及有关的国际条约来看，直接送达的方式主要有以下几种：

1. 外交代表或领事送达

即由内国法院将需要在国外送达的文书委托给内国驻有关国家的外交代表

① 2000 年第 1348 号条例的内容及对其的评价可参见肖永平主编：《欧盟统一国际私法研究》，武汉大学出版社 2002 年版，第 174-189 页。

② 资料来源：http：//www.hcch.net, visited on April 4, 2016。

或领事代为送达。这种方式已为国际社会所普遍认可和采用。许多国家的国内立法和有关的国际条约都明确规定了这种送达方式。不过，通过这种方式进行域外送达的对象一般仅限于本国国民，且不得采取强制措施。

2. 邮寄送达

即由内国法院通过邮局直接将文书寄给国外的诉讼当事人或其他诉讼参与人。对于这种送达方式，各国立法和实践中的态度并不一致。例如，1954年海牙《民事诉讼程序公约》第6条和1965年海牙《送达公约》第10条都明确规定了这种送达方式，包括美国、法国等在内的多数国家在批准或加入这两个公约时也都认可了这一规定，但另一些国家如德国、瑞士、卢森堡等国则明确表示反对。中国在1991年批准加入《送达公约》时也对公约第10条的规定提出了保留。

3. 个人送达

即由内国法院将文书委托给具有一定身份的个人代为送达。这里的"个人"可以是有关当事人的诉讼代理人，也可以是当事人选定的人，或与当事人关系密切的人。这种送达方式一般为普通法系国家所接受和采用。

4. 公告送达

即由内国法院将需要送达的文书的内容以张贴公告的方式或登报的方式告知有关当事人或其他诉讼参与人，自公告之日起一定期间届满后即视为已送达。许多国家包括中国，都承认一定条件下可以采用这种方式进行送达。

5. 依当事人协商的方式送达

这是普通法系国家所通常采用的一种送达方式。在美国，对外国国家的代理人或代理处，以及对外国国家或外国政治实体的送达，可依诉讼当事人之间特别商定的办法进行；在英国，甚至允许合同当事人在其合同中约定可接受的送达方式。

（三）间接送达

间接送达必须依照请求国和被请求国双方缔结或共同参加的双边或多边条约，并通过它们依条约规定指定或建立的中央机关来进行。根据各国立法和有关司法协助的国际条约，间接送达须依以下程序进行：

1. 请求的提出

根据海牙《送达公约》第3条的规定，送达请求应由依请求国法律有权主管的机关或司法官员提出。虽然各缔约国对于何为有权主管的机关或司法官员的理解并不一致，但就被请求国而言，在其中央机关收到另一缔约国某机关或人员提出的请求后，可不必去了解该机关或人员是否为有权提出请求的主体，因为根据公约的规定其主体资格应依请求国的法律确定。在中国，由于文书送达属于法院的职权范围，因而人民法院是中国有权向外国提出送达请求的主体。

对于提出送达请求的途径，一般应依国际条约的规定进行，没有条约关系的，则通过外交途径进行。作为海牙《送达公约》的缔约国，各国无疑可依公约的规定通过中央机关提出文书送达请求。不过，海牙《送达公约》并不要求此类请求必须通过双方的中央机关提出，也可由请求机关直接向被请求国的中央机关提出。① 至于请求机关提出请求是否必须通过其本国的中央机关，则由各缔约国自行决定。实践中，有些国家未对此作统一要求；有些国家如法国、芬兰、埃及等国家为统一掌握本国与外国在域外送达方面的整体情况，规定只有本国的中央机关才能作为统一向外国中央机关提出请求的机关。中国最高人民法院、外交部、司法部 1992 年联合发布的《关于执行〈关于向国外送达民事或商事司法文书和司法外文书公约〉有关程序的通知》（以下简称《关于执行〈送达公约〉的通知》）中也规定，中国法院向外国提出文书送达请求，应通过统一的途径提出，即有关中级人民法院或专门人民法院应将请求书和需要送达的司法文书送有关高级人民法院转最高人民法院，由最高人民法院送司法部转送给该国指定的中央机关；必要时，也可由最高人民法院送中国驻该国使馆转送给该国指定的中央机关。

2. 请求的执行和执行情况的通知

从海牙《送达公约》和有关国家的实践看，被请求国执行请求国的送达请求，主要有以下三种方式：一是正式送达，即依《送达公约》第 5 条第 1款的规定，由被请求国中央机关自行或安排某一适当机构，按照其国内法规定的在国内诉讼中对在其境内的人员送达文书的方式进行送达。二是依特定方式送达，即依《送达公约》第 5 条第 1 款第 2 项的规定，按照请求方要求采用的特别方式进行送达，但此种特别方式不得与被请求国的法律相抵触。三是非正式递交，即依《送达公约》第 5 条第 2 款的规定，在被送达人自愿接受时向其送达文书，而不必严格遵守公约中有关形式上的要求。

对于执行结果的通知，国际社会的普遍做法是采用送达回证或由有关机构出具送达证明书的方式，将执行情况通知请求方。此种通知的途径与送达请求书的传递途径完全相同。采用送达证明书通知时，送达证明书中一般应载明送达的方法、地点、日期以及文书被交付人。如果文书并未送达，则证明书中应

---

① 参见海牙《送达公约》第 18 条第 2 款。

载明妨碍送达的原因。

3. 费用的承担

海牙《送达公约》第 12 条规定，发自缔约一国的司法文书的送达不应产生因文件发往国提供服务所引起的税款或费用的支付或补偿。但申请者应支付或补偿下列两种情况下产生的费用：其一是司法助理人员（judicial officer）或依送达目的地国法律有资格的人的使用（employment）；其二是特定送达方法的使用。

中国跟外国缔结的双边司法协助条约一般规定，代为送达司法文书和司法外文书应当免费。① 没有条约关系时，在收费问题上中国采取对等原则，但根据请求方要求采用特殊方式送达文书所引起的费用，则由请求一方负担。

4. 对送达请求的异议和拒绝

根据海牙《送达公约》及各国的立法和实践，被请求国一般可基于以下原因对送达请求提出异议或予以拒绝：其一，地址不详；其二，请求书不符合要求；其三，执行请求将有损被请求国的公共秩序。这些原因也为中国《民事诉讼法》② 和中国对外签订的双边司法协助协定③所承认和采纳。

不过，《送达公约》第 13 条第 2 款同时又强调指出，一国不得仅以其对送达请求所依据的案件标的有专属管辖权或其国内法不允许该项诉讼为由拒绝执行请求。这无疑是对拒绝理由所作出的必要限制，是为了在更大程度上支持和便利文书的域外送达。中国在与泰国签订的双边司法协助协定中也重申了这一限制规定。

三、域外调查取证

（一）域外调查取证的概念和范围

域外调查取证（extraterritorial discovery, the taking of evidence abroad），是指案件的受诉法院在征得有关国家同意的情况下，直接在该国境内收集、提取案件所需的证据，或通过国际民事司法协助途径，以请求书的方式委托有关国

---

① 如 1987 年《中华人民共和国和法兰西共和国关于民事、商事司法协助的协定》第 10 条、1987 年《中华人民共和国和波兰人民共和国关于民事和刑事司法协助的协定》第 9 条第 1 款等。

② 如中国《民事诉讼法》第 262 条第 2 款。

③ 如 1987 年《中华人民共和国和法兰西共和国关于民事、商事司法协助的协定》第 8、11 条、1987 年《中华人民共和国和波兰人民共和国关于民事和刑事司法协助的协定》第 10 条。

家的主管机关在该国境内代为收集、提取案件所需的证据。

调查取证和送达文书一样,都是诉讼活动中必须进行的一项必要程序。根据目前国际社会的普通看法,调查取证,作为行使国家司法主权的一种行为,更具有严格的属地性。因而,如果没有外国的同意,是不能在该外国境内实施取证行为的。

为了协调各国不同的取证制度,便于域外取证的开展,国际社会通过努力,为此缔结了大量的双边和多边条约。在多边条约中,较有影响的有:

(1)1954年3月1日订于海牙的《民事诉讼程序公约》,该公约第2章专门规定了域外调查取证,截至2016年3月30日,共有49个成员,它已适用于中国澳门,但中国未加入。

(2)1970年海牙《取证公约》,截至2016年3月16日,已有59个国家或地区批准或加入了该公约。欧盟的28个成员国中,除奥地利(是1954年海牙《民事诉讼程序公约》的成员)、比利时(是1954年海牙《民事诉讼程序公约》的成员)、爱尔兰外,其他25个国家都是公约的成员。中国已于1997年7月3日作出加入的决定,公约自1998年2月6日起对中国生效。根据公约第39条第4款、第5款的规定,加入行为只在加入国和已声明接受该国加入的公约缔约国之间发生效力,且加入国和接受该国加入的国家之间自接受国交存接受声明后第60日起生效。截至2014年6月30日,共有荷兰、卢森堡、捷克、以色列、波兰、芬兰、德国、意大利、美国、斯洛伐克、法国、丹麦、西班牙、澳大利亚、挪威、阿根廷、葡萄牙、爱沙尼亚、瑞士、瑞典、拉脱维亚、希腊、塞浦路斯、摩纳哥和土耳其以及墨西哥等26个国家接受了我国的加入,另外,我国也在加入该《公约》以后接受了南非、保加利亚、立陶宛、斯里兰卡、斯洛文尼亚、乌克兰、俄罗斯联邦、白俄罗斯、科威特、罗马尼亚、波黑、马其顿、克罗地亚、阿尔巴尼亚和塞尔维亚、马耳他和摩洛哥等17个国家的加入。因此,截至2014年6月,该《公约》已经在我国和上述43个国家之间生效。①

(3)欧盟理事会于2001年5月28日通过了《关于民商事案件域外取证协助条例》②(2001/1206/EC),它适用于除丹麦以外的欧盟成员国之间。条

---

① 资料来源:http://www.hcch.net/index-en.php?act=status.accept&mid=493,visited on July 30,2014。

② 该规则的有关内容可参见肖永平主编:《欧盟统一国际私法研究》,武汉大学出版社2002年版,第190-200页。

例共 3 章，24 个条文，其基本内容有：第一，建立请求国法院与被请求国法院间直接协助进行域外取证的制度；第二，不排除在特殊情况下，由请求国法院在被请求国境内直接取证。条例自 2001 年 7 月 1 日起生效，2004 年 1 月 1 日起执行，其中有部分条款自 2001 年 7 月 1 日起执行。

由于各国法律的差异，关于调查取证的范围，有关国际条约和双边司法协助条约通常都不作明确规定。中国跟外国缔结的双边司法协助条约一般规定，域外调查取证的范围包括：询问当事人、证人和鉴定人，进行鉴定和司法勘验，以及其他与调查取证有关的诉讼行为。① 而中国跟泰国缔结的双边司法协助协定则未规定调查取证的范围。因此，需要调取哪些证据，通常应依有关国家的内国法确定。

（二）域外调查取证的方式

域外调查取证的方式也分为直接调查取证和间接调查取证两种，前者是指受诉法院在征得有关国家同意的情况下，直接在该国境内收集、提取案件所需的证据；后者则是指受诉法院通过国际民事司法协助途径，以请求书的方式委托有关国家的主管机关在该国境内代为收集、提取案件所需的证据。间接调查取证在有的国家又叫嘱托书方式。

1. 直接调查取证

从各国的立法和实践以及有关的国际条约来看，直接调查取证一般通过以下三种方式进行：

（1）外交或领事人员取证。这种调查取证方式是指一国法院通过该国驻他国的外交或领事人员在驻在国直接调查取证。这种调查取证方式通常是由领事进行，外交人员较少参与，或即使外交人员进行调查取证，实际上也是在行使领事职务，因此这种调查取证方式一般又简称为领事取证。

就取证对象而言，领事取证主要涉及两种情形：一是对本国国民取证；二是对驻在国国民或第三国国民取证。前一种取证方式，已为大多数国家所普遍接受，并得到了《维也纳领事关系公约》及各国所签订的大量双边领事条约的一致肯定和确认。这主要是因为保护驻在国境内本国侨民的利益，本来就是

---

① 如 1994 年《中华人民共和国和希腊共和国关于民事和刑事司法协助的协定》（已生效）第 16 条、1989 年《中华人民共和国和蒙古人民共和国关于民事和刑事司法协助的条约》第 13 条、1987 年《中华人民共和国和比利时王国关于民事、商事司法协助的协定》第 9 条、1991 年《中华人民共和国和罗马尼亚关于民事和刑事司法协助的条约》第 17 条等。

领事的主要职务之一。不过，也有少数国家如葡萄牙、丹麦和挪威等国，要求领事取证须事先征得驻在国的同意方可进行。对于后一种取证方式，各国的态度和做法则不尽一致，但一般都在不同程度上给予了限制：有的要求领事对驻在国或第三国公民取证必须经驻在国当局许可；有的则表示在任何情况下外国领事都不得对驻在国公民取证；有的则禁止外国领事在其境内对驻在国公民或第三国公民取证。

（2）特派员取证。它是指法院在审理涉外民商事案件时委派专门的官员去外国境内调查取证的方式。1970年，海牙《取证公约》规定了特派员（commissioner）取证制度。根据公约第17条的规定，在涉外民商事案件中，被合法地专门指定为特派员的人，如果得到作为缔约国的取证地国指定的主管机关的概括许可或对特定案件的个别许可，并遵守主管机关许可时确定的条件，可以在不加强制的情况下进行取证。而根据公约第21条的规定，特派员取证时，还可以按照派遣国法律所规定的方式和程序进行，但此种方式和程序不能是取证地国法律所禁止的。

各国对特派员取证方式的态度和做法也不尽一致。葡萄牙、丹麦等国完全禁止外国特派员在其境内调查取证；法国、德国等国则要求外国特派员取证需事先征得取证地国的许可；英国则表示需在对等基础上决定是否允许外国特派员在其境内调查取证。

（3）当事人或诉讼代理人自行取证。这种调查取证方式主要为普通法系国家所采用。尤其在美国，这种调查取证方式的运用十分普遍，被称为审判前取证。海牙《取证公约》虽不否认普通法系国家的这一调查取证方式，但同时也允许各缔约国对其提出保留。即公约第23条规定，各缔约国可以声明不执行"普通法系国家旨在进行审判前文件调查"的程序。结果，几乎除美国以外的所有缔约国都对这一调查取证方式提出了保留。

2. 间接调查取证

由于受诉法院在其他国家境内直接调查取证往往受到这样或那样的限制，给域外调查取证带来诸多不便，因此，大多数国家普遍通过国际民事司法协助途径委托其他国家代为调查取证，即采用间接调查取证这一主要的域外调查取证方式。间接调查取证也是海牙《取证公约》中规定的主要方式。公约第1条至第14条对这种域外调查取证方式的各项程序作出了明确和详尽的规定。

（1）请求的提出。公约要求各缔约国指定一个中央机关，负责接受来自缔约另一国司法机关的请求书，并转交给内国的主管机关执行。在任何情况下，请求书均可送交中央机关。公约还规定请求书可直接送交被请求国中央机关，而无须通过请求国中央机关或任何其他机关转交。

（2）请求的执行及执行情况的通知。公约明确规定请求书应得到迅速执行。至于执行情况的通知，公约则规定，证明执行请求书的文书应由被请求国机关，通过与请求国机关所采用的同一途径送交请求国机关。如果请求书全部或部分未予执行，则亦应通过同一途径及时将此通知请求国机关，并告知理由。

（3）请求的拒绝。公约明确规定请求书仅得依以下理由拒绝执行：其一，请求书的执行在被请求国不属于司法机关的职权范围；其二，被请求国认为其主权或安全将会因此而受到损害。公约同时还明确规定不得仅依以下理由拒绝执行请求书：其一，被请求国依其本国法对请求书所涉及的诉讼标的享有专属管辖权；其二，被请求国法律规定不允许对请求书所涉及事项提起诉讼。

第二节　若干国家的送达制度

欧盟 2007 年《成员国间民商事司法文书及司法外文书域外送达的条例》（即 2007 年第 1393 号条例，它取代了 2000 年第 1348 号条例）优先于《海牙送达公约》适用于欧盟成员国（丹麦除外）之间的域外送达。此外，除奥地利（是 1954 年海牙《民事诉讼程序公约》的成员）外，欧盟其他的 27 个成员国均是《海牙送达公约》的成员①，因此它们与《海牙送达公约》其他公约成员国之间的送达依公约进行。

一、瑞士

根据瑞士法律的精神，送达被认为是国家的官方行为。因此，在诉讼当事人之间不存在直接的送达。传票或令状由有管辖权的法院专属地送达给当事人，通常用挂号信送还所需要的收据。任何法院、当局或私人试图通过从国外直接将有关文件送达给居住在瑞士的收件人或者在瑞士直接对他送达来使送达生效的行为，被认为是侵犯瑞士的主权并且根据《瑞士刑法典》第 271 条是可受惩罚的。

从国外对瑞士居民的送达可通过外交途径进行。根据 1954 年 3 月 1 日海牙《关于民事诉讼程序的公约》（自 1957 年 7 月 5 日对瑞士生效），送达可以

---

①　http://www.hcch.net/index_en.php? act = conventions.text&cid = 17, visited January 22,2006.

在请求国家的领事和被请求国家有权的当局之间进行，或者如果存在协定，在两个成员国之间，直接在各自国家的法院之间进行或者通过有权的当局转达。瑞士已缔结了有关的协定，例如与奥地利、比利时、法国、德国、意大利、卢森堡、波兰、捷克、斯洛伐克、匈牙利、土耳其和英国。此外，瑞士于 1994 年 11 月 2 日加入了 1965 年海牙《送达公约》，对公约成员国之间的送达依公约进行。

二、瑞典

《送达公约》规定了与法院诉讼程序相联系的送达的一般规则。正常的送达由法院来实行，除非当事人要求由自己来完成送达——这种要求要由法院正式批准。此外，瑞典于 1995 年 1 月 1 日加入欧洲联盟，向欧洲联盟成员国（丹麦除外，因其在欧盟有关公约的议定书中对内务司法合作事项表明不予参加）的送达受欧盟 2007 年《成员国间民商事司法文书及司法外文书域外送达的条例》① 调整。

1. 邮寄送达

通常送达传票或令状的方式是以普通邮件寄出文件附上一张需签名并返回法院的收条。以附上要求返回法院的收条的挂号邮件送达也是一种可供选择的办法。对在诉讼程序中随后发出的令状，法院可以简易方式送达。在这种情况下，有关令状可邮寄给当事人，随后另一提供该已邮寄令状信息的通知至少在一天后发出。此种情形不需要收条。

2. 个人送达

在不可能以普通邮件方式送达时（通常，没有获得被告收到传票的收条即预示着此种情况），法院可决定以特殊邮寄方式（包括通过邮递员直接送达令状）或由传票送达员来送达传票。传票送达员必须为警察当局任命的传票送达员，或执行当局的官员。

3. 领事或外交途径送达

瑞典是 1965 年海牙《送达公约》的成员国。按照该公约的规定，瑞典法院对国外的送达可要求外国当局的协助；反之，外国法院亦可要求瑞典当局协助。但在瑞典、丹麦、冰岛和挪威之间，法律文书的送达适用一个特别公约。

---

① 2000 年第 1348 号条例的内容及对其的评价可参见刘卫翔：《欧洲联盟国际私法》，法律出版社 2001 年版，第 278-283 页；肖永平主编：《欧盟统一国际私法研究》，武汉大学出版社 2002 年版，第 174-189 页。

依照瑞典国内的立法，法院、其他权力机构或个人可以向瑞典外交部提出要求，要求协助在外国的送达。

4. 公告送达

具备以下情形之一，即可公告送达：（1）受送达人住址不明或不能确定其所在之处；或（2）不能在受送达人的住所中找到受送达人或其家庭中其他能接收令状的成年成员，以及有理由确信该受送人企图逃避送达。在后一种情况下，装在密封好的信封里的令状也可以留在相关人员的住处或是放在其门边。

对不明确的群体的送达必须以公告方式进行。对一人数很多的团体的送达，由于对其中每一个人都进行普通送达会带来不合理的花费及麻烦，因此也可公告送达。

5. 代替送达

如果传票送达员来访时不能找到受送达的自然人或法人代表，则可使用代替送达方式。在对个人送达传票时，如果用代替送达方式，则要求有理由确信该受送达人试图回避直接送达。对自然人的送达在文件交给其家庭成年成员时生效，如果该自然人生活在住宅区里，则在文件交给其房东或其住宅区的看门人时生效。对自然人的送达也可以在文件交给某一可以代替其雇主的人时，在该自然人的工作地点生效。

如果受送达人在他的行业工作中拥有办公室，则送达可在正常工作时间交付给某一雇员，从而在其办公室中完成送达。对法人的办公室送达，如果该人经授权的代表在正常工作时间里没有出现，则也可以上述方式来完成。

在诉讼中非居住在本地的当事人，在他第一次出现在该案时，可被要求授权一个在瑞典或欧洲经济区内其他地方的律师接收送达。如果此种当事人没有这样做，则法院有权按当事人的最后已知地址将文件寄出，以完成送达。

6. 海牙公约规定的送达方法

依照外国法院的请求对令状的送达方式须与瑞典国内规则对这一问题的规定相一致，除非送达的请求指明了另一送达方式。在上述后一种情况下，如果可能，则送达应依照所要求的方式进行。

三、奥地利

1. 邮寄送达

在奥地利送达一般是以邮递方式进行的，在特殊情况下则由法庭书记员或由市政职员送达。这些特殊的送达只能发生在同一法院巡回审判区或市政辖区内。[①]

如果有理由确信收信人的表述有正式根据，但送达却不能到达受送达人，则令状只能存放在邮局或市政管理处。[②] 在这种情况下，只能以公告方式送达。被搁置的令状不得不在邮局或市政管理处存放至少两星期，然后再被送回寄件人处。

2. 直接送达

根据奥地利法律，不能对当事人或其律师直接送达法律文书。

3. 领事或外交途径

对于在奥地利境外的送达，参照条约或该外国关于执行送达的法律规定或国际惯例执行。如果缺少实施条约的法律，则奥地利境外的送达应按照奥地利法院的命令以邮寄方式进行。对享有特权的外国人和国际组织的送达应通过奥地利外交部进行。

除非有关公约中已明确规定关于送达的法律规则，否则外国法律文书向奥地利的送达应按照奥地利《法律文书送达法》的规定处理。请求按另一程序送达的，如果不存在公共秩序方面的异议，则应予准许。未附有经正式授权的德语译文的外国法律文书，只能送达给那些已同意接收的受送达人。如果受送达人在收到法律文书后 3 天内没有表示反对意见，则视为受送达人已同意接收。

4. 公告送达

如果当局不知道法律文书应送往何处，非刑事诉讼程序中的送达可以在当局的公告牌上以公告方式进行，那么，在这种情况下送达被认为在两个星期后完成。在民事诉讼程序中，只有在不会导致受送达人有作出反应的义务的情况下，才能以公告方式送达。以公告方式送达传票还不够，还必须指定一个诉讼代理人。

5. 海牙《民事诉讼程序公约》规定的方法

奥地利已经加入 1954 年海牙《民事诉讼程序公约》（BGBl 1959/91）。海牙公约规定送达应通过领事途径（奥地利法院—奥地利领事—外国法院）而非外交途径（奥地利法院—奥地利外交部—外国中央政府—外国法院）进行。

双边条约经常规定奥地利和外国法院之间应直接联系。

---

① 《民事诉讼法》第 88（1）条。

② 《法律文书送达法》（Zustellgesetz, ZustG）第 17（1）条。

四、希腊

传票和令状由管辖案件的法院任命的、被许可的传票送达人送达给有法定居所的传票或令状应被送达的人，或如果是法人，则送达到其所在地。

在传票或令状被送达的地方，如果没有被任命的传票送达人，则送达将通过刑事法院的传票送达人或警察而生效。此外，在非常紧迫的情况下，如果法官允许，则送达可通过电报生效。传票将根据当事人或律师在被送达的起诉书中书面规定的指示，谨慎地送达。

《民事诉讼法典》规定，送达人可以把起诉书送达给收件人，而不管在什么地方发现他，除非在正在举行仪式的教堂里。至于传票或令状可以被送到的时刻和日期，《民事诉讼法典》规定送达只在工作日的上午7时至下午7时生效，除非法官允许另外的作法或收信人不反对。传票或令状被送达给收信人或者当他缺乏以自己的名义进行诉讼的能力时，送达到他的法定代理人。然而，《民事诉讼法典》单独规定了那些当送达人送达传票或令状时不在现场的人——例如，在监狱或医院，在商船上，或者在军队工作或服兵役，居所或所在地在国外的自然人或法人——的送达。但是，对于最后一种人，《民事诉讼法典》第134条只适用于1965年11月15日的海牙公约或关于传票和令状送达的双边协议不适用的案件。

第五章　临时或预防措施

诉讼中的临时或预防措施包括对有关当事人的财产采取的措施（一般称为财产保全）和对有关当事人采取的要求其作为或不作为的措施（可称为行为保全）。

财产保全是指法院在判决作出之前为保证将来判决的执行而应当事人的要求或者依职权对有关当事人的财产所采取的一种强制措施。财产保全具有以下特点：第一，财产保全是一种强制措施，它是应当事人申请或依职权由法院采取的。第二，财产保全是一项紧急措施。

行为保全是指法院在判决作出之前为保护申请人的合法权益或保证将来判决的执行而应申请人的请求或者依职权要求被请求人作为或不作为的措施。例如，我国1999年《海事诉讼特别程序法》规定了类似于行为保全性质的海事强制令制度。海事强制令是指海事法院根据请求人的申请，为使其合法权益免受侵害，责令被请求人作为或者不作为的强制措施。海事审判实践中，常常出现一些不能归属于财产保全的保全申请，如货主要求承运人接收货物后签发提单或者及时交付货物；承运人要求托运人及时清关或者要求收货人及时提货；船舶所有人要求租船人交回船舶等。

第一节　若干亚洲国家和地区的临时或预防措施制度

一、中国香港地区

临时或中间禁令是暂时的和自由裁量的。法院授予此类临时或中间禁令的管辖权是广泛的，能在任何认为合适的地方行使。申请人要证明，存在一严重问题需要进行审判和方便的平衡取决于临时禁令的授予。

使用得最多的临时禁令就是马瑞瓦禁令[1]（Mareva injunction），它最早由

---

[1]　关于马瑞瓦禁令，详见 Steven Gee Qc Ma，Mareva Injunction and Anton Piller Relief，4th ed.，1998；杨良宜、杨大明：《禁令》，中国政法大学出版社2000年版，第274-408页。

英国上诉法院在 Mareva Compania Naviera S. A. v. International Bulk Carriers S. A. 案①中授予。马瑞瓦禁令最初仅要求被告不得将管辖区内的资产转移或隐匿，后来扩展为也不能通过处分资产规避法律义务。因而，马瑞瓦禁令的实质在于，如果客观情况表明被告很可能处分其财产以规避或者拖延原告的诉讼请求，法院可禁止被告处分其财产。美国和许多其他欧洲国家如西班牙、爱尔兰，以及澳大利亚、加拿大、新加坡、马来西亚、新西兰和印度等国家和地区都采用了与马瑞瓦禁令相似的做法。

安东皮勒禁令（Anton Piller order）② 是一种有效的临时救济，它经 Anton Piller KG v. Manufacturing Processes Ltd 案③确立，最经常适用于侵犯著作权和商业秘密的案件，其实质在于，保全那些应当保留到审判时的诉讼证据、相关材料和其他资料以及保全财产。

最后，法院还可能会授予一个禁止令，该命令将禁止被告在一段时期内离开香港。

要成功地申请临时禁令，申请人应向法院保证，如法院日后发现不应当授予的冻结令给相对人造成了损失，并裁决由申请人承担损失及有关费用的，申请人服从法院的命令。对于在香港没有财产的外国申请人，法院通常责令他提供担保函或其他保证。

二、中国台湾地区

中国台湾地区"民事诉讼法典"为有希望胜诉的原告在诉讼之前或开始时提供了两种临时救济措施，以保证将来任何有利于原告的判决的执行，如假扣押和假处分。临时禁令还有另一种功能，如在争议解决过程中冻结目前的状况以防止任意一方当事人遭受不能挽回的损害。

台湾地区"民事诉讼法典"第 7 编（保全程序）对临时措施主要作了如下规定（引用原文）：

（一）假扣押

债权人就金钱请求或得易为金钱请求之请求，欲保全强制执行者，得声请

---

① ［1975］2 Lloyd's Rep 509.

② 关于安东皮勒禁令，详见 Steven Gee Qc Ma, Mareva Injunction and Anton Piller Relief, 4th ed., 1998；杨良宜、杨大明：《禁令》，中国政法大学出版社 2000 年版，第 409-491 页。

③ ［1976］Ch 55.

假扣押。前项声请,就附条件或期限之请求,亦得为之。

假扣押,非有日后不能强制执行或甚难执行之虞者,不得为之。应在外国为强制执行者,视为有日后甚难执行之虞。

假扣押之声请,由本案管辖法院或假扣押标的所在地之地方法院管辖。本案管辖法院,为诉讼已系属或应系属之第一审法院。但诉讼现系属于第二审者,得以第二审法院为本案管辖法院。假扣押之标的如系债权或须经登记之财产权,以债务人住所或担保之标的所在地或登记地,为假扣押标的所在地。

假扣押之声请,应表明下列各款事项:当事人及法定代理人;请求及其原因事实;假扣押之原因;法院。请求非关于一定金额者,应记载其价额。依假扣押之标的所在地定法院管辖者,应记载假扣押之标的及其所在地。

请求及假扣押之原因,应释明之。前项释明如有不足,而债权人陈明愿供担保或法院认为适当者,法院得定相当之担保,命供担保后为假扣押。请求及假扣押之原因虽经释明,法院亦得命债权人供担保后为假扣押。债权人之请求系基于家庭生活费用、扶养费、赡养费、夫妻剩余财产差额分配者,前项法院所命供担保之金额不得高于请求金额之 1/10。

假扣押裁定内,应记载债务人供所定金额之担保或将请求之金额提存,得免为或撤销假扣押。

关于假扣押声请之裁定,得为抗告。抗告法院为裁定前,应使债权人及债务人有陈述意见之机会。抗告法院认抗告有理由者,应自为裁定。准许假扣押之裁定,如经抗告者,在驳回假扣押声请裁定确定前,已实施之假扣押执行程序,不受影响。

本案尚未系属者,命假扣押之法院应依债务人声请,命债权人于一定期间内起诉。债权人不于第一项期间内起诉或未遵守前项规定者,债务人得声请命假扣押之法院撤销假扣押裁定。假扣押之原因消灭、债权人受本案败诉判决确定或其他命假扣押之情事变更者,债务人得声请撤销假扣押裁定。

假扣押裁定因自始不当而撤销,或因第 529 条第 4 项及第 530 条第 3 项之规定而撤销者,债权人应赔偿债务人因假扣押或供担保所受之损害。假扣押所保全之请求已起诉者,法院于第一审言词辩论终结前,应依债务人之声明,于本案判决内命债权人为前项之赔偿。债务人未声明者,应告以得为声明。

(二)假处分

债权人就金钱请求以外之请求,欲保全强制执行者,得声请假处分。假处分,非因请求标的之现状变更,有日后不能强制执行,或甚难执行之虞者,不得为之。

关于假扣押之规定，于假处分准用之。但因第 535 条及第 536 条之规定而不同者，不在此限。

假处分所必要之方法，由法院以裁定酌定之。前项裁定，得选任管理人及命令或禁止债务人为一定行为。

假处分所保全之请求，得以金钱之给付达其目的，或债务人将因假处分而受难以补偿之重大损害，或有其他特别情事者，法院始得于假处分裁定内，记载债务人供所定金额之担保后免为或撤销假处分。假处分裁定未依前项规定为记载者，债务人亦得声请法院许其供担保后撤销假处分。法院为前两项裁定前，应使债权人有陈述意见之机会。

债权人依民法第 151 条规定押收债务人之财产或拘束其自由者，应实时声请法院为假扣押或假处分之裁定。前项声请，专属押收债务人财产或拘束其自由之行为地地方法院管辖。

前条第一项之声请，法院应即调查裁定之；其不合于民法第 151 条之规定，或有其他不应准许之情形者，法院应即以裁定驳回之。因拘束债务人自由而为假扣押或假处分之声请者，法院为准许之裁定，非命债权人及债务人以言词为陈述，不得为之。

债权人依第 537 条之一为声请时，应将所押收之财产或被拘束自由之债务人送交法院处理。但有正当理由不能送交者，不在此限。法院为裁定及开始执行前，应就前项财产或债务人为适当之处置。但拘束债务人之自由，自送交法院时起，不得逾 24 小时。债权人依第一项规定将所押收之财产或拘束自由之债务人送交法院者，当其声请被驳回时，应将该财产发还于债务人或恢复其自由。

因拘束债务人自由而为假扣押或假处分裁定之本案尚未系属者，债权人应于裁定送达后 5 日内起诉；逾期未起诉时，命假扣押或假处分之法院得依声请或依职权撤销假扣押或假处分裁定。

（三）定暂时状态之假处分

于争执之法律关系，为防止发生重大之损害或避免急迫之危险或有其他相类之情形而有必要时，得声请为定暂时状态之处分。前项裁定，以其本案诉讼能确定该争执之法律关系者为限。第 1 项处分，得命先为一定之给付。法院为第一项及前项裁定前，应使两造当事人有陈述之机会。但法院认为不适当者，不在此限。

法院为前条第一项裁定前，于认有必要时，得依声请以裁定先为一定之紧急处置，其处置之有效期间不得逾 7 日。期满前得声请延长之，但延长期间不得逾 3 日。前项期间届满前，法院以裁定驳回定暂时状态处分之声请者，其先为之处置当然失其效力；其经裁定许为定暂时状态，而其内容与先为之处置相异时，其相异之处置失其效力。第一项之裁定，不得声明不服。

抗告法院废弃或变更第 538 条第 3 项之裁定时，应依抗告人之声请，在废弃或变更范围内，同时命声请人返还其所受领之给付。其给付为金钱者，并应依声请附加自受领时起之利息。前项命返还给付之裁定，非对于抗告法院废弃或变更定暂时状态之裁定再为抗告时，不得声明不服；抗告中应停止执行。前两项规定，于第 538 条之一第 2 项之情形准用之。

定暂时状态之裁定因第 531 条之事由被撤销，而应负损害赔偿责任者，如声请人证明其无过失时，法院得视情形减轻或免除其赔偿责任。

除别有规定外，关于假处分之规定，于定暂时状态之处分准用之。

第二节　若干欧洲国家的临时或预防措施制度

一、瑞士

当当事人需要对他的权利资格和权利授予权宜的、紧急的保护时，在普通程序开始前可获得临时救济。在商事争议的框架内，上述救济的最重要种类是临时禁令和扣押令。

（一）临时禁令

1. 要件

作为一项总的原则，临时救济不能导致对为了特定履行令的诉讼请求的先期强制执行。因此临时禁令采取的两种典型形式分别是：禁令或维持现状令。在临时禁令下，被告被命令停止某些行为，例如，停止侵犯专利权或版权的行为，停止不正当竞争行为或处置特定财产的行为。

获得上述临时救济的要件由州的程序法以概括的方式规定。① 联邦立法也包含有关的规定，尤其是对于知识产权的保护。这两者之中，主要原则基本上是相同的。原告（1）必须用合理的可能性证实所请求的临时救济打算保护的权利资格或权利（有表面证据的案件）；（2）必须用合理的可能性论证对他的权利资格或权利存在即将发生的损害；以及（3）必须证明所导致的损害可能是难以补救的。

---

① 　See Zurich Code of Civil Procedure, Section 222 (3).

通常，需要证明由于被告的行为而引起的另外的潜在的金钱损失，例如，对原告或他的产品的声誉造成的不可弥补的损害，或者普遍地混淆公众的视听，而这种混淆将导致损害，且损害的影响很难用金钱来衡量。

2. 程序

临时的禁令救济可以在普通程序开始之前（审前救济）或者在普通程序的框架内获得。在第二种情况下，授予临时救济的权限由审理主诉的法院决定。一般通过简易程序授予普通程序开始之前（审前救济）的临时禁令救济。授予临时救济通常由州的司法机关的独任法官主持，他们可以是地区法院或者州的高等法院或者特别商事法院的独任法官。

临时救济程序通过向独任法官提交申请而开始，通常用书面形式，尽管口头申请也是可接受的。在申请中原告可以说明特别的紧急性，救济可被单方面地授予（临时禁止命令）。在这种情况下，临时禁令所针对的当事人随后将接受审理，同时，此后法官将决定是维持（预备禁令）还是撤销救济。

通常，在简易程序中可接受的证明方式是受到限制的。例如，在苏黎世州，在为临时救济的简易程序中，通常只有第三方（包括专家）的书面报告可作为证据提出，如果不导致不当的延误，则证人证言也可能作为证据提出。值得注意的是法官的实践，特别是对于因侵犯专利权而请求的救济以及对于从法庭指定的专家那里获得的关于是否存在表面的侵犯原告专利权这个问题的简短鉴定，这些鉴定经常成为影响诉讼结果的决定性因素。

（1）担保。

临时救济程序的另一个特色是：为了保证支付因申请的禁令而产生的任何费用或潜在的损失，法官可以要求原告提供担保。法官可以要求把这样的担保作为禁令生效的前提条件，在一些州，他可以仅仅根据被告的个别申请而要求担保。然而，根据规定了禁令救济的大多数州的民事诉讼法和联邦法，法官可以根据他的自由裁量权，也就是依职权命令提供担保。原告提供足够的担保并不免除他证明满足了上面说明的临时救济的要件这一义务。

当原告请求临时救济，同时被告提供担保来弥补由于原告所主张的对原告权利的侵害而造成的损失，法官可以不授予临时禁令或者撤销已授予的禁令。然而，这个规则并不是很经常地被运用于实践：只有对原告权利的侵害不易补救时，他才能申请临时救济；同时，这意味着不仅仅必须要证明即将发生的金钱上的损失。因此，被告提供的用于弥补金钱损失的担保，总的来说不能充分地保护原告防备由于所主张的对他权利的侵害而引起的所有可能的后果。

（2）提起普通诉讼的必要性。

在普通诉讼开始之前授予的临时救济只有在下列条件下才能保持其效力，即如果在适当的时间内向对请求的临时救济所保护的权利或权利资格有正当的管辖权的法院提起一个普通诉讼，那么通常，主诉必须在授予禁令救济之后的30天内提起；否则，禁令将自动中止其效力。

（3）知识产权法和不正当竞争法。

当事人通常是为了保护知识产权而请求临时禁令，并且临时禁令通常与不正当竞争实践有关。在这些领域获得临时救济的要件由联邦法规定，即关于知识产权保护的各种联邦法，尤其包括：专利法和商标法以及《关于不正当竞争的联邦法》。这些要件与上面阐述的要件基本相同。

值得注意的是：在知识产权和不正当商业实践领域中的诉讼，经常开始于审前禁令救济的请求，这是因为对有关当事人的权利义务的紧急的（至少是临时的）裁定对他们来说非常重要。

当事人经常依靠独任法官在审前救济程序中的判决来计划他们将来的商业活动或者协商对争议事件的解决。因此，独任法官的判决，尤其在知识产权法领域，通常具有重大的实践意义。作为反应，法官有时倾向于把审前简易程序转换为有点接近于普通程序的程序，例如，通过反复交换书面答辩状和适用为了获得专家鉴定的费时的程序。其结果经常是很长的延期，直至作出判决。

（二）扣押

1. 执行金钱请求权的担保的可获得性

为了担保金钱支付的请求权的执行可以获得特别的临时救济：债务收集法授予债权人扣押这种救济方式。扣押是不需要事先通知的、对债务人在瑞士境内的财产的临时依法占有，它的目的是在判决那个请求权之前，临时担保金钱请求权的执行。

扣押可以是对有形和无形财产的扣押。为了确定上述财产是否位于瑞士，适用下面的规则：对于有形财产，它们物理上的所在地是决定性的。对于无形财产，如由于合同引起的或者由于违法、侵权、过失、犯罪或渎职所引起的、针对第三人的债权人的请求权，如果债权人居住在瑞士，则被认为位于债权人的居住地。

然而，如果债权人的居所在瑞士，则只有在有限的情况下才能获得对财产的扣押。如果债权人在瑞士无居所或者没有固定的居所，则上述请求权被认为位于债权人针对其有请求权的第三人的居所地。居住在瑞士境外的债权人持有的瑞士专利权，被认为位于瑞士专利局。

2. 法定要件

作为获得扣押令的要件，原告必须用合理的可能性证实：（1）原告拥有针对债务人的无担保的、并且通常是到期的请求权；以及（2）存在《债务收集法》规定的扣押的五个根据之一。这五个根据是：①被告在任何地方无固定的居所；②被告为了逃避债务清偿而转移财产、潜逃或进行潜逃的准备；③被告从瑞士过境；④被告在瑞士无居所；以及⑤对于被告债务人的未清偿的债务，原告债权人拥有以前未能成功地执行的证明书。

在国际商事诉讼的框架内，扣押的最重要根据是债务人在瑞士无居所。特别地，债权人通过扣押无居所的债务人的财产来担保的金钱请求与在瑞士扣押的财产不必有联系，同时也不必与瑞士有任何的联系。根据《债务收集法》未决的修订方案，扣押的第六个根据将被提出：原告债权人拥有被一审法院宣布为可执行的权利。扣押的新的根据是以《洛迦诺公约》第 39 条为根据，把针对债权人的权利资格的临时救济并入《债务收集法》。

3. 程序

扣押令通常用与审前临时命令相同的方式申请，但它也可以在提起主诉之后的任何时间获得。扣押令通过可被扣押的财产所在地的一审法院的简易程序获得。扣押令总是单方面被授予，并且不成功的申请的驳回也不通知债务人。

获得扣押令的债权人对债务人由于随后被证明为不合理的扣押而产生的损害负有义务。①因此，主管法官可以依职权或根据被告债务人的申请，在任何时候要求原告债权人提供针对上述潜在的损害的足够的担保。法官在此事的决定上有很大的自由裁量权，因此他们的实践很不一致。苏黎世州的法官根据个案作出决定，然而其他的州（例如日内瓦州）的实践是：大约按扣押所担保的主要金钱请求权金额的 10%，例行地收取保证金。

同时，只有在获得扣押令之后的 10 日内，原告债权人通过《债务收集法》规定的收集程序提起主要的金钱诉讼，扣押令才能被保护。

对债务人财产的成功的扣押一般将确立扣押地的瑞士法院对后来关于该金钱请求权的主要诉讼的管辖权（扣押管辖地），但对于居住在欧洲联盟或欧洲自由贸易联盟的成员国的被告债务人例外。对于上述债务人，《洛迦诺公约》已经取消了扣押地法院管辖权。因此在这些情况下，必须向根据《洛迦诺公约》的规则而拥有管辖权的法院提起主要的金钱诉讼。

---

① Debt Collection Act，Article 273.

二、瑞典

（一）一般原则

请求临时扣押或临时禁令可以在提起诉讼（或仲裁程序开始）以前单独提出。随后必须在获准临时扣押或临时禁令之日起的 1 个月内提起诉讼。通常，关于临时措施的申请必须听审被告，但是如果被告的延误是为了使原告承担风险和损失，则法院可以单方面发出临时命令。原告被责成对被告因法院采取临时措施而招致的任何损失提供担保。担保的数额是否足够由法院决定，除非被告已接受了该数额。担保通常是以银行担保的方式提供，但也可以其他保证或抵押方式提供。

（二）临时扣押

符合以下两种不同的情况是临时扣押的先决条件。在以下情况下法院可以发出临时扣押令：（1）原告对于将成为或很可能成为诉讼程序或其他类似程序（如仲裁）的标的物的金钱债权的存在出示了可能的理由，并且能进一步推定作为债务人的被告转移、藏匿资产或以其他方式回避对该案中的金钱债权的支付；（2）原告对某些将成为或很可能成为诉讼程序或其他类似程序（如仲裁）的标的物的资产出示了其享有优先权的合理根据；并且能合理地推定被告将藏匿资产、尽量减少资产的价值或以其他方式处理该资产以对原告产生负面影响。

按照以上第（1）项发出的临时扣押令通常不需指明债务被告人的详细财产，而只需指明原告所宣称的金钱债权的价值。随后由执行当局来识别与之相当的被告个人资产。最后，法院也可能发出明确的归还被告财产的命令。如果在诉讼程序中对特定财产的优先权已很明显，即一方当事人非法剥夺他方当事人的财产或对他方当事人的财产实施不法行为，则法院可以发出命令要求立即归还该项财产或以其他方式消除非法状况。

（三）临时强制令

在临时扣押规则所管辖的范围以外，法院还可对诉讼中的一方当事人或未来的一方当事人发出临时强制令。一项临时强制令通常包括该禁止性命令：被告（或未来的被告）如果采取行动防止原告行使其所宣称的权利或使原告行使该权利发生困难，则将对该被告（或未来的被告）处以罚金。这种强制令也可以包含被告必须采取某种行为的意思，例如，保持某种状态和/或保持争议财产或争议权利的价值。为了使强制令适合每一个特定的案件，法院一般具有决定临时强制令的内容的权力。

三、奥地利

当事人可以提出申请在诉讼期间发布禁令以保护他的诉讼请求。这种申请在不这样做将很难执行判决的情况下可被采用。对于非金钱诉讼请求，除为了防止暴力或不可挽救的损失以外，不得在诉讼期间发布禁令。①

四、希腊

一般来说，原告在民事法院的诉讼中所寻求的救济是针对被告的最终判决，该判决命令原告主张的补偿或救济。然而，希腊法律规定了一系列特别紧急补救办法（asfalistika metra），并且它们已经在希腊享有日益增加的实际意义。在实际意义方面，特别紧急补救办法保护原告对被告的实体权利，直到案件依据它的是非曲直被裁决。

（一）临时措施适用的案件

依据《民事诉讼法典》第 682 条的规定，如果有紧急的需要或为了避免迫近的危险，那么经任一方当事人申请，法庭可给予每一当事人的每一个请求权以临时救济。如果满足下列两个要求，那么临时救济通常可以得到：（1）必须是紧急的案件；（2）寻求临时保护的基础实体权利存在。

一般来说，临时救济可授予各种实体权利、财产案件、合同和侵权案件。因此，在损害赔偿诉讼中，为了保护最终的肯定性判决在将来的执行，法院可命令对债务人的财产进行临时查封。相似地，在不正当竞争案件中，受到影响的一方可以获得针对对手的命令，阻止争议中的产品在市场上销售。是否给予临时救济是法院自由裁量的事情，其指导原则是：法院应当首先确定是否满足前面提到的法律规定的两个要件，仅需证明可能满足这两个要件即可。

（二）管辖权

在行使民事管辖权时，法院可在主要诉讼提交之前或在本院的任何未决的诉讼期间命令临时救济。

通常，临时救济由一审的独任法庭实施。然而，根据标的物管辖权，如果主诉被提交给治安法庭，则由该法庭命令临时救济。作为例外情形，对于多成员法庭一审中未决的主诉，由该法庭实施临时救济。

（三）程序

请求临时救济的诉讼应从向有管辖权的法院的书记提交申请书开始，接下

---

① 《执行法》（*Exekutionsordnung*，EO）第 379 条和第 381 条。

来是普通的判决程序。在治安法庭前，也可向法庭的书记提出口头申请。最后，如果在未决的审判中寻求临时救济，则申请书可跟答辩状一起提交法庭。

申请书应包括对要求的临时救济的明确的具体说明，要求临时保护的基础实体权利的存在以及引起上述诉讼开始的紧迫危险和紧急案件的存在。如果未能提出充分的事实来支持请求，则这将导致申请被驳回。

根据原告的申请权，包含有确定的审理日期和地点的申请书副本将送达到被告的住宅或营业地。送达必须在法官命令的第一次审理日期之前若干天完成。在十分紧急的情况下，甚至可根据申请片面地给予临时救济。

临时救济的大部分价值以及从诉讼程序的目的的角度来看，他们具有的全部意义在于他们被用于保护原告享有的、针对被告的实体权利，直到案件由判决最终决定。因此，《民事诉讼法典》第 691 条第 2 款授权法官根据提交的申请发布直接的临时命令，这命令将一直有效，直到法庭作出有关临时救济的裁决。

证据的采纳总是发生在根据临时救济申请而进行的第一次审理时。此外，法院也可主动地收集确立其判决所需的证据。当事人的事实陈述仅需要在表面上显示出有根据。法院的裁决通常在审理后的两周内作出。像下面将分析的那样，裁决具有临时效力并且不影响法院对主诉作出的最终判决。

作出的裁决具体说明将执行的临时救济以及寻求临时保护的实体权利。法院是否给予原告要求的那种临时救济是它自由裁量的事情，它的指导原则是：法院有自由裁量的权力来命令它认为对原告来说是适当的补救的那种临时救济。在任何情况下，给予的临时救济对被告来说不应当过度地难以负担。

应当强调的是，临时救济的范围仅局限于临时保护原告的权利而不是去满足它。且期限不超过 30 天，在这期限内原告应向有管辖权的法院提出主诉。如果未遵守上述规定，则临时救济依法当然终止。

通常，命令临时救济或驳回临时救济申请的裁决是不可上诉的。然而，依未经及时传唤参加审理的当事人的申请，法院可撤销或修改已作出的裁决。

此外，主要诉讼未决的法院总有权力修改或撤销已经命令的临时救济。当主要诉讼的审判已发展为已结之案时，撤销变成强制性的。如果原告的诉讼失败了，并且他知道他的请求权没有根据，则他必须对因命令临时救济的裁决的执行给被告造成的花费或损害给予合理的补偿。

命令临时救济的裁决根据后面阐述的执行程序执行。在希腊，临时救济已享有越来越大的实际意义。相当缓慢的普通诉讼程序进程增加了临时救济的吸引力以及使得求助于它变得十分向往。

（四）临时救济的种类

对于临时保护，目前规定有下列种类的临时救济：（1）担保（egyodosia）；（2）取消抵押物回赎权的登记（Prossimiossi bypotbikis）；（3）临时扣押（sintiritiki katascbssi）；（4）查封（dikastiki messegiisi）；（5）临时执行请求权（prosorini epidikasi apaitiseon）；（6）暂时维持现状（promrini rytbmissi katastasis）；以及（7）封铅、启封以及编制财产目录。

1. 担保

根据《民事诉讼法典》第704条的规定，为了担保金钱请求权或任何其他的实体权利，法院可以命令被告付给原告一笔金钱来履行其担保义务。因此，交通事故的受害者可以获得一个针对侵权行为人的命令，它命令被告支付原告在事故中遭受的部分损失。

2. 取消抵押物回赎权的登记

在不损害民法典规定的情况下，为了保证不动产请求权，法院可以命令取消抵押物回赎权的登记。裁决应当具体说明抵押债务和金额。

3. 临时扣押

任何要求偿债的请求权可通过临时扣押令来提供保证。根据申请，法院可命令临时扣押债务人的任何动产和不动产或其任何其他的财产权利，这些权利可以是债务人所有或者第三方所有。法院命令临时扣押动产或不动产的裁决应当具体说明债务人应付给的金额。

通常，临时扣押和发给财产扣押令依照适用于执行程序的规则予以执行，但遵守少数背离。程序从把可执行的扣押令的副本通报给债务人开始。《民事诉讼法典》第711条规定了这条规则的例外，即对于动产的临时扣押不要求对命令进行通报。

如果是肯定性的终审判决，临时扣押或发给财产扣押令导致被扣押财产的公开拍卖，同时，中止债务人或第三方的处置权力。

4. 查封

不动产诉讼可能支持授予一项在于查封被告的任何动产或不动产的救济。因此，经原告申请，法院可以命令查封被告的土地或争议的动产。

裁决应当具体指定被扣押的财产并且指示一位可任命的接收人。法院可以任命原告、债务人或者第三方作为接收人。最后，根据任何一方当事人的申请，法院有更换接收人的自由裁量权。

5. 临时执行请求权

符合临时执行条件的请求权包括：损害赔偿或补偿请求权，酬金请求权，扶养费请求权。因此交通事故的受害者可以获得一个针对被告的、要求部分损害赔偿的命令。然而，命令被告支付的金额不应超过原告索赔金额的一半。

6. 暂时维持现状

邻居之间的不动产诉讼可以平等地支持授予一项在于暂时维持目前现状的救济。在有关父母和子女之间关系的诉讼中，法院也可以命令暂时维持现状。

7. 查封、启封、编制财产目录

根据任一方当事人的申请，法院可以命令查封、启封或者为争议中的财产编制财产目录。

第六章　即决审判①和其他特别程序

第一节　瑞士和瑞典的即决审判和其他特别程序

一、瑞士

在瑞士，简易程序服务于不同的目的。如果满足了某些必要条件，则它们可以用于快速审判而达成最终的、可执行的判决。而且，简易程序是服务于不同目的的特别程序，主要适用于债务收集领域和对特别请求的审理，特别是根据民法典和债法典的请求，即民法案件。最后，当法院处理执行案件时，他们用简易程序审理为了审前临时救济的请求。

不像某些其他的管辖区，在瑞士缺席程序不是简易程序。如果被告缺席，则在各州的民事诉讼法中有进一步简化程序的特别规定。然而，案件将不被转移到简易程序。

如果满足两个必要条件：（1）法律争点是明确的；（2）事实不存在争议或者是可容易地被证明的，则许多州的民事诉讼法允许原告通过简易程序获得一个最终的、可执行的判决。法律争点是明确的，例如，包含在法律体系诸如民法典和债法典中的规则毫无疑问地适用于特定的情形。另外，如果法院，特别是联邦最高法院已经对之作了裁决，则法律争点可能是明确的。在诉讼开始前，上述先决条件更难满足和更难评价的问题是：事实是否会被认为可容易地被证明。这几乎只有这种情况能满足该先决条件：如果原告能用明确的、清楚的证书证明相关的事实。

这种简易程序有三种可能的结果：原告可能胜诉，在这种情况下，判决成为已结之案并且针对被告是可执行的。法院也可以得出如下结论：原告的请求

---

① 即决审判（Summary Judgments）一般是指无须开庭审理或陪审团听审而径行处理纠纷的机制。

无法律依据，在这种情况下判决也是已结之案并且有效地禁止原告用其他的程序提出请求。然而，如果法院得出如下结论：缺乏作为必要条件之一的明确的法律条件和无争议的事实，则被告在简易程序中胜诉，但判决不是已决之案并且原告可以用普通程序提出请求，在此所有的证明方法都是可接受的。

二、瑞典

（一）不经审判或经特殊程序作出的判决

1. 无根据的救济请求

如果法院发现原告的救济请求缺乏法律根据或明显是没有理由的，则法院可以不经传讯就立即驳回该案。

2. 通过执行当局程序作出的判决

对于民事权利请求，执行当局面临三种类型的简易程序：催债程序，当局协助程序和特别当局协助程序。

（1）催债程序。

催债程序所提供的救济方式就是向债务人发出支付民事货币债务的命令，如果货币债权已由不动产、船舶或正在建造的船舶抵押所担保，或由作出书面保证的浮动抵押担保，则救济还可包括命令该笔债务必须以变卖抵押品来清偿。

催债程序不能适用于居住在外国（已加入《洛迦诺公约》）的债务人。救济申请可以向债务人财产所在国、或方便执行判决的国家的执行当局提起。对判决的书面救济申请只需陈述诉讼请求，也即要求偿付的数额、应付款的日期和要求偿付的利息，以及作为该诉讼请求的基础而提出的理由根据。

在当局经过正式评审以后，救济申请书将被送达给债务人。从申请书送达之日起，债务人在一段时间内（由执行当局确定，通常不超过两个星期）可对申请书中的诉讼请求提交答辩书。如果债务人对该诉讼请求进行争辩，则答辩书简单陈述理由就足够了。然后，就一直等到救济申请者将该案提交地区法院审判，这种请求必须在申请者从执行当局收到债务人的答辩书后3个星期内提出。

如果债务人在执行当局确定的那段时间里没有对申请进行答辩，则当局必须依照申请人的救济发出命令，申请人亦有资格要求（适度）退还诉讼费用。该命令随后由执行当局自动执行，除非申请人拒绝强制执行其申请。

债务人可以在当局发出命令之日起的1个月内向执行当局提交申请书，申请重新审理该争议事项。该争议事项随后被提交给地区法院以便进一步审理。

对于当局发出的命令不满意的申请人有权在命令发出之日起 3 个星期内向有关的地区法院提起上诉。如果没有要求重新审理或没有提起上诉，则该命令作为一个普通判决是终局性的，与已结之案的判决具有同等意义。

（2）普通当局协助。

可以就收回财产和履行义务（除了支付义务）请求普通当局协助，倘若该义务在本案中是正当的，上述催债程序规则在细节上作必要修后可适用于此种程序。

（3）特别当局协助。

请求特别当局协助可能涉及要求被告补救某种状况的命令，例如，如果申请人的财产受到干预或者其动产不动产遭受不法行为。那么，当按照某些特别法令有权得到此种援助时，也可申请特别当局协助。执行当局对于被请求的协助必须作出裁决，案件到这一步就不能再提交普通法院审判。该程序的另一不同之处就是申请人可以请求执行当局立即单方面发出临时命令，该命令在终局命令发出之前有效。获得此种命令并不需提供担保。

在特别当局协助申请的基础上发出的命令并不受制于重新审理，也不产生已结之案的效果，它意指任何一方当事人为了问题的解决都可提起诉讼，如对争议财产有正当权利的当事人可以提起诉讼。

（二）简易判决

如果案件的事实调查没有要求主听审，双方当事人也都没有要求主听审，则法院可以在审判的初级阶段直接作出判决。[1] 选择不经主听审就判决的权力在法院手中，但也必须经过当事人的同意。

（三）缺席判决

如果被告在法院限定的时间里对传唤申请不做出答复，则法院可以缺席判决。缺席判决也是对在预审或主审阶段没有出庭的当事人的制裁。如果被告对传唤申请没有作出回答，则对其作出缺席判决被认为是理所当然的事情，除非原告反对缺席判决。

在一方当事人不出庭的情况下，对方当事人必须要求缺席判决。如果出庭的当事人没有请求法院作出缺席判决，则法院将驳回该案，除非原告——当被告缺席时——请求将初审延期或者在主审中出庭的当事人请求进行主审而不管对方当事人的缺席。在申请重新审理案件时，对缺席判决可以在作出该判决的法院"上诉"。此种申请必须在缺席判决送达缺席当事人之日的一个月内

---

[1]　《瑞典司法程序法典》第 42 章第 18 条。

提出。

（四）其他不经充分审判的终局方法

1. 自愿撤销诉讼

在被告提交答辩以前，原告可以不受限制地撤销他的诉讼。但是，一旦被告提交了他的答辩状，即使原告撤回该案被告也有权得到判决结果。因此，在诉讼的较后阶段自愿撤销诉讼的可行性取决于被告是否接受此种撤销。

2. 因起诉失败而驳回诉讼

《瑞典司法程序法典》对因起诉失败而驳回诉讼没有明确的规定。按照《瑞典司法程序法典》的规定，法院负有责任必须使有关争议标的物的事实和证据在主审之前令人满意地出示，以使该听审能实现而不被中断和延迟。

如果原告不能证明他的事实情况，即原告的救济请求和在法院宣布的期限内的全部事实和证据，则法院可以选择是否规定一个最后的宽限期，在此宽限期内原告必须决定性地陈述他的事实情况。① 如果该最终期限已过，则原告就被禁止修改或补充他的救济请求以及进一步援引证据情况，除非原告能为他的拖延提出有效的理由。

通过宣布一个最终的宽限期，法院可以使案件尽快进入主审阶段，并且使在案件的准备阶段可能造成诉讼请求无效的任何过失都将成为原告的风险。这一关于最终宽限期的规则同样适用于被告。

3. 司法协助下的和解

《瑞典司法程序法典》明确规定法院在案件审理准备阶段必须调查争议和解的可能性。法院也必须安排调解，并指定调解人。法院将作出多大的努力来促进和解谈判在很大程度上依赖于法官本人对案件审理的准备是否负责。

第二节　奥地利和希腊的即决审判和其他特别程序

一、奥地利

（一）法院不经审理或经特别程序作出的判决

1. 督促程序

督促程序是一种特别程序，它适用于不超过 100000ATS（奥地利先令）的支付请求。在这一程序中，法院可不经过听审或在被告缺席的情况下发出支

---

① 《瑞典司法程序法典》第 42 章第 15 条。

付令。被告可以在传票送达后 4 周内对该支付令提出异议。支付令在形式上必须包括"支付令（Zahlungsbefehl）"字样、支付争议数额（包括利息和诉讼费用）的命令以及在该支付令送达后 4 周内提出异议（Einspruch）否则将强制执行的命令；提出异议后，将适用普通程序。[1]

甚至在争议数额大于 30000ATS 时，被告在提出异议的第一步也不需要律师。

法院采纳了自动化资料处理方法以加快这一程序。

2. 执行令程序

执行令程序[2]可在诉讼请求为偿付金钱或交付代替物时采用。如果所有的基本事实都以无异议的书面文件证明，则原告可以申请要求支付或履行的法院命令。这些书面文件必须是在奥地利拟订的公文，或者是有经正式认证的签发者的签名的私文书，或者是构成在奥地利注册且无争议的已造册（董事对新股的）优惠权的基础的文件，在这种情况下不需要听审或审问被告。

法院作出决议满足原告的诉讼请求或者对此表示反对。除非是关于费用的决议，对这种决议不能提起上诉。法院对原告的请求的否决应在适当的时间作出，并确定听审时间。

对于票据诉讼，如果原告能够出示原始票据以及拒付的原始记录，则原告可以向法院申请支付令。

（二）简易判决

如果法院确定待审理的重要事实不存在真正的争议，则可作出简易判决。

（三）缺席判决

如果一方当事人没有出席第一次正式听审，则法庭可以认为到庭的当事人的正式书面申述是正确的，除非该申述被法庭出示的证据反驳。到庭的当事人可以申请缺席裁判。对于该判决，另一当事方可以在判决书送达后 14 日内提出异议。如果异议是由被告提出的，该异议必须包含对原告申诉的答辩。从缺席判决中寻求救济的当事人不需要说明理由。

而且，如果被告在合适的时间里没有对原告的申诉作出答辩，则原告也可寻求缺席判决。只有在当时缺席的被告在第一次正式听审中没有被代理人所代表时，他才能在缺席判决送达后 14 日内提出异议。

---

[1]　Shelby R. Grubbs, International Civil Procedure, 2003, p. 63.

[2]　《民事诉讼法》第 548 条及以下条文。

（四）其他未经充分审理的终局

如果原告放弃了请求权，则被告可以申请驳回诉讼。因起诉失败而驳回诉讼被认为是另一种形式的缺席判决。它的特征已在上面讨论过了。法院在审判的任何阶段都应力图解决纠纷。

二、希腊

《民事诉讼法典》阐明了特别诉讼程序（eidikes diadikasies）的功能，同时也一起阐明了普通民事诉讼程序的功能。通过更简单和更快速的程序以及伴随着法院更广泛的权力，后者和前者被从本质上区分开来。

特别程序的大部分价值以及从诉讼程序的目的这个角度来看它们具有的全部意义在于这样一个事实，即普通民事诉讼程序缓慢的进程和过多的手续被大大地改变了。因此，通过逐渐增加分配给它们另外种类的争议，议会扩大了特别程序的适用范围。

（一）特殊诉讼程序群体

目前特别程序是为有关在日常生活中更经常遇到的那些种类的纠纷而规定的：婚姻案件（离婚或宣告婚姻无效）；父母与子女之间的关系；以书证为基础的偿债命令；与流通票据有关的纠纷；地主和佃户之间的纠纷；劳资诉讼；有关独立服务的履行纠纷；车辆事故；扶养和监护案件以及有关通过大众媒体侵权的纠纷。

特别程序适用的大部分规则引进了与上述特别诉讼程序群体相联系的普通诉讼程序的特征。

因此，对于婚姻案件和父母与子女间的纠纷，《民事诉讼法典》第 599 条规定了它对民事诉讼程序一般原则的最重要偏离，该条规定：当事人可以系统阐述他们的答辩以及提出他们的证明方法，直到案件的最后一次审理。

此外，《民事诉讼法典》第 611-613 条分配给了法院更广泛的权力，包括国际管辖权的更广划分以及针对世人而不是仅针对诉讼当事人实施的更广泛的已结之案效力。他们也排除了当事人誓言的效力以及把法定供认的地位降级为非结论性的证明方法。最后，《民事诉讼法典》第 607 条规定：公诉人可能作为当事人参加审判。

对于其他种类的特别程序而言，应当强调的是：劳资诉讼应该被当做它们的典型。它们都具有下列共同的程序上的特征：（1）因为法律不要求律师代表当事人，所以当事人可以亲自为自己辩护；（2）法定的控诉权不仅被授予给有利害关系的当事人，而且也被授予给同业公会和工会。

就证据来说，通过规定法院可以考虑不符合法律条款的证明方法，《民事诉讼法典》第 671 条对一般规则授予了一个例外。因而，即使是未签名的私人文件或者不公正的证人的证言也可以被考虑。

此外，当事人可以系统阐述他们的辩解以及提出他们所有的证明方法，直到案件的最后审理。缺席的当事人应当被认为拟制地或默示地出席法庭，同时法院被迫像当事人出席了法庭一样，审查案件的是非曲直。

在地主和佃户的纠纷中，除了也适用于此处的上述规则以外，应当提到两个另外的程序上的特色：（1）申请书应当在第一次审理前不早于 15 天同时不迟于 8 天送达给被告，以及（2）重新审理缺席判决的时间是 8 天，上诉时间、重新审理有争议的判决以及撤销原判的时间是 15 天。

上述例外期限的开始，是根据普遍适用的原则进行计算的。

特别的规则与特别程序的法律特色一起适用于金额不超过 15 万德拉克马的债权的收集。在此，这个程序虽然偏离了标准，但因为只出现了较低程度的背离，这个请求权群体没有被列入特别程序的标题之下。

（二）非讼程序

除了审判裁决纠纷以外，希腊民事法院还被依法指定对所谓的"非自愿管辖事件"（iurisdictio voluntaria）进行管理。诉讼案件和非讼案件（ekoussia dikaiodosia）的区别基于标的物的性质。因此，非讼案件不涉及人与人之间的关系或侵权而涉及个人的法律地位。

实际上，非讼案件中没有真实的当事人，而只有提出请求的人，因此，从功能上来看，自愿管辖更类似于行政管理而不是正常的民事司法，根据《民事诉讼法典》，自愿管辖涉及如下案件：（1）授与、撤回、取消遗产证书，宣告遗产证书无效或修改遗产证书；（2）公布遗嘱，禁治产宣告以及法定监护人或司法监督人的宣告；（3）收养；（4）批准抵押物的转让；（5）宣告遗失的流通票据的失效；或者（6）宣告很可能死亡的人为失踪人，或者撤销此类宣告。

对于非讼案件，存在下列程序上的特征：通常，标的物管辖权属于一审的独任法庭，尽管对诸如破产、收养、禁治产和法定监护人或司法监督人这些例外案件，管辖法院为一审的多成员法庭。此外，在非讼程序中，请求书副本被送达给公诉人或者法官命令的此类第三方。

与普通民事诉讼程序相比较，在自愿管辖案件中提出请求的人可以提交任何的事实主张以及为附加的论据辩护，直到案件的最后一次审理。即使经正式传唤的第三方到庭，如申请人缺席，法庭须取消对案件的审理。另外，如第三方的缺席，法庭仍须审查案件的是非曲直。

　　当提出新的事实时，最终判决将被撤销或修改。利害关系当事人要求的上诉及重新审理、撤销原判在此也可以获得，但是注意到这一点是重要的：通常的上诉所具有的中止效果并不伴随这种法律非难方法。对判决进行上诉的权力也被给予那些虽然参加了诉讼，但没有受到法院判决侵害的人。在非讼程序中，法院为了确定案件的有关事实行使准审判权力。

第七章　审　　理

第一节　瑞士和瑞典的审理程序

一、瑞士

(一) 证据的提交和法院在出示证据中的作用

法庭可以在主要程序之前、期间，或之后采纳证据，这取决于适用的民事诉讼法。是法官而不是当事人控制着证据的出示。

在苏黎世州，证据采纳原则上发生在主要程序之后并且开始于法官的命令，在此命令中，法官鉴别出那些他认为是本质的事实主张和情况，因此必须由各方当事人证明。在这个阶段，当事人有机会提交或提议他们认为与法院在上述命令中鉴别出的事实和主张有重大联系的证据。然而，法院可以在主要程序中开始（部分地）证据收集，如果根据情况它认为这是适当或可取的。法庭会充分利用这个可能性，特别是当证据收集可能需要很长的时间时，如收集专家鉴定或者当证据必须在国外收集时。

有时，当法院认为少数证据的采纳（如对一个关键证人的讯问）可能有助于考虑对案件的迅速处理时，证据收集将开始得很早。一旦证据收集完成，当事人通常有权用最后的书面答辩状或最后的口头答辩状对证据收集的结果进行评论。此后，法院将继续作出判决。

证据收集和讯问证人牢牢地掌握在法院的手中。当事人的盘问是不允许的。

(二) 证明方法和证据的性质

1. 一般原则

证据收集是为了确定案件的事实根据——在什么程度上它是有争执的或可辩驳的。只有澄清了案件的事实根据，法庭才能在判决中确定其法律后果。一方当事人提出的某一事实主张（不管涉及内部的还是外部的事实）的证明方法要依照法院的观点来判断是否真实。

同样隶属于证据收集和证据的是：某一事件的发生与结果之间的偶然联系或者某些被主张的事件的可能的过程。在这个问题上，法官必须经常依靠专家的鉴定。最后，在某些情况下，当事人可被要求提供外国法、不成文习惯法和贸易惯例的内容的证据。根据《瑞士联邦国际私法法规》第16条，只有在商事争议中以及法庭不能依职权查明外国法的内容时，才能把提供外国法内容的证据的义务加给当事人。只有被另一方当事人辩驳的事实主张才必须要求被证明。未被辩驳的事实主张被认为已经被证明。被另一方当事人明示地承认是准确的事实主张以及共同或普遍知道的事实或者另外为法庭所知的事实，也不需要证据。

举证责任的分配由联邦的民法典第8条规定。根据民法典第8条，由于某些事实条件的存在而主张有一定权利的当事人承担举证责任。因此，声称拥有权利的当事人必须证明被指称为构成上述权利的根据的事实。另外，辩驳某些权利存在的当事人，承担证明那些它们的存在导致原告主张的某些权利不存在的事实的责任。

除了民法典第8条规定的一般规则以外，联邦和州的实体法包含许多适用于特殊情况的关于举证责任分配的规定。在那些情况下，权利的存在取决于某些事实（反面证据）的不存在或缺乏，如果这些反面证据被认为涉及未指定的情况，则举证责任被转移到另一方当事人。举证责任在下列情况也发生转移：（1）如果一方当事人为了使另一方当事人提供证据不可能或更困难而采取了措施；或者（2）如果某些法律规定了法律推定和所谓的自然推理。

根据瑞士程序法，适用自由评价证据价值的原则，即不管怎样，考虑到所有的事实和情况，法官将自由地确定为某些事实主张而提供的证据。换句话说，对于不同的证明方法的相对价值，不存在正式的程序规则，这些证明方法原则上具有同样的价值并且都是可接受的。因此，如果法官个人没有合理的疑问地相信某一事实存在，则他可以认为这个事实主张被证明了。

非法获得的证据是否可以在将来的诉讼中被有效地作为证据，这是有争执的。然而，占支配地位的观点似乎是：根据情况，如果澄清事实的需要在价值上超过取得上述证据的违法行为，则上述证据不是被普遍地排除，而是可以被考虑的。

2. 证明方法

瑞士程序法认可下列证明方法：证书、证人证言、司法调查、公共当局或机构的书面报告、对当事人的讯问。

（1）证书。

瑞士程序法把私人证书和国家文件作了区分。国家文件是由公共机构或公证人颁发的文件。根据《瑞典民法典》第9条的规定，上述文件被认为是权威的并能提供充分证明，除非提供成功的证据证明国家文件的内容是不准确的或不真实的。

承担举证责任的一方可以通过法庭的帮助，从对方或第三当事人那里索要证书。除在狭窄的范围内获得有关初步根据的证据和资料外，只能当诉讼在法庭未决时才能索要证明文件。如果向第三方索要文件，而文件包含第三当事人有权拒绝作证的事实，则上述第三当事人不能向法庭提交文件。

（2）证人。

证人是就他们所目击的真实的事件接受讯问的人。通常，只有对证人自己的发现所作的证人陈述才可以为事实主张提供充分的证据；反之，所谓传闻证据的证言可以为使法官确信其他的证人陈述服务。因此，根据瑞士法律，传闻证据在法律上是可能的。

原则上，如果没有特别地取消作为证人的资格，则任何人可以被称为证人。根据民事程序特别法，某些人不能作证，例如，未满14岁的儿童、诉讼当事人的近亲属、和解官员或牧师。当事人、参与诉讼的第三人、当事人的代理人以及如果公司或合伙是当事人时，公司的总经理通常不能叫做证人。

只有在苏黎世州和斯瓦茨州，如果公司总经理所在的公司卷入诉讼，则他们才可被称为证人。任何作为证人被传唤的人都必须出庭并作证，尽管某些人，例如，丈夫、妻子、近亲属、律师、医生和牧师可能有权拒绝作证，如果州的程序法如此规定。一般不能为了拒绝作证或提供文件而援引商业秘密或银行秘密保护法，但是经一方当事人或第三人的请求，对于必须向法庭宣布的秘密资料，法庭可以命令保护措施。

根据瑞士法律，由当事人或第三人宣誓的口供书（affidavits sworn）不具有任何特别的价值以及不为任何主张提供证据，这个事实对于申请临时救济具有特别的意义。

（3）司法调查。

司法调查是由法院对人或物进行的调查，如果由个人进行调查，则由专家进行。当事人和第三人必须容忍这种调查。只有当事人可以援引将授予他们拒绝作证的权利的理由时，法庭才必须避免对之进行调查。

（4）专家鉴定。

专家是在某一领域有专门知识的人。如果一方当事人为了就某一事实的存在或解释或属于专家的专门知识领域的规则获得一个鉴定而提出请求，可以由法院任命专家。由当事人委托的私人专家的鉴定不具有特别的价值，但有资格仅作为当事人提出的主张。然而，少数近期修改了的州的民事诉讼法（阿尔高州、外阿彭策尔州）允许法官考虑与评价证据是否已被提出有关的上述私人专家的鉴定。

法庭指定的专家必须完全独立于诉讼当事人。他必须把自己限制于回答法庭或当事人提交给他的问题，同时，对证据争议或者权利的存在与否，他无权作出鉴定。

（5）对当事人的讯问。

对当事人的讯问是以获得关于某些事实的信息为目的的当事人的正式口供。所谓的单纯的当事人口供不是在刑罚的威胁下作出的，它不能提供有利于（而是反对）该方当事人的证据。刑法典第306条意义上的证人口供只可以在已拥有了单纯的证人口供后进行并且也可以提供有利于宣誓作证的一方当事人的证据。

二、瑞典

如果当事人达成和解，他们可以共同请求法院确认。此种确认以列出和解条件的判决方式作出。和解判决受制于上诉的一般规则，并作为普通判决具有已结之案的效果。

在地区法院，审理主要通过口头方式进行。但是，从2008年11月1日起，口头审理原则出现了广泛的例外。①

（一）将案件提交审判

当诉讼程序中的审理准备阶段结束时，法院必须确定主审的时间，如果可能，则法院应在听取当事人在此问题上的意见后再确定主审时间。在此时，当事人必须详细说明所有的救济请求，要援引的事实情况以及他们打算在主审阶段提出的所有的书面和口头证据。随后在主审阶段作出的这方面的修改，如果能够推定此种修改企图使对方当事人出乎意料、使诉讼程序停止运转，或者是不诚实地作出的，或者是由于严重的疏忽而作出的，则法院可以不理睬此类修改。②

如果当事人同意，则案件的审理准备在初审阶段结束的情况下，在初审之

---

① Jonathan Warne, International Dispute Resolution, 2009, p. 646.
② 《司法程序法典》，第43章第10条。

后可以立即以简易形式进行主审（如果案件由同一法官审理，则在初审后的15天内进行）。

（二）审理的范围

民事案件通常由三位法官审理，其中一位主持审判。如果当事人同意，案件也可由一位法官审理，除了与瑞典宪法下的新闻自由有关的案件外，瑞典没有真正的陪审团制度。但是在与婚姻有关的案件和刑事案件中，允许非专业人士参加法院审理。

审理的范围由当事人的救济请求和所援引的事实情况和证据决定。瑞典审判制度的三个基本要素是：（1）口头陈述；（2）直接性；（3）集中。依照口头陈述原则，在主审期间禁止当事人提交或阅读法律文书或其他书面文件，除非法院认为此种特许有利于案件公正解决，例如，使口语得到理解。直接性原则要求判决只能以在主审期间发生的事情为基础作出。法院拒绝考虑在诉讼程序的审理准备阶段提出的诉讼请求和辩解，除非在主审期间重申此种请求和辩解。集中原则意指主审必须在案件准备宣判以前，一次开庭通过。不过，在大案件中，法院可以每星期审理三天，或者如有特殊理由，可每星期审理两天。

如果仍有必要把主审期限延期一次或几次，则听审可以借助于每一个新的时机从它停止的地方再往下继续。如果主审总的延期超过15天，则全部的主审必须重新开始。

主审从审判长就是否有对主审的障碍发生而进行的调查开始。如果没有出现这种障碍或者这种障碍可望在听审结束以前转移，则审理以原告陈述他的救济请求和被告陈述他对于该救济请求的立场是接受还是辩驳开始。随后当事人公开发表意见并且对对方所陈述的内容发表意见。出示书面证据常常在某种程度上与这种公开发表意见结合起来。

（三）证据的提交

在公开发表意见以后，法庭将提取口头证据。如果当事人和他们的法定代理人接受听审，则在取得证人的证词以前提取当事人和他们的法定代理人的口头证据。《瑞典司法程序法典》规定对当事人和证人的质问必须由法院进行，但在实践中主要是由律师来质问，而由法官提出补充问题。

对证人的主要调查由已传唤证人的当事人的律师来进行。在这一阶段原则上禁止向证人提出诱导性问题，更可取的方法是要求证人在开始时用自己的话来陈述证词。但是对于不能连贯地作出表述的证人，调查可以在一问一答的基础上实现。对于重大的复杂案件来说，后者是唯一可行的调查方法。在主要调查之后，对方当事人有机会进行反诘问。在反诘问阶段，允许提出诱导性的问题，以向证人施加压力，从而查证他当初所述的真实性。当事人在对证人的再调查上拥有无限制的权利。在听审了证人以后，提取口头证据还须继续调查被传唤到法庭作证的专家证人。这一程序与对普通证人的调查相同。

按照口头陈述原则，所援引的书面证据在主审期间要大声宣读，记录在磁带中。这件事可以在公开发表意见期间与调查人一起完成或单独完成。但是，经当事人的同意后法院可能决定在重审中考虑采纳部分书面证据而不必以口头陈述方式详尽地出示该证据，这在实践中也是常见的做法。①

（四）结束演说

主审结束时，先由原告律师，然后由被告律师各作最终陈词（最后的辩论）。最后的辩论集中在法律和证据问题上——各方当事人强调那些用以支持所宣称的事实的部分已出示的证据，并且审查对方的证据。对于法律问题，当事人通常是介绍先例案件和与争议有关的法令规则的准备工作。法院不受当事人对于法律问题的争论的约束，并可自由运用任何一方当事人都没有援引的法律规则（根据法院知悉法律原则）。但是，如果当事人的争议具有充分的专业水准，则可构成法庭的一个重要的信息来源。

（五）证据

1. 证据的性质和目的

《瑞典司法程序法典》采纳自由评审证据的原则。法庭应在对所发生的事情都做了彻底的调查以后决定争议中的什么东西被证实了。这就意味着"证据"可以被定义为任何事物，只要它能够证明当事人所宣称的情况确实存在及其真实性。②

证据的目的，当然是证实当事人所宣称的情况，可能适用的外国法律的内容以及当事人援引的其他相关事实。在诉讼的最初阶段每一方都被责成向法庭提交一份证据说明书，以阐明在该案件中当事人希望每一项证据能证明什么东西——"证据的主题"。要求有证据主题至少起两个作用：首先，此种要求便利对方当事人估计需要出示何种反证据；其次，它使法庭有机会评定证据在案件中的中肯程度，如果是与案件不相关的证据，则法庭会拒绝此种证据的出示。提供证据的责任在于当事人，如有必要，法庭有采取主动行为以获得案件的证据的辅助性权利。但是，在商事案件中，法庭的这种主动权利被限制为仅可应一方当事人的要求召回被听讯的证人。

---

① 《瑞典司法程序法典》第 43 章第 8 条。

② 参见下述，《瑞典司法程序法典》已清楚地列明了不同种类的证据。

2. 证据的种类

（1）口头证据。

①证人。

一般性规则是，不是诉讼当事人的任何人都可被作为证人传讯。但是，如果证人不满 15 周岁或患有精神病，则法庭将决定他（或她）是否可以作证。能够作证的任何人都有法律义务作证，否则将被罚款，或者最终被拘留。当事人近亲属可以免除作证义务。此种近亲属包括当事人的配偶，直系血亲，或者当事人的兄姊妹的配偶，或者是与上述类似的与当事人有密切关系的人（如与当事人同居但没有结婚的人）。

关于法律特权，应当注意的是瑞典律师协会成员（辩护律师）对于委托给他的案件免除其作证义务，除非该案的当事人同意其作证。某些专业人员，如内科医生、牙医、护士、心理学家以及精神病治疗专家，对他们在实践中已获得了解的案件免除其作证义务，除非有关人员同意其作证。牧师不能在此类案件中被迫传讯——即使有当事人同意也不行。

对于证人将被迫揭露情况这一事实，应注意的是，证人不会被责成作出泄露商业秘密的陈述，除非援引了特殊的理由；也不会被责成揭露证人自己或他的近亲属犯有刑事或其他不名誉的行为。证人一般在宣誓后被听讯，但不满 15 周岁的和患有精神病的证人除外。

②团体作证。

法人的一个团体、自然人或法人代表，也可经过宣誓或不宣誓而作证。

③专家证人。

《瑞典司法程序法典》的一般规则是，如果法庭在宣判之前需要了解某一特定领域内的特别专门知识，则由法庭主动指定一专家证人。在指定专家之前，法庭必须就专家证人人选问题听取双方当事人的建议。如果双方当事人同意指定某人，则法庭必须遵从他们的建议，除非另有原因。合格的指定人选是被指定向该案主题提供意见的公构机构或政府任职人员，以及在有关领域懂得专门技术的私人。但是，一方当事人在法庭指定了专家证人的同时，还可自由选择一私人专家证人，不过这种情况极少。在实践中，私下雇请专家证人比由法庭指定一专家证人可能要普遍得多。

在诉讼的准备阶段，专家证人对于需要他的专家意见的主题必须提交一份包括他的调查结果和结论的书面意见书。如果法庭觉得必要，或如果一方当事人要求，并且此种调查不是显得多余的话，则专家在主听讯期间也必须被听讯。

（2）书面证据。

可被援引为书面证据的文件必须以正本形式或作为证明文件提交给法庭。任何持有可作为书证使用的文件的人都必须提供此种文件。在一方当事人的要求下，法庭可以发出命令要求文件持有人在该案中出示文件，如不遵守可处以罚金。法庭也可以选择在执行当局的协助下使其出示文件。

要求出示文件的当事人必须清楚地鉴别出作证文件并且确定其在该案中作为证据的实质意义。如果在该案中当事人不能对文件作出充分的描述，则法庭可以在宣誓下调查特别证人，以在这方面获得更精确的信息。

提供文件的义务并不包括当事人与其亲属之间或当事人的亲属之间的书信。① 如果根据文件的内容可以推定，在本质上该文件不允许辩护律师或其他专业人士被作为该方面的证人被听讯，提供文件的范围也不包括辩护律师或其他专业人士持有的文件。如果这种免除出示义务的文件被诉讼中的一方当事人持有，则支持上述实施保密义务的人的当事人没有在法庭上出示该文件的义务。

对于可能揭露证人犯有刑事罪或可能泄露商业秘密的情况下的作证义务的免除所带来的影响，对出示文件的义务适用"细节上作必要的修改"原则。为个人用途所作的笔记不在文件出示义务之下，除非有例外的原因需要提交此类笔记。

（3）实物证据。

《瑞典司法程序法典》对出示实物证据作了规定，它与上述出示文件的规则差不多。为了调查不能移送到法庭的不动产或其他标的物，在争议财产所在地应举行一次听审。

第二节　奥地利和希腊的审理程序

一、奥地利

（一）安排案件审判

在安排案件审判以前还要花费一段时间。一些案件需要数次听审，有时甚至在法院准备作出结论以前数年悬而未决。

审判的范围由事实和当事人出示的证据决定。法院可以拒绝考虑那些无关

---

① 关于"亲属"的解释，参见上述"证人"部分。

的证据①以及可以确信其唯一的目的便是为了拖延诉讼的证据。

有一种特殊的法院决议，它陈述争议的事实以及将采用什么证据。在整个审判期间法院不受它原来发布的命令的约束。

（二）提交证据

当事人应提交证据以证明他们所主张的事实。证据由当事人提交并由审判法院采纳。除此以外，法院在某种程度上可以自由地听审证据，甚至可以听审那些当事人并没有提交的证据。法院向证人发出传票要求其出庭。主持审判的法官可以否决那些当事人或其律师向证人提出的不合适问题。

提交证据是为了证明所主张的事实或者使该事实看起来是可能发生的。如果一项事实已被反对方承认，就不必为此再出示证据，法院将采纳该事实情况。

（三）证据的种类

证据可以以多种形式提交，并接受一定的限制和检验评估。

1. 文件

公文对于当局所颁布的、声明的或表明的东西可以提供充分的证据，但仍允许对它加以辩驳。② 官方声明的文件和如经正式认证可作为公文在《民事诉讼法》的适用地区以外生效的文件，具有同等的证据性分量。

形式和内容上像官方文件的文件被认为是真实的。法院可以按照自己的判断力决定采纳若干看起来是外国当局的，而其真实性不需由另外的证据证明的文件作为证据。

一个已签名的私文书为其内容出自哪个签发者提供了充分的根据。如果对方不表示反对，则文书下面的签名人被认为是签发者。

在下列情况下对方不得拒绝出示文件：（1）对方自己在案情陈述中须提交文件；（2）根据有关实体法必须出示文件；或者（3）文件的内容是双方共同约定或共同掌握的，也就是说，文件按照双方的共同利益制成，支配相互间的关系，或由双方当事人的通讯地址或出于商业交易的需要由双方当事人与共同的中间人的通讯地址组成。对方可以因重要的理由而拒绝出示文件，但不得仅为了拖延对案件中其他问题的陈述而拒绝出示文件。

2. 特权

下列人员不得作证：（1）不能理解或传达其意图的；（2）负有保守口供

---

① 《民事诉讼法》第 275（1）条。

② 《民事诉讼法》第 292 条。

及其他职业秘密义务的部长或外交使节；（3）掌握官方秘密的公务员，除非其上级让其作证。

在下列情况下证人可拒绝回答特定的问题：（1）直接的财产不利；（2）负有由政府认可的保守秘密职责；（3）律师——当事人的特权；（4）艺术或商业秘密；（5）投票秘密。

3. 当事人作证

《民事诉讼法》第 320 条所列的关于证人的例外也适用于当事人的作证。

二、希腊

（一）审理和抗辩

对案件的开庭审理从多成员审判庭庭长或独任审判庭法官宣读备审案件目录表中当事人的姓名开始。

当事人的律师出庭并陈述他们的口头抗辩，口头抗辩参照书面的抗辩作出，通常十分简洁。为了他们的方便，当亲自出庭非强制性时，他们被允许提前提交书面的出庭声明作为口头抗辩的替代，这样就避免了审理时出庭。

在审理期间，书记员写下审判记录，并由书记员和庭长或独任法庭法官签名，它构成审判记录内容的正式证据。

如果当事人中的一方提出请求并有令人信服的理由，则在审理过程中法庭可延期审理一次。如果另一审判的结果，是正在审理的案件的结果的先决条件，则案件也可被延期审理。所有方式的非难或辩护都必须于第一次审理中在各方的抗辩中提出，否则它们会被依职权拒绝，但那些在后期产生的和过期提出的可辩解的非难或辩护可作为例外。

（二）证据

1. 证据的本质和目的

每一方当事人必须证明他所援引的、对支持他的请求或反请求所必须的和反对他的对手的论据。存在争议的论据构成法院必须认可的证明对象（apodexixi）。

在普通诉讼中，如对行为的诉讼，通过证据采纳，法庭只在法律有特别规定时才必须达到对证据的充分确信。

多成员法庭通过发布中间裁决来收集证据，中间裁决建立在充分合理的理由之上，它认可争议的论据，在当事人之间分配举证责任和具体指定可接受的证明方法。它也确定采纳证据的地点和时间以及完成它可用的期限，这是由于如下事实，即在汇报法官（在陪审团的成员中指定，或者有必要时指定一名外城市的法官或者当证人的住所在国外时，指定一名希腊领事）之前，采纳证据（特别是证言）通常持续几次开庭的时间，证据采纳在数月之内将逐步扩大。

在独任制法庭前，当事人必须在第一次审理时提出他们所有的证明方法，原则上，法官不因为证据而作出中间裁决。

只有与审判结果有联系的事实以及由一方当事人主张的事实才是证明的对象。广为人知，以至于对它的真实性不存在合理的怀疑的事实（如历史事件或者地理上的信息）以及法官从其他案件中知道的已证实的事实可以不成为证明的对象。这同样适用于共同体验的东西。

2. 证据的种类

根据《民事诉讼法典》第 339 条的规定，有几种证明方法：专家报告，书证，审查当事人，证人证言，供认，法官亲自勘察，当事人宣誓和司法推定。

在实践中，在希腊法院中证人证言和书证是援引得最广泛的证明方法。书证是更可取的并且在许多案件中是必要的；尽管证人证言是使用相当广的证明方法，如果书证的拥有是道德上的（如在夫妻之间的交易）或者实际上不可能，或者原先存在的书证证明已经丧失或毁坏；或者在最商业化的交易中或者在所有价值不超过 50 万德拉克马的交易中，则证人证言可被采纳为肯定性的辩护。

3. 法律把公务员和其他经特殊授权的官员（包括公证人）在行使他们的职权时获取的书证和私人获取的书证作了区分

第一种书证构成结论性的证据，并且只因为伪造才可被辩驳。外国政府机构获取的文件具有同样的证明价值。用外国语言提取的书证必须附上官方的希腊译文。

私人获得的文件具有较低的证明效力，因为在其中提到的论据被认为是提交文件的当事人确立的。对于此种书证，因其系伪造而提出反对的意见总是可能的。

商人、律师、公证人、医生和化学家保存的职业上的登记本和记录与照片、胶卷、录音以及其他的一切机械的复制品，为了民事诉讼的目的，一般地被认为是私人获得的文件。应当提到的是，机械的记录，如照片和录音带，只有取得将被使用的人的同意，才能被提出和援用，除非被记录的事件发生在公开场合。

文件的复制品或影印件，如果它们被经正式授权的人认证，则可以作为证据使用，但有一些例外。

第八章　判决和救济

第一节　瑞士和瑞典的判决和救济制度

一、瑞士

（一）判决的种类

1. 中间裁决和最终判决

诉讼程序上的中间裁决是为了推进诉讼程序而作出的。这些种类的裁决处理诉讼程序上的问题，例如，确定提交答辩状的期限、证据采纳程序的开始，等等，通常由审判长用裁定的形式作出。

与诉讼程序上的中间裁决相反，另一种裁决是结束诉讼程序的裁决。这种裁决可以区分为结束某一特定情况下的诉讼程序的裁决（最后判决）与部分地结束诉讼程序的裁决（初步的或部分的判决）。两种裁决通常都由法庭以判决的形式作出。

2. 标的物判决和关于诉讼程序的判决

在结束诉讼程序的判决内，两个重要的部分如下：

（1）标的物判决。

标的物判决通常包含法庭或法官对于案件实质问题的裁决。然而，标的物判决不必结束整个诉讼程序。更确切地说，标的物判决可以仅仅处理身份或时效之类问题。在大多数州，上述判决可能采用预备判决的形式。[1] 而且，如果法庭只对提交给它的部分请求（如只对合同的存在和效力问题）作出裁决，则部分裁决是可能的。

标的物判决可以基于法庭自己的调查结果之上，或者如果是和解、放弃诉讼或承认诉讼请求，则基于当事人的声明之上。基于法庭自己调查结果之上的

---

① See Zurich Code of Civil Procedure, Section 189.

裁判通常用判决的形式作出，基于当事人声明的基础之上的裁决用决定（如果由法庭作出）或用裁定（如果由独任法官或审判长作出）的形式作出。

（2）关于诉讼程序的判决。

与法官为了推动诉讼程序作出的临时的关于诉讼程序的判决相反，法官也可以通过关于诉讼程序的判决来结束诉讼程序。这可以发生于未满足某些程序上的要件时，例如，如果出现缺乏管辖权、原告未支付保证金或身份的缺乏的情形。如果法庭确定程序上的要件未被满足，则有关诉讼程序的判决是最终的。

如果出现一方当事人诉讼程序上的请求（即声称对方当事人身份的缺乏）被法院驳回，则判决可能具有临时裁决的特征。诉讼程序上的判决通常基于法庭自己的调查结果之上（如缺乏管辖权）。例外地，诉讼程序上的判决也可基于当事人的声明之上。

（二）判决的作出

一旦已为判决某一案件作好了准备，法庭将作出判决。通常，判决根据至作出判决之日为止的事实作出。如果法庭（而不是独任法官）必须裁决，则审议通常由一个法官准备，他将介绍案件及他对建议的裁决的抗辩。[①] 此后，其他的法官提出他们各自的见解，审判长在最后发言。如果讨论之后仍然存在不同的意见，则判决由多数票决作出。不允许放弃投票。

根据州的立法、该案的情况及标的物，审议可以在法官室（例如家庭纠纷）或者公开地进行（如在苏黎世州上诉法院或联邦最高法院）。书面判决通常由法庭的书记员在审判长的监督之下进行校订。判决一般在审议之后的一段时间通知给当事人。如果在法庭审议期间当事人在场，除了书面通知，则法庭可以口头地把判决通知给当事人。

（三）判决的格式

最终判决以书面的形式通知给当事人。如果当事人由代理人代表，则判决通知给代理人。如果书面通知证明为不可能，法院也可以通过在政府公报或其他报纸上发布判决的形式通知当事人。

书面判决通常包括下列部分：（1）引言（Rubrum）：这一部分包括对法庭的指示：法官和当事人的姓名、作出判决的日期，对当事人的指示：当事人的姓名、地址、代理人的姓名和地址、对标的物和当事人的救济请求的叙述。

---

① 《苏黎世州法院组织法典》（*Zürich Code on the Constitution of Courts*，*CCC*）第 137 条规定的报告人制度。

（2）法庭的判决理由（Begründung）：这个部分通常包括：相关事实的简要叙述、争议金额的确定（如果是金钱判决）、法庭对作出判决的理由和证据采纳结果的详细说明。（3）裁决（Dispositive）：这个部分概述法院的可执行的裁决（如被告将支付1万瑞士法郎给原告）。另外，判决的这个部分包括对法院费用和开支及其它们在当事人之间的分摊的裁决，以及对败诉方应向胜诉方支付的代理费用的补偿的裁决。最后，判决的这一部分包括对判决将被通知的人的列举和关于上诉可能性以及提出此类上诉的期限的信息。

（四）判决的结论性

1. 已结之案

瑞士诉讼程序法把形式上的和实质性的已结之案作了区分。形式上的已结之案从不再能获得对判决的普通救济时产生，这是由于救济已经用尽或者授予的提出救济的延期已消失。在实质意义上，已结之案这个术语表示判决对未来的、发生在受第一个判决影响的人之间的诉讼的效力。这意味着：如果相同当事人之间的同一问题被争讼，或者如果在相同当事人之间的第二个诉讼中，第一个裁决已解决的系争点是先决问题，则第二个法院要受到第一个法院裁决的约束或者拒绝审理该案。

原则上，已结之案局限于裁决本身而不扩大到法院提出的作出上述裁决的理由。然而，很明显，在许多案件中，理由必须被考虑进去；否则，判决的系争点将变得不清楚。如果原告被拒绝或者被告被命令支付一定数量的金钱，则上述观点变得特别正确。

2. 判例法

在瑞士，上级法院的判例对处理相同争议的下级法院无法律上的约束力。① 然而，为了寻求获得判决的当事人的利益，下级法院通常遵循上级法院的裁决。这表明，拒绝遵循判例法的下级法院已经在法律操作中导入了拒绝遵循判例法的这种变化。不过，法院判例的公布没有普通法国家那么广泛。不是所有的州都有包括它们的判例法的出版物。即使在有出版物的州，例如在巴塞尔州(《巴塞尔法律通告》(*Baseler Juristiche Mitteilungen*))、苏黎世州(《苏黎世判决公报》(*Blätter Für Zürcherische Rechtsprechung*))和日内瓦州(《法庭杂志》(*Journal des Tribunaux*))，这些出版物也只包括州的判例法的选集，大部分是更重要的上级法院的判例选集。

同样，联邦最高法院有选择性地公布重要的判例，它们在两种出版物——

———————————

① Guldener, *Schweizerisches Zivilprozessrecht*, 3rd ed., Zurich 1979, p. 4.

《瑞士联邦法院判决》(the Entscheidungen des schweizerischen Bundesgerichtes)和《瑞士联邦法院实践》(the Praxis des schweizerischen Bundesgerichts)上发表。当然，法律从业者在他们的日常工作中广泛地遵循所有的上述出版物。

（五）救济的种类

瑞士程序法对下列请求权作了区分：（1）履行请求权（包括金钱判决和特定履行请求权）；（2）宣告性判决请求权；以及（3）更改法律地位或合同关系的请求权。①

这些差别符合请求权的不同目的和民法典、债法典以及其他法律授予给个人或法人的不同权利。着眼于诉讼程序方面，下列请求权之间存在明显的区别：（1）临时救济请求权；（2）金钱判决请求权；（3）履行请求权（特定履行和或禁令救济）；以及（4）宣告性判决请求权；（5）更改法律地位或合同关系的请求权；以及（6）执行外国判决和仲裁裁决的请求权。

（六）金钱判决请求权

瑞士实体法和州的程序法都没有对原始的金钱请求权（如贷款返还和价金支付请求权等）和派生的金钱请求权，即补偿性的金钱请求权（如因违反合同的损害赔偿请求权）进行区分。

寻求金钱请求权的诉讼部分地由债务收集法调整。根据债务收集法，诉讼开始于债权人在债务人住所地的债务收集办公室提出的向债务人颁发支付令的请求。债务收集法提供了通过简易程序获得针对债务人的可执行的判决的某些可能性。② 如果债权人不能使用简易程序，为了驳回债务人提出的反对，则他必须开始一个针对债务人的普通法诉讼。一旦债权人被授予一个支持他的判决而债务人未支付，债权人必须通过开始一个前面已叙述的债务收集诉讼来强制执行判决。

1. 特定履行和禁令救济

当被告应当履行特定的行为，原告可以获得特定履行请求权。当被告应当避免为某一行为，可以存在否定的禁令救济请求权。这两种请求权的根据可以是契约上的或法定的。

基本上是在普通程序中寻求特定履行或禁令救济请求权，然而，当时间成为本质性问题时，在普通程序开始前，可以通过简易程序、依据临时的根据请

---

① 例如，终止合伙关系或延期租期的请求，参见 Guldener, *schweizerisches Zivilprozessrecht*(《瑞士民事诉讼法》), 3rd ed., Zurich 1979, pp. 205 et seq.

② 细节将在下面阐述。

求禁令救济。另外，如果能够为请求的事实根据立即提出无争议的、结论性的证据以及存在明确的法律条件，则州的程序法通常也规定可适用简易程序。在商事争议中，由于显而易见的原因，很少能成功地诉诸上述程序。

尽管各州的规定有少许变化，可以得到的各种救济种类在整个瑞士通常是相同的。被授予的救济一般包括一个针对被告的履行或禁止为特定行为的命令。这个命令或者与给被告的一个通知结合在一起，根据该通知，如果被告不遵守这个命令，他将被提交给刑事法官由其根据《瑞士刑法典》第 292 条定罪；或者与必要的保证判决执行的任何其他措施结合在一起。另外，法庭也可以授权原告（或第三人）履行特定的行为，这个行为是依据待履行的义务而判决给被告的。上述授权可以与针对原告的一个命令结合在一起，这个命令要求被告充分地补偿原告由于上述替代履行而产生的费用。

根据合同上的义务，如果被告应当完成一个宣告性的行为（如在土地登记簿中登记），则法官可以命令被告在某一期限内完成这一行为；如果未完成此行为，则法院的命令将代替被请求的宣告性行为而继续有效。

2. 宣告性判决请求权

如果补偿性救济或特殊的法律救济是不适当的或无效的，则可以提出为了获得宣告性判决的诉讼请求。上述请求是为了获得对于争执的权利或争执的当事人地位的有约束力的裁决，而不是寻求进一步的救济。例如，为了获得对争议的专利的有效存在或者原告的专利权被侵犯或合同无效的司法判决的诉讼请求。

宣告性判决救济典型地从属于任何其他种类的诉讼请求。为了使法院审理宣告性判决申请，原告必须确定：（1）存在真实的法律争议；以及（2）争议不能用其他任何的方法解决。

瑞士法院裁定：当争议在本质上是完全武断的或者与真实的、关于一方当事人权利是否存在的争议没有联系时，宣告性判决请求基本上是不可获得的。换句话说，当不存在真实的争议时，不存在使法庭作出法律意见书的权利。

其次，为了使法庭通过宣告性判决解决争议，原告必须证明此种宣告性判决具有足够的重要性。实体的成文法有时具体规定了上述足够的重要性被合法推定的情况。在所有其他的场合，原告必须确定：（1）对他来说没有其他的救济可用；或（2）在特定的情况下，金钱或特殊的救济将是不适当的或无效的。

如果未满足上面提到的两个要件中的任何一个，法院不需考虑请求的实质而必须把它驳回。如果《洛迦诺公约》适用于上述争议，则瑞士法院有必要修改它们对宣告性救济请求的相当严格的态度。

当满足了上述要件，对宣告性判决请求权的可能内容基本上无限制。最通常种类的上述请求权包括：（1）知识产权的存在与否或宣告上述权利被侵犯的请求权；（2）宣告被告的商业行为违反反托拉斯法或不正当竞争法的请求权；①（3）司法裁定被告的行为侵犯原告的权利或人身的请求权；② 以及（4）确定合同的效力的请求权。

此外，宣告性判决请求可以作为有效的、防御性的、以反诉为形式的手段。例如，如果原告提起了损害赔偿之诉，但仅仅要求判给一部分损害赔偿（保留以后为另外的损害赔偿提出请求的权利），则被告可以通过提出反诉来反对上述保留。通过提出反诉他可以要求法庭作出宣告性判决来实现原告对争议的标物的没有或没有进一步请求的目的。

3. 更改法律权利或法律地位的请求权

在一些情况下，联邦实体法为当事人规定了通过司法裁决来确立、更改或终止特定法律关系的权利。上述救济的授予包括在不同的请求权之中：（1）由于合法的理由废止合同的请求权；（2）由于法律规定的原因而解散合伙或法人的请求权；或者（3）股东决议无效的请求权。成为这种请求权的特征以及使它与宣告性判决请求权相区别的特别因素是各自判决的效果。一旦作出最终判决，请求所寻求的法律关系或法律地位的确立、更改或终止依法成为有效的。就使司法判决生效来说，上述判决的强制执行和进行任何其他的诉讼都是不必要的，因为它是直接生效的。

二、瑞典

（一）终审判决

如果在听审中法庭由一个以上法官组成，则法官会在主听审那一天或其后一个工作日里集合在一起商议如何判决。如果案件的性质要求商议时间更长一些，法庭应决定一段时间，在这段时间里应作出判决。此种延期不得超过两个星期，除非法庭举出了作出判决的严重障碍。③实践中，法庭所担负的工作造成了期限上更长的拖延，但是通常的延期不能超过 1 个月。

---

① Federal Act on Cartels, Article 8 para. 1 and Swiss Federal Statute on Unfair Competition, Article 9 c.

② Swiss Civil Code, Article 28 a（3）.

③《瑞典司法程序法典》第 17 章第 9 条。

如果法庭在商议判决期间发现在某些方面有进一步调查的必要性，则可以决定继续进行主听讯或者进行一新的主听讯或者如果这种必要的补充调查并不复杂，则可从手边资料得到更多的信息。

（二）逐件进行判决

对于在同一个案件中处理的几个救济请求，法庭对其中任何一个救济请求都应作出单独（部分）判决。但是，不能对主要诉讼请求或被告的抵消性诉讼请求作出单独判决。如果被告部分地接纳一诉讼请求，则法庭可以对接纳的这部分诉讼请求作一个单独的（临时的）判决。如果能够使案件的审理顺畅，则法庭也可以自由裁定单独（临时）判决中的几个先决问题之一。先决问题可以包括事实情况和法律问题两个方面。

（三）正式作出判决

判决须以书面形式发布并应包括以下内容：（1）作出判决的法院、时间和地点；（2）当事人及他们的律师；（3）判决命令；（4）当事人的救济请求和异议，以及因此而援引的事实根据；（5）判决结论以及法院对案件中的证据性事实的裁决。①

判决书通常由法院的办公室（部）作成。在简单的案件中，判决可以口头作出，随后再以书面形式作成文件。

（四）判决的确定性

《瑞典司法程序法典》包含有关于最终判决的定案效力的明确规定，同时声明：判决裁决的标的物不得重新审理。定案效力表现在两个不同的方面。第一个方面是：法庭必须依职权，驳回一个关于早先判决已裁决的标的物的诉讼，定案效力也延伸到判决所授予的或使之无效的救济理由，或者用于辩驳所请求的救济的替代性理由，这些救济不同于那些由当事人实际提出并由法庭在作出判决时审理的救济。然而，这种延伸的定案效力不涉及补偿的诉讼请求。定案效力的第二个方面是对以后相关判决的影响，这意味着在以后的诉讼请求不同的相关诉讼中，法庭必须把它的结论建立在先前判决的内容的基础上。例如，一个早先的判决宣布某一合同有效并对当事人有约束力，法庭在随后有关支付合同项下的价款的诉讼中作出的判决应以该早先判决为基础。然而，应注意的是，具有这种效力的只是上述判决命令，而不是判决命令所基于的对事实的认定。

---

① 《瑞典司法程序法典》第 17 章第 7 条。

（五）救济种类

1. 强制履行令

对强制履行请求的许可的一个通常的先决条件是该救济请求是正当的。但是，在下列情况下对没有到期的债务的强制履行请求也应被允许：（1）如果救济请求涉及不能由对偿决定的循环债务，并且该债务部分到期；（2）如果案件中的救济请求涉及没有及时履行的其他债务；（3）如果债务是应付债务充分清偿以前偿付利息的义务，或者其他请求偿付的主要债务所附带的债务；（4）如果及时履行债务对原告来说非常重要，并且有确切的原因可推定被告不会及时偿债；（5）根据法律的规定，如果特定履行要求是不正当的。

2. 宣告式判决（确认法律关系的判决）

对宣告式判决的诉讼请求，即是对法院应确定某一特定的法律权利或债务存在或不存在的要求。为了使法庭批准对宣告式判决的请求，原告必须说明一项法律权利或债务的存在是不确定的，并且，此种不确定性对原告是有害的。对假定的法律问题不容许从法庭处寻求咨询意见，如对某一法令条款的适当解释问题，也不容许在单独的事实问题上获得宣告性判决，例如，对绘画的真实性问题。

（六）诉讼费

1. 一般原则

如果判决仅部分地对原告有利，则法院将依照复杂的原则来划分诉讼费，其中一个主要的观点是诉讼费的分摊应反映各方当事人在诉讼中的成功程度。如果起诉被驳回，则相关的原告被认为是败诉当事人。撤销起诉的当事人也有责任偿还被告的诉讼费用，除非有特殊理由。在已和解的案件中，每方当事人都负担自己的诉讼费用，除非以别的方式达成协议。有资格要求败诉方偿还的诉讼费用包括律师费、当事人自己为准备诉讼所做工作的花费以及证据上的花费。

对诉讼费的诉讼请求必须在法庭结束对案件的听讯之前提出，具体的时间通常是在主听讯结束时，在对方当事人进行了终结辩论之后。

2. 诉讼费的分摊

对当事方的过失，诉讼费的分担可作为一种补救措施。一当事方最终被发现没有充分理由提起法律诉讼，比如，如果诉讼请求毫无争议并且被告正准备履行义务，或者谁故意地或粗心大意地发起动机不明的诉讼——则发起诉讼方有责任偿还对方当事人诉讼费，而不管诉讼的结果如何。

在法庭听讯中不出庭，不遵守法院规则，出于恶意或粗心大意而提出没有根据的主张或争论点，造成诉讼上的延迟或在其他方面造成他方当事人不必要的诉讼花费，也可使当事人因过失责任而承担由他造成的额外诉讼费用，而不管案件的结果如何。

第二节　奥地利和希腊的判决和救济制度

一、奥地利

（一）终审判决

终审判决必须由审判法院中参加听审的法官作出。书面判决必须包括如下内容：（1）法院的名称；（2）作出判决的法官的姓名；（3）当事人双方及其代理人的姓名和地址（除当事人出生日期和出生地点以外的个人情况）；（4）判决结论；（5）裁决理由和根据。[①]

（二）正式提出判决

《民事诉讼法》规定如果可能的话应在最后一次听审后立即作出判决并宣告判决及其理由。实际上，绝大多数判决是以书面文件形式送达的。

判决在通知当事人以后即生效；判决一经宣告或移交给法院文书，法院就受其约束。

（三）判决的结论性

1. 既判案件

既判案件中的诉讼当事人被禁止以相同的诉因再一次提起诉讼。既判案件效力只适用于争议当事方及其合法继承人。另一方面——至少在理论上——以后出现的类似案件无先例可循。

2. 判例的法则

法院一旦作出判决就受其约束。上诉审法院关于法律问题的决定对案件发回重审时的审判法院和受理后来的上诉的上诉审法院均有约束力。

二、希腊

（一）判决的起草和内容

判决由审判法官在审理结束之后 1~2 周内起草。在一审的多成员法庭和上诉程序的法庭中，庭长或审判小组的主持法官指定他们中的一人作为汇报判

---

① 《民事诉讼法》第 417 条。

决理由的法官。当汇报法官口头地提出关于案件是非曲直的看法并由陪审团成员秘密地商议后，由法官按与职位高低相反的顺序进行表决。在作出和草拟判决后，法庭的书记把作出的判决的指数和日期登记在专门的登记册上。

就司法判决的格式来说，存在一个起草判决应当遵循的法定格式。这样，则判决的正文从提及审判小组的组成以及起草判决理由的法官姓名开始。它简要地说明当事人及其对请求权的陈述，然后阐述审判小组对案件的是非曲直的充分合理的判决理由。判决的执行部分在判决的最后。

最后，如果原告提出请求，则判决应包括关于诉讼费用的指示。在不损害《民事诉讼法典》的有关规定的情况下，像大部分大陆国家的制度一样，主要的规则是：胜诉方的费用由败诉方承担；然而，如果法庭认为败诉方对审判结果有合理的怀疑，则它有免除其部分或全部费用的自由裁量权。

（二）救济的种类

判决可以只授予原告以公平、明确的方式所寻求的救济。判决的执行部分有两点有必要特别提及。首先，当判决是针对一笔金钱时，必须估计损害或者从账目或在判决以前所进行的调查中可以准确地知道一方当事人应支付给对方的金额。其次，如果判决要求被告为或不为某一行为，则它必须详细说明这一行为并且通常要指定为或不为这一行为的时间。另外，如果不遵守司法判决的命令，则判决通常把罚款的义务强加给被告。

（三）判决的种类

希腊《民事诉讼法典》把判决区分为终审判决（oristiki）、不可上诉判决（telesidiki）和不可撤销判决（ametakliti）；这种区分与上诉方法的功能和特征联系在一起。这种区分在功能上的结果在于既判案件的效力以及判决的可执行性。

民事判决不是自动地有约束力和可执行的。当法律提到最终判决时，它是指治安法庭或一审法院在审理案件后作出的判决，这个判决受普通的上诉方法的支配，例如，缺席判决的重新审理和通常的上诉。

通常，只要一种或其他通常的上诉方法仍然未决，终审判决不是自动地执行和真正对当事人有约束力的，除非法院命令临时执行判决。临时执行判决由法院针对法律规定的一定的案件群宣布。终审判决不能自然发展为终局判决，除非它变得不可上诉。

不可上诉判决是不受普通的非难方法支配的判决，这是因为普通的上诉方法由于被拒绝或没有在法律规定的期限内提出而被用尽。因此，这样的判决是对当事人的自动执行判决。

当不可上诉判决不再受撤销原则的支配时，它就成为了不可撤销的判决，撤销原判是向最高法院提起的特别非难方法。

（四）既判案件的结论性

既判案件只会发展成为不可上诉案件和不可撤销案件。《民事诉讼法典》规定的总的原则是：既判案件效力局限于第一次诉讼确定的请求权和争议以及审理第一次诉讼时所涉及的当事人。

更具体地说，既判案件在相同当事人之间的效力产生了一个对于它所涉及的请求权和第一次诉讼所确定的程序问题的排除。

既判案件效力对诉讼中所确定的争议也产生了排除，条件是它们隶属于该法院按标的物所确定的管辖权以及它们的确定对诉讼的结果来说是必要的。

对于当事人的排除，既判案件效力仅被扩展到诉讼的当事人和他们的继承人或其他后继者。然而，实质性联系证明更宽广的判决的确定效果是合理的。因此，在不动产诉讼中，既判案件效力被扩展到非案件当事人，这些人根据他们对争议的不动产的占有或保管而控制它们。对法人（如公司）的判决，对它的成员（如股东）也具有约束力。

此外，对债权人和主债务人之间关于债务的存在的纠纷进行处理的判决对担保人来说也是确定的。最后，当无人继承的遗产管理人、遗产的清算人、遗嘱的执行人是一方当事人时，对继承所作的判决对继承人来说，也是既判案件。

就既判案件的期限来说，希腊法律坚持这样的原则，即使现实被证明与预测的不同，既判案件仍然不受干扰。然而，《民事诉讼法典》第 344 条针对上述规则授予了一项豁免，它允许法院在定期给付的案件中，为将来而修改以前的、有关物价指数的最后判决。

第九章　审判后申请和上诉

第一节　概　　述

对于法院裁决感到不满的诉讼当事人申请重新考虑案件或案件的某些部分所援用的诉讼程序，某国家的法律称之为"上诉",[1] 其他一些国家（如意大利）则区别狭义的"上诉"和"撤销原判"（Cassation）或"复查或复审（Review)"，而有的著作把它分为审判后申请与上诉[2]。人们往往用"攻击判决"[3] 一词把这两种程序都包括在内。

本书基本上把上述审判后程序分为审判后申请程序与上诉程序两个部分进

---

[1] 在德国民事程序中，上诉分为普通上诉诸如一审上诉和二审上诉与（普通的或即时的）申诉。特别上诉是抗诉、异议、恢复权利的申请以及重新审理案件的诉讼。普通上诉通常有着双重影响：一方面，它具有中止判决的效力；另一方面，意味着更高级的法院将涉足该案件。瑞士的上诉救济和程序也主要分为两类：普通上诉救济（针对非最终判决）和特别上诉救济（针对最终判决）。普通上诉救济通常需要中止有关判决的效力，而特别上诉救济典型地不需要这种中止，除非上诉法院这样命令。

[2] 如在 Christion T. Campbell, International Civil Procedures 一书中。

[3] "攻击判决"这个名词在历史上似乎有根据。因为后期罗马法尽管有 Appellatio（基本上指重审）程序，但早期的大陆法与英国法把对判决感到不满的诉讼当事人援用的救济作为对作出判决的法官进行攻击。后来人们放弃了这样的看法，认为对作出错误判决的人，必须他行为不检，才能提起控诉，从而上诉程序从攻击法官改变为攻击判决。虽然如此，近代诉讼法上仍然保留着攻击判决的概念。英美法上的申请重新审理（New Trial)，法国法上的向最高法院上诉以及在所有的上诉程序中大量存在攻击判决的观念。其表现为各国法律普遍要求上诉人提出对下级法院判决的批评作为上诉的理由。但是把所有上诉程序当做对判决的攻击也是错误的，因为这样做会使人走入弯路。即使攻击成功，严格地说，只能撤销原判决。诚然，按照某些国家的法律，要让一个新的判决取代原有的判决，必须先撤销后者。但是，一般来说，传统的"撤销原判法院"以外的上诉法院所关注的是找到整个案件或上诉申请所涉及的那一部分案件的正确的解决办法，而不单是审查原判决。参见沈达明：《比较民事诉讼法初论》，中国法制出版社 2002 年版，第 668 页。

行阐述，个别国家一同在上诉程序中阐述。审判后申请一般包括解释、补充或修正判决申请、重新审判申请、异议（或攻击）判决申请、第三人异议①等。其中的重新审判申请、异议（或攻击）判决申请、第三人异议一般是针对已经生效的、不可再上诉的终局判决。上诉是指对尚未生效的判决的异议或攻击。

第二节 若干国家的审判后申请和上诉制度

一、瑞士

诉讼程序随着法庭作出最终判决而结束。同时当事人通常将被剥夺对程序的或实体的问题提出申请的权利。因此，如果由于实体原因或声称的诉讼程序不符合司法程序的原因，一方当事人不愿意接受判决，则他只能对上述判决提起正式的上诉。

虽然大多数州的民事诉讼法授予了当事人对这些问题提出某些申请的权利，但是随着判决的宣布，这些申请被终止。上述申请或者提出某种抗议（反对，Einsprache）反对法庭作出的诉讼程序上的裁决，或者反对法庭在诉讼中的行为（申诉，Aufsichtshesch werde），或者请求法庭对判决进行解释和澄清（请求解释或校正，Erläuterung，Berichtigung）。所有的这些申请的共性是：它们不包含使判决依据它的是非曲直被重新审查并被最终撤销的权利；达到这样的结果，只能通过上诉救济。

（一）审判后申请

1. 对判决进行解释或校正的请求

大多数州②授予当事人要求对原文模糊的、不明确的或矛盾的判决进行澄清，如有必要，进行校正的权利，解释或校正请求总是向作出判决的法院提出。如果请求被证明有理由，则法院将修正判决的原文以便消除任何不一致或不明确的内容。然而，必须注意的是：法院决不能根据上述请求而改变判决的实质。如果法庭根据请求发布了修正了的或校正了的判决，提出上诉的期限重新开始计算。

---

① 第三人异议是对判决提出抗辩的一种特别方式，它在判决已成为已决之案的情形下仍能提出。它赋予第三人消除不公正作出的裁判加之于他的不公正后果的权利。

② 包括苏黎世州在内，参见其《民事诉讼法典》第162-165条。

2. 反对

判决可能经常在一方当事人因故（如不知道一方当事人的下落、缺乏出庭的利害关系）未出庭或未被代表的诉讼中被宣布。通常，这类判决具有完全的强制力和效力（受制于根据正当程序理由而进行的复审）。然而许多州，如卢塞恩州（Lucerne）、巴塞尔州、日内瓦州，非由于他的过错而未在诉讼中出庭或未被代表的当事人，有权反对在他缺席时作出的判决。如果上述反对被批准，则它的效力是使判决被撤销而不必考虑它的法律依据，以及使诉讼全部重新开始。

在一些州（如苏黎世州），反对的救济只有针对审判长而不是整个陪审团作出的裁决来说才是可获得的。例子包括禁令救济裁决、诉讼费用的预交等。在上述情况下，通过反对，当事人可以要求整个陪审团而不是审判长作出上述裁定。

3. 申诉

申诉的目的不是改变法院的特定的判决或裁定，而是针对法庭或法官在诉讼中的行为。为了抗议诉讼的不适当的延误，它可以在诉讼中提出；或者为了抗议法官对任一方当事人的不适当的处理或为了向上级当局通报法官对行为准则的违反，它可以在判决作出后提出。有关申诉的裁决仅仅产生针对法官的惩戒性诉讼，它绝不影响法官或法庭已经作出的裁定或判决。

（二）上诉

1. 引言

如果存在诉讼程序上的过错或者声称的实体法适用上的过错，则一审法院的判决以及受到不同限制的情况下州的高等法院的判决，可被上诉。由于判决上诉的理由不同，上诉救济的种类和适当的管辖权也不同。

上诉复审管辖权通常属于两个当局之一：瑞士联邦或州，州的低级法院作出的判决可以上诉到特定州的一个或更多的高等法院。然而，如果一审法院是商事法院（假如发生在阿尔高州、伯尔尼州、圣加尔州（St. Gall）、苏黎世州）或者州的高等法院，则可获得的州的上诉救济又是有限的。联邦最高法院通常对州的最高法院或高等法院发布的判决或上诉裁定的最后复审有管辖权。然而，上诉到联邦最高法院存在许多限制，这将在下面论述。

2. 瑞士上诉救济制度的特色

尽管 26 个州的民事诉讼法和联邦的民事诉讼规则之间存在差异，瑞士上诉救济和程序制度的特色表现在它可分为两类主要的上诉救济：普通上诉救济和特别上诉救济。其特色在于被称为最终判决和非最终判决之间的相互影响。

如果可获得普通上诉救济，则判决不是最终的；反之，由于不可获得普通上诉救济，被认为是最终的判决仍然可受到特别上诉救济的非难，但通常仅仅由于有限的一些理由。而且，普通上诉救济通常需要中止有关判决的效力，而特别上诉救济典型地不需要这种中止，除非上诉法院这样命令。

是否可获得对判决的普通上诉救济，即在诉讼程序意义上判决是否被认为是终局的，主要依赖于争议的金额，除了沃州，所有的州的程序法都规定了一个起码金额，如果超过它，针对州的低级法院作出的判决，则可获得普通上诉救济。这个起码金额从 5000 瑞士法郎（瓦莱斯州）到 8000 瑞士法郎（苏黎世州）不等。如果争议金额超过 8000 瑞士法郎，则州的高等法院作出的判决可上诉到联邦最高法院。[1] 如果符合某些其他的标准，则不能用金钱价值来表述的请求权总可以上诉到联邦最高法院。

特别上诉救济一般从属于普通上诉救济。因此，只要判决仍可受到普通上诉救济的异议，则将不可获得特别上诉救济。然而，如果州的程序法允许（如苏黎世州），那么在某些情况下，当事人可以同时用普通和特别上诉救济对州的高等法院作出的判决提出异议，此外，可以通过向联邦的最高法院提出联邦上诉（普通上诉救济）来对判决提出上诉，但是只有由于声称的对州的民事诉讼规则的违反或者适用实体法时的严重错误，才可以向各自州的法院提出特别的州的上诉救济。

提出上诉的期限各州有所不同，根据上诉救济的种类，上诉期限为从判决有效地正式宣布起的第 10 天至第 30 天。至于联邦上诉救济，期限为 30 天。

3. 上诉救济的种类

州和联邦的民事诉讼法都规定了几种不同的上诉救济。如果把两种不同的上诉救济和为上诉复审的两种特定法院之管辖权考虑在内，则可分为四亚种的上诉救济：

（1）普通的州上诉救济。

对州的低级法院作出的判决，所有的州都至少授予当事人一种普通上诉救济——正常的上诉。这种上诉救济通常允许州上诉法院对判决或管辖权裁定进行无限的复审。因此，一旦受理了正常上诉，上诉法院可以考虑所有的事实和/或法律问题。

在几个州中，当事人有向上诉法院提出新证据和新事实主张的无限的权利，而大多数州的诉讼程序法用不同形式限制了这种权利。此外，在仅由州的

---

[1]　Federal Organization Act, Article 46.

高等法院审理那些受制于联邦上诉的诉讼的五个州（伯尔尼州、沃州、瓦莱斯州、纽夏特尔州、汝州拉）以及商事法院作为唯一的州的审级的那些诉讼程序，对上述州的高等法院作出的判决不能获得正常的州的上诉。

在瑞士德语区（而不是法语区）的大部分州，州的诉讼程序法也规定了特别的上诉，它允许（通常无限制）对某些种类的诉讼程序上的判决或裁定进行复审。在那些州可获得正常的和特别的上诉，对于是可获得正常的上诉还是特别的上诉的裁定主要取决于将被提出异议的判决或管辖权裁定的实体性质。在其他方面，上诉和特别上诉，几乎不存在任何差别。而且在两种情况下，上诉法院都可以作出一个全新的判决来取代下级法院的判决。

（2）特别的州上诉救济。

所有州的诉讼程序法都规定了一些种类的特别上诉救济，凭借它某一判决可以因为程序上的缺陷或实体法适用上的重大过错而被提出异议。最普通的一种特别上诉救济是无效申请。对于州的低级法院作出的终审判决及州的高等法院的判决，通常可获得这种救济。但只有一些州允许提出无效申请书（如苏黎世州、伯尔尼州、卢塞恩州、沃州）。通常，由于无效申请只可用于救济诉讼程序上的过错，没有有关基本争议的新证据被当事人提交并且不发生有关案件实质问题的答辩。

另外，所有州都规定了这样一种救济，通过它可以请求原先作出判决的法院撤销一个终审的、有约束力的判决。然而只有存在下述理由中的一个或两个时，通常这种救济才允许撤销判决：①判决的作出已受到给一方当事人造成损害的犯罪行为的影响；②在判决作出之后，发现了新的实质性事实或可确定系争事实存在的证据。

如果出现上述任一种情况，则判决被撤销而且诉讼重新开始。

（3）向联邦最高法院提起的上诉。

一旦州的高等法院已作出一个裁定或判决——根据州的民事诉讼法它是最后判决，则上述诉讼的当事人可以向联邦最高法院提出上诉。然而，联邦组织法规定：如果争议金额超过 8000 瑞士法郎，或者争议的问题无金钱上的估价，则允许上诉至联邦最高法院。这不同于根据州的程序法提出的正常上诉，只有违反联邦实体私法，才可以主张联邦上诉。通常，只有用尽了州的上诉方法，才能提起联邦上诉。① 联邦法院不能重新考虑或猜测州法院对于事实的陈述，也不能考虑新的事实主张。

---

① Jonathan Warne, International Dispute Resolution, Tottel Publishing, 2009, p. 687.

一旦上诉，联邦最高法院可以或者根据案件的是非曲直直接作出判决或者把案件发回原先的州法院重审。如果它对案件实质作出新的判决，则这个判决是终局的并且不能进一步上诉。

（4）特别联邦上诉救济。

像所有的州诉讼程序法一样，联邦诉讼程序法也规定了针对州法院作出的判决的无效申请，申请必须向联邦最高法院提出。然而，就主张州法院作出的判决无效的联邦申请来说，仅可主张三种具体的错误：①违反关于管辖权的联邦法规定；②违反《瑞士联邦国际私法法规》的规定以及其他的联邦冲突法规则；以及③是联邦法，而不是州法已被适用。

此外，无效的联邦申请从属于联邦上诉，即它只有在联邦上诉是不可能时才能使用。另外，联邦诉讼程序法也规定了十分特别的救济，它授予联邦最高法院根据宪法上的理由对任何种类的管辖权裁定或判决进行重审的权利。向联邦最高法院提出的，要求合宪性审查的申请，典型地只可当"终局"的州判决已作出时才可提出。这个主要原则的例外只有在下列情况下才被允许：如果违反国际条约或违反关于普通的、宪法规定的法院体制与管辖地和州际执行程序①的宪法性保证的行为被主张。

此外，只有在声称违反宪法所规定的权利（或者国际条约的规定，如《洛迦诺公约》）时才允许提出合宪性审查申请，上述违反或者发生于诉讼期间或者是由于州法院发布的判决。像无效的联邦申请一样，合宪性审查申请也从属于上诉，此外，它还从属于联邦的无效申请。

两种特别上诉救济都不需要中止被上诉判决的效力，但如果被授予中止该判决的效力，将导致案件被发回给原审的州法院重审。

最后，根据联邦诉讼程序法，可以请求撤销联邦最高法院作出的终局的、有约束力的判决。然而，通过不同的法庭，相同的联邦最高法院可以重新裁决被它撤销的案件。

4. 共同的原则

所有的州的诉讼法都规定：他方当事人有权提起或者参加另一方当事人提起的正常上诉——但是要有不同的申请，或者提起一个未解决的独立的上诉。如果一方当事人仅仅提出反对申请而参加上诉，则这样的上诉依赖于原先的上诉的结果。因此，如果提出上诉的当事人撤回上诉，则参加的上诉成为未决事项。如果是"自己的未决事项——独立的上诉"，则不是如此：不管另一方当

---

① Federal Constitution, Article 58, 59, 61.

事人上诉的结果如何，它仍然有充分的约束力和效力。

除了向联邦最高法院提出的正常上诉外，州的诉讼程序法通常规定：与正常的（或特别的）上诉有关的法院被授权命令新的或补充的证据的采纳程序而不是把案件发回下级法院重审。然而，在上诉法院复审下级法院的判决时，它受到一方或双方当事人提出的申请的约束。即使它发现了判决中的其他错误且如此地复审这些错误将影响它的判决，但如果上述影响未包括在当事人的申请之中，它也无权考虑这些错误。上诉法院也不能更改受到异议的判决以致损害提出上诉的当事人。

最后，败诉方将支付诉讼费用和补偿胜诉方的代理费用的原则也适用于上诉诉讼。

二、瑞典

（一）审判后申请制度

《瑞典司法程序法典》规定了案件获得复审的三种方法，而且即使按照上诉的一般规定判决是终局性的也可适用，它们是：（1）对实质性缺陷的救济；（2）期限届满后的重新开始；（3）对严重的程序性错误的救济。

1. 对实质性缺陷的救济

在下列理由下可以提供对实质性过失的救济：（1）如果原告援引了新的事实和证据，并且此种事实和证据能够使法院对案件的判决结论与原来的结论不同，但原告应说明他原先没援引这些事实和证据的正当理由；（2）如果某一可援引为证据的书面文件被证明是伪造的，或者证词被证明是假的，并且可以假定此种虚假的文件性证据和证词影响案件的判决结果；（3）如果案件所适用的法律很明显是错误的；（4）如果法庭成员或法院官员有与案件有关的犯罪行为，或违反与案件有关的义务，或者一方当事人的辩护律师或法定代理人有与案件有关的犯罪行为，并且此种犯罪行为或对义务的违反可以推定影响了案件的裁决结果。

如果地区法院作出了一个受到非难（有实质性过失）的判决，可以向有关的上诉法院提出复审请求以寻求对该判决的救济，不过在其他案件中复审申请是向最高法院提出的。此种申请必须自申请人获悉他的救济申请所依据的事实之日起一年内提出，或者，如果救济理由是相关人员的犯罪行为，则申请人应自对此种人员的终局裁决作出之日起一年内提出。根据"错误适用法律"这一条提出的复审申请，必须自受到非难的终局性裁决作出之日起 6 个月内提出。如果救济请求被批准了，则法院必须组织一次新的审判，但是如果案件情况清楚，则也可以不经新的审判而直接作出判决。

2. 期限届满后的重新开始

如果一当事方能够援引没有及时提出上诉或申请复审的正当理由，这一救济使上诉期限和申请再审案件的期限重新开始成为可能。《瑞典司法程序法典》将"正当理由"定义为："……某人由于普通的通讯方法不能及时提出上诉或申请，他不能合理预见的疾病和其他情况，或者法庭以其他方式确认构成正当理由的情况阻止了他及时上诉或提出申请。"如果一方当事人没有时间聘请新的律师，则他可以代表他的律师援引某一正当理由。

如果案件已被地区法院受理，对于重新开始届满后的期限的申请，则应向有关的上诉法院提出，其他案件中此类申请必须向最高法院提出。

3. 对严重程序性错误的救济

任何人只要他的权利受到判决的影响就可寻求此种救济。能够寻求这一救济的具体理由是：（1）尽管存在程序上的障碍，案件仍被受理。在这种情况下上诉时上级法院必须主动地考虑复审；（2）如果作出的判决针对或影响到没有被适当地送达到的人，或者是在该案中没有出庭的人；（3）如果判决的内容含糊不清或者不完全以致当事人不清楚法院是如何对该案进行判决的；（4）如果在诉讼期间发生了严重的程序性错误，则可以据此推定影响了案件结果。

如果判决是由地区法院做出的，则此种救济申请必须向有关的上诉法院提出。除此之外，申请必须向最高法院提出。救济申请必须在受到抨击的终局性判决作出之日起6个月内提出。如果申请者在该案中没有出庭，则提出申请的时间是从他知悉该案的判决有错误时起6个月内。

（二）上诉制度

1. 应复审的问题

瑞典的法院体系是包括初审法院——地区法院，上诉法院——6个上诉法院，以及最高法院的三级体系。

上诉法院对上诉的案件承担充分的复审责任——包括其中的法律方面、事实方面以及证据方面的复审。对于上诉法院修改低一级法院的判决的权力，现有的限制是"可信性原则"，这一原则是指上诉法院没有对口头证据作出重新调查时不得修改下级法院的判决。同时上诉法院不得将判决修改为不利于上诉人，除非可以交互上诉。如果争议标的物的价值不超过一定的数额，则对地区法院的判决的上诉存有一定限制。

最高法院的作用主要是为法律争议提供先例。因此将案件提交最高法院审理的权力受制于最高法院对实施复审的准许。在以下情况下可以准许实施复审：（1）该案在最高法院审理对于指导适用法律意义重大；或者（2）有例外的理由，如对实质性错误或重大的程序性错误或明显由重大错误造成的上诉法院对案件的判决结果的救济。

2. 上诉程序

对低一级法院的判决或低一级法院驳回某一诉讼（或某一诉讼的一部分）的决定提起的上诉是作为通常的上诉提起的，但是对其他种类的低一级法院的裁决的上诉是作为受限制的上诉提起的。对缺席判决是不能上诉的（但是如果当事人提出申请，则作出缺席判决的法院可以重新审理该案）。

对地区法院的判决或决定的上诉必须提交给相关的上诉法院，但是必须先向作出判决的地区法院提出申请。根据 2008 年 11 月 1 日生效的修订后的《瑞典司法程序法典》的规定，对地区法院判决的上诉需要获得相应上诉法院的许可。[①] 上诉必须在判决作出之日起 3 个星期内提出。对上诉法院的判决的上诉必须在判决作出之日起 4 个星期内，向作出判决的上诉法院提出。

三、奥地利

（一）审判后申请制度

当有重要理由存在时，可以通过要求宣告判决无效的诉讼或对案件的重新审判申请对判决提出抗辩。要求判决无效的诉讼只能对不可以再上诉的判决提起。对判决提起无效诉讼的根据是：（1）作出判决的法官无权裁判该案；以及（2）当事人未被听审，但只有在没有机会尽早提出这些问题，如在没有上诉机会的条件下方可提起要求判决无效的诉讼。

提出重新审判申请的根据是：（1）伪造单据；（2）宣誓的一方当事人，或证人或专家证人作伪证；（3）一定种类的特殊犯罪；（4）法官实施的犯罪；（5）不能以上诉废除的根本性的非法裁决（criminal verdict）；（6）已结之案；（7）新的事实和证据。

只有在当事人没有机会尽早提出时才能以最后两个根据提出请求。

（二）上诉制度

1. 受制于复审的问题

一般地，只有对终审判决和命令才能复审。但是，对某些在诉讼期间发布的法院命令也可复审，上诉的当事人应提出法律问题、事实问题以及程序上的

---

① Jonathan Warne, International Dispute Resolution, 2009, p. 650.

争议问题（特别是违反了基本的程序原则而使判决无效的问题）。

2. 对事实复审的范围

通常地，对法院的事实认定可以上诉。

3. 依法当然取得的复审

对于某一争论点来说失败的当事人，有权在一审判决作出后的 4 个星期内对之提出上诉，反对方则有权对该上诉提出答辩。

在一些特别的诉讼中，没有判决而只有终局命令，上诉的时间被限制在 14 天内。

如果争议的金额超过 ATS50000，并且在案件中涉及有关家事法和租赁法的特别主题，则当事人有权将上诉审法院的判决上诉到最高法院。在这一程序中，上诉人只能提出有关实体法或民事诉讼程序中非常重要的问题。通常最高法院判决案件并不需要听审。

在奥地利的民事诉讼规则下，法院不受以前不同当事人之间的案件的判决的约束。奥地利没有遵循先例的制度，从这一点就可认为它的最高法院的判决对法律制度的发展并不十分重要。不过在实践中，下级法院按照上级法院所确定的方针来办事，这样做的一个理由可能是：当判决因上诉而被宣告无效后，案件经常回到进一步被上诉裁决所约束的下级法院。

4. 任意的复审

在某些案件的上诉程序中，当事人经允许可以提出重要的法律问题，这类似于美国的上级法院向下级法院等发出的诉讼文件（案卷）调取令程序。

四、希腊

（一）上诉的功能

法律没有把上诉权利的行使单独留给法官自由裁量。所有的上诉方法都由《民事诉讼法典》具体规定并构成复审案件的唯一方式。

希腊《民事诉讼法》把普通上诉方法和特别上诉方法作了区分。普通的非难方法（缺席判决的重新审理和上诉）导致从该案的事实和法律两方面对判决进行复审，然而，特别的非难方法（对有争执的判决的重新审理和撤销原判）仅导致从法律上对判决进行复审。

这种区分与既判案件的效力和判决的可执行性有密切的联系。只有在普通上诉方法用尽时，既判案件效力和判决的可执行性才开始起作用。相反，特别上诉方法既不中止既判案件的效力，也不中止判决的执行。

（二）对缺席判决的重新审理

《民事诉讼法典》第501条规定，如果一方当事人未经适当传唤参加案件的审理，则他可要求对判决进行重新审理。对缺席判决的重新审理通过向作出该缺席判决的法院的书记员提交申请而开始，如果当事人居住在希腊，则申请应在该缺席判决送达后的15日内提交。如果当事人居住在国外或者他住所不为人所知，则申请应从缺席判决摘要在两个日报上公布之日起的60日内提出，这两个日报一个在雅典地区，另一个在作出被非难的判决的法院所在的地区。

对缺席判决的重新审理是以将在法庭中受审的缺席一方有被听审的权利为前提的，它并不产生中止的效力。然而，对缺席判决进行重新审理的请求导致缺席判决执行的延期，直到法院作出判决。

（三）上诉

通常，上诉可以产生于一审法院（如治安法庭、独任法庭一审、多成员法庭一审）作出的最终判决并且导致从事实和法律方面对判决进行复审。上诉请求中止既判案件的效力并且导致受到异议的判决执行的中止，直到上诉法院发布判决。

《民事诉讼法典》没有列举上诉的理由，这就像它对撤销原判和有争执的判决的重新审理的规定一样，然而，上诉的理由可以涉及事实问题、实体法或程序法问题、所提交证据的评价或者法院在程序上的过失。

《民事诉讼法典》第516-518条规定：诉讼中的任何一方当事人以及他们的继承人和代理人可以对法院作出的判决提出上诉，如果上诉人定居在希腊，则他可以从受到非难的判决送达之日起30天内提出上诉；如果被告定居在国外或者他的住所不为人所知，则他可在受到非难的判决送达之日起60天内提出上诉；如果判决未送达，则上诉应从判决发布之日起3年内被提出。上诉申请书应提交给作出受到异议的判决的法院的书记员并且详细说明上诉的理由。

根据《民事诉讼法典》的规定，上诉法院潜在地享有与作出受到非难的判决的审理法院同样的权力。因此，如果上诉被受理，则上诉法院保留这个案件并且复审它的是非曲直。另外，如果作出受到非难的判决的法院没有审查案件的是非曲直，则上诉法院可依它的自由裁量权，或者自己决定案件的是非曲直，或者把案件移交给原审理法院。

然而，上诉法院不能对超出上诉人上诉的问题作出判决。同样地，除了有特别的理由，上诉法院不能采纳没有在发布受到异议的判决的一审法院的诉讼程序中提交的新的请求权和证据。

然而,《民事诉讼法典》允许被上诉人提出交互上诉,但是交互上诉应局限于判决中受到异议的部分或者那些与它们有必然联系的部分。

（四）有争执的判决的重新审理

有争执的判决的重新审理可以产生于一审法院、上诉法院以及最高法院作出的判决,而不管最高法院撤销原判的效力。

重新审理有争执的判决的理由由法律严格地列举并且限于程序上的缺陷。有争执的判决可因下列原因而重审:（1）案件的判决前后矛盾,当事人的请求重审;（2）传票送达手续中的不适当方法;（3）一方当事人被不适当地代表;（4）代理人没有权力。

对有争执的判决重新进行审理的请求也可以在下述案件中提出:审理后又发现新的书证的案件或者受到异议的判决所依据的司法裁决被不可改变地撤销了。

对有争执的判决进行重审的请求不中止受到异议的判决的既判案件效力;也不存在判决执行的中止。

（五）撤销原判

抗辩判决的主要的特别的方法是撤销原判。它构成向最高法院民事和刑事法庭提出的、要求仅从法律上对判决进行复审的请求。尽管先例在希腊法律中没有正式的约束力,最高法院的判决录的影响是明显和相当大的。撤销原判的请求可以非难治安法庭、独任法庭或者一审的成员法庭的判决,但更为经常的是上诉法院的判决,假如上述判决不受对缺席判决的重审和普通的上诉的影响。

撤销原判的请求不中止受到异议的判决的既判案件效力并且不会中止对它的执行。然而,根据一方当事人的请求,如果判决的执行导致难以补救的损失,则最高法院可以中止判决的执行。

在撤销原判中,复审的理由由法律严格地列举并被限制在撤销对实体法规定（包括外法或国际法）的违反、此类规范的不适当解释或者对某一指定的程序规则的违反,这些程序规则大部分属于有关证据及其评价的规则。

下级法院对事实的评价,特别是对证据内容的评价不能由最高法院复审。然而,事实问题和法律问题的界限不总是不证自明的,有时会出现微妙的解释问题。

撤销原判的申请应当提交给发布受到异议的判决的法院的书记员,如果请求方定居在希腊,则申请应在判决送达后的30天内提出;如果请求方定居在国外或者其住所不明，则申请应在 90 天内提交；如果判决未被送达，则撤销原判请求应当自发布判决之日起的 3 年内被提出。

如果撤销原判被接纳，则受到异议的判决将被撤销，同时当事人恢复到他们以前的状况。

第十章　外国法院判决的承认与执行

在国际民事诉讼法中，或者说在国际民事司法协助中，外国法院判决是有特定含义的，一般是指非内国法院根据查明的案件事实和有关法律规定，对当事人之间有关民事权利义务的争议，或者申请人提出的申请，作出的具有强制拘束力的裁判。但应注意以下几点：（1）对"外国法院"应作广义理解。在多法域国家，也指另一个法域的法院作出的判决。但有时在内国境内的其他法院（主要是某些国际组织的法院，如欧洲共同体法院等）所作出的判决，只要该法院是不属于内国或本法域的，也应归于"外国"法院判决之列。通常"外国法院"就是指行使民商事管辖权的普通法院，但也包括劳动法院、行政法院、特别法庭，甚至是被国家赋予一定司法权的其他机构。①　（2）对"判决"也应作广义理解。外国法院判决，在司法实践上并非只指法院判决一种，其他如就诉讼费用作出的裁决、经法院认可的调解书、法院对刑事案件中就有关损害赔偿事项作出的判决，以及某些外国公证机关就特定事项作出的决定等都是应包括在内的（国外仲裁机构所作的裁决，也可包括在其中，但本书对此将在下一章进行讨论。因为它另有许多不同的特点）。

承认外国法院判决与执行外国法院判决，是既有区别又有联系的两个问题。一般而言，承认外国法院判决，意味着外国法院判决取得了与内国法院判决同等的法律效力，外国法院判决中所确定的当事人之间的权利义务关系被内国法院所确认，其法律后果是，如果在内国境内他人就与外国法院判决相同的事项，提出与该判决内容不同的请求，可以用该判决作为对抗他人的理由。而执行外国法院判决则不但要承认外国法院判决在内国的法律效力，而且就其应该执行的部分，通过适当程序付诸执行，强制当事人履行外国法院判决确定的义务，其法律后果是使外国法院判决中具有财产内容的部分得到实现。当然，

---

① 例如，在波兰，公证处也有权处理数额不大的财产纠纷，以及关于遗嘱有效性、遗嘱保护方面的纠纷。1992 年《罗马尼亚国际私法》也规定它所指的"外国判决"，包括外国法院、公证机关或其他主管机关作出的判决。

承认外国法院判决也并非一定导致执行判决，因为有的判决只需承认就够了。如关于单纯的离婚判决，承认了它就意味着可以允许离婚当事人再行结婚，而不存在执行问题。①

第一节　若干亚洲国家和地区的判决执行制度

一、日本

1979 年《日本民事执行法》② 第 24 条对外国法院判决的执行作了规定：对于外国法院判决作出执行判决的请求诉讼，由管辖债务人普通审判籍所在地的法院管辖；如没有普通审判籍，则由请求标的或者能扣押债务人财产所在地的地方法院管辖（第 1 款）。执行判决，不应调查裁判的当否。本条第一款的诉讼，如不能证明外国法院的判决已被确定，或者不具备《民事诉讼法》第 118 条③所规定的条件时，应驳回其请求。执行判决，应宣布准许根据外国法院的判决强制执行的旨意。

（一）承认与执行的法律根据

1. 法律规定

《民事诉讼法》第 200 条是关于外国判决的承认的。《民事诉讼法》的其他一些条款过去用于调整外国判决的执行，但是这些条款在 1979 年为《民事执行法》的条款所取代。《民事诉讼法》第 515 条到 736 条在 1979 年被废止，而且为新制定的《民事执行法》所取代。

2. 外国法院

《民事诉讼法》第 200 条和《民事执行法》第 24 条都涉及了 "外国法院" 的判决。这个术语没有确切的定义，但东京高等法院于 1993 年 6 月 28 日的判

---

① 参见李双元、欧福永主编：《国际私法》，北京大学出版社 2015 年第 4 版，第 409 页。

② 该法的中译本可参见白绿铉译：《日本新民事诉讼法》，中国法制出版社 2000 年版，第 205-266 页。

③ 《民事诉讼法》第 118 条（外国法院的确定判决的效力）规定：外国法院的确定判决，限于具备下列各项条件才有效：（1）根据法律或条约承认外国法院的审判权的；（2）败诉的被告受到诉讼开始的必要的传唤或命令的送达（公告送达及其他类似于公告送达的除外），或者虽然未受送达，但败诉的被告已应诉的；（3）判决的内容及其诉讼程序，不违反日本的公共秩序或善良风俗的；（4）有互惠的。

决中指出，外国法院是指在外国行使民事管辖权的常设司法机构，尽管其组织和程序也许和日本法院不同。东京高级法院拒绝了加利福尼亚州法院的判决在日本的执行（该判决要求日本被告支付惩罚性的赔偿），原因是认为加利福尼亚法院不是行使民事管辖权。

3. 外国判决

日本法院不仅可以承认和执行金钱判决，而且可以承认和执行判予其他形式救济的外国判决和裁决。然而，这种救济必须是日本法院根据日本《民事诉讼法》可以判予的救济。

（二）承认与执行的条件

1. 终局性

《民事诉讼法》第118条对于外国判决的承认条件只规定了它必须是终局的。在日本，一项外国法院的判决只有在一般情况下不能提起上诉时才被认为是终局的；也就是说，当根据外国法律上诉期限届满时才是终局的。因此，外国的中间判决（即那些需要进一步的程序步骤才能成为终局的判决）和那些在一审或者直接上诉中可被撤销或者修改的判决，不能在日本得到承认和执行。

2. 管辖权

《民事诉讼法》第118条第1款阐明了外国判决在日本承认与执行的管辖权条件。最高法院在其1998年4月28日的判决中遵循了下级法院过去的判决和大部分日本法学家的观点，即一外国法院（要求其判决在日本得到承认和执行的法院）的管辖权必须由日本法院根据日本法律或者法令或者条约进行审查。[①]

3. 通知或应诉

《民事诉讼法》第118条第2款规定，外国判决得到承认和执行的一个条件是"败诉的被告受到诉讼开始的必要的传唤或命令的送达（公告送达及其他类似于公告送达的除外），或者虽然未受送达，但败诉的被告已应诉的"。东京地区法院在其1997年12月8日的判决中，指出从美国通过航空邮件送达给日本被告的方式不符合国际司法协助公约的要求，并拒绝承认了该美国判决。最高法院在1998年4月28日的判决对"进行传唤或其他必要程序来开始诉讼程序"进行了解释，并裁决此类传唤或程序不仅要法国法院所属国的法

---

① Michael Pryles, Dispute Resolution in Asia, 2006, p. 220.

律，而且还要使被告有充分的时间准备在该外国法院出庭。①

4. 公共政策

《民事诉讼法》第118条第3款规定，一项外国判决如果与日本的公共政策或善良风俗相抵触，就不应该得到执行，但它并未给"公共政策或善良风俗"下定义。

法院发现被告依据许可证协议的支付可能会触犯日本的外汇管制法，但是法院认为该法所限制的外汇支付从本质上来说是暂时性的，目的是为了日本国家经济的复苏和发展，在许可证协议下的支付和日本的公共政策和善良风俗并不相抵触，尽管这样可能会引发刑事责任。法学家的主要观点赞同法院的上述判决。

5. 冲突的判决

一项寻求承认或执行的判决可能会和先前内国法院或外国法院作出的判决相冲突。这也与法院处理的诉讼标的有关。

大阪区法院在其1977年12月22日的判决中采纳了被告的观点，认为如果一项外国判决的承认和一项日本法院的判决相冲突，而且案件是关于同样的当事方和同样的事实，此时根据第118条第3款，则可以认为该外国判决违反了日本的公共政策。

6. 互惠

根据《民事诉讼法》第118条第4款的规定，互惠是外国判决得以承认与执行的一个条件。关于这种互惠条件没有法律明文规定，但是最高法院1983年6月7日的判决认为，如果外国的各种标准和日本的标准相同甚至更加宽松，或者日本要求对外国判决进行承认和执行的各种要求和外国在实质上并没有区别，以致内国和外国的要求在很多重要方面是同一的，则可认为互惠的条件得到了满足。

7. 证据

根据《民事诉讼法》的规定，由法院来确定承认外国判决所需的要件是否得到了满足。这体现在东京区法院1965年5月27日的判决中。然而，在实践中，法院的调查结论通常都是建立在寻求外国判决能够得到承认的当事人所提交的辩护词和证据的基础上。如果法院认为当事人提交的证据还不足以确定这个问题，则可以要求当事人提交进一步的证据。

---

① Michael Pryles, Dispute Resolution in Asia, 2006, p. 221.

（三）外国判决的效力

1. 准据法

当一项外国判决在日本法中得到承认时，就相应会产生一个问题，即应当赋予它什么样的效力。

尽管在这个问题上没有法律明文规定，但法学家的主要观点是，在日本一项外国判决所应赋予的效力应该和它在作出判决的该外国的法律制度下的效力是一样的。因此，可以认为一个日本法院为了确定相关不同的外国判决在日本法律中的效力，应该参考判决作出国的外国法律。

在这些问题中，我们还要考虑判决的既判案件效力问题和判决约束什么人的问题，即判决是仅仅能约束其当事人，还是能影响第三人，或者它能否约束原告权利和被告义务的继承者？

2. 既判案件

法学家的主要观点是：一项外国判决中既判案件的效力是根据取得判决的该外国的法律来确定的。另外，法学家们指出，如果该外国法比日本法给予该判决更广泛的效力，那么这种效力能否得到承认还是有疑问的。

3. 执行程序

即使一项外国判决满足了《民事诉讼法》第118条规定的全部承认条件，还是不能直接在日本得到执行。根据《民事诉讼法》第200条的规定，可承认的外国判决必须首先根据《民事执行法》第24条的规定转化为一项执行判决，然后才能根据《民事执行法》规定的各种可能的方法来加以执行。因此，一项外国判决的执行如果需要不被日本法允许的一些执行方法，那么根据《民事执行法》该判决将是无法执行的。比如，将债务人扣留的特殊执行方法在日本是行不通的。

根据《民事执行法》第24条第2款的规定，日本法院不能重新审查已被外国法院查明的事实，当事人也不能以已存在但是在法院作出判决前没有提交的任何新事实加以抗辩。然而，一些法学家主张当事人可以用判决作出后发生的事实进行抗辩，如在日本法院进行执行程序的过程中，通过双方当事人之间的同意而对义务进行的某些修改或撤销。

二、马来西亚

（一）承认与执行的法律根据

判决是指法院的判决和裁定，也包括仲裁裁决。

外国判决的承认与执行受1958年《判决互惠执行法》的约束，而执行程序则包括在 1980 年《高等法院规则》（RHC）第 67 号令中。

根据 1958 年法第 10 条的规定，判决经登记后要签发一个证书。对判决发给证书有一定的限制，即依该判决必须支付一定数额的金钱，但是这种金钱不能是税收或类似性质的税费，也不能是罚款或罚金。

法院可以根据法律作出裁定证明一外国判决可以得到承认和执行，但是如果裁定没有遵循法律中的规定，或者没有规定判决债务人可以在一段时间内驳回登记的话，这种裁定是有实质性缺陷的。即使债权人的律师在判决中通过增加一些注释来弥补了这种不足，这种缺陷也是不能被补足的：参见 Velautham Chettyar v. Sayampanathan［1929］SSLR 98.

如果法院发现外国判决存在法律规定的一些情况，则法院可以拒绝执行或不让其生效。如果这些情况都不存在，则法院应该使外国法院作出的判决生效：见 Murugappa Chettiar v. Krishnappa Chettiar&Ors［1940］MLJ 200.

（二）承认与执行的条件

1. 国际管辖权

1958 年法第 3 条第 1 款适用于判决的登记，所适用的国家都列在附表一中（大部分是英联邦国家）。

2. 互惠

互惠的基础主要规定在 1958 年法第 3 条第 2 款和第 9 条中。

3. 正当程序/自然正义

1958 年法的第 5 条规定了一些原因，如果判决中出现了这些情况，则判决的登记就要被驳回。比如，第 5 条第 1 款第 3 项规定，如果判决债务人也就是诉讼中的被告在其原审法院的程序中，没有收到通知（尽管已根据原审法院国法律，适当地送达了传票），以便使他在这些程序中都有足够的时间对这些程序进行抗辩，并且被告没有出庭的情况下，则该判决就得不到承认和执行。

4. 欺诈

1958 年法第 5 条第 1 款第 4 项规定，如果一项判决是因为欺诈而取得的，则马来西亚法院也可以驳回判决的登记。

5. 公共政策

1958 年法第 5 条第 1 款第 5 项规定，如果法院执行判决将会与法院地的公共政策相抵触的话，则法院也可以不执行判决。

（三）外国判决的效力

经登记的判决，自登记之日起生效（第 4 条第 2 款）。对外国判决，法院有登记与否的裁量权。这种登记也可以被驳回，主要原因在第 5 条中作了规定。一项判决，即使已经被批准了其登记，如果马来西亚和相关国家没有互惠协议的话，在马来西亚也是得不到执行的。

1. 准据法

在确定外国判决的诉讼中，除非有相反的证据，外国法律和法院地法有相同的效力：参见 Ralli&Anor v. Angullia［1917］15 SSLR 33.

2. 终局性和禁止反言

1958 年法令第 3 条第 3 款规定，判决必须是"终局性的并且对当事人是结论性的"，即使对该判决的上诉正在审理。

一项外国判决必须对它所调整的任何事情而言都是终局性的，而且不能被由于违反诉讼所依赖的任何事实或法律而被提出异议，除非有特殊原因。它创设了一项新的独立的义务，且不同于最初的诉因，在执行方面可能比最初的合同诉讼的诉因有更强的执行力：参见 Ralli&Anor v. Angulia［1917］15 SSLR 33.

由一个外国法院作出的判决或裁定在执行地将被视为终局的，并按此执行，而不论按照法院地法其程序上有什么瑕疵，只要外国法院拥有对标的物和当事人的管辖权，程序没有违反自然正义原则：参见 Anthinarayana Mudaliar v. Ajit Singh［1953］MLJ 229.

3. 执行方式

当被告尽管被送达了传票，但是他因为商务原因暂时出现在该国，而并不是定居于该外国时，在被告未到庭的情况下作出的外国法院判决在本地法院不能通过诉讼来强制执行，被告也就没有义务去遵守该判决：参见 RMS Veerappa Chitty v. MPL Mootappa Chitty（1893）2 SSLR 12.

三、越南

如果外国判决已经得到了一家经授权的越南法院的承认（《外国判决法》），则 1993 年《执行民事判决法》对外国法院的民事裁决的执行作了规定。但是，目前来说，这种承认是很少的。越南法院只承认：

（1）与越南已签署相互承认和执行判决的双边条约的国家的裁决（仅仅只有极少数这样的条约，主要是与东欧国家签订的），或是越南已经签署的有关承认和执行外国法院判决的国际公约的成员国（越南尚未签署这样的公约）；

（2）被要求得到越南法律承认的判决（该规定的含义仍然是不清楚的）。

四、中国香港地区

（一）承认和执行的法律根据

香港执行外国判决的体制是建立在成文法和普通法的基础之上。

1. 成文法

在香港，调整外国判决承认与执行的主要立法是《外地判决（交互强制执行）条例》。该条例已延伸适用到了比利时、法国、德国、意大利、奥地利、荷兰和以色列上级法院作出的判决。该条例还适用于英联邦的澳大利亚、澳大利亚的海外领地、百慕大、文莱、印度、马来西亚、新西兰、新加坡和斯里兰卡的法院判决。

根据条例的规定，对于终局的、结论性的、支付一定金额（非税金、罚款或罚金）的判决，只要是条例延伸适用的国家的法院在延伸适用的法令生效后作出的，就可以在香港进行登记，登记后就能以执行香港判决一样的方式执行。

2. 普通法

对于香港法对某些外国的法院作出的判决的执行没有作出规定的，只要满足一定的条件，判决也能依据普通法来执行。判决必须是确定的、支付一笔确切的款项（而不是支付一定的税金、罚款或罚金）；判决必须是终审判决，必须是有司法管辖权的法院作出的，不能存在欺诈，执行也将不与公共秩序相违背，且外国法院的诉讼未违背自然正义。

（二）承认和执行的必要条件

1. 司法管辖权

依据《外地判决（交互强制执行）条例》登记的外国判决，如果作出判决的外国法院依据条例的司法管辖权规则没有管辖权，那么该判决的登记就会被废止。同样，外国判决要依据普通法执行就必须考虑到依香港法对其管辖权的确立也是合理的。

2. 终审判决

依据普通法和《外地判决（交互强制执行）条例》，外国判决必须是终审确定的。在判决作出国，如果判决结论性地、最终地确定了外国判决债务的存在，则该判决是终审和确定的。作出判决的法庭能够改变或取消的判决就不是终审判决。但是，即使仍可以提出上诉的判决，也可能是终审确定的。

3. 互惠

依据《外地判决（交互强制执行）条例》，在外国也给予香港判决互惠待遇的条件下，香港行政长官能命令将该条例的条款延伸到他所满意的一些国家。在依普通法执行外国债务判决时，并不需要外国给予香港互惠待遇，因为此时外国判决的执行是建立在外国判决所创设的义务而非礼让原则之上。

4. 自然正义

当外国法院的程序侵犯了"自然正义"原则，将导致判决不能在香港执行。自然正义的准确范围不是很清楚，但是很清楚的是，在任何案例中被告均应被给予通知和陈述的权利。同样《外地判决（交互强制执行）条例》规定，如果被告没有在充足的时间内得到通知，致使他不能在法院中为自己辩护，那么该判决在香港将得不到执行。

5. 欺诈

依据普通法和《外地判决（交互强制执行）条例》，通过欺诈获取的判决在香港均得不到执行。在普通法下就强制执行外地判决而提出的欺诈抗辩，可以是诉讼各方的欺诈或作出判决的法院的欺诈。就前者而言，如为交付货物提起诉讼的原告人，向法院隐瞒他已收到货物的事实。至于后者，例子是判原告人胜诉的外地法院，是因为有关法官收受某人（这不一定是被告人）贿赂后才作出此判决。

6. 公共政策

香港法院对违背香港公共政策的外国判决将拒绝执行。

在普通法系中，"公共政策"是一个法律概念，不是一个行政或政治概念，而且是由法院而非由政府的行政机关来决定的。公共政策所指的，是法官认为能够反映社会道德和基本信念的事物，而且没有永远固定的范围，公共政策会因应不同的环境和转变中的公共道德标准而有所改变，并且与时俱进。每个国家对这同一概念都有本身的看法。因此，在不同的司法管辖区，公共政策这个概念也有不同的内涵。

（三）外国判决的效力：终审和禁止翻供

早先，尽管在获得香港法院的判决后，原告不能基于相同的诉因在香港重新起诉，但并不能阻止他在外国获得判决后又在香港起诉。依普通法存在的这一情况在《外地判决（限制承认及强制执行）条例》生效后得到了改变。依据《外地判决（限制承认及强制执行）条例》，任何人如在海外国家法院进行的法律程序中就某一诉因获得胜诉判决，该人不得在香港再就同一诉因而对相同的诉讼另一方或其利害关系人提起法律程序，但如该项判决在香港不能强制执行或无资格获承认则除外。

（四）执行方式

依据《外地判决（交互强制执行）条例》，指定的国家的判决只要在香港高等法院进行登记，随后就能像香港判决一样进行执行了。依据普通法，外国判决的债权人可以依据外国判决所创设的义务在香港开始新的诉讼程序，最后执行香港法院作出的判决。

五、中国台湾地区

（一）承认与执行外国判决

根据台湾地区"民事诉讼法"第 402 条的规定，一般地，一项终审且不能撤销的判决要在中国台湾地区得到执行，需要满足的的条件如下：

（1）依台湾地区之法律，外国法院必须对案件具有管辖权。在这一点上，外国的长臂管辖权规则因为与台湾的法律不一致而可能受到质疑。

（2）对台湾地区被告的程序公正问题。必须给予台湾地区的被告在外国法院进行答辩的公正的机会。败诉之被告未应诉者。但开始诉讼之通知或命令已于相当时期在该国合法送达，或依中华民国法律上之协助送达者，不在此限。

（3）不违背台湾的公共政策。台湾地区法院将不执行一项与台湾地区的公共政策相违背的判决。尽管公共秩序的概念缺乏明确的法律界定，但通常应包括台湾地区法律中的强制性规定。

（4）互惠。如果外国法院不能在互惠的基础上承认台湾地区法院的判决，则台湾地区法院不会执行外国判决。司法互惠不能与外交承认相混淆。

（二）中国大陆法院判决在中国台湾地区的的承认和执行

中国台湾地区 1992 年 7 月 31 日颁布的"台湾地区与大陆地区人民关系条例"（后经多次修改）对中国大陆法院民商事判决在台湾的承认和执行作了规定。其第 74 条规定，在大陆地区作成之民事确定裁判、民事仲裁判断，不违背台湾地区公共秩序或善良风俗者，得申请法院裁定认可。前项经法院裁定认可之判决或判断，以给付为内容者得为执行名义。前两项规定以在台湾地区作成之民事确定裁判、民事仲裁判断，得申请大陆地区法院裁定认可或为执行名义者始适用之。1998 年 5 月，台湾地区"行政院"又对"两岸关系条例施行细则"第 54 条（2003 年修订后为第 68 条）增订了一项内容，即"依本条例（两岸关系条例）第 74 条规定申请法院裁定认可之民事确定裁判、民事仲裁判断，应经'行政院'设立或指定之机构或委托之民事团体验证"。这一规定实际上增加了台湾地区认可大陆法院民事判决的法律环节。

据台湾学者考察，1997 年至 2007 年间，第三人向台湾地区高等法院申请裁定认可大陆法院判决的案件，共 25 件。① 1999 年 10 月 15 日，台湾板桥地方法院民事二庭裁定认可海口市中级人民法院（1995）海中法经字第 54 号民事判决，从而启动了大陆法院的生效判决在台湾申请强制执行的程序。

第二节　若干欧洲国家的判决执行制度

在判决的域外承认与执行方面，欧洲地区存在几个重要的国际统一立法，即 1968 年欧共体《布鲁塞尔公约》、1988 年《洛迦诺公约》和欧盟理事会通过的几个有关条例。目前，对同为《洛迦诺公约》成员国的欧盟国家和欧洲自由贸易联盟的成员国瑞士、挪威和冰岛之间，判决的相互承认与执行依《洛迦诺公约》进行。丹麦与其他欧盟成员国之间判决的相互承认与执行仍依 1968 年《布鲁塞尔公约》进行。在除丹麦外的其他成员国之间，欧盟 2012 年《关于民商事案件管辖权及判决承认与执行的条例》已替代《布鲁塞尔公约》。因此对除丹麦外的欧盟成员国法院作出的判决的相互承认与执行，依据欧盟 2012 年《关于民商事案件管辖权和判决承认与执行的条例》（2012 年第 1215 号条例）、2015 年《关于破产程序的条例》（欧盟 2015 年第 848 号条例）、2003 年《关于婚姻案件和亲子责任案件管辖权及判决承认与执行的条例》（2003 年第 2201 号条例）、2009 年《关于扶养之债管辖权、法律适用、判决承认与执行和合作的条例》、2012 年《继承条例》（英国、爱尔兰、丹麦未加入）进行。在以下阐述欧洲各国的有关制度时，不再重复上述说明。

一、奥地利

（一）救济

根据奥地利《执行法》，货币可根据以下方法收取：（1）没收不动产；（2）扣押；（3）扣发工资；（4）征用动产。其他的执行方法有：（1）清除（Räumung）——以恢复土地占有判决的强制执行令状来执行判决；（2）取走（Wegnahme）——以归还财产判决的执行令状来执行判决；（3）替代（Ersatzvornahme）——以替代物清偿。罚款和拘留可使债务人亲自履行不能由其他人代替的行为。

---

① 参见黄国昌：《一个美丽的错误：裁定认可之中国大陆判决有无既判力?》，载台湾《月旦法学杂志》2009 年第 167 期，第 193 页。

（二）外国判决的执行

外国判决得到奥地利承认的先决条件是，该判决按照判决作出国的法律有适当的可执行根据。①

奥地利与下列国家缔结的涉及仲裁裁决和/或法院判决的双边条约在有效期中：（1）比利时（BGBl 1961/287）；（2）法国（BGBl 1967/288）；（3）德国（BGBl 1960/105）；（4）大不列颠，北爱尔兰和香港（BGBl 1962/244，1971/453，1978/90），（5）以色列（BGBl 1968/349）；（6）意大利（BGBl 1974/521）；（7）列支敦士登（BGBl 1975/114）；（8）卢森堡（BGBl 1975/610）；（9）荷兰（BGBl 1966/37）；（10）瑞典（BGBl 1983/556）；（11）瑞士（BGBl 1962/125）；（12）西班牙（BGBl 1985/373）；（13）突尼斯（BGBl 1980/305）；（14）前南斯拉夫的继承国。②

奥地利是 1968 年 9 月 27 日缔结的，又于 1982 年 10 月 25 日被修订的《布鲁塞尔公约》的缔约国。该公约第 25 条相当程度地便利了由缔约国法院作出的判决的承认和执行。丹麦与奥地利之间判决的相互承认与执行依《布鲁塞尔公约》进行。对除丹麦外的欧盟成员国法院作出的判决，依据欧盟上述相关条例执行。

如果没有可适用的公约，则奥地利与他国的互惠只能由政府作出声明保证，并在联邦法律公报上公布。为了在奥地利得到执行，外国当局的裁决或主持的和解必须由一个依奥地利的管辖权规则（即奥地利司法管辖准则）有管辖权的机构作出。如果负有责任的当事人没有出庭，则他必须已被直接送达传票。申请执行外国判决的当事人必须出示作出判决的外国当局出具的可予执行的证明。

尽管符合上述先决条件，如果负有责任的当事人没有经过听审、要求执行根据奥地利法律不能执行的行为或者此项权利要求不符合奥地利的公共秩序，则不能准予执行。

二、希腊

执行程序对于把其权利的满足委托给法律制度的原告来说，具有特别的重要性。执行程序也具有高度技术性的本性，同时它与追求速度和效率的愿望相

---

① 《执行法》第 79 条。

② 关于商业事项的仲裁裁决及和解的 BGBl 1961/115 和关于抚养权的 BGBl 1962/310。

联系。

（一）执行程序的种类

《民事诉讼法典》把执行程序分为两个基本的部分：（1）一个包括所有执行程序共享的规则；（2）一个包括适用于几种特有的诉讼程序中的任何一种的规则。

前一部分包含一详尽的文据名单，依照法律，这些文据通过执行（ektelesti titli）而具有强制性并且它们构成强制程序的基础。这些文据是：法院宣布了临时执行的不能上诉的判决以及法院的决议和法官发布的支付令，公证文件，依据希腊法律被宣布为能执行的外国文据以及法院认为能执行的最终命令和决议，例如：针对社会保险基金的支付通知。

（二）强制执行程序

强制执行程序开始于债权人要求债务人满足他的请求的正式通知。通知被放在可执行的文据（执行令状）的经验证的副本后面。为了债务人自愿履行他的债务，法律给予债务人从通知之日起3天的期限。这个期限终止后，自通知债务人起的一历年内，债权人可以通过执行令状的强制执行来满足他的请求。执行令状由任命的送达人执行，如果送达人认为有必要，则他可以寻求主管当局的协助以维持治安。

任何由于执行令状的有效性、请求的可强制执行或者强制执行程序规则的遵守而引起的争执，都由强制执行发生地的一审的独任法庭根据债务人的适当申请来解决。

《民事诉讼法典》关于特定的强制执行程序的条款调整几种请求的强制执行，这些条款考虑到每种请求的性质而为它们规定了执行的方法。直接的特定履行令和满足金钱请求的强制执行可以被区别开来。

直接的特定履行令是为涉及任何动产或不动产所有权转让义务、证券、船舶与飞机的转让义务以及某人作出、不作出或不反对某一行为的义务的请求而规定的。

对履行金钱请求的强制执行或者建立在扣押或拍卖债务人的动产或不动产的基础之上，或者建立在其他的两种金钱请求的执行方法之上：对债务人进行直到1年的监禁（在某些案件中由法律在有限的范围内加以规定）以及由法院任命的管理人强制管理债务人的不动产和营业。

《民事诉讼法典》不调整有关破产或清算的争执。它们属于被包含在商法典中的破产法的调整范围。

（三）外国判决在希腊的强制执行

1. 一般规定

希腊是几个强制执行判决的条约的缔约方，其中最有名的是多边的布鲁塞尔《关于民商事案件的管辖权和判决执行的公约》和欧洲联盟司法法院关于它的解释的议定书以及它与澳大利亚和南斯拉夫的双边条约。丹麦与希腊之间判决的相互承认与执行依《布鲁塞尔公约》进行。对除丹麦外的欧盟成员国法院作出的判决，依据欧盟相关条例执行。当没有特别的条约规定时，《民事诉讼法典》支配外国判决在希腊的强制执行。①

2. 实体法律问题

根据《民事诉讼法典》第 905 条，除了任何可适用于这个主题的公约以外，债务人居住地的一审法院可以宣布外国判决在希腊是可强制执行的。《民事诉讼法典》受司法的普遍性和国际合作原则的指导，它规定不要求审查争议的是非曲直，同时也不要求互惠。相反，它以五个标准为基础，陈述了对强制性的检验：

（1）根据判决被请求在希腊执行时判决作出国的法律，外国判决必须是终局的和可强制执行的。所有的程序问题，如送达的适当性，都必须依照同样的法律进行复查。

（2）根据希腊法律，外国法院对该争议必须有管辖权。《民事诉讼法典》第 22-44 条规定，管辖可以基于下列事实：被起诉一方的居所、法人（如公司）有经登记的营业所的地方、不动产所在地（针对涉及它的争议）、死亡者的居所（对于继承争议）、合同在某地签订的事实、被起诉人的财产的存在（在管辖的地区内）、当事人的特别协议（有其他较小意义的理由）。

（3）总的来看，作出的判决所反对的当事人必须没有被拒绝给予为自己辩解的权利以及参加诉讼的权利。除非那个国家的国民也被以同样的方式对待。

（4）判决必须不与希腊法院的相似的终局判决相冲突（"相似"是指与外国判决一样，具有相同的当事人和相同的标的物）；以及

（5）外国判决不能违反希腊国家的公共秩序和公共政策或者希腊社会的善良风俗。这意味着当外国判决的执行被推定将违反支配希腊社会生活的基本原则时，它将被拒绝执行。

---

① 希腊也是 1958 年 6 月 10 日《关于承认和执行外国仲裁裁决的纽约公约》的成员国。

公共政策标准具有内在的模糊性。由于它被设想为以个案为基础而被具体化，因此为它的适用规定可靠的标准是困难的。这个标准主要被用于拒绝执行有关个人身份的判决，如结婚、离婚或者亲子关系，而不是金钱请求。然而，实际上公共政策被扩展到对各种诉讼发布的判决，包括反托拉斯、证券和税收案件。

外国判决缺乏足够的根据本身并不违反公共政策标准。当外国判决未用希腊货币陈述时，原则上，强制执行可适用的汇率是债务人支付之日的汇率。支付仅可以以希腊货币被强制执行。

3. 程序

根据《民事诉讼法典》第 905 条的规定，判决执行诉讼必须符合非争执性诉讼程序。对债务人的通知不是强制性的，而是建议性的。债务人于是可以成为争执的一方当事人并抗辩判决的强制执行。宣布判决是可执行的裁决是可上诉的。如果通知没有被送达给债务人并且后来债务人没有参加诉讼，则他可以提出所谓的"第三方反对"。

请求强制执行的一方承担证明《民事诉讼法典》第 905、323 条规定的条件被满足的举证责任；反之，被控告方有反证的权利。在一定法院进行的强制执行程序花费的时间通常不超过 3 个月，这比起请求对案件是非曲直进行审理的诉讼来说，所花费的时间要少得多。如果上诉，则应当增加几个月的时间。

当强制执行诉讼未决时，《民事诉讼法典》允许债务人请求临时救济。

三、瑞士

(一) 导言

1. 一般原则

在瑞士，一旦判决成为终局的和可强制执行的，它便可以被强制执行，也就是说：一旦不可再获得普通的上诉救济以及如果特别的上诉救济未被授予中止判决强制执行的效力，则判决可被强制执行。

在瑞士程序法中为人所熟知的三种判决中，只有一种判决当被告不自动履行时需要强制执行。强制执行不适用于宣告性判决。身份判决，如离婚判决、关于公司解体的判决等，是直接生效而不需要强制执行的。如果被告不自动履行判决，则履行之判决（即命令当事人做或不做某一事情的判决）需要强制执行。

2. 履行之判决

履行之判决通过两种不同的方式强制执行：如果判决命令一方当事人支付

一定数额的金钱（金钱判决），则执行程序适用债务收集法规定的债务收集程序规则。由于这是联邦法，完成执行所需的措施在整个瑞士是相同的。然而，如果判决不是金钱判决，而是命令被告完成或禁止为某些行为，则上述判决的执行由州民事诉讼法支配。

3. 符合执行条件的判决

瑞士法院作出的所有的终审判决均能在瑞士境内被执行。联邦宪法第61条明确规定：每一州作出的最后的、可执行的判决在瑞士境内必须能被执行。

对于外国判决，存在许多相关的法律根据。首先，参加了《洛迦诺公约》的国家的法院作出的外国判决，根据该公约，它必须被承认和执行。其次，瑞士是1958年海牙《扶养儿童义务判决的承认与执行公约》与1973年海牙《扶养义务判决的承认与执行公约》及1965年海牙《收养管辖权、法律适用和判决承认公约》的成员国，对于同为上述公约成员国的法院作出的有关判决的执行适用公约的规定。① 再次，在外国判决的承认与执行方面，瑞士与列支敦士登、比利时、捷克和斯洛伐克签订的双边条约依然有效，对方法院作出的判决的执行适用双边条约的规定。最后，对于非国际条约成员国的外国法院作出的判决，其承认和执行由《瑞士联邦国际私法法规》支配。

上述条约一般不涉及仲裁决裁决的承认和执行。然而，瑞士是《承认和执行外国仲裁裁决的纽约公约》的当事国并且它把公约适用于所有的外国仲裁裁决，不管是否由公约的当事国作出。

（二）瑞士非金钱判决的执行

1. 一般原则

履行之非金钱判决的执行由州法调整。通常，必须在被告的普通管辖地，即它的住所地请求执行。如果执行针对的是某一事物，则由这个事物的所在地决定有法定资格的管辖地。如果判决本身没有规定执行措施，则必须依据前面已经阐述的简易程序来请求执行判决。

执行程序，包括将在开庭日授予给被告的权利适用简易程序的一般规则。而且，针对执行判决可获得的上诉救济是针对即决审判可获得的救济。一次性罚款（ordnungsbussen）不能上诉或请求使之无效。然而，这个限制不适用于反复出现的每日罚款（astreintes）。

---

① 上述三个公约的中文本及成员国可分别参见李双元、欧福永、熊之才编：《国际私法教学参考资料选编》（中、下册），北京大学出版社2002年版，第1072-1074、1139-1144、639-642页及附录二。

针对不是被请求执行判决的州作出的瑞士判决，被告可获得下列抗辩：（1）判决不是由有管辖权的法院作出；管辖权根据作出判决的州的法律决定；（2）送达程序不适当或者被告未被适当地代表；以及（3）根据作出判决的法院地的法律，判决尚不是最后的和可执行的。

2. 措施

在苏黎世州，简易法官可采取下列执行措施：（1）他可以命令被告为或不为判决规定的事情，同时上述命令可包含被告如不遵守将被罚款的条件（一次性罚款，ordnungsbusse）。（2）他可以命令：未遵守的被告将依照《瑞士刑法典》第292条惩罚，根据第292条的规定，藐视的被告可处罚金或监禁。（3）他可以对未遵守的每一天处以每日罚款（astreinte）；（4）如果被告被判决去做第三人也可完成的事情，则法官也可以要求这样的第三人或原告去做凡是对履行判决有必要的事情。上述行为的费用必须由被告承担；（5）法官可以对被告或被告拥有的东西使用强制措施。例如，他可以命令其所有权已被判给原告的东西从被告那里取走并移交给原告，上述强制措施由有权的地方当局实施，如有必要由警察实施；以及（6）最后，如果被告已被命令作出宣告性行为，如同意协议的执行，则简易法官可以裁定：执行判决本身将代替上述行为。这特别适用于在土地登记簿上登记关于不动产的权利或不动产的有限权利。

如果上述措施都不能产生判决所规定的结果，那么对于不履行判决，原告可以请求损害赔偿。如果应支付的赔偿数额未在原先的判决中规定，则可用简易程序确定。

（三）瑞士金钱判决的执行

金钱判决的执行适用债务收集法。

在瑞士，债务收集是行政性行为和法院诉讼程序相结合的混合物，原告将采取的下一个措施总是依赖于被告的反应。典型的债务收集经历下列阶段：

1. 债务收集的提起

债务收集开始于债务收集诉讼开始的请求，请求必须向有权的债务收集办公室提出，一旦收到上述请求及各自预付的定金，债务收集办公室将向债务人送达支付令，授予债务人10天的延期以便让他或支付或提出反对。除了在特别的情况下，上述反对不必提出理由。因为通过提出反对而中止债务收集诉讼是如此的容易，几乎没有一个案件债务人不反对支付令的。债务收集官员将把反对通知给债权人，同时债权人必须决定是否起诉。因此债务收集程序的下一步是宣布反对无效。

2. 宣布反对无效

原告可以在获得最后的、可执行的判决之前开始债务收集。如果这样，则债务人的反对将有效地使债务收集程序中止。债权人必须首先获得判决，而为了获得判决，他必须开始一个普通诉讼（金钱判决请求权）。

然而，如果原告已经拥有了最后的、可执行的瑞士判决或者在公文据中规定的或附有债务人原始签名的债务承认书，则他有通过简易诉讼宣告反对无效的机会。如果这些诉讼是基于最后的、可执行的判决，则他可用明确的方式请求法官宣告反对无效。

债务人的抗辩是有限的。如果债务收集诉讼是基于同一州作出的判决，则债务人只能提出支付、延期或时效抗辩。只有债务人能够分别提出证明文件，支付和延期抗辩才是有效的。如果是联邦判决，则可用同样的抗辩。如果判决在瑞士的另一州作出，那么，除了作出判决的法院缺乏管辖权的抗辩外，债务人可以提出不适当的送达或不适当的代理抗辩。发布判决的法院对判决是最后的和可执行的确认，只有当它明显地不正确时，才能被不理会。如果针对瑞士判决宣布反对无效，则它仅仅从属于向州的上级法院提出的无效申请，在此类救济存在的范围内，也从属于向联邦最高法院提出的联邦无效申请。

如果旨在宣告反对无效的简易诉讼是基于书面的债务确认书，则从另一方面来说它的基础仅仅是所谓的临时权利,① 根据上述权利法官可以临时宣布债务人的反对无效。然而，在 10 天之内，债务人可以通过普通程序提起诉讼来获得一个确定争议的债务不存在的判决。

尽管在此诉讼中债务人是原告，对争议的债务的存在的举证责任未能被颠倒。它仍然属于债权人——被告。为获得否定的宣告性判决的诉讼有助于刺激债权人参加诉讼，这个诉讼将导致对争议的金钱请求权的最后的和可执行的判决。

3. 债务收集的继续

一旦债务人的反对被以一种方式或另一种方式宣告无效，并且如果债务人仍未支付，原告可以通过向债务收集办公室提出继续的请求来使债务收集诉讼继续。如果债务人是自然人，则它将被送达一个扣押通知。如果债务人仍不支付，则债务收集办公室将扣押足够支付被执行的请求的属于债务人的物品。如果债务人是法人，则它将收到一个破产宣告通知。如果债务人自收到通知后的20 天内不支付，则债权人可以在简易诉讼中请求宣告债务人破产。

---

① Debt Collection Act，Article 82 et seq.

法官的破产宣告受制于上诉，在苏黎世州，对破产裁定可以提起一个特别的上诉。在苏黎世州的上诉诉讼，允许无限制地提出新的事实。因此，作为最后一个办法，债务人可以支付债务并用上诉状的形式提出支付抗辩。运用此途径的前提是在提出上诉之前已经付款，并且在上诉状后附上上述付款的书面证明。

显然，这个途径经常被事实上无力还债的债务人滥用。例如，在一个案件中，债务人在同一年的 9 月、10 月和 12 月被裁定破产，为了使破产裁定在上诉诉讼中被撤销，债务人每次都在最后的时刻支付被执行的债务，苏黎世州上诉法院认为：如果债务人显然无力还债，则支付被执行的债务将不再阻止破产裁定。

（四）外国判决的执行

1. 法律根据

外国判决的承认和执行大体上由《瑞士联邦国际私法法规》第五章支配。① 然而，《瑞士联邦国际私法法规》第 1 条第 2 款授予了优先权给条约，条约将支配其与《瑞士联邦国际私法法规》规定不同的问题。前面已经提到，瑞士是《洛迦诺公约》、1958 年海牙《扶养儿童义务判决的承认与执行公约》、1961 年海牙《保护未成年人的管辖权和法律适用公约》、1965 年海牙《收养管辖权、法律适用和判决承认公约》、1970 年海牙《承认离婚和别居公约》、1973 年海牙《扶养义务判决的承认与执行公约》和 1980 年《关于儿童监护及恢复对儿童的监护的判决的承认与执行的欧洲公约》、1980 年海牙《国际性非法诱拐儿童民事事项公约》及 1980 年海牙《国际司法救助公约》的成员国，对于上述公约成员国的法院作出的有关判决的执行适用公约的规定。《洛迦诺公约》缔约国之间法院判决的相互承认与执行依公约的规定进行。此外，瑞士缔结了许多涉及判决承认与执行的仍然有效的双边条约。

2. 根据《瑞士联邦国际私法法规》的执行

如果满足下列三个必要条件，则外国判决将被承认（以及，如有必要，被执行）：（1）判决作出地国家的法院有管辖权；（2）不能再对该判决提出普通救济或该判决是终局判决；（3）判决不违反公共秩序。

瑞士承认外国法院的管辖权，如果《瑞士联邦国际私法法规》本身对之如此规定；或者当诉讼开始时，被告居住在判决作出地国；在金钱争议中，如果当事人达成了依《瑞士联邦国际私法法规》为有效的管辖权协议，并且它

---

① 《瑞士联邦国际私法法规》第 25-32 条。

规定了作出判决的法院的管辖权；如果被告无条件地在外国法院出庭；或者如果判决是针对反诉而作出的情形，作出判决的法院对主诉有管辖权，且两诉之间有足够的联系。

根据《瑞士联邦国际私法法规》第27条，如果承认外国判决与瑞士的公共秩序不相容，外国判决将不被承认。而且，如果被告充分地证明：他没有受到合法的传唤，但如果被告无条件地出庭则不能利用这个抗辩；判决的作出违反了瑞士程序法的基本原则，尤其是被告没有机会出庭陈述理由；或者相同当事人间就同一标的进行的诉讼，已在瑞士提起或已在瑞士作出判决，或已先在第三国作出判决且能在瑞士被承认，则所谓正式的公共秩序被违反并导致外国判决的不被承认。《瑞士联邦国际私法法规》第27条第3款明确地规定：此外，不得对判决进行实质性审查。

根据《瑞士联邦国际私法法规》的规定，承认和执行外国判决的申请，必须向依据有关的州的民事诉讼法有管辖权的法院提出。在苏黎世州，有管辖权的法院是被告居住的地区的地区法院，申请须向该法院的简易法官提出。如果承认外国判决这个问题是另一个诉讼的先决问题，则不要求向简易法官提出申请。审理这个诉讼的法院对判决承认问题自行作出决定。在此诉讼中，辩护方必须被授予听审的权利。

根据《瑞士联邦国际私法法规》第29条第1款的规定，判决的承认或执行申请必须附送下列文件：（1）一份完整且经证明无误的判决书副本；（2）一份证明不能再对该判决提起普通上诉或该判决是终局判决的证明书；（3）在缺席判决的情况下，一份证明被告已受到合法传唤并有机会陈述理由的官方文件。

如果在和解达成地国家，法庭和解具有与法院判决同样的法律性质，则当事人在法庭上达成的和解可以用承认或执行外国判决同样的方式被承认或执行。

3. 根据《洛迦诺公约》的承认和执行

瑞士缔结的有关判决承认与执行的双边条约与《瑞士联邦国际私法法规》很少存在实质上的差别。《瑞士联邦国际私法法规》于1989年生效，它试图使授予给非条约国家的外国判决的地位与授予给与瑞士有条约关系的国家的判决的地位相同。此外，随着《洛迦诺公约》适用范围的迅速扩大，双边条约变得越来越不重要。

《洛迦诺公约》与1968年9月27日欧洲联盟《关于民商事案件的管辖权和判决执行的公约》是相平行的，它大大地提高了外国判决的地位。外国判决的承认和执行受《洛迦诺公约》第 25-49 条的支配。公约的基本规则是承认和执行缔约国法院对民商事案件作出的判决。

　　《洛迦诺公约》第 27 条列举了拒绝承认和执行缔约国作出的判决的理由，主要有：（1）判决的承认将与执行国的公共政策相抵触；（2）不是无条件地出庭的被告没有正当地收到传唤或一个相当的文件或者未及时地收到那个文件以便能适当地为案件辩护；或者（3）判决与应当承认外国判决的国家对相同当事人作出的判决不相容。

　　当然，对外国判决持有者来说，最重要的改进是《洛迦诺公约》第 28 条第 4 款，它规定：外国法院确认它自己的管辖权的裁定不能被重新审查并且法院的管辖权不是公共政策的一部分。因此，在判决承认诉讼中，被告不能把外国法院在确认它自己的管辖权时违反公共秩序的事实作为抗辩提出。不像国内法——即《瑞士联邦国际私法法规》，除了在那些有限的、其管辖权是基于《洛迦诺公约》第 7-16 条的案件外，《洛迦诺公约》禁止执行判决的法院重新审查管辖权问题。

　　对于可承认和可执行的判决的性质，公约与传统的执行立法之间存在较大的差别。根据《洛迦诺公约》第 31 条的规定，如果外国判决在作出地国是可执行的，则它必须被执行。因此，被告可能在判决成为终审判决之前被执行。然而，如果外国判决已被上诉或者上诉仍然可能，执行程序可以被中止。

　　最后，由于根据《洛迦诺公约》第 34 条的规定，一审的执行诉讼是单方面的诉讼，被告可不被听审，因此，依传统的执行诉讼，公约存在较大的变化并必定存在对《瑞士联邦国际私法法规》规定的诉讼程序的较大偏离。这个程序破坏了瑞士存在的执行制度，特别是关于金钱判决的执行制度。

　　执行外国金钱判决适用与执行瑞士金钱判决相同的程序，即通过债务收集诉讼。传统地，外国金钱判决的可执行问题是宣告反对无效的一部分。在宣告反对无效的诉讼中，被告无疑具有听审的权利。因此，下述问题被提出：如果公约国家作出的外国判决应当被执行，则执行诉讼是否应当独立于债务收集诉讼，或者它们是否仍然可以合并，如果可以合并，则在此情况下被告享有什么权利。

　　苏黎世州选择了下面的解决办法：由于《洛迦诺公约》第 32 条明确地规定，有权管辖外国判决执行的法官与有权管辖宣布反对无效请求的法官是相同的，两个请求可被合并发布。根据瑞士债务收集法和破产法，在宣告反对无效的诉讼程序中，被告有权听审；这项权利应当被尊重。在这些诉讼中如果被告针对可执行性提出抗辩，一审法官应当不理睬这些抗辩并建议被告应当向苏黎世州的上级法院提出这些抗辩。

对于上诉救济，债务人的地位得到改善：在债务人打算对承认判决的可执行性提出抗辩的范围内，他可以在 1 个月内向苏黎世州的上级法院提出特别上诉。然而，如果可执行性被否定，则《洛迦诺公约》没有授予特别的延期或救济。因此，债权人必须在苏黎世州民事诉讼法授予的延期内提出特别上诉，这个延期在苏黎世州是 10 天，如果持有瑞士的或非公约国家判决的债权人胜诉，则这个延期也适用。

在只涉及债务收集问题且可执行性不存在争议的范围内，只可获得无效辩护，它也必须在 10 天内提出。① 然而，原告可以选择把可执行性问题从债务收集诉讼中分离出来，这对他可能是有利的。原告可以请求：在债务人第一次受审之前，《洛迦诺公约》第 39 条规定的保安措施被适当的处理。在瑞士这些保安措施的性质尚未解决。最可能的判决是，把《债务收集法》第 271 条及以下条文规定的对债务人财产进行扣押的权利授予给债权人，以阻止债务人进一步处置这些财产。不仅洛迦诺判决的持有者，而且一个最后的、可执行的判决的任何持有者都可获得上述扣押。

四、瑞典

（一）国内法的规定

判决的履行和强制执行规定在《判决执行法》中，强制履行判决的申请向被告居住地所在县的有关执行当局提出，必须附上作为该申请基础的判决。仍然受到上诉程序约束的、或者已经提出上诉的有关金钱索赔的判决，仍可以作为终局判决来执行，除非被告为他将来依判决履行义务提出保证。有关恢复个人财产的非终局性判决也可以被执行，但申请者应为返还相关财产（包括由其产生的收益）提供担保。

1. 法律补救方法

可利用的法律补救方法有扣押财产、没收财产以及其他种类的强制执行。

（1）扣押。

在执行金钱索赔时扣押财产是一种普通的法律补救方法。对扣押财产的申请应向被告居住地或其资产所在地的县的执行当局提出。扣押航空器或船舶——如果可行的话——也可以向有关航空器或船舶预期到达的地方的县的有关执行当局提出。对于船舶扣押，还可以向船舶登记地的有关执行当局提出。

---

① Zurich Code of Civil Procedure, Section 287, Para. 2.

财产扣押请求或其他权利请求还可以向有关债务人或债权人居住地的执行当局提出。扣押工资或其他可扣押权益可以向雇主或偿付某项权益的人的居住地有关执行当局提出。根据财产扣押申请，有关执行当局对被告的可扣押资产进行调查。

没有被法律规定排除在外的债务人的所有资产都可以被扣押。《判决执行法》列出了一个名单，名单上某些种类的个人财产免受扣押，并且规定了一个应为债务人保留的最低金额。应注意的是，无论如何一项已作为担保抵押的资产可以被扣押以偿还债务，而不必受到上述免除扣押规定的约束。

扣押财产或者是从有关执行当局保管的争议财产中获得或者是以图例标明某项财产已受扣押令支配。目前薪水和各种社会保险补助金都可以被扣押，只要其超过债务人用以供养他和他的家庭以及履行其他扶养义务的数额。有关执行当局或者指定一代理机关管理所扣押的社会保险补助金。扣押的时间不得超过任何一日历年的 6 个月，或者当扣押期限跨越一个年份时不得超过连续的 6 个月时间。

（2）没收财产。

没收财产的申请必须向被告居住地或没收能够得到执行的地方的县的执行当局提出。没收财产的执行或者是通过执行当局任职人员的协助进行的，或者是发布命令要求被告自觉上交被没收的财产。这种命令要取得申请者的同意，如有违反可以处以罚款。

（3）其他种类的履行。

除了扣押和没收财产方式以外，强制执行还可以通过以下方式实现：由执行当局发布命令要求被告履行义务，或者张贴禁令或其他命令，或者执行当局进行直接协助。在申请者的请求下，如果执行当局考虑后也觉得合适，它可以允许申请者自己按照它的指示采取必要的措施。执行当局发出的命令如没有被遵守，可以对当事人处以罚金。

判决中对履行方式有规定的，如果执行当局觉得为使判决得到执行有必要适用另一种方式，则执行当局不受判决的约束。我们现在所述的各种强制执行的申请必须向被告居住地或有关财产所在地的执行当局提出，或者向在其他方面有利于强制执行的地方的执行当局提出。

2. 破产

判决的履行最终可能导致被告被宣布破产。《破产法》列出了破产的不同法律条件，其中之一是通过扣押程序来确定，即在扣押财产时被告缺乏足够的资产来偿还债务。破产申请应自执行当局发现被告资产不足之日起 6 个月内向被告居住地法院提出。

（二）依据欧盟理事会有关规则的执行

目前，对除丹麦外的欧盟成员国法院作出的判决，依据上述欧盟相关条例执行。

（三）依据国际公约的执行

1. 依据《布鲁塞尔公约》的执行

目前，丹麦与瑞典之间判决的相互承认与执行依 1968 年《布鲁塞尔公约》进行。

2. 依据《洛迦诺公约》的执行

在瑞典加入《洛迦诺公约》以后，瑞典通过国内法令（SFS 1992：974）详尽地将《洛迦诺公约》的正文内容作为法律颁布，并于 1993 年 1 月 1 日生效。对非欧盟成员国的《洛迦诺公约》缔约国的法院的判决依《洛迦诺公约》的规定执行。

强制执行的申请必须向斯韦（Svea）上诉法院提出。如果申请被批准，外国判决的可强制执行的程度和方式与国内终审判决是一样的，但是要受到《洛迦诺公约》第 39 条准许强制执行的规定中有关上诉期限内禁止强制执行这一规定的约束。如果外国判决包括有临时措施，可适用《执行法》中关于此种措施的强制执行条款。依照《瑞典司法程序法典》第 15 章的规定，批准强制执行的决定被认为包括有关临时措施的判决。

3. 依据其他公约的执行

瑞典是 1958 年海牙《扶养儿童义务判决的承认与执行公约》、1970 年海牙《承认离婚和别居公约》、1973 年海牙《扶养义务判决的承认与执行公约》和 1980 年海牙《国际性非法诱拐儿童民事事项公约》及 1980 年海牙《国际司法救助公约》的成员国，对于上述公约成员国的法院作出的有关判决的执行适用公约的规定。

第三节　关于承认与执行外国法院判决的国际规则

当前，有关承认与执行外国法院判决方面比较有影响的国际规则有：拉丁美洲国家之间于 1928 年缔结的《布斯达曼特法典》、欧共体国家间于 1968 年、1988 年分别制定的两个《关于民商事管辖权及判决执行的公约》、2012 年欧盟理事会《关于民商事管辖权和判决承认与执行的条例》、2003 年《关于婚姻案件和亲子责任案件管辖权及判决承认与执行的条例》、北欧国家于 1979 年缔结的《承认与执行判决公约》、1971年于海牙缔结的《关于承认和执行外国民事或商事判决的公约》及其附加议定书、1999年海牙《关于民商事管辖权与外国判决执行公约》（草案）和2005年海牙《协议选择法院公约》。前五个公约是区域性的，不具有全球性的普遍影响，1971年海牙公约虽是全球性的，但至今只有塞浦路斯、荷兰和葡萄牙寥寥三国批准。1999年海牙公约至今尚未通过。这说明在全球范围很难协调各国在判决承认与执行问题上的差异，而在区域合作方面则因相邻国家法律文化的相近而易取得成功。正因如此，舍难就易，国际社会在一些专门领域达成了若干此类公约，如1958年在海牙缔结的《关于扶养儿童义务判决的承认和执行公约》、1970年在海牙缔结的《承认离婚和分居公约》，以及1973年订于海牙的《扶养义务判决的承认和执行公约》等。此外，国际社会在制订一些涉及专门事项的公约时，为了保证对于与公约内容有关的案件作出的判决在缔约国得到承认与执行，也往往在公约中规定了承认和执行外国法院判决的条款，如1956年《国际公路货物运输合同公约》第31条、1969年《国际油污损害民事责任公约》的第10条和1970年《国际铁路货物运输合同公约》的第58条等。

除国际公约外，自从1869年法国跟瑞士缔结世界上第一个相互承认和执行对方法院判决的双边条约以来，此类双边条约越来越多。下面阐述2005年海牙《协议选择法院公约》和2000年和2012年欧盟《关于民商事管辖权和判决承认与执行的条例》有关判决承认和执行的规定。

一、2005年海牙《协议选择法院公约》

建立统一的外国法院判决的承认与执行制度是2005年《协议选择法院公约》所追求的目标之一。在这方面公约首先规定了缔约国承认和执行排他选择法院协议所指定的其他缔约国法院所做判决的一般义务。然后，列举了可以拒绝承认或执行判决的一些例外情形：（1）该协议按被选择法院地法律是无效的和不能生效的；（2）按照被请求地法律一方当事人缺乏签订该协议的能力；（3）提起诉讼的文书或同等文件，包括请求的基本要素，①没有在足够的时间内并以一定方式通知被告使其能够安排答辩，除非被告在原判决作出地出庭答辩但未就通知问题提出异议，而且判决作出地法律允许就通知提出异议；②在被请求国通知被告的方式与被请求国有关文件送达的基本原则不符。（4）该判决是通过与程序事项有关的欺诈获得的；（5）承认或执行将会与被请求国的公共政策明显相悖，包括导致该判决的具体诉讼程序不符合被请求国基本的程序公正原则；（6）该判决与被请求国就相同当事人间争议所作的判决相冲突，或者（7）该判决与较早前第三国就相同当事人相同诉因所作出的判决相冲突，且这一判决满足在被请求国得到承认或执行的条件。

公约还禁止法院在承认和执行法院判决时对判决事实进行审查；被请求国法院受原审法院所认定的作为其行使管辖权基础的事实认定的约束（第 8 条第 2 款）。外国法院判决的承认和执行程序适用被请求国家的法律。被请求法院应快速办理。

公约第 10 条（先决问题）规定：如被第 2 条第 2 款或第 21 条所排除的事项作为先决问题产生，对该问题的裁定不应依据本公约获得承认和执行。如果判决系基于对被第 2 条第 2 款所排除的事项的裁定作出，则在该范围内可拒绝承认或执行该判决。但是，如果裁定的是版权或相邻权以外的知识产权的有效性问题，则只有在下列情况下才可以依据上款规定延迟或拒绝对判决的承认或执行：该裁定与知识产权依据其法律产生的国家有管辖权的机关所作裁决或决定不一致，或者在该国涉及知识产权有效性的程序尚在审理之中。如果判决系基于被请求国根据第 21 条所作声明而被排除的事项的裁定作出，则在该范围内可拒绝承认或执行该判决。

公约第 11 条规定：如果一个判决裁定损害赔偿，包括惩戒性或惩罚性损害赔偿，在赔偿不能补偿一方当事人的实际损失或所遭受的损害的情形下，则判决的承认或执行可予拒绝。被请求法院应考虑原审法院所裁定的损害赔偿是否，以及在多大程度上涵盖所涉诉讼的费用和开销。公约第 12 条规定：排他选择法院协议中所指定的缔约国法院批准的，或者在诉讼进行中在该法院所达成的，且在原审国可以如判决一样获得执行的司法和解，应如判决一样依据本公约获得执行。此外，对于判决的可分割部分应予承认与执行，如果该部分的承认和执行也适用本公约，或者仅判决的部分可以依据本公约获得承认和执行。

2015 年 6 月 11 日，欧盟代表正式向荷兰外交部交存了公约的批准书。此前，墨西哥已经批准了该公约。根据公约第 31 条的规定，公约自第二份批准书交存后 3 个月期间届满后的第一个月的第一天起生效，因此，公约于 2015 年 10 月 1 日起正式生效。

二、欧盟《关于民商事管辖权和判决承认与执行的条例》

（一）2000 年欧盟《关于民商事管辖权和判决承认与执行的条例》
1. "判决"的含义
本条例所指"判决"，系指某一成员国法院或法庭所作的任何决定，而不论该决定的名称是什么，诸如裁决、命令、决定或执行令状，以及由法院书记官就诉讼费用或其他费用所作的决定。

2. 承认（第一节）

（1）一个成员国所作的判决在其他成员国应当得到承认，而无须任何特别的手续。以判决的承认为主要诉争点的任何一方利害关系人，可以按照本章第二节、第三节规定的程序，申请作出承认判决的决定。如果一个成员国法院的诉讼结果有待于承认的附带问题的决定，则该法院对此问题也有管辖权。

（2）下列判决不应该被承认：①如果承认该判决明显违背被请求国的公共政策；②如果未给被告及时送达提起诉讼的文书或其他同等文书，以致使他没有充分的时间安排辩护而作出的缺席判决，除非被告可能提起诉讼对判决提出异议而又未提出者；③该判决与被请求国就同一当事人间的争议所作判决相抵触者；④该判决与另一成员国或某一第三国就同一当事人之间的相同诉因所作的在先判决相抵触者，只要该在先判决满足被请求国有关承认的必要条件。（第34条）

（3）此外，如果判决违反第二章第三节、第四节及第六节规定①，或存在第72条②规定的情况，则应不予承认。在审查上款规定的管辖权时，被请求的法院或有关当局，须受作出判决的成员国法院对确定管辖权所依据的事实上的认定的约束。在不妨碍第一款规定的条件下，对作出判决的成员国法院的管辖权，不得予以审查。第34条第一款述及的公共政策的审查不得适用于有关管辖权的规定。（第35条）

（4）在任何情况下，不能对外国判决的实质性问题，加以审查。

（5）某一成员国法院经过请求承认另一个成员国法院的判决，如果当事人已经就该判决提出了通常的上诉时，则可以中止诉讼程序。

某一成员国法院被请求承认爱尔兰或联合王国法院的判决，如果在原判决成员国由于上诉而执行未决，则该成员国可以中止诉讼程序。

3. 执行

（1）由一个成员国作出的并可在该国执行的判决，经利害关系人的申请，

---

① 有关规定可参见本书第一章第四节"欧盟有关国际民商事管辖权的规则"一节。

② 第72条规定：本规则不影响某一成员国在本规则生效前依照《布鲁塞尔公约》第59条，对某一非成员国承担不承认其他成员国法院对在该非成员国有住所或习惯居所的被告所作的判决的义务，而该非成员国对公约第四条规定的案件，只能根据公约第3条第2款规定的管辖权作出判决。

在另一成员国作出执行决定时应该在另一成员国执行。但是，在联合王国，经利害关系人的申请，已经被登记可在英格兰和威尔士、苏格兰或北爱尔兰执行的判决，应该在联合王国的相应部分执行。（第38条）

（2）申请应该向附件二所列之法院或有关机构提出。当地主管法院，应该参照被执行一方的住所地或执行地来确定。（第39条）

（3）提出申请的程序，应按照被请求执行成员国法律的规定。申请人须在被请求执行国法院管辖区范围内给出一个送达地址。但是，如果该成员国法律并无送达地址的规定，则申请人应委托一诉讼代理人。第53条所规定的文件，应该附入申请书内。

（4）判决履行第53条规定的正式手续，就应被宣布为可执行，而不再根据第34条和第35条进行任何审查。被请求执行的一方，在这一阶段，无权对申请书提出任何意见。（第41条）

（5）对执行判决的申请的决定，应该依照被请求执行的成员国法律规定的程序迅速通知申请人。可执行决定应该送达被执行当事人，如果判决书还未送达该方当事人，则也应该附上。

（6）上诉。

对执行判决的申请的决定，可以由任何一方当事人提起上诉。上诉应向附件三所列法院提起。上诉应按照审判程序的规则提出。被执行的一方，如果不在申请人提起上诉程序的上诉法院出庭，则可适用第26条第2-3款的规定，被执行人在任何成员国内均无住所亦然。对执行决定的上诉，应在送达后一个月内提出。如果被执行人的住所不在作出执行决定的成员国，上诉期限应为二个月，自送达到其本人或住所之日起算。不得因路程远而加以宽展。（第43条）

对上诉所做的判决，只能经由附件四所指的上诉而提出异议。（第44条）

根据第43条或第44条而向之提起上诉的法院，只可根据第34条和第35条所规定的根据之一而拒绝或撤销执行决定。被申请的法院应迅速作出决定。在任何情况下，均不得对外国判决的实质性问题进行审查。

根据第43条或第44条规定而向之提起上诉的法院，经被执行一方的申请，得中止诉讼程序，如果已就该判决在判决作出成员国提出通常上诉或规定上诉的时间尚未过期。在后一种情况下，法院可以允许被执行人有时间进行上诉。如果判决在爱尔兰或联合王国作出，则在该判决作出成员国可采取的任何形式的上诉均可被视为第1款的通常上诉。

法院还可以责令申请人按照其决定提供担保，作为执行的条件。

（7）根据本条例承认判决，不能阻止申请人根据被请求成员国的法律，利用临时性的包括保护性的措施，而不须根据第 41 条作出一项执行决定。批准执行的决定，应包括有采取任何保护性措施的授权。

在根据第 43 条第 5 款所规定的对执行决定的上诉期限内，并且直到这种上诉已经被决定为止，所采取的执行措施不得超过对被执行人的财产所采取的保护性措施。

如果判决是就数项事件作出的决定，那么，在不能对判决的全部批准执行时，法院或有关机构可以就一项或数项批准执行。申请人得要求就部分判决作出执行决定。

经由刑事罚款判令定期给付的外国判决，只有在处罚的金额已经由判决法院作出最后决定时，才可以在申请执行的法院执行。

（8）在判决法院已经享受全部或部分诉讼救助或免除诉讼费用或其他费用的申请人，在本节规定的程序中，也应得到被申请执行成员国法律所规定的最优惠的诉讼救助，或被广泛免除诉讼费用或其他费用。

一方当事人就另一成员国法院的判决在某成员国申请执行时，被请求执行国法院不能因为申请人为外国国民，或者因为其在本国既无住所，又无居所，而要求其提供任何名称的担保、保证金或定金。

（9）有关执行决定的诉讼，被请求执行成员国不得征收根据争议标的的价值而计算的任何费用、税收或酬金。

4. 一般规定（第三章第三节）

要求承认或申请执行决定的当事人应提交符合认证所须条件的判决的副本；申请执行决定的当事人也应提交第 54 条所规定的证明文件，但不应影响第 55 条的适用。（第 53 条）作出判决的成员国法院或有关机构，经利害关系人申请，应出具采用本条例附件五标准格式的证明文件。（第 54 条）如申请人未提交第 54 条规定的证明文件，法院或有关机构得指定提交该文件的时间，或接受相等的文件，如认为已有足够的证明时，也得免予提交。如法院或有关机构认为必要，必须提交各项文件的译文，译文须由在一个成员国认为合格的人予以证明。（第 55 条）第 53 条或第 55 条第 2 款规定的文件，不再需要认证或其他类似的正式手续，委托诉讼代理人的文件亦同。

5. 公证文书和法院和解（第四章）

一个成员国正式作成或登记的可执行的任何公证文书，经依照第 38 条及其以下各条规定程序的申请，在另一成员国应被作出可执行决定。根据第 43 条或第 44 条而向之提起上诉的法院，只有在该项公证文书的执行明显违反被请求执行国的公共政策时，才得拒绝或撤销执行决定。

与行政机构达成的或经其公证的强制扶养义务安排，也应视为第1款意义之公证文书。提交的文书必须符合判决作出国所要求的证实其真实性的条件。

第三章第三节的规定，在需要时亦应适用。正式作成或登记公证文书的某一成员国的有关机构，经利害关系人的请求，应该出具符合本条例附件六标准格式的证明文书。

在诉讼程序中经法院许可，并可在达成和解的成员国国内执行的和解办法，在被请求国也应以与公证文书同样的条件予以执行。对许可和解办法，成员国法院或有关机构经利害关系当事人的请求，应该出具符合本条例附件五标准格式的证明文书。（第58条）

6. 附件二

第39条所指的申请应提交的法院和有关机构如下：比利时，初审法院；德国，地方法院某一法庭的审判长；希腊，μον ομελες πρωτοδτκετο；西班牙，初审法院；法国，高等法院的审判长；爱尔兰，高等法院；意大利，上诉法院；卢森堡，地区法院的审判长；荷兰，地区法院的审判长；奥地利，地方法院（Bezirksgericht）；葡萄牙，巡回法院；芬兰，Karajaokeus/tingsratt；瑞典，Svea hovrätt；联合王国：（1）英格兰和威尔士，在高等法院，或有关强制扶养义务判决，由国务大臣转递治安法庭；（2）苏格兰，在最高民事法院，或有关强制扶养义务判决，由国务大臣转递郡法院；（3）北爱尔兰，在高等法院，或有关强制扶养义务判决，由国务大臣转递治安法庭；（4）直布罗陀，在直布罗陀最高法院，或有关强制扶养义务判决，由直布罗陀总检察长转递治安法庭。

7. 附件三

第43条第2款所指的可向之提起上诉的法院如下：在比利时，被告向初审法院，原告向上诉法院；在德国，向高级地方法院；在希腊，εφειτεο；在西班牙，向地法检审法院；在法国，向上诉法院；在爱尔兰，高等法院；在意大利，向上诉法院；在卢森堡，向作为民事上诉庭的高等法院；在荷兰，被告向地区法院；原告向上诉法院。在奥地利，地方法院（Bezirksgericht）；在葡萄牙，Tribunal de Relacão；在芬兰，Karajaokeus/tingsratt；在瑞典，Svea hovrätt；在联合王国：（1）英格兰和威尔士，在高等法院，或有关强制扶养义务判决，在治安法庭；（2）苏格兰，在最高民事法院，或有关强制扶养义务判决，在郡法院；（3）北爱尔兰，在高等法院，或有关强制扶养义务判决，在治安法庭；（4）直布罗陀，在直布罗陀最高法院，或有关强制扶养义务判决，在治安法庭。

8. 附件四

根据第 44 条可提起的上诉如下：在比利时、希腊、西班牙、法国、意大利、卢森堡、以及荷兰高法院提起上诉；在德国，向联邦最高法院提起抗诉。在爱尔兰，就法律争点向联邦最高法院提起抗诉。在奥地利，提起修正判决的上诉（a Revisionsrekurs）；在葡萄牙，就法律问题上诉；在芬兰，向 Korkeinoikeus/högstadomstolen 提起上诉；在瑞典，向 Högsta domstolen 上诉；在联合王国，单就法律问题进一步上诉。

9. 附件五

条例第 54 条和第 58 条所指的判决和法院和解的证明文件：判决或法院和解作出成员国；出具证明文件的法院和有关机构：（1）名称。（2）地址。（3）电话/传真/电子邮件地址。作出判决或法院和解的法院：（1）法院类别；（2）法院所在地。判决/法院和解：（1）日期；（2）文书编号；判决/法院和解的当事人：①原告姓名，②被告姓名，③如果存在，则其他当事人姓名。（4）若为缺席判决，则提起诉讼的文书的送达日期。（5）本证明文件所附的判决/法院和解的正文。享受法律援助当事各方的姓名。根据条例第 38 条和第 58 条，判决/法院和解执行义务人的姓名。制作地点及时间；签字和/或盖章。

10. 附件六

本条例第 57 条第 4 款所指的公证文书的证明文件：作出公证文书成员国；出具证明文件的主管机构：（1）名称；（2）地址；（3）电话/传真/电子邮件。证明文书公正性的机构：（1）如果存在，则公证文书的制作机构为：①机构的类别，②机构所在地；（2）如果存在，则公证文书的登记机构为：①机构的类别，②机构所在地。公证文书：（1）文书的摘要；（2）日期：①文书制作日期，②如有不同，文书的登记日期；（3）文书编号；（4）文书当事人：①权利人姓名，②义务人姓名；（5）本证明文件所附的可执行义务的正文。

公证文书在其原作出成员国对义务人是可执行的。制作地点及时间；签字和/或盖章。

（二）2012 年欧盟《关于民商事管辖权和判决承认与执行的条例》①

2000 年第 44 号条例第 38 条要求被申请执行的外国法院判决必须首先被宣告为可执行，才可以被申请执行。尽管在修订过程中发生了很大争论，但新

---

① 此部分主要引自杜涛：《国外国际私法发展前沿年度综述（2012—2013）》，中国国际私法学会 2013 年年会论文集，第 179 页。

条例还是彻底废除了此种宣告程序。新条例第 39 条规定："由一个成员国作出的并可在该国执行的判决可在另一成员国执行，而无须任何可执行性宣告。"根据欧盟委员会的解释，取消宣告程序主要基于经济和政治两方面的考虑，使得各成员国的法院判决可以在欧盟范围内"自由流动"，这就可以极大地促进欧盟统一化进程。新条例第 40 条还进一步规定："一项可执行的判决根据法律应具有启动在被申请执行的成员国法律下存在的任何保护措施的效力。"为了回应对取消宣告程序的批评，新条例仍然规定了可以拒绝执行他国法院判决的情形，包括违反公共秩序、非法缺席判决和一事两诉等（第 46 条）。

三、2012 年欧盟《继承条例》

条例第 39 条规定了判决承认的一般规则：一个成员国作出的判决可在另一个成员国内被承认，而无需任何特殊程序。条例第 40 条规定，在下列情形中，判决不应当被承认：若其明显违背被寻求承认成员国的公共政策；缺席判决存在程序上的瑕疵；若其与被寻求承认成员国就相同当事方间的诉讼作出的判决相抵触；若其与另一成员国或第三国就涉及同一诉由和在相同当事方间的诉讼作出的在先判决相抵触。在任何情形下，成员国作出的判决的实质均不能被复审。

条例第 45 条至 58 条设置了旨在执行另一成员国作出的判决的程序，这些条款规定了地方法院的管辖权和具体程序。执行申请应当附有一份能满足确立其真实性的必要条件的判决副本和一份由来源成员国法院或主管当局颁发的证明。判决在手续完成之后立即可被执行，但对可执行性宣告申请作出的决定可以被任一当事方上诉，对上诉作出的判决可通过所涉成员国依据第 78 条传送至委员会的程序提出异议。若判决的可执行性在来源成员国由于上诉而未决，则受理对可执行性宣告申请作出的决定提出的上诉的法院应当基于被寻求的执行所针对的当事方的申请，中止诉讼。但该法院可以依据执行成员国的法律作出包括保护性措施在内的临时措施的命令。

法院只能基于上述不承认判决的理由之一拒绝或撤销可执行性宣告，如违背公共政策、缺席判决存在瑕疵，以及与另一成员国作出的在先判决相抵触。

公文书和法庭和解的接受及其可执行性规定在条例的第五章。在来源成员国可执行的公文书和法庭和解应当在另一成员国基于任何利害关系人的申请，依据第 45-58 条规定的程序被宣告为可执行。只有当公文书和法庭和解的执行明显地违背了执行成员国的公共政策时，才能拒绝或撤销可执行性宣告。

四、2008 年欧盟《扶养之债条例》①

欧盟《扶养之债条例》第 16 条规定它适用于扶养之债判决的承认、判决本身的可执行性及具体执行事项。它区别三种情形分别设计了承认与执行规则：第一种情形是由受 2007 年《海牙议定书》约束的那些成员国法院作出的扶养之债判决；第二种情形是不受 2007 年《海牙议定书》约束的那些成员国法院作出的扶养之债判决；第三种情形是所有判决均应适用的规范，也即共同条款。

对于第一种情形下作出的扶养之债判决的承认与执行，《扶养之债条例》所制定的统一规范取得了较大的突破：（1）要求按"同一性原则"处理判决的可执行性；（2）赋予未出庭的被告以申请复审的权利，确保正当法律程序价值的实现；（3）拒绝、中止承认与执行扶养之债判决的具体事由。

对于第二种情形下作出的扶养之债判决的承认与执行，《扶养之债条例》所制定的统一规范也取得了较大的突破，主要表现为：（1）要求其他欧盟成员国自动承认扶养之债的判决结果；（2）显然违反被请求承认国家公共政策的判决，不得予以承认；（3）被告未收到立案材料或等效的其他文件，无充分的时间准备答辩，但被告有机会对该判决提出置疑却没有这样做，那么这样的缺席判决可拒绝承认；（4）相同当事人以相同事实在另一欧盟成员国或第三国起诉并早于被请求承认的判决获得了判决结果，且符合被请求承认国法定条件的，而两份判决相互冲突，那么，被请求承认国法院可以拒绝请求承认后一判决。

对于第三种情形下作出的扶养之债判决的承认与执行，《扶养之债条例》所制定的规范是统一适用于在欧盟各个成员国法院作出的抚养之债判决的，主要规则有：（1）执行外国扶养之债判决的程序问题，要适用被请求执行国家的法律。在原审国可执行的判决，若在被请求国也是可执行的，那么，被请求国就应当像执行本国判决一样地执行；（2）被请求承认、判断可执行性及执行判决的国家法院不得对外国扶养之债判决的实体内容进行任何形式的审查。

---

① 李良才：《欧盟区域国际私法的新发展——2009 年《扶养之债条例》之评介》，载《湖北社会科学》2010 年第 7 期。

第十一章　国际商事仲裁裁决的承认与执行

如果说仲裁协议（自愿性）是仲裁的基础的话，那么，裁决的强制履行（强制性）则是仲裁制度得以存在的根本保障。各国仲裁法律普遍认为，当事人应该自觉履行仲裁裁决，一方不履行的，另一方当事人可以向有关法院申请执行仲裁裁决。例如，中国 1995 年 9 月 1 日生效的《仲裁法》第 62 条规定："当事人应当履行裁决，一方当事人不履行的，另一方当事人可以依照民事诉讼法的有关规定向人民法院申请执行。受申请的人民法院应当执行。"① 2015年的《中国国际经济贸易仲裁委员会仲裁规则》第 55 条更是详细规定：（1）当事人应依照裁决书写明的期限履行仲裁裁决；裁决书未写明履行期限的，应立即履行。（2）一方当事人不履行裁决的，另一方当事人可以依法向有管辖权的法院申请执行。由于内国非涉外仲裁裁决向本国法院申请承认与执行，一般都是按内国民事诉讼法的有关规定办理。因此，本章着重介绍外国仲裁裁决和内国涉外仲裁裁决的承认与执行问题。

第一节　国际商事仲裁裁决的承认与执行概述

一、裁决国籍的确定

在一般情况下，如果一个国际商事仲裁裁决是由某一常设仲裁机构作出的，则是不会发生该裁决的国籍难以确定的问题的。比如，一个在伦敦国际仲裁院或美国仲裁协会作出的裁决，在中国申请执行，对中国来说，很显然这是一个外国裁决。但是对于一个由临时仲裁庭作出的裁决而言，由于其中的许多因素，诸如双方当事人的国籍或住所、仲裁员的国籍或住所、仲裁员进行活动所依据的法律或规则、仲裁程序的进行地、仲裁实体争议问题所适用的准据

---

① 根据有关法律规定，这里的法院是指被申请人住所地或者财产所在地的中级人民法院。

法，等等，是多变的，因而就难以用其中的某一因素作为判定该裁决是内国裁决还是外国裁决或是外国的某一国作出的裁决。实际上，一直到现在，即令已出现许多承认和执行外国仲裁裁决的国际公约，可是对这个问题，仍未能得出一个明确标准。

1927 年 9 月 26 日缔结的《关于执行外国仲裁裁决的日内瓦公约》仅是在其第 1 条中规定，它适用于任何缔约国领土内根据一项为解决现有或将来的争议的协议而作成的仲裁裁决，但以此种裁决在缔约国之一的领土内作成，而针对的是处于缔约国之一的管辖之下的人为限，并没有规定仲裁裁决国籍的识别依据。

到 1958 年缔结《承认及执行外国仲裁裁决公约》（《纽约公约》）时，尽管作了很大努力，也未能如愿在仲裁裁决国籍的确定问题达成共识。起初，纽约公约的草案第 1 条第 1 款曾建议以仲裁地作为标准规定公约适用于在一缔约国领土内作成的而在另一缔约国境内请求承认与执行的仲裁裁决。但遭到法国、德国、瑞典、意大利等国的强烈反对。[1] 它们认为以仲裁地作为标准的这一规定，无疑是步上述 1927 年日内瓦仲裁公约的后尘，并不能在所有情况下用来判断裁决是内国的还是外国的，至少在仲裁裁决是以通讯方式作出的情况下更是如此。而在实际上，除仲裁地外，当事人的国籍、争议标的物所在地、仲裁程序的进行地等都是应该予以考虑的因素。因而，上述国家曾提议，把该款修改为：公约适用于经被请求承认和执行地所在国法律识别为非内国裁决的仲裁裁决。但这一提议却又遭致英国、美国、阿根廷和日本等国的反对。正因如此，1958 年《纽约公约》第 1 条第 1 款只好折衷上述两种观点而变成了如下的措辞："仲裁裁决，因自然人或法人间之争议而产生且在申请承认及执行地所在国以外之国家领土内作成者，其承认及执行适用本公约。本公约对于仲裁裁决经申请承认及执行地所在国认为非内国裁决者，亦适用之。但任何缔约国可在互惠的基础上声明，本国只对在另一缔约国领土内所作成的仲裁裁决的承认和执行，适用该公约。缔约国也可声明，本国只对根据本国法律属于商事法律关系所引起的争执适用该公约。"最终也未明确规定外国仲裁裁决的定义或识别的标准。

对于外国仲裁裁决的确定，上述 1958 年《纽约公约》第 1 条第 1 款实际上是采取了两种标准，此条款前半部分即为领域标准，或者说是仲裁地标准，它采用的是一种排除法，即只要不是在内国领域内作成的裁决均为外国裁决。

---

① 李双元等：《中国国际私法通论》，法律出版社 2007 年第 3 版，第 656 页。

显然，采用此种认定标准具有较强的明确性，在一般情况下是完全能够确定某项裁决是否属外国裁决的。当然在某些例外的情形下，如仲裁裁决是以通信方式作出的，采用此标准会因为各国的解释不同而具有某种不确定性。另外，更重要的一个原因是，在某些国家，如法国、德国，法律或判例都表明，在本国但依外国法进行的仲裁而作出的裁决不属于本国裁决，而是一项外国裁决。在这些国家的要求下，公约又同时确立了非内国裁决标准，即虽在内国但依外国仲裁法进行仲裁而作出的裁决属于非内国裁决。

这里应注意的是，从领域标准与非内国裁决标准二者关系上看，《纽约公约》是首先并且主要采用领域标准，只要仲裁地不在内国，即可认定为外国裁决。因此，这两种标准不是一种平行关系，而是一种主从关系。非内国裁决标准只是领域标准的一种补充或延伸，而不能取代领域标准，它的作用在于扩大公约的适用范围。在任何情况下，缔约国承认和执行在另一国领域内作出的裁决都应适用公约；即使另一国领域内作出的裁决在承认和执行国被认为属于其内国裁决也不例外。对于非内国裁决的认定，《纽约公约》基本上是采用仲裁所适用的仲裁法为标准，但从各缔约国的立法和司法实践看，在认定非内国裁决标准问题上，许多国家都作出了更广义的解释。在这些国家里，除了所适用的仲裁法是外国法以外，当裁决解决的争议其国内法院不具有管辖权或因某些其他原因，裁决与该国无充分联系时，该国也有可能认为在其领域内作出的该裁决不是其内国裁决。

值得注意的是，尽管德国和法国在 20 世纪 50 年代起草《纽约公约》的过程中极力主张通过仲裁程序适用的法律决定仲裁裁决的国籍，但是这两国在其修订的民事诉讼法中，均抛弃了上述标准，而采用仲裁地点作为决定国际商事仲裁裁决国籍的标准。因此，可以认为，现代国际商事仲裁实践中，仲裁地点决定国际商事仲裁裁决国籍，已成为各国公认的标准。[1]

二、承认与执行外国仲裁裁决的依据和条件

跟外国法院判决的承认和外国法院判决的执行有所区别一样，外国仲裁裁决的承认和执行，这二者也是既有区别又有联系的。一般来说，承认外国仲裁裁决是承认外国仲裁裁决在确认当事人权利义务方面具有跟本国仲裁裁决同等的法律效力，它起着一种防御或抗辩的功能，如果在本国境内他人就与该外国仲裁裁决相同的事项，向法院或仲裁机构提出与该外国仲裁裁决内容不同的请

---

[1]　赵秀文：《国际商事仲裁法》，中国人民大学出版社 2012 年版，第 332 页。

求，则可以用该外国仲裁裁决作为对抗他人的理由。执行外国仲裁裁决，不仅要承认外国仲裁裁决在本国的效力，而且就其应执行的部分，通过适当程序付诸执行，使裁决中确定的当事人间的权利义务得以实行和完成。当然，在绝大多数案件中，当事人都是申请承认执行外国仲裁裁决，而不仅仅是申请承认外国仲裁裁决。

（一）承认与执行外国仲裁裁决的依据

由于仲裁裁决需经法院承认和执行，各国一般都将外国仲裁裁决的承认与执行纳入了国际民事司法协助的范围。由此，承认与执行外国仲裁裁决的依据便基本同于承认与执行外国法院判决的依据，即有关的国际条约和互惠原则。目前，涉及外国仲裁裁决的承认与执行的国际条约非常多，其中较具影响的主要有：1958 年《纽约公约》、1965 年《华盛顿公约》、1961 年《关于国际商事仲裁的欧洲公约》、1975 年《美洲国家间关于国际商事仲裁的公约》等。前两个为全球性国际条约，后两个则为区域性国际条约。《纽约公约》作为内容专门涉及外国仲裁裁决的承认与执行、在目前拥有最大数目成员国且运作得最为成功的一个国际条约，无疑是各国承认与执行外国仲裁裁决的最主要依据。

（二）承认与执行外国仲裁裁决的条件

承认与执行外国仲裁裁决的条件，是指当事人请求有管辖权的法院承认与执行外国仲裁裁决所应满足的条件。关于承认与执行外国仲裁裁决的条件，在许多方面与外国判决的承认和执行有类似之处，因而在某些双边司法协助条约或多边国际公约中，甚至将两者一并作规定，或作类推适用的规定。然而两者之间还是存在着某些重要的区别，而且各国的要求也不尽相同。基于《纽约公约》的普遍影响，[①] 下面主要根据《纽约公约》的规定对此问题加以论述。

1.《纽约公约》具有的两个显著特征

《纽约公约》第 4 条统一规定了申请承认与执行外国仲裁裁决的条件。与 1927 年日内瓦《关于执行外国仲裁裁决的公约》（以下简称《日内瓦公约》）相比，关于承认与执行外国仲裁裁决的条件，《纽约公约》具有两点显著特征：[②]

（1）取消了双重许可制度。即承认与执行地国是否承认与执行外国仲裁

---

① 截至 2016 年 4 月 3 日，公约已有 156 个成员，参见 http://www.uncitral.org/uncitral/en/uncitral_texts/arbitration/NYConvention_status.html, visited on April 4, 2016. 中国 1986 年 12 月决定加入该公约，公约自 1987 年 4 月 22 日起对中国生效。

② 参见赵健：《国际商事仲裁的司法监督》，法律出版社 2000 年版，第 154-155 页。

裁决无须仲裁地国对裁决的司法确认。①《日内瓦公约》则要求申请方当事人提交裁决在裁决地国已成为终局的证据。② 这种不必要的双重审查和双重许可制极大地妨碍了裁决在外国的承认与执行，这也正是当初制定《纽约公约》取代《日内瓦公约》的主要原因。

（2）将主要的举证责任由申请方当事人转移给被申请方当事人承担。在《日内瓦公约》体制下，要使外国仲裁裁决获得承认与执行，举证责任主要在申请方当事人。而根据《纽约公约》，只要申请方当事人依承认与执行地国的程序规则，向有管辖权的法院提供了符合公约第 4 条规定的文件材料，他就取得了请求法院承认与执行外国仲裁裁决的初步证据；对方当事人若反对执行该裁决，则须证明裁决存在公约规定的不予执行的理由。由此，《纽约公约》基本上将举证责任由申请承认与执行裁决的一方当事人，移转给了反对承认与执行裁决的一方当事人。

2. 拒绝承认与执行外国仲裁裁决的理由

拒绝承认与执行外国仲裁裁决的理由，是指法院拒绝承认与执行外国仲裁裁决的原因和根据。对此，《纽约公约》也作了统一规定。根据《纽约公约》第 5 条的规定，拒绝承认与执行外国仲裁裁决的理由可分为两类：（1）须由被申请方当事人举证证明的理由。具体包括：仲裁协议当事人根据对他们适用的法律在当时是属于无行为能力，或根据当事人选定适用的法律，或没有这种选定时根据裁决作出地国法律，仲裁协议是无效的；对作为裁决执行对象的当事人未曾给予指定仲裁员或进行仲裁程序的适当通知，或作为裁决执行对象的当事人由于其他缘故未能提出申辩；裁决涉及仲裁协议所未曾提到的，或不包括在仲裁协议规定之内，或超出仲裁协议范围之外的争议；③ 仲裁庭的组成或仲裁程序与当事人的协议不符，或在没有这种协议时与仲裁地法不符；裁决对当事人尚无约束力，或已由裁决作出地国或裁决所依据法律所属国的主管机关撤销或停止执行。（2）法院依职权主动拒绝承认与执行的理由：争议事项不具可仲裁性；承认与执行裁决违反法院地国的公共秩序。

《纽约公约》所规定的拒绝承认与执行外国仲裁裁决的理由主要有如下特

---

① 为避免双重许可之嫌，防止当事人和缔约国产生误解，公约第 5 条第 1 款第 5 项特别在措词上以"约束力"（binding）代替了"终局"（final），并将依该项理由拒绝承认与执行裁决的举证责任转移给了被申请方当事人。

② 参见该公约第 4 条。

③ 但如果关于仲裁协议范围内事项的决定可以同关于仲裁协议范围外事项的决定分开，则该部分决定仍可予以承认和执行。参见《纽约公约》第 5 条第 1 款第 3 项。

点：（1）承认与执行地法院不对外国仲裁裁决进行实体审查；（2）取消双重许可制度；（3）对拒绝承认与执行外国仲裁裁决的理由予以穷尽列举，法院不能基于任何其他理由拒绝承认与执行外国仲裁裁决；（4）不予承认与执行外国仲裁裁决的举证责任主要由被申请方当事人承担；（5）外国仲裁裁决具有公约第 5 条所列举的情形之一时，承认与执行地法院对是否承认与执行裁决享有自由裁量权。①

三、承认与执行外国仲裁裁决的程序

根据《纽约公约》第 3 条的规定，执行仲裁裁决的程序规则依被申请执行地国的法律。各缔约国在承认或执行外国仲裁裁决时，不得比承认和执行国内仲裁裁决附加更为苛刻的条件或者征收过多的费用。显然公约在此只是作了一个原则性的规定，在执行外国仲裁裁决的程序方面，具体规定仍依各缔约国国内法。

公约第 4 条规定，为了获得公约所规定的承认和执行，申请承认和执行裁决的当事人应当提供：经正式认证的裁决正本或经正式证明的副本；仲裁协议正本或经正式证明的副本。如果上述裁决或协议不是用被请求承认或执行的国家的文字作成，则申请人应提供译文，该译文应由一个官方的或宣过誓的译员或外交或领事人员证明。

综观各国立法，可将其承认和执行外国仲裁裁决的程序规则分为三类。其一是将外国仲裁裁决作为外国法院判决对待。这是多数国家的做法。其二是将外国仲裁裁决作为合同之债对待，这是英美等国的作法，要求有关当事人提起一个请求履行仲裁裁决中规定的义务或请求损害赔偿的诉讼来获得在内国境内承认和执行外国仲裁裁决的执行令。其三是将外国仲裁裁决作为内国仲裁裁决对待，把适用于执行内国仲裁裁决的规则扩大及于外国仲裁裁决的执行。②

---

① 根据公约第 5 条，裁决存在该条列举的情形之一时，承认与执行地法院"始得"而不是"必须"拒绝承认与执行，这赋予了法院自由裁量权。范·邓·伯格指出，公约第 5 条规定的事由服从于法院的自由裁量权，如果执行地法院确信执行该裁决是适当的，即使裁决存在公约第 5 条规定的情形，执行地法院也可予以执行。在司法实践中，各国和各地区法院不是在外国仲裁裁决一有公约第 5 条规定的情形，就不予承认和执行，而是视具体情况，分别处理。这种做法显然有助于公约目标的实现。See Van den Berg, The New York Convention of 1958 (1981), Kluwer Law and Taxation Publishers, p. 265.

② 李双元、欧福永主编：《国际私法》，北京大学出版社 2015 年第 4 版，第 489 页。

第二节　若干亚洲国家和地区承认与执行 外国商事仲裁裁决的制度

一、日本

（一）外国仲裁裁决的承认

1. 《纽约公约》

《纽约公约》规定了仲裁裁决的承认与执行。然而，没有一个专门的法律条款是规定外国仲裁裁决在日本的承认程序问题，《仲裁法》第 800 条也只是规定了仲裁裁决和终局的有约束力的法院判决对于当事方而言有同等效力。因此，即使未规定具体的程序，一项公约项下的外国仲裁裁决对于当事方而言也与法院的终局的、有约束力的法院判决有着同等的效力。公约项下的外国仲裁裁决的既判案件效力由《民事诉讼法》第 114 条和第 115 条确定。

2. 《日内瓦公约》

当一项仲裁裁决在一个国家作出，而该国不是《纽约公约》的缔约国而是《日内瓦公约》的缔约国，《日内瓦公约》适用于这样的仲裁裁决的执行。一项仲裁裁决只要满足于公约第 1 条和第 2 条的要求，那么即使公约中没有专门的程序规定，该裁决对于当事人而言也与法院的终局性的、有约束力的判决有同样的法律效果。这样的裁决的既判案件效力由《民事诉讼法》第 114 条和第 115 条确定。这样的裁决和《纽约公约》的仲裁裁决的地位是一样的。

3. 公约外的裁决

如果一项外国仲裁裁决既不是《纽约公约》项下的，也不是《日内瓦公约》项下的，但是根据支配裁决的准据法，裁决是有效的，对这样的裁决的执行日本没有特定的法律条款。然而，东京区法院在其 1953 年 4 月 10 日的判决（4 Kaminshu 502）中认为，将《民事诉讼法》第 800 条和第 802 条适用于这些裁决是合理的，也是和大多数法学家的意见一致的。因此，公约外的外国仲裁裁决，对于当事人而言和法院的终局性、有约束力的判决有同样的效力，无须特定的程序规定。它们的既判案件效力同样是根据《民事诉讼法》第 114 条和第 115 条确定的。

（二）外国仲裁裁决的执行

1. 依据《纽约公约》进行的执行

《纽约公约》已经构成了日本法律的一部分。在该公约的框架下对外国仲裁裁决的执行要求规定在公约第 3 条和第 4 条中。大阪区法院在其 1983 年 4 月 22 日的判决（Hanrei Jiho No. 1090，146）中采纳了这一观点，该观点也得到了大多数法学家的支持。2004 年 3 月 1 日生效的新《仲裁法》第 46 条规定了执行的程序。①

2. 依据《日内瓦公约》进行的执行

《日内瓦公约》也已经构成了日本法律的一部分。在该公约的框架下对外国仲裁裁决的执行要求规定在公约第 1 条和第 2 条中。东京区法院在其 1959 年 8 月 20 日的判决（10 Kaminshu 1711）中采纳了这一观点。2004 年 3 月 1 日生效的新《仲裁法》第 46 条规定了执行的程序。

3. 依据双边条约进行的执行

双边条约同样构成了日本法律的一部分。依据双边条约对外国仲裁裁决的执行要求规定在条约的相关条款中。2004 年 3 月 1 日生效的新《仲裁法》第 46 条规定了执行的程序。

大阪区法院在其 1961 年 11 月 27 日的判决（6 Kiji Hanrei 118）中认为，根据《日美友好通商航海条约》第 4 条第 2 款的规定，执行外国仲裁裁决的主要条件如下：（1）根据仲裁协议的准据法，仲裁协议是合法的；（2）仲裁裁决是在仲裁协议内容的范围内作出的；（3）仲裁庭的组成和仲裁程序符合仲裁协议；（4）仲裁裁决已经有约束力了，并且依据仲裁裁决作出地国家的法律是可以执行的；（5）仲裁裁决的执行不违背日本的公共政策。

由于没有法学家发表看法反对上述大阪区法院作出的判决，那么在考虑其他双边条约框架下外国仲裁裁决的执行要件时，上述几项要件是很有帮助的。

应该指出的是，双边条约只能适用于条约缔约国的公民和在该国成立的法人。因此，如《日美友好通商航海条约》第 4 章第 2 条就不是对在日本的所有外国仲裁裁决都适用，而仅仅适用于在美国作出的仲裁裁决，该裁决必须是依据仲裁协议作出的，要求在日本执行，并且协议的双方必须一方是日本的国民或公司，另一方是美国的国民或公司。

当一项外国仲裁裁决受《纽约公约》或《日内瓦公约》和其他双边条约的约束，要求仲裁执行的当事方可以使用自己的自由选择权，选择遵从《纽约公约》、《日内瓦公约》或其他双边条约的规定的要件。

4. 在《纽约公约》或《日内瓦公约》或其他双边条约之外的执行

在 2004 年 3 月以前，没有法律条款专门用于规定外国仲裁裁决在《纽约

---

① Michael Pryles，Dispute Resolution in Asia，2006，p. 232.

公约》或《日内瓦公约》或其他双边条约之外的执行。然而，在东京区法院1959 年 8 月 20 日的判决（Shinbun No. 3531，15）中，认为这样的外国仲裁裁决根据《仲裁法》第 802 条第 1 款的规定是可以执行的。同一法院在 1953 年 4 月 10 日的判决中也提出过这一观点，认为《仲裁法》第 800 条和第 802 条可以适用于外国仲裁裁决的执行，这种观点也为许多法学家所支持。法院还进一步指出，外国仲裁裁决是可以执行的，除非根据《仲裁法》第 801 条的规定它是无效的裁决。因此，根据《仲裁法》第 802 条的规定，可以由日本法院作出相应的执行判决来执行外国仲裁裁决，即使该外国仲裁裁决不属于《纽约公约》、《日内瓦公约》或任何其他的双边条约的调整范围。

2004 年 3 月 1 日生效的新《仲裁法》第 46 条规定了《纽约公约》或《日内瓦公约》或其他双边条约之外的仲裁裁决的执行程序。

二、马来西亚

（一）1958 年《判决互惠执行法》

判决包括法院判决和裁决，也包括仲裁裁决。英联邦国家作出的裁决的承认与执行受 1958 年《判决互惠执行法》（1972 年修订）的约束，而执行程序则包括在 1980 年《高等法院规则》（RHC）第 69 号令中。

如果依据裁决作出地有效的法律，在英联邦国家或本法扩展适用到的领土内进行的仲裁程序中作出的外国仲裁裁决是可以以执行当地法院判决一样的方式加以执行的，《高等法院规则》第 69 号令在进行适当的修改后，像适用于当地法院作出的判决一样，可以适用该外国仲裁裁决的执行（《高等法院规则》第 69 号令第 6 条）。

（二）2005 年《仲裁法》①

1. 第 38 条的规定

2005 年《仲裁法》第 38 条规定了外国仲裁裁决的承认与执行。想要执行外国仲裁裁决的当事人必须提供正式认证的裁决书原本和经认证的副本；最初的仲裁协议或者其经认证的副本。裁决如果不是用马来西亚语言或英语写成的，则必须将其翻译成本国语言或英语（第 38 条第 2、3 款）。

2. 第 39 条的规定

2005 年《仲裁法》第 39 条第 1 款规定了可以拒绝承认与执行外国仲裁裁决的情形：

---

① Michael Pryles，Dispute Resolution in Asia，2006，pp. 296-297.

（1）当事人向高等法院举证证明：①仲裁协议当事人属于无行为能力；②或根据当事人选定适用的法律，或没有这种选定时根据马来西亚法律，仲裁协议是无效的；③提出执行申请的当事人未曾给予指定仲裁员或进行仲裁程序的适当通知，或由于其他缘故未能提出申辩；④裁决涉及仲裁协议所未曾提到的，或不包括在仲裁协议规定之内；⑤受制于第 2 款的规定，裁决决定了超出仲裁协议范围之外的争议；⑥仲裁庭的组成或仲裁程序与当事人的协议不符，除非当事人的协议与当事人不能减损的法律规定相冲突，或在没有这种协议时与本法不符；⑦裁决对当事人尚无约束力，或已由裁决作出地国或裁决所依据法律所属国的主管机关撤销或停止执行。

（2）如果高等法院查明：①争议事项依据马来西亚法律不具可仲裁性；②裁决违反马来西亚的公共秩序。

（三）1966 年《解决投资争端公约法》

依据 1965 年《关于解决各国和其他国家的国民之间的投资争端的公约》（《华盛顿公约》）作出的裁决在马来西亚的执行，应该按照公约的规定进行（1966 年法第 34 条第 2 款）。根据 1966 年法第 34 条第 1 款的规定，应该和高等法院作出的判决或裁定一样，执行上述裁决。

要求在一缔约国领土内予以承认或执行的一方，应向该缔约国为此目的而指定的主管法院或其他机构提供经秘书长核证无误的该裁决的副本一份。每一缔约国应将为此目的而指定的主管法院或其他机构以及随后关于此项指定的任何变动通知秘书长（《华盛顿公约》第 54 条第 2 款）。裁决的执行应受要求在其领土内执行的国家关于执行判决的现行法律的管辖（《华盛顿公约》第 54 条第 3 款）。

根据《华盛顿公约》第 52 条的规定，任何一方可以根据下列一个或几个理由，向秘书长提出书面申请，要求取消裁决：法庭的组成不适当；法庭显然超越其权力；法庭的一个成员有受贿行为；有严重的背离基本的程序规则的情况；裁决未陈述其所依据的理由。申请应在作出裁决之日后 120 天之内提出。但以受贿为理由而要求取消者除外，该项申请应在发现受贿行为后 120 天之内，并且无论如何在作出裁决之日后 3 年之内提出。主席在接到要求时，应立即从仲裁人小组中任命由三人组成的专门委员会。委员会的成员不得为作出裁决的法庭的成员，不得具有与上述任何成员相同的国籍，不得为争端一方的国家的国民或其国民是争端一方的国家的国民，不得为上述任一国指派参加仲裁人小组的成员，也不得在同一争端中担任调停人。委员会根据第一款规定的任何理由有权取消裁决或裁决中的任何部分。委员会如认为情况有此需要，可以在作出决定前，停止执行裁决。如果申请人在申请书中要求停止执行裁决，则应暂时停止执行，直到委员会对该要求作出决定为止。

三、越南

1995 年 9 月 14 日国民大会常务委员会发布了《关于承认及执行外国仲裁裁决的公约法》（以下简称《公约法》），并于 1996 年 1 月 1 日生效。该法集中规定了在越南承认和执行外国仲裁裁决的原则和程序，以及要获得承认和执行所必须符合的要求。

需注意的是公约只适用于因"商事关系"产生的争议，就作者所知，越南法律一直未对这些条款进行界定。

（一）外国仲裁裁决的定义

根据《公约法》的意图，外国仲裁裁决包括当事人指定的仲裁员在国外作出的裁决，或由非越南仲裁员在越南境内作出的裁决。《公约法》第 1 条声称维护《纽约公约》成员国的权利，公约仅适用于因商事法律关系产生的争议。

（二）承认和执行的原则

在越南，一项外国仲裁裁决的执行要求法院作出决定，准许裁决在该国的正式承认和执行。管辖权属于省或中央直辖市的人民法院，如河内和胡志明市。

原则上，可以允许承认和执行外国仲裁裁决：（1）如果裁决是由已经签署或加入某个相关国际公约的国家的仲裁员作出。特别是《纽约公约》的缔约国；或（2）以互惠为基础，并不要求签署或加入某个国际公约。

（三）申请

要获得承认和执行的正式宣告，申请书须以书面形式提出，并包括指定的内容和支持材料，如果是使用外国语言的，必须译成越南语。首先，申请须提交司法部，再由司法部转交相关的人民法院。认和执行申请既可以由请求执行的当事人，也可由当事人的代理人提起。只有在满足一些条件时，法院才会允许当事人提出此类申请。裁决中败诉的一方必须是其主要办公地在越南（如果是某个"组织"），或必须在越南居住或工作（如果是"个人"）。如果判决债务人不是越南的公司或个人，则会对法院扣押财产的能力产生严重的限制。如提出申请时，与执行有关的财产位于越南境内，当事人也可提出申请。

法院在收到并受理由司法部转交的申请的 2 个月内，必须进行初步的审查并决定是否举行正式的听审会对申请进行复查。如果法院被要求澄清某些申请中存在的不明确的问题，则期限可以进一步延长。如果法院决定举行正式听审，则必须在命令发布之日起 15 日内开始审理。

如果申请人撤回他的/她的申请，或法院被告知另一具有合法管辖权的外国机构已经暂缓执行裁决或宣告裁决无效，或在其他特定的情况下，法院可以选择决定是暂缓或临时性中止对申请的进一步复查。

法院设立一个由三名法官组成的合议庭，负责对承认和执行外国仲裁裁决的申请进行复查而进行的听审，由其中一名法官当任主审法官。合议庭无权重新审理争议的实质，仅仅只是审查允许承认和执行仲裁裁决的法定理由。

通常，被寻求执行裁决的一方（或其法定代理人）必须出席所有的法院听审。但是，在某种情况下，听审会可以在被告缺席的情况下进行，如被告本人已作了申请，或无合法理由被告第三次未出席召集的听审（在未出席前两次的听审之后）。

在任何这一类案件中，人民检察院的检察员必须出席法院的听审会，检察员未出席时不得举行听审。裁决依简单多数作出。

根据《公约法》第 16 条的规定，法院可以拒绝承认裁决，这与《纽约公约》的第 5 条规定相类似。不承认的理由包括：（1）当事人无能力签署仲裁协议或仲裁条款；（2）依据仲裁协议的准据法，仲裁协议无效；（3）对作为裁决执行对象的当事人未曾给予有关指定仲裁员或者进行仲裁程序的适当通知，或者作为裁决执行对象的当事人由于其他情况未能提出申辩；（4）仲裁裁决已被宣告无效或暂缓执行（大概包括那些非终审的裁决，某种意义上仍可能对裁决进行上诉）；和（5）根据越南法律，争议的主题不能用仲裁来解决。实践中，尚不知这些原则将如何适用。

此外，如果越南的仲裁裁决，或由越南当事人向一外国法院提出的承认和执行越南裁决的申请未在该国具管辖权的机关获得接受，则越南法院有限制对承认和执行外国仲裁裁决的申请进行复查的自由裁量权。

还有附加的一般条款，即法院如果认为裁决与"越南法律的根本原则"相违背，法院可拒绝承认和执行。实践中，这一原则如何适用仍有待探求。

（四）上诉

《公约法》第 5 条保证当事人对法院作出的是准予或拒绝承认外国仲裁裁决的决定提出上诉的权利，并规定当事人有权对法院作出的临时中止或暂缓对申请的复查的决定，以及正式召开听审的决定提出上诉。所有的上诉须在法院发布裁决的 15 日内进行，否则法院决定将生效。但是法院也可允许延期，如上诉人未能出席法院的审理。

此外，人民检察院也可对法院的决定提出异议。所有的上诉和异议都必须上交最高人民法院。最高人民法院既可维持被上诉的判决或对判决进行部分或全部修正。在特定情况下，也可要求延缓或临时中止对上诉或异议的进一步复查。最高人民法院作出的任何决定都是终审的。

（五）执行

《公约法》第6条第1款强调：一外国仲裁裁决，如已获得越南法院的承认并被认为是强制性的，则与越南法院作出的任何其他合法有效的决定具有同等的法律效力。被告（裁决败诉的一方）有义务承诺严格履行裁决，否则根据越南法将面临强制执行，特别是有关执行民事判决的规定。

裁决的执行由主管民事判决执行的机关负责。目前是司法部下面的民事判决办公室。因此，法院被要求向办公室提交一份法院裁决的副本和相关裁决的副本。

《公约法》第8条的制定是为了切实保证因执行一项外国裁决而变卖而获得的收益或财产可以移交到国外，所有关于财产移交的问题须服从于越南法律的相关规定。

四、中国香港地区

2014年修订的香港《仲裁条例》第84条规定：

（1）在第26（2）条的规限下，仲裁庭在仲裁程序中作出的裁决，不论是在香港或香港以外地方作出的，均可犹如具有同等效力的原讼法庭判决般，以同样方式强制执行，但只有在原讼法庭许可下，方可如此强制执行。

（2）原讼法庭如根据第（1）款批予许可，可按有关裁决的条款，登录判决。

（3）凡原讼法庭决定根据第（1）款批予强制执行裁决的许可，或决定拒绝根据第（1）款批予该许可，则须获原讼法庭许可，方可针对该决定提出上诉。（由2013年第7号第8条修订）

《仲裁条例》第84条规定：

凡任何一方寻求强制执行仲裁裁决，而该裁决并非公约裁决、内地裁决或澳门裁决，则不论该裁决是在香港或香港以外地方作出的，该方须交出——（由2013年第7号第9条修订）

（a）该裁决的经妥为认证的正本，或该裁决的经妥为核证的副本；

（b）有关仲裁协议的正本，或有关仲裁协议的经妥为核证的副本；及

（c）（如该裁决或协议并非采用一种或两种法定语文）由官方翻译人员、

经宣誓的翻译人员、外交代表或领事代理人核证的一种法定语文的译本。（由 2013 年第 7 号第 9 条代替）

（一）在香港作出的仲裁裁决在香港的承认与执行

《仲裁条例》第 86 条规定：

（1）如某人属强制执行第 85 条所提述的裁决的对象，而该人证明有以下情况，则该裁决的强制执行可遭拒绝——

（a）根据适用于有关仲裁协议的一方的法律，该方缺乏某些行为能力；

（b）有关仲裁协议根据以下法律属无效——（i）（凡各方使该协议受某法律规限）该法律；或（ii）（如该协议并无显示规限法律）作出该裁决所在的国家的法律；

（c）该人——（i）并没有获得关于委任仲裁员或关于仲裁程序的恰当通知；或（ii）因其他理由而未能铺陈其论据；

（d）除第（3）款另有规定外——（i）该裁决所处理的分歧，并非提交仲裁的条款所预期者，或该项分歧并不属该等条款所指者；或（ii）该裁决包含对在提交仲裁范围以外事宜的决定；

（e）有关仲裁当局的组成或仲裁的程序，并非按照——（i）各方的协议所订者；或（ii）（如没有协议）进行仲裁所在的国家的法律所订者；或

（f）该裁决——（i）对各方尚未具约束力；或（ii）已遭作出该裁决所在的国家的主管当局撤销或暂时中止，或（如该裁决是根据某国家的法律作出的）已遭该国家的主管当局撤销或暂时中止。

（2）如有以下情况，第 85 条所提述的裁决的强制执行亦可遭拒绝——

（a）根据香港法律，该裁决所关乎的事宜是不能借仲裁解决的；

（b）强制执行该裁决，会违反公共政策；或

（c）由于任何其他原因，法院认为予以拒绝是公正的。

（3）如第 85 条所提述的裁决除包含对已提交仲裁的事宜作出的决定（仲裁决定）外，亦包含对未有提交仲裁的事宜作出的决定（非相关决定），则该裁决只在它关乎能与非相关决定分开的仲裁决定的范围内，可予强制执行。（由 2013 年第 7 号第 10 条代替）

（4）如任何人已向第（1）（f）款所述的主管当局，申请将第 85 条所提述的裁决撤销或暂时中止，而某方向法院寻求强制执行该裁决，则该法院——

（a）如认为合适，可将强制执行该裁决的法律程序押后；及

（b）可应寻求强制执行该裁决的该方的申请，命令属强制执行的对象的人，提供保证。

（5）任何人不得针对第（4）款所指的法院决定或命令提出上诉。

（二）香港与内地仲裁裁决的相互认可与执行

香港回归祖国前，香港的仲裁裁决在中国内地是比照外国仲裁裁决予以承认和执行的。1975年，英国批准了《纽约公约》，并于1977年将该公约拓展适用于香港；中国也于1986年12月加入了《纽约公约》。由此，在该公约自1987年4月22日对中国内地生效后，在香港作出的仲裁裁决即可作为《纽约公约》裁决依《纽约公约》在中国内地承认与执行。

香港回归后，《纽约公约》作为一个规范主权国家之间关系的国际条约，显然不适合作为两地相互承认与执行仲裁裁决的直接依据，内地与香港两地在1999年6月就《关于内地与香港特别行政区相互执行仲裁裁决的安排》达成一致意见，并签署了备忘录。该安排在内地已由最高人民法院以发布司法解释的形式于2000年1月24日公布，自2000年2月1日起施行；在香港，则由特别行政区立法会于2000年1月对其仲裁立法进行修订，纳入了安排的内容，并形成了现行的《仲裁（修订）条例》第92-98条。

（三）在《纽约公约》成员内作出的裁决的承认与执行

香港于1977年4月21日凭借英国的加入，成为《纽约公约》的缔约地区。根据《中英联合声明》规定的原则，中国于1997年7月1日恢复对香港行使主权之后，《纽约公约》继续适用于香港特别行政区。① 根据公约的条款，香港法院承认并执行在公约缔约国所作出的仲裁裁决。同样，香港的裁决一般亦可以通过其他缔约国的法院予以执行。

在香港，国际仲裁的绝大部分由《纽约公约》和《联合国国际贸易委员会国际商事仲裁示范法》调整，示范法构成香港2014年修订的《仲裁条例》的第一个附件。

《仲裁条例》第87条规定：

（1）在本分部的规限下，公约裁决——

（a）可借原讼法庭诉讼而在香港强制执行；或

（b）可按强制执行第84条适用的裁决的同样方式，在香港强制执行，而

---

① 中国政府于1997年6月6日通知联合国秘书长，《纽约公约》在1997年7月1日后适用于香港（参见1997年《中华人民共和国常驻联合国代表秦华孙大使就多边国际条约适用于香港特别行政区事项致联合国秘书长的照会》）；英国政府于1997年6月10日通知联合国秘书长，英国政府于1997年7月1日之后，不再承担《纽约公约》适用于香港的义务。

该条据此而适用于公约裁决，犹如在该条中提述裁决，是指公约裁决。（由2013年第7号第11条修订）

（2）可按第（1）款所述般强制执行的公约裁决，须就一切目的而言，视为对各方具有约束力，而任何一方均可据此于在香港进行的任何法律程序中，依据该裁决作为抗辩或抵消，或以其他方式依据该裁决。（由2013年第7号第11条代替）

（3）在本分部中，提述强制执行公约裁决，须解释为包括依据公约裁决。

《仲裁条例》第89条规定：

（1）除按本条所述外，不得拒绝强制执行公约裁决。（由2013年第7号第13条修订）

（2）如某人属强制执行公约裁决的对象，而该人证明有以下情况，则该裁决的强制执行可遭拒绝——

（a）根据适用于有关仲裁协议的一方的法律，该方缺乏某些行为能力；

（b）有关仲裁协议根据以下法律属无效——（i）（凡各方使该协议受某法律规限）该法律；或（ii）（如该协议并无显示规限法律）作出该裁决所在的国家的法律；

（c）该人——（i）并没有获得关于委任仲裁员或关于仲裁程序的恰当通知；或（ii）因其他理由而未能铺陈其论据；

（d）除第（4）款另有规定外——（i）该裁决所处理的分歧，并非提交仲裁的条款所预期者，或该项分歧并不属该等条款所指者；或（ii）该裁决包含对在提交仲裁范围以外事宜的决定；

（e）有关仲裁当局的组成或仲裁的程序，并非按照——（i）各方的协议所订者；或（ii）（如没有协议）进行仲裁所在的国家的法律所订者；或

（f）该裁决——（i）对各方尚未具约束力；或（ii）已遭作出该裁决所在的国家的主管当局撤销或暂时中止，或（如该裁决是根据某国家的法律作出的）已遭该国家的主管当局撤销或暂时中止。

（3）如有以下情况，公约裁决的强制执行亦可遭拒绝——

（a）根据香港法律，该裁决所关乎的事宜是不能借仲裁解决的；或

（b）强制执行该裁决，会违反公共政策。

（4）如公约裁决除包含对已提交仲裁的事宜作出的决定（仲裁决定）外，亦包含对未有提交仲裁的事宜作出的决定（非相关决定），则该裁决只在它关乎能与非相关决定分开的仲裁决定的范围内，可予强制执行。（由2013年第7号第13条代替）

（5）如任何人已向第（2）（f）款所述的主管当局，申请将公约裁决撤销或暂时中止，而某方向法院寻求强制执行该裁决，则该法院——

（a）如认为合适，可将强制执行该裁决的法律程序押后；及

（b）可应寻求强制执行该裁决的该方的申请，命令属强制执行的对象的人，提供保证。

（6）任何人不得针对第（5）款所指的法院决定或命令提出上诉。

（四）非《纽约公约》成员仲裁裁决的承认与执行

非《纽约公约》成员仲裁裁决可以依据《仲裁条例》第84和85条的规定予以承认和执行。

五、中国澳门地区

（一）中国内地与澳门地区仲裁裁决的相互认可与执行

葡萄牙虽于1994年加入了1958年《纽约公约》，但没有将该公约延伸适用于澳门。澳门回归中国以后，中国政府在1999年12月20日起适用于澳门的多边国际条约清单中，也不包括1958年《纽约公约》。由于与内地没有共同适用的条约和协议，澳门很长一段时间并没有承认和执行内地仲裁裁决。在1996年《澳门本地仲裁法》和1999年《澳门涉外商事仲裁专门制度》颁布以前，澳门有关仲裁的规定主要是葡国延伸适用于澳门的1961年《民事诉讼法典》中的几条落后的仲裁条款。

1999年澳门《涉外商事仲裁专门制度》对承认与执行外国仲裁裁决作了规定。它采用了1985年《联合国国际贸易法委员会国际商事仲裁示范法》的普遍主义，同时规定了互惠或对等原则。只要符合它规定的条件，在互惠或对等的基础上，包括中国内地在内的任何国家或地区的仲裁裁决都可在澳门得到承认和执行。

在2007年以前，由于内地与澳门没有共同适用的条约和协议，内地对澳门仲裁裁决的执行也只能依互惠原则办理。2007年，内地与澳门达成了《关于内地与澳门特别行政区相互认可和执行仲裁裁决的安排》，自2008年1月1日起施行。

1999年澳门特别行政区《涉外商事仲裁专门制度》对认可与执行外国仲裁裁决作了规定。只要符合它规定的条件，在互惠或对等的基础上，包括中国内地在内的任何国家或地区的仲裁裁决都可在澳门特别行政区得到认可和执行。同时，内地对澳门特别行政区仲裁裁决的执行也只能依互惠原则办理。我国政府2005年7月19日宣布，按照中国加入《纽约公约》之初所作的声明，

《纽约公约》适用于澳门地区。值得欣慰的是，最高人民法院与澳门特别行政区经协商，达成了《关于内地与澳门特别行政区相互认可和执行仲裁裁决的安排》（法释〔2007〕17号），自2008年1月1日起实施。

《安排》的主要内容有：

（1）管辖法院。在内地或者澳门特别行政区作出的仲裁裁决，一方当事人不履行的，另一方当事人可以向被申请人住所地、经常居住地或者财产所在地的有关法院申请认可和执行。内地有权受理认可和执行仲裁裁决申请的法院为中级人民法院。两个或者两个以上中级人民法院均有管辖权的，当事人应当选择向其中一个中级人民法院提出申请。澳门特别行政区有权受理认可仲裁裁决申请的法院为中级法院，有权执行的法院为初级法院。被申请人的住所地、经常居住地或者财产所在地分别在内地和澳门特别行政区的，申请人可以分别向两地法院提出申请，两地法院都应当依法进行审查。仲裁地法院应当先进行执行清偿；另一地法院在收到仲裁地法院关于经执行债权未获清偿情况的证明后，可以对申请人未获清偿的部分进行执行清偿。

（2）不予认可的根据。在此方面与内地和香港特别行政区达成的《关于内地与香港特别行政区相互认可和执行仲裁裁决的安排》基本相同。

（3）其他规定。一方当事人向一地法院申请执行仲裁裁决，另一方当事人向另一地法院申请撤销该仲裁裁决，被执行人申请中止执行且提供充分担保的，应当中止执行。受理申请的法院应当尽快审查认可和执行的请求，并作出裁定。法院在受理认可和执行仲裁裁决申请之前或者之后，可以依当事人的申请，按照法院地法律规定，对被申请人的财产采取保全措施。

（二）澳门仲裁裁决和《纽约公约》成员仲裁裁决的承认与执行

我国政府2005年7月19日宣布，按照中国加入《纽约公约》之初所作的声明，《纽约公约》适用于澳门地区。因此，《纽约公约》成员的仲裁裁决可以依据公约的规定在澳门承认与执行。

1999年澳门《涉外商事仲裁专门制度》第35条规定：

一、仲裁裁决不论在任何国家或地区作出，均应获承认具有约束力，且经向管辖法院提出书面请求，应予以执行，但此并不影响本条及第36条规定之适用。

二、援用仲裁裁决或请求执行仲裁裁决之一方当事人，应提供经适当认证之仲裁裁决书正本或已符合为证实其真确性所规定之条件之副本，以及第7条所指仲裁协议之正本或已符合为证实其真确性所规定之条件之副本。如该仲裁裁决或协议非以澳门地区任一官方语言作成，当事人应提供经适当认证之上述任一官方语言之译本。

《涉外商事仲裁专门制度》第36条规定：

"一、在下列情况下，得拒绝承认或执行不论在任何国家或地区作出之仲裁裁决：

（a）经援用仲裁裁决所针对之一方当事人请求，且该当事人向被请求承认或执行仲裁裁决之管辖法院提出证据证明：

（i）第7条所指之仲裁协议之一方当事人当时处于某种无行为能力之情况；或根据当事人所同意遵守之法律，又或未订明任何此种法律，而根据作出仲裁裁决之国家或地区之法律，该协议非为有效；

（ii）援用仲裁裁决所针对之一方当事人未获关于指定或任命仲裁员或仲裁程序之适当通知，又或因其他理由不能行使其权利；

（iii）仲裁裁决涉及之争议非为仲裁协议之标的，或仲裁裁决内含有对仲裁协议范围以外事项之决定；然而，如在仲裁裁决内对提交仲裁之事项之决定得与对未提交仲裁之事项之决定分开，则仅可拒绝承认或执行仲裁裁决中含有对未提交仲裁之事项所作之决定之部分；

二、如已向上款a项之v分项所指法院提出撤销或中止仲裁裁决之请求，被请求承认或执行仲裁裁决之法院如认为适当，得押后作出决定，亦可应请求承认或执行仲裁裁决之当事人之声请，命令他方当事人提供适当担保。"

六、中国台湾地区

（一）外国仲裁裁决的承认与执行

台湾不是《纽约公约》的成员。

中国台湾地区2015年修订的"仲裁法"第七章"外国仲裁判断"对外国仲裁裁决的承认与执行作了如下规定：

在台湾地区领域外作成之仲裁判断或在台湾地区领域内依外国法律作成之仲裁判断，为外国仲裁判断。外国仲裁判断，经声请法院裁定承认后，得为执行名义。

外国仲裁判断之声请承认，应向法院提出声请状，并附具下列文件：仲裁判断书之正本或经认证之缮本。仲裁协议之原本或经认证之缮本。仲裁判断适用外国仲裁法规、外国仲裁机构仲裁规则或国际组织仲裁规则者，其全文。前项文件以外文作成者，应提出中文译本。

当事人声请法院承认之外国仲裁判断，有下列各款情形之一者，他方当事人得于收受通知后20日内声请法院驳回其声请：（1）仲裁协议，因当事人依所应适用之法律系欠缺行为能力而不生效力者。（2）仲裁协议，依当事人所约定之法律为无效；未约定时，依判断地法为无效者。（3）当事人之一方，就仲裁人之选定或仲裁程序应通知之事项未受适当通知，或有其他情事足认仲裁欠缺正当程序者。（4）仲裁判断与仲裁协议标的之争议无关，或逾越仲裁协议之范围者。但除去该部分亦可成立者，其余部分，不在此限。（5）仲裁庭之组织或仲裁程序违反当事人之约定；当事人无约定时，违反仲裁地法者。（6）仲裁判断，对于当事人尚无拘束力或经管辖机关撤销或停止其效力者外国仲裁判断，于法院裁定承认或强制执行终结前，当事人已请求撤销仲裁判断或停止其效力者，法院得依声请，命供相当并确实之担保，裁定停止其承认或执行之程序。前项外国仲裁判断经依法撤销确定者，法院应驳回其承认之声请或依声请撤销其承认。

值得一提的是即使外国法院不互惠地执行台湾裁决，该外国的裁决由法院裁量仍然能在台湾被执行。

一外国仲裁裁决可以首先将它被还原成一项外国司法判决，然后在台湾法院执行该判决。"民事诉讼法"与"仲裁法"相比，对执行外国法院判决设置障碍更少。

另外，一些在台湾执行外国裁决的法律障碍，可以通过将台湾作为仲裁地点，使裁决成为一项国内裁决而消除，使裁决更容易获得台湾的司法保护。

（二）中国大陆仲裁裁决在台湾的的承认和执行

台湾地区1992年颁布、2015年修订的"台湾地区与大陆地区人民关系条例"第74条规定：在大陆地区作成之民事确定裁判、民事仲裁判断，不违背台湾地区公共秩序或善良风俗者，得声请法院裁定认可。前项经法院裁定认可之裁判或判断，以给付为内容者，得为执行名义。前二项规定，以在台湾地区作成之民事确定裁判、民事仲裁判断，得声请大陆地区法院裁定认可或为执行名义者，始适用之。据此，中国大陆仲裁机构作出的仲裁裁决，当事人可以向台湾地区法院申请承认和执行。

第三节 若干欧洲国家承认与执行外国商事仲裁裁决的制度

一、瑞士

瑞士是1958年《纽约公约》的成员国，公约裁决可以依据公约在瑞典得到承认和执行。

1987 年《瑞士联邦国际私法法规》第 12 编对国际仲裁作了规定。对于外国仲裁裁决的承认和执行，《瑞士联邦国际私法法规》第 194 条规定，承认和执行外国仲裁裁决，适用 1958 年 6 月 10 日的纽约公约。

二、瑞典

瑞典是 1958 年《纽约公约》的成员国，公约裁决可以依据公约在瑞典得到承认和执行。

1999 年《瑞典仲裁法》[①] 对外国仲裁裁决的承认与执行作了规定：

该法第 52 条规定，在国外作出的裁决应视为外国裁决。依照本法，裁决应视为在仲裁地所在国作出。该法第 53 条规定，除非第 54-60 条另有规定，基于仲裁协议作出的裁决得在瑞典予以承认和执行。

该法第 54 条规定，如被申请执行人证明外国裁决有如下情形，则该裁决在瑞典将不能得到承认和执行：（1）仲裁协议的当事人根据应适用的法律缺乏签订仲裁协议的能力或并未被有效地代理，或根据当事人选择的法律，或如无此约定时根据裁决作出国的法律，仲裁协议是无效的；（2）被申请执行人并未得到委任仲裁员或进行仲裁程序的适当通知，或因其他原因未能陈述其案件；（3）裁决涉及的争议不属于提交仲裁的范围或包含的决定超过仲裁协议范围，但如果交付仲裁部分的裁决可和未交付仲裁部分的裁决分开，则该交付仲裁部分的裁决可以被承认和执行；（4）仲裁庭的组成或仲裁程序违反当事人的约定或无此约定时仲裁地国的法律；（5）裁决尚未对当事人产生约束力或已经为裁决作出国或裁决所依据的法律的国家的有权机关撤销或中止。

该法第 55 条规定，如法院认定外国裁决具有如下情形的，则其也应给予承认和执行：裁决包含有对依瑞典法不得交付仲裁的事项作出的决定；或承认和执行外国裁决明显与瑞典法律的基本原则相悖。

该法第 56 条规定，承认和执行外国裁决的申请应向斯维亚上诉法院提起。裁决书正本或经证明的副本应附于申请书之后。除非上诉法院另行决定，也应同时提供经证明的完整裁决书的瑞典文译本。该法第 57 条规定，除非对方当事人已经得到机会就申请执行裁决进行评论，否则其不应得到批准。

该法第 58 条规定，如果对方当事人抗辩不存在仲裁协议，申请执行的当

---

① 由宋连斌、林一飞翻译的该法的中文本可参见李双元、欧福永、熊之才编：《国际私法教学参考资料选编》（中册），北京大学出版社 2002 年版，第 1041-1048 页。

事人应提交仲裁协议原件或经证明的副本且除非上诉法院另行决定，应提交经证明的瑞典文译本，或以其他方式证明已经达成仲裁协议。如对方当事人提出其已向第 54 条第 2 项所指有权机关请求撤销或中止执行裁决，上诉法院可推迟作出裁定且经申请执行的当事人请求，命令对方当事人提供合理的担保，否则，上诉法院可裁定执行裁决。

该法第 59 条规定，如上诉法院批准了申请，裁决应视同瑞典法院作出的终局判决得以执行，除非当事人对上诉法院作出的决定提起上诉，最高法院经审理后作出不同的决定。

该法第 60 条规定，如果根据《民事诉讼法典》第 15 章的规定已经批准采取保全措施，在适用该章第 7 条的规定时，在国外申请的仲裁而其裁决可在瑞典得到承认和执行，则等同于开始一个诉讼。如已经提出执行外国仲裁裁决的申请，上诉法院应审查采取或撤销保全措施的申请。

三、奥地利

关于仲裁裁决的执行，奥地利是 1927 年《日内瓦公约》[①] 和 1958 年《纽约公约》[②] 以及 1961 年《关于国际商事仲裁的欧洲公约》的成员；与下列国家缔结的涉及仲裁裁决和/或法院判决的双边条约在有效期中：（1）比利时（BGBl 1961/287）；（2）法国（BGBl 1967/288）；（3）德国（BGBl 1960/105）；（4）大不列颠、北爱尔兰和中国香港（BGBl 1962/244，1971/453，1978/90），（5）以色列（BGBl 1968/349）；（6）意大利（BGBl 1974/521）；（7）列支敦士登（BGBl 1975/114）；（8）卢森堡（BGBl 1975/610）；（9）荷兰（BGBl 1966/37）；（10）瑞典（BGBl 1983/556）；（11）瑞士（BGBl 1962/125）；（12）西班牙（BGBl 1985/373）；（13）突尼斯（BGBl 1980/305）；（14）前南斯拉夫的继承国。[③]

四、希腊

希腊是 1958 年《纽约公约》的成员国，公约裁决可以依据公约在希腊得到承认和执行。

---

① BGBl 1930/343.

② BGBl 1961/200.

③ 关于商业事项的仲裁裁决及和解的 BGBl 1961/115 和关于抚养权的 BGBl 1962/310。

1971 年修订的希腊《民事诉讼法典》，对外国仲裁裁决的承认和执行作了规定：

《民事诉讼法典》第 903 条规定，根据国际公约的规定，外国的仲裁裁决如具备下列条件，不必经过任何进一步程序，即为确定：（1）作出仲裁裁决所依据的仲裁协议依照此项协议所适用的法律为有效；（2）仲裁裁决的标的依照希腊法律也构成仲裁协议的主要事项；（3）对裁决不准上诉或请求采取救济，对裁决的效力未提出异议；（4）败诉一方在仲裁程序过程中并未被剥夺抗辩的权利；（5）裁决与希腊法院对相同当事人就同一案件所作的已确定的判决并无不一致之处；（6）仲裁裁决与公共政策并无不一致之处。

《民事诉讼法典》第 904 条规定，强制执行只能根据执行文件实施。执行文件指下列各种：由希腊法院作出的终局判决以及规定的能够执行的判决；仲裁裁决；已经被宣告能够执行的外国执行文件；对的。

《民事诉讼法典》第 905 条规定：（1）根据国际公约的规定，外国执行文件在希腊的强制执行应自债务人住所或居所地的第一审法官作出的判决宣告可以强制执行时起，才能进行。无住所或居所时由首都第一审法官的判决宣告之。法官应遵循第 740 条至第 781 条规定的程序。（2）如该执行文件根据文件作成地的法律是可以执行的，并与社会公共道德、公共政策并无不一致之处，第一审的法官应宣告该外国的执行文件有执行力。（3）执行文件如为外国法院的判决，只在符合第 323 条第二至第五条规定的条件时才能宣告其可以强制执行。（4）对于外国法院关于个人身分的判决，要赋予既判力，应适用第 1 至第 3 款的规定。

《民事诉讼法典》第 906 条规定，在具备第 903 条规定的条件时，对外国的仲裁裁决可以依照第 905 条第 1 款的规定宣告给予强制执行。其第 907 条规定，终局判决的暂时执行，可以根据胜诉方的请求，由法官发出命令。

《民事诉讼法典》第 918 条规定，强制执行只能根据具有执行条款的执行文件予以执行。该执行条款以希腊人民的名义作出，命令一切主管机关执行该文件。执行条款应由宣告该文件可以执行的第一审法官将之附在包括外国仲裁裁决的外国执行文件之中。每一有法律上利害关系的人有权得到一份包含执行条款的执行文件。有权颁发包含执行条款的执行文件的官员，拒绝颁发此项文件时，该官员所在地区的第一审法官可以要求颁发，此时适用第 686 条及其以下的规定。接受一项拍卖委托的官员有义务提供该申请人将要执行的执行文件之正式副本；使申请人对债务人和其他有责任的人实行执行程序，扣押财产，或采取扣留债务人的措施。

  《民事诉讼法典》第 919 条规定，下列一些情况之下，可以实施强制执行：对于法院判决和仲裁裁决的既判力所及的人（包括胜诉和败诉人）以及在诉讼程序期间或诉讼终结后，取得争议标的的人或占有该标的的人。

附录

美国法学会/国际统一私法协会
跨国民事诉讼原则*

欧福永　译

范围和实施

这些原则是审判跨国商事争议的标准。

这些原则可同等地适合于解决许多其他种类的民事争议，并且可以成为将来倡议改革民事诉讼程序的根据。

1. 法院及其法官的独立、公正和资格

1.1　法院及其法官应具有根据法律和事实裁决争议的司法独立性，包括不受不适当的内部和外部影响。

1.2　法官应有合理的任期。法院的非专业人员应通过能确保他们独立于当事人、争议和其他与争议有利害关系的人的程序委任。

1.3　法院应保持公正。如果有合理的根据怀疑拥有裁决权的法官或其他人的公正性，上述人员应被禁止参与审理。应存在对司法偏见提出抗辩的公正有效的程序。

1.4　除非是交流有关不预先通知的程序和为了例行的程序管理的目的，法院和法官都不能在另一方当事人不在场的情况下与一方当事人交流案情。当法院和法官在另一方当事人不在场的情况下与一方当事人交流了案情，另一方当事人应被及时通知交流的内容。

---

* 《原则》的文本和附加评论由美国法学会（American Law Institute，ALI）和国际统一私法协会（International Institute for the Unification of Private Law，UNIDROIT）分别于 2004 年 5 月和 2004 年 4 月通过。此处发表的只是《原则》的文本。由徐昕先生翻译的《原则》的初步草案第二稿的中译本发表在陈光中、江伟主编：《诉讼法论丛》第 6 卷，法律出版社 2001 年版，亦载陈刚主编：《比较民事诉讼法》2000 年卷，中国人民大学出版社 2002 年版。

1.5 法官应具有丰富的法律知识和经验。

2. 对当事人的管辖权

2.1 在下列情况下，法院可以行使对人管辖权：

2.1.1 当事人同意把争议提交法院解决；

2.1.2 如法院国与当事人或争议的交易或事件之间存在实质联系。当交易或者事件的重要部分发生在法院国，或者自然人被告是法院国常住居民，或者法人已经接受了法院的组织章程或法人的主要营业地在法院国，或者与争议有关的财产位于法院国，则实质联系存在。

2.2 如无其他可合理利用的法院，则法院可基于以下原因行使管辖权：

2.2.1 被告在法院国出现或者是法院国的国民；或者

2.2.2 被告在法院国有财产，不论是否与争议有关，但是法院的权力限于该财产或者其价值。

2.3 即使法院对争议无管辖权，它仍可对处于法院国的有关人员和财产采取临时措施。

2.4 如果当事人已事先约定其他的一些法院拥有专属管辖权，则法院通常应拒绝行使管辖权。

2.5 如果与另一更适合行使管辖权的法院相比，法院行使管辖权明显地不适当，则法院应决绝行使管辖权或者中止诉讼。

2.6 如果案件已经在另一有管辖权的法院未决，则法院应决绝行使管辖权或者中止诉讼，除非争议在该法院不能获得公正、有效和及时地解决。

3. 当事人在诉讼程序上平等

3.1 法院应确保诉讼当事人享有平等的待遇，并有平等的机会主张权利或为其权利辩护。

3.2 享有平等待遇的权利包括：避免任何种类的非法歧视，特别是基于国籍或居所的歧视。法院应当考虑外国当事人参与诉讼会遇到的困难。

3.3 不得仅仅由于诉讼当事人是非法院国国民或居民而要求提供诉讼费用担保或临时措施责任担保。

3.4 如果可能，审判地规则不应对非法院地常住居民强加不合理的出庭要求。

4. 聘请律师的权利

4.1 当事人有权聘请其所选择的律师，包括准许在法院地有执业资格的律师作为其代表，和准许在其他地方有执业资格的律师在法庭上给予其积极协助。

4.2　律师的职业独立性应受到尊重。律师应被允许履行忠于当事人的义务和保守当事人秘密的责任。

5. 适当通知和被听审权

5.1　在诉讼程序开始时，以合理有效的方式提供的通知应送达除原告之外的当事人。通知应附上诉状的副本或者原告的诉讼主张和原告寻求的救济的详细说明。被请求救济的当事人应当被通知对诉讼进行答辩以及如果未及时答辩，法院可能作出缺席判决。

5.2　本原则第5.1条提及的文书必须采用法院地的语言文字，并且同时采用个人经常居住地或者法人主要营业地国家的语言文字，或者交易中的主要文件所使用的语言文字。被告和其他当事人应当被通知，采用本原则第6条规定的语言文字在诉讼中提出答辩和其他抗辩以及救济要求。

5.3　诉讼程序开始后，所有当事人应被及时提供关于其他当事人的动议和申请以及法院的决定的通知。

5.4　当事人有权提出有关的事实和法律争辩，并提交支持性证据。

5.5　当事人应有公平的机会和合理的时间对他方当事人提出的法律和事实争辩、提交的证据以及法院的命令和建议进行答辩。

5.6　法院应考虑当事人提交的所有争辩，并说明其中与重要的争议点有关的争辩。

5.7　通过协议并经法院批准，当事人有权运用快捷通讯手段，如电子通讯。

5.8　只有在存在紧急必需和需优先考虑公正的情况的证据时，法院才可不预先通知而作出和实施影响一方当事人利益的决议。该单方面的决议应与申请人请求保护的利益相称。一旦切实可行，受影响的当事人就可获得该决议以及支持该决议的事实的通知，并有权请求法院及时、全面地再行考虑。

6. 语言文字

6.1　诉讼程序，包括文书和口头交流，通常采用法院地的语言文字。

6.2　如果不会产生损害另一当事人的后果，法院可以允许在所有或者部分诉讼程序中使用其他的语言文字。

6.3　当当事人或者证人不能通晓诉讼中使用的语言文字时，应向他们提供翻译。庞大冗长文书的翻译仅限于当事人选择或法院确定的有关部分。

7. 及时司法

7.1　法院应在合理时间内解决争议。

7.2　基于该目的，当事人有义务进行合作并有权利合理协商时间安排。

程序规则和法院指令应规定时间安排和最后期限，如果没有正当的理由，应对不遵守法院指令的当事人或其律师应给予制裁。

8. 临时或保护性措施

8.1 当有必要维持通过终局判决授予有效救济的能力，或者维持、控制现状，法院可以授予临时救济。临时措施受"比例性原则"支配。

8.2 只有在存在紧急必需和需优先考虑公正的情况时，法院才可不预先通知而授予临时救济。申请人必须充分揭示适当的法院应当注意到的事实和法律系争点。受单方面救济直接影响的当事人，必须有机会在最早的可行时间内对救济的适当性提出答辩。

8.3 如果法院后来裁决临时救济不应当被授予，临时救济的申请人通常有义务对临时救济的相对人进行赔偿。在适当的情况下，法院必须要求临时救济的当事人提供保函或者正式承诺承担赔偿的义务。

9. 诉讼的结构

9.1 诉讼程序一般应包括三个阶段：起诉阶段、中间阶段和最后阶段。

9.2 在起诉阶段当事人必须以书面形式提出诉讼请求、答辩和其他争辩，并鉴别他们的主要证据。

9.3 在中间阶段，如果有必要，法院将：

9.3.1 举行会议，以便组织诉讼程序；

9.3.2 确定略述诉讼程序进程的时间表；

9.3.3 提出应在早期注意的事项，如管辖权、临时措施和时效问题；

9.3.4 提出证据的有效性、可采纳性、开示和证据交换；

9.3.5 识别潜在的决定性系争点，以早日解决全部或部分争议；并且

9.3.6 责令提交证据。

9.4 在最后阶段，法院尚未根据本原则第9.3.6条接受的证据，可在最后的听审中集中向法院提交，在最后的听审中当事人应作结论性辩论。

10. 当事人的主动性和诉讼的范围

10.1 诉讼通过原告提出诉讼请求而被提起，法院不得依职权主动开始诉讼。

10.2 向法院提交诉状的时间决定是否符合时效法、未决诉讼或其他期限要求。

10.3 诉讼范围由当事人在诉答文书中提出的诉讼请求和答辩决定，包括诉讼请求和答辩的修正。

10.4 如有充足理由，当事人在通知他方当事人后有权修改其诉讼请求或

答辩，但不应造成诉讼的不合理延期或导致不公正行为。

10.5　当事人有权通过撤销诉讼、承认对方请求或者和解，自愿终止或变更诉讼或其中任何一部分。但如果终止或变更会对另一方当事人造成损害，则法院不得准许单方面终止诉讼或变更诉讼的行为。

11. 当事人和律师的义务

11.1　当事人及其律师应真诚地处理与法院和其他当事人的关系。

11.2　当事人与法院共同负有促使诉讼公平有效，合理迅速解决的责任。当事人必须防止滥用程序，例如干涉证人或毁坏证据。

11.3　在起诉阶段，当事人应提交详细的相关事实和法律争论以及请求的救济，并且详细说明支持其主张的足够的证据。如当事人表明有合理的原因不能提交详细的相关事实和不能提供充分详细的证据，则法院应适当注意在后来的诉讼过程中将发现必要的事实和证据的可能性。

11.4　如当事人无正当理由，未对对方当事人的主张作出及时答辩，则法院在警告该当事人后，有理由把它当作该主张已被承认或接受的充分根据。

11.5　当事人的律师有协助当事人遵守诉讼义务的职业责任。

12. 多方诉讼请求和当事人；参加诉讼

12.1　当事人可对隶属于法院管辖权的他方当事人或诉讼外第三人，主张与诉讼标的物有实质联系的任何诉讼请求。

12.2　对诉讼标的物有实质利害关系的第三人可以请求参加诉讼。法院本身，或者经一方当事人提议，可以通知拥有此类利益的人参加诉讼。除非参加诉讼会导致不合理的延误或者诉讼程序的混乱或者不公正地损害一方当事人，应允许参加诉讼。法院地法可允许在二审程序中参加诉讼。

12.3　在适当的时候，法院应当许可一人被一方当事人替代，或者继承一方当事人的地位。

12.4　追加的当事人与原当事人通常享有参与诉讼的同等权利和进行合作的同等义务。权利和义务的范围取决于合并或参加诉讼的根据、时间和场合。

12.5　为公正和更有效地管理和判决或者为了正义的利益，法院可以命令将诉讼请求、系争点或当事人分离，或者与其他诉讼合并。法院的这种权力可以延伸到这些原则以外的当事人或诉讼请求。

13. 法庭之友的书面意见

经法院同意，并与当事人协商后，法院可以接受来自第三人的关于诉讼中的重要法律系争点和案件的背景信息的书面意见。法院可以邀请第三人的此类书面意见。在法院考虑书面意见之前，当事人必须有机会对书面意见中包含的问题提出书面评论。

14. 法院指导诉讼的职责

14.1　法院应尽可能早地积极管理诉讼程序，行使自由裁量权，以合理的速度公平、有效地处理争议。法院应考虑到诉讼的跨国性特征。

14.2　在合理范围内，法院应与当事人协商对诉讼程序进行管理。

14.3　法院应确定系争点的解决顺序，并且为诉讼程序的所有阶段确定时间表，包括日期和最后期限。法院可以修改上述指导。

15. 驳回诉讼和缺席判决

15.1　对于没有理由，未能成功起诉的原告，法院通常应当驳回诉讼。在驳回诉讼之前，法院应当给原告合理的警告。

15.2　被告没有抗辩，未出庭或者未在规定时间内答辩，应对其作出缺席判决。

15.3　法院在作出缺席判决前应查明：

15.3.1　对作出缺席判决的当事人必须有管辖权；并且

15.3.2　已经遵守了有关诉讼通知的规定，当事人有足够的时间进行答辩；并且

15.3.3　诉讼请求得到了可利用的事实和证据的合理支持，并且诉讼请求在法律上是充分的。上述诉讼请求包括赔偿诉讼请求和诉讼费诉讼请求。

15.4　缺席判决所判予的救济，不得超越原告在诉状中请求的金额或者对于其他的救济而言比诉状中请求的更严格。

15.5　驳回诉讼的决定和缺席判决可以被上诉或撤销。

15.6　在其他方面未遵守参与诉讼的义务的当事人，将受到依据第 17 条原则施加的制裁。

16. 资料和证据的获取

16.1　法院和各方当事人一般有获得与争议有关的、非特权的证据的权利，包括当事人陈述，证人证言，专家证据，书证，通过检验物品、进入土地取得的证据，或者，在适当情形下，通过对自然人的身体和精神进行检查所获得的证据。当事人有权提交被赋予了证据效力的陈述。

16.2　根据当事人的及时请求，法院应当责令他方当事人披露其拥有或控制的相关的、非特权的并已得到合理鉴别的证据，或者如果有必要并基于公正的条件，应当责令非当事人披露其拥有或控制的相关的、非特权的并已得到合理鉴别的证据。当事人或非当事人不得以披露证据对己不利为由拒绝披露。

16.3　为了便利资料的获得，当事人的律师可以引导与潜在的非当事人进

行自愿见面。。

16.4 对当事人、证人和专家的取证按法院地的惯例进行。当事人有权直接对他方当事人或已首先受过法官或他方当事人询问的证人或专家进行补充询问。

16.5 证据提供者，不论是否为当事人，有权请求法院保护保密资料不受不当披露。

16.6 法院可根据证据的类型和来源对证据作出自由评价，并且不赋予证据以未被证实是合理的重要性。

17. 制裁

17.1 法院有权对未遵守或拒绝遵守诉讼义务的当事人、律师和第三人进行制裁。

17.2 制裁应合理，并与有关事件的严重性和所导致的损害相称，还应考虑有关行为人参与诉讼的范围和当事人的故意程度。

17.3 针对当事人的适当制裁措施有：得出不利的推断；部分或全部驳回诉讼请求、答辩或主张；作出缺席判决；中止诉讼程序；在普通诉讼费用规则允许的诉讼费的基础上判决附加额外的诉讼费用。针对当事人和非当事人的适当制裁措施包括：金钱处罚，如罚款或强制执行。针对律师的适当制裁措施是判决支付诉讼费用。

17.4 对当事人或非当事人的严重不法行为，如作伪证、威胁或暴力行为，法院地法也可以规定包括刑事责任在内的进一步制裁措施。

18. 证据特权与豁免

18.1 应赋予"与披露证据或其他资料有关的当事人或非当事人的特权、豁免和其他的类似的保护措施"以效力。

18.2 法院在决定对当事人作出不利推断或施加其他间接制裁时，应考虑上述保护措施能否作为该当事人未能披露证据或其他资料的合理原因。

18.3 当法院依职权施加直接制裁，强制当事人或非当事人披露证据或其他资料时，应承认上述保护措施。

19. 口头和书面陈述

19.1 诉答文书、正式申请（动议）和法律辩论最初一般应以书面形式提交，但当事人有权对重要的实质性和程序性问题进行口头辩论。

19.2 最后听审应由将对案件作出判决的法官举行。

19.3 法院应具体规定证言提交程序。一般地，当事人陈述和证人证言可口头提供，专家报告应以书面形式提交；但法院经与当事人协商可要求证人的初始证言以书面形式提交，这些证言应在听审前提交给其他当事人。

19.4 口头证言仅限于在证人主要证言或专家报告书面提交以后进行的补充询问。

20. 公开程序

20.1 通常，口头听审，包括在听审过程中提交证据和作出判决的听审，应当公开进行。经与当事人协商后，法院可为司法利益、公共安全或隐私的目的，责令听审的全部或部分秘密进行。

20.2 法院卷宗和档案应当公开，或者以别的方式能让依据法院地法，在法律上有利害关系的人或者进行负责任的调查的人利用。

20.3 如果诉讼程序是公开进行的，为了司法利益、公共安全或隐私的目的，法官可责令部分诉讼秘密进行。

20.4 判决，包括支持判决的理由和法院的其他普通决定，皆应对公众公开。

21. 举证责任和证明标准

21.1 各方当事人一般有责任证明作为自己争辩的根据的实质性事实。

21.2 如法院已合理地确信事实的真实性，则该事实被认为已得到证明。

21.3 如果有证据表明当事人没有正当理由拒绝提交其持有或控制的相关证据，则法院可对该证据证明的系争点作出对上述当事人不利的推论。

22. 确定事实和法律的责任

22.1 法院有责任考虑所有的相关事实和证据，并为其判决确定正确的法律依据，包括根据外国法作出判决的事项。

22.2 在给予当事人答辩的机会的情况下，法院可以：

22.2.1 准许或邀请当事人修改其法律和事实主张，并相应地提出补充性法律争辩和证据；

22.2.2 命令提取当事人原先没有建议的证据；或者

22.2.3 依赖当事人没有提出的对事实或法律的解释或者法律理论。

22.3 法院一般应直接听审所有的证据，但是如有必要，亦可委托一合适的代表收集并保存在最后听审时由法院考虑的证据。

22.4 系争点，包括外国法，如需要专家证据，法院可以指派一名专家就相关系争点提供证据。

22.4.1 如双方当事人就专家人选达成一致，则法院一般应指派该专家。

22.4.2 当事人有权通过其所选定的专家，就需要专家证据的任何相关系争点提出专家证据。

22.4.3　专家，不论由法院指派还是由当事人指派，有责任向法院提供对相关系争点的充分、客观的评价。

23. 判决及其合理解释

23.1　一旦当事人完成陈述，法院应迅速作出书面判决。判决应详述所判予的救济，如果是金钱判决，说明所判予的金额。

23.2　判决须附有对据以作出裁决的基本事实、法律和证据根据的合理解释。

24. 和解

24.1　法院在尊重当事人继续诉讼的机会的同时，如果合理可能，应尽可能鼓励当事人和解。

24.2　法院应推动当事人在诉讼的任何阶段参加替代性争议解决程序。

24.3　在诉讼开始之前和之后，当事人都应在合理的和解努力中进行合作。法院可对无正当理由不合作的当事人或恶意参与和解努力的当事人进行费用制裁。

25. 诉讼费用

25.1　胜诉方当事人一般应判决获得其全部或者大部分合理的诉讼费用的补偿。"诉讼费用"包括起诉费用、支付给公务员如速记员的费用和律师费。

25.2　如有明显正当的理由，法院可例外地拒绝或限制胜诉当事人的诉讼费用补偿。法院可以将补偿额限制在反映真正争议事项的费用支出的比例范围内，并且法院可裁决提出没有必要的系争点或者没有合理理由而好争辩的胜诉方承担诉讼费用。

法院在作出诉讼费用裁决时，应考虑任何一方当事人在诉讼程序中的诉讼不当行为。

26. 判决的立即可执行性

26.1　一审法院的终审判决，通常是可立即执行的。

26.2　一审法院或上诉法院，依职权或依当事人申请，为司法利益可裁定在上诉期间中止执行判决。

26.3　上诉人应提供担保作为准许中止执行判决的条件，或者被上诉人应提供担保作为反对中止执行判决的条件。

27. 上诉

27.1　依法院地法在与其他判决实质相同的条件下，当事人可以利用上诉复审。上诉复审应当迅速结束。

27.2　上诉复审一般限于在一审诉讼中提出的诉讼请求和答辩。

27.3　为司法利益的目的，上诉法院可以考虑新的事实和证据。

28. 未决诉讼和既判案件

28.1　在运用未决诉讼规则时，诉讼的范围由当事人的诉答文书及其修正中的诉讼请求确定。

28.2　在运用诉讼请求排除规则时，已裁决的诉讼请求的范围由当事人的诉答文书及其修正中的诉讼请求和答辩内容以及法院裁决及其合理解释决定。

28.3　对于系争点排除的概念，就事实系争点或事实的法律适用系争点而言，只有在为防止实质司法不公时才适用。

29. 判决的有效执行

应有可利用的保证迅速、有效执行判决的程序，判决包括金钱判决、诉讼费用裁决、禁令和临时措施。

30. 判决的承认

另一国家的法院在基本上符合本原则的诉讼程序中作出的终审判决，必须得到承认和执行，除非基本的公共政策要求不这样做。临时救济也必须在相同的条件下得到承认。

31. 国际司法合作

采纳本原则的国家的法院，必须向进行符合本原则的诉讼的任何其他国家的法院提供司法协助，包括授予保护性或临时性救济，以及在证据的鉴别、保存和提供上的协助。

主要参考书目

一、外文部分

［1］Christion T. Campbell, International Civil Procedures, London, 1995.

［2］Michael Pryles, Dispute Resolution inAsia, Hague, 2006.

［3］Jonathan Warne, International Dispute Resolution, Tottel Publishing, 2009.

［4］Shelby R. Grubbs, International Civil Procedure, Kluwer Law International, 2003.

［5］R. David, etc, International Encyclopedia of Comparative Law, 2008.

［6］Istvàn Szàszy, International Civil Procedures · A Comparative Study, 1967.

［7］Michaei J. Moser & John Ghoong, Asia Arbitration Handbook, Oxford, 2011.

［8］Simon Greenberg, Christopher Kee & J. Romesh Weeramantry, International Commercial Arbitration: An Asia-Pacific Perspective, Cambridge, 2011.

［9］Thomas Main, Stephen McCaffrey, Transnational Litigation in Comparative Perspective: Theory and Application, 2010.

［10］Born, International Commercial Arbitration, 2nd edi. , 2014.

［11］Gray B. Born, International Civil Litigation in the United States, 1996.

［12］Dennis Campbell, Serving Process and Obtaining Evidence Abroad, London, 1998.

［13］Dennis Campbell, International Execution against Judgment Debtors(Binder 1, 2, 3), New York, 1999.

［14］W. A. Kennett, the Enforcements of Judgements in Europe, Oxford, 2000.

［15］Gerhard Walter and Samuel P. Baumgartner, Recognition and Enforcements of Foreign Judgements Outside the Scope of the Brussels and Lugano, Kluwer Law International, 2000.

［16］Dicey and Morris on the Conflict of Law, London, 15ᵗʰ ed. , 2012.

［17］［美］布里梅耶等,《冲突法案例与资料》, 中信出版社 2003 年版(案例

教程影印系列）。

二、中文部分

[1] 韩德培主编：《国际私法》，北京大学出版社、高等教育出版社 2000 年版。

[2] 李双元、谢石松：《国际民事诉讼法概论》，武汉大学出版社 2001 年第 2 版。

[3] 何其生：《比较法视野下的国际民事诉讼》，高等教育出版社 2015 年版。

[4] 屈广清、欧福永主编：《国际民商事诉讼程序导论》，人民法院出版社 2004 年版。

[5] 欧福永：《英国民商事管辖权制度研究》，法律出版社 2005 年版。

[6] 李双元、金彭年、张茂、欧福永：《中国国际私法通论》，法律出版社 2007 年第 3 版。

[7] 李双元、欧福永主编：《国际私法》，北京大学出版社 2015 年第 4 版。

[8] 李双元、欧福永、熊之才编：《国际私法教学参考资料选编》（上、中、下册），北京大学出版社 2002 年版。

[9] 李双元主编：《中国国际私法统一化运动研究》，武汉大学出版社 1998 年第 2 版。

[10] 黄进：《国家及其财产豁免问题研究》，中国政法大学出版社 1987 年版。

[11] 黄进主编：《国际私法》，法律出版社 1999 年版。

[12] 肖永平主编：《欧盟统一国际私法研究》，武汉大学出版社 2002 年版。

[13] 谢石松：《国际民商事纠纷的法律解决程序》，广东人民出版社 1996 年版。

[14] 刘卫翔：《欧洲联盟国际私法》，法律出版社 2001 年版。

[15] 徐宏：《国际民事司法协助》，武汉大学出版社 1996 年版。

[16] 李旺：《国际诉讼竞合》，中国政法大学出版社 2002 年版。

[17] 徐卉：《涉外民商事诉讼管辖权冲突研究》，中国政法大学出版社 2001 年版。

[18] 徐伟功：《不方便法院原则研究》，吉林人民出版社 2002 年版。

[19] 陈卫佐：《瑞士国际私法法典研究》，法律出版社 1998 年版。

[20] 沈达明：《比较民事诉讼法初论》，中国法制出版社 2002 年版。

[21] 何勤华、李秀清主编：《东南亚七国法律发达史》，法律出版社 2002 年版。

［22］罗剑雯：《欧盟民商事管辖权比较研究》，法律出版社 2003 年版。

［23］赵相林、宣增益：《国际民事诉讼与国际商事仲裁》，中国政法大学出版社 1994 年版。

［24］龚刃韧：《国家豁免问题的比较研究》，北京大学出版社 2005 年版。

［25］杜新丽主编：《国际民事诉讼和商事仲裁》，中国政法大学出版社 2005 年版。

［26］中国国际私法学会主办：《中国国际私法与比较法年刊》第 1-16 卷，法律出版社出版。

［27］李双元主编：《国际法与比较法论丛》第 1-24 辑，中国方正出版社出版。

［28］白绿铉译：《日本新民事诉讼法》，中国法制出版社 2000 年版。

［29］渠涛编译：《最新日本民法》，法律出版社 2006 年版。